『同一条河流』系列丛书

泗水边的《论语》

许辉 著

全国百佳图书出版单位
时代出版传媒股份有限公司
黄山书社

目录

1. 跑到春天的草毯山上大声诵读《论语》，不亦乐乎？

2. 躺在草毯山的花花草草上诵读《论语》，不亦乐乎？

3. 嫩草间开出了粉红色或蓝丁丁的小野花，脚不敢踩下去，不亦君子乎？

4. 边走路边想起《论语》里的一句话，不亦乐乎？

5. 开会时思想开小差，想到匹夫匹妇是从匹配意思里来的，不亦乐乎？

6. 在湖边读孔睡着了，后被鸟鸣声叫醒，不亦乐乎？

7. 盛夏时读《论语》，出了一身汗还在读，不亦君子乎？

8. 睡觉前想到“睡觉的时候不像尸体那样僵躺着，在家里的时候也不过分讲究仪容，”第一句话不能保证做到，第二句话谁又不知道呢？觉得很逗，不亦乐乎？

9. 做完爱突然想起一句话“食不语，寝不言”，吃饭时可以不说话，做爱时却很难做到不交流，不亦乐乎？

10. 吃腊肉炒蒜苗时想起《论语》里的干肉条，增加了食欲，不亦乐乎？

11. 白米饭上堆了岗尖岗尖的蒸腊肉蒸咸鸭子，香喷喷的，端着碗蹲在门口吃，晒着春阳，不亦乐乎？

12. 股市大跌众议纷起时想起“子不语怪、力、乱、神”，不禁哑然失笑，不亦乐乎？

13. 仲春一伙文友下乡挖野荠菜，烧柴火灶，吃锅巴饭，掼蛋到半夜，再驾车返城，不亦乐乎？

14. 朋友聚会，我埋头啃卤猪蹄不搭理人，不亦君子乎？

15. 躺在沙发上读孔，还有水果、炒货、黄茶伺候，不亦君子乎？

16. 想起女儿孝敬我的衬衫，觉得应该感谢孔夫子倡导孝敬，不亦乐乎？

17. 读《论语》知道什么三纲五常、逼我大姨裹小脚、给女人立牌坊都是后来的小儒做的事，却与孔子无关，不禁为孔子鸣冤，不亦君子乎？

18. 每天读《论语》，又每周五可呼友聚会掼蛋，不亦乐乎？

19. 出国访问时要求着正装，又要频频鞠躬回礼，想起“鞠躬如也”，不亦乐乎？

20. 向妻子表示我很羡慕妻妾成群的生活，妻子说：“你做梦去吧！”不亦乐乎？

21. 读《论语》，又可以给自己个理由悠游淮泗，不亦乐乎？

22. 洗个热水澡后轻快上床读《论语》，不亦君子乎？

23. “鱼腐烂肉腐败，不吃；食物颜色变坏，不吃；食物气味难闻，不吃；烹饪得不好，不吃；不按一定方法切割的食物，不吃；食材不新鲜，不吃；饭点不对，不吃；心情不佳，不吃；孩子吃剩的，不吃；没有电视看，不吃；刚在外面吃过大餐回来，不吃；不哄着我吃，不吃；佐料放得不对，不吃。”家长也拿我没办法，不亦乐乎？

24. 霾不散，不出门，不亦君子乎？

25. 野斑鸠在太阳晒得暖洋洋的河边杨树上女中音般咕咕咕咕地叫着，杨树才刚刚顶出一层绛紫色的芽色，麦苗晒得温软，不亦乐乎？

26. 悟读《论语》的书眼见着一天一天接近写完，不亦乐乎？

《论语》内外

学而篇第一

（共16章）

【原文】

1.1 子曰："学而时习之，不亦说乎？有朋自远方来，不亦乐乎？人不知，而不愠，不亦君子乎？"

【译文】

孔子说："学并能依时而习，不也是高兴的吗？有志同道合的人由远方来，不也是快乐的吗？别人不了解我，我不怨恨，不也是一个涵养蕴德的人吗？"

【易惑词】

子，泛称男子，后变为对有学问男子的尊称，《论语》中一般指孔子。时，依时，按时，或时常，经常。习，温习，复习，实习，演习。说，音 yuè 悦，通"悦"，高兴，愉快。朋，志同道合的人。不知，不知道，不了解。愠，音 yùn 运，怒，怨恨，恼怒。君子，有道德的人，有修养的人。

【淮北佬[①]曰】

《老子》是天人之间的境界，《论语》是你我之间的对话。

【论语内外】

因为《论语》开篇第一句话就是爱好学习的，所以有一次我在电力系统一个中青年干部培训班上就妄言道：我们现在对读书的大力提倡，都是从孔子那时立下的规矩，不然我们现在就有更多玩耍的时间了。

学并能依时而习，这是非常快乐的事情。这里的"学"，一般解为"学习"，也有解为"学习做人的道理"的。这里的"时"，有人认为是依时，有人认为是时

① 我生于淮河流域，长于淮河之左，钟情淮河文化，因此自称淮北佬，又自命书房名为"淮北佬斋"——许辉

时，有人认为是经常，有人认为是依规。这里的“习”，学者们也有许多解释，有温习、复习、实习、演习等等意思，现在又有学者解释它为练习、实践等义。在学君的眼光中，它的意思要符合古义，但在我们小人的心目里，我们只要知道学习、快乐地学习并且不断地温习，就够了。

钱穆先生对“学而时习之”中的“时习”解释得好。他说，“时习”中的“时”约有三说，一说指年岁，古人六岁开始学习文字，七八岁学习简单的礼节，十岁教书写计算，十三岁教歌诗舞蹈（我觉得这就像现在的孩子，六岁上小学，十二岁上初中，十五岁上高中，十八岁上大学，一般都是按年岁来的——淮北佬插言）；二说指季节，古人春夏学诗乐弦歌，秋冬学书礼射猎，很有规律（如果春夏射猎，也有违自然界畜养取用规律——淮北佬插言）；三说指晨夕，温习、进修、游散、休息，依时而为（一天之内，该做什么，大致上都是有个规律的——淮北佬插言）；“习”则如鸟学飞，反反复复（为学的事情，就应该时复一时，日复一日，年复一年，反复不已，老而无倦——淮北佬插言）。以上解释，部分来说，一定不是钱先生的发明创造，但整体而言，却一定是钱先生的记忆、归纳和整合，这正是做学问的分界点。有些学问家，可以罗列许多“古人说”，有些学问家，则有能力把这许多“古人说”，用在该用的时间和该用的地点。

【原文】

1.2 有子曰：“其为人也孝弟，而好犯上者，鲜矣；不好犯上，而好作乱者，未之有也。君子务本，本立而道生。孝弟也者，其为仁之本与！”

【译文】

有子说：“孝敬父母，敬重兄长，而又喜欢冒犯上级，这样的人是很少的；不喜欢冒犯上级，而好造反作乱，这样的人是没有的。君子专注致力于根本，根本建立了，人与人之间相处的最高标准就生成了。孝敬父母，敬重兄长，这就是仁的根本啊！”

【易惑词】

孝，敬爱父母。弟，音 tì 替，通“悌”，弟敬兄，尊敬兄长。犯上，冒犯上级。鲜，音 xiǎn 险，少。好，音 hào 号，喜欢，爱好。未之有也，未有之也的倒装。务，从事，致力。本，根本，根基。道，人道，道德。仁，孔子学说中最高道德标准的名称；或仁同人。与，音 yú 于，语气词。

【论语人物】

有子，姓有，名若，字子有。孔子的学生，一说他小孔子 43 岁，一说他小孔子 36 岁。《论语》中对孔子弟子一般称字，只有有若和曾参称子（雍也篇冉求也称过子），这或因为《论语》可能由有若和曾参弟子录编，也可能因为有若和曾参

对孔子思想有较好的领悟和传承。

【淮北佬曰】

只有君子的普遍存在，有序的理想社会才有可能实现。

【论语内外】

孝道也是君子之道。孔子总是把他提倡的仁、义、礼、忠、信、恕、贤、孝、悌与国家治理、社会体制联系起来，既把社会作为自己可能管理的对象，也把自己看作将被社会管理的客体。孔子以广泛培养君子为己任，他不仅不遗余力地宣传君子理念，更着力做培养君子的工作，因为只有君子的普遍存在，有序的理想社会才有可能实现。在孔子的理想社会里，君子多多益善，君子越多越好，仿佛当代社会的中产阶层，一个社会如果有一个庞大的、稳定的中产阶层，那么这个社会将最能稳定；如果一个社会以底层观念为主，那么这个社会将鲁莽、冲动、短视、动荡、崩塌；而一个社会如果总指望顶层的智慧和无所不包的指挥，那么这个社会将会僵滞、丑陋、令人厌恶、让人逃离。

【原文】

1.3 子曰："巧言令色，鲜矣仁！"

【译文】

孔子说："满嘴花言巧语，满脸虚饰的面容，这样的人，仁德就很少了。"

【易惑词】

巧言，花言巧语。令色，善于变化装饰的面容；令，善于（变化）、喜欢（变化）。鲜，少。

【淮北佬曰】

将非言语交流观察出来的内容，与本文化的道德观、价值观相比较，就能进行好与坏的判断了。

【论语内外】

在当代中西文化中，说对方体重减轻变苗条了，被认为是一种赞扬，会因此而获得对方的好感。在多数文化中，一人独白，独占舆论场，说话的时间太长，则会引起别人的反感。在中国的歌厅中这被称为麦霸，在中文的谈话中这被称为话霸。美国人谈话交流时，如果一方说话时间太长，对方往往会失去耐心，希望结束交流。据说埃及、尼日利亚等国人也是如此。在非言语交流方面，不同的文化中有许多不同的偏好或禁忌。例如，在个人和群体领域，孩子的房间和床，大人没来由地晚上跑过去睡觉，孩子就会抗议；在公共场合排队时，如果别人挨得太近，就会让人心烦；几个知心好友在茶馆聊天，如果有外人挨近，就会觉得小群体的领域被侵占，就会产生排斥感。男性比女性需要更大的空间，女性一般都有亲密的"闺蜜”，她们可以睡一张床，挤在一起说话、玩手机，男性好友的物理距离则要远得多。女性对服装、打扮、色彩带来的暗示也更敏感。花言巧语，善变的虚容，这都是非言语交流观察出来的内容，将这些内容与本文化的道德观、价值观相比较，就能进行好与坏的判断了。

【原文】

1.4 曾子曰：“吾日三省吾身——为人谋而不忠乎？与朋友交而不信乎？传不习乎？”

【译文】

曾子说：“我每日多次反省：为别人做事有不尽心尽力的吗？和朋友交往有不守诚信的吗？老师传授的知识有不温习的吗？”

【易惑词】

三，或虚指，多次。省，音 xǐng 醒，反思，检查，反省。忠，尽心尽力。信，诚信，守信。传，传授，指老师的传授。

【论语人物】

曾子，姓曾，名参（音 shēn 深），字子舆，鲁国南武城人，小孔子 46 岁，孔子晚年学生。曾子在孝道方面较好地继承和发扬了孔子的思想。

【淮北佬曰】

语言的语法规范，不是一时间说改就能改得了的。

【论语内外】

曾子“三省吾身”这句话，已成后代人生活中的警句。

身，是自身；省，是反省，就是反问自己，严格点说就是拷问自己的灵魂，反思自己的言行、思路、方法、方式，对还是不对，是否符合自己尊奉的价值和道德标准。把三理解为多次，是现在比较通行的译释。这种译释似乎非同寻常，不同一般，甚有见地，也颇显时髦，还很有道理。提供了一种选择的多样性。

但也不成铁律。钱穆先生说三省吾身有两种解释，一种解释是三次省察，另一种解释是省察三事，即下文的做事、交友、传习。钱穆先生这两种解释都是实指，而不是泛指。杨伯峻先生则说，古代在有动作性的动词上加数字，这数字一般表示动作频率，而三、九等字，又一般表示次数的多，不要着实地去看待；本章所反省的是三件事，和三省的三只是巧合，如果这三字是指以下三件事而言，依《论语》句法便应该这样说：吾日省者三。

但是，杨伯峻先生的解释，不能涵括《论语·季氏篇》中的一些章段。季氏篇第七章“君子有三戒”，第八章“君子有三畏”，第十章“君子有九思”等，都基本符合在“动作性的动词上加数字”的条件，而这些三和九却表示的都是确数。

自然，季氏篇的这些章段，有可能不是当时《论语》的原版内容，但或不会离开太远。语言的语法规范，或也不是一时间说改就能改得了的。另外，子张篇中子夏说“君子有三变”，也是在动作性的动词上加数字，这个三却是确数，而子夏与孔子是同时代人。

【原文】

1.5 子曰：“道千乘之国，敬事而信，节用而爱人，使民以时。”

【译文】

孔子说：“管理一个有千辆战车的国家，要敬业诚信，节俭并关爱下级，用民宜于农闲时。”

【易惑词】

道，音 dǎo 导，通“导”，领导，管理，治理。乘，音 shèng 剩，古代四匹马拉着的兵车。敬，慎重，认真，尽心竭力。用，开支。人，指下属，臣子。民，百姓。时，农时。

【淮北佬曰】

如果不能以法规约定，就要争取用道德约定。权力总想摆脱束缚，而道德和法规总试着把权力关进笼子。

【论语内外】

管理一个中等大小的国家，要认真严肃地工作，还不宜铺张浪费，更要讲究诚信、爱护百姓和工作人员，让百姓做志愿者的时候自然要避开农忙时节。这是针对当政者的限制性标准。如果不能以法规约定，就要争取用道德约定。权力总想摆脱束缚，而道德和法规总试着把权力关进笼子。

【原文】

1.6 子曰：“弟子，入则孝，出则悌，谨而信，泛爱众，而亲仁。行有余力，则以学文。”

【译文】

孔子说：“弟子在家行孝道，出门尽弟职，谨慎守信，普爱大众，亲近仁者。这样做了还有余力的话，就再去学习文本。”

【易惑词】

弟子，《论语》中多指学生，此或指晚辈或年龄较小的人。入，在家里。出，在外。谨，谨慎。泛，广泛。仁，有仁德的人。余力，剩余的精力，闲散的时间。文，文献知识。

【淮北佬曰】

孔子的这些倡导，维护的是基本的社会正义和社会正气。那些没落和过时的提倡、引导、引申，都是后人的曲解、误读和妄为。

【论语内外】

仁、义、礼、忠、信、恕、贤、孝、悌，孔子倡导的这些基本道德观念，都是健康、向上、正面、积极、和善的，没有过时的问题，也没有没落的概率。因为这些倡导，维护的是基本的社会正义和社会正气。那些没落和过时的提倡、引导、引申，都是后人的曲解、误读和妄为。在《论语》里，人们读到的只是孔子与弟子们的日常言语、烟火生活。虽然《论语》的编者必定有个人的好恶、选择和增减——好恶、选择和增减本身也是一种提倡或摒弃——但《论语》并不为孔子的倡导下结论。这就像文学作品，诗无达诂，文学形象本身并不定论，文学批评才试图为人物和形象下结论。我这样说，可能也是想为孔子正名，使孔子摆脱身后的污水和垃圾；但如何既不神化孔子，也不错误地使其变成一文不值的腐文朽语，而是还孔子一个聪慧、睿智、和善、勤勉、真诚、努力、日常、有缺点、有局限、世俗化的本身，却也是很有意义的。

【原文】

1.7 子夏曰："贤贤易色；事父母，能竭其力；事君，能致其身；与朋友交，言而有信。虽曰未学，吾必谓之学矣。"

【译文】

子夏说："尊重贤人而不看重女色；孝顺父母，能竭尽全力；侍奉君上，能忠献自身；与朋友交往，言而有信。虽然自谦没受过教育，但我一定说他受到过教育了。"

【易惑词】

贤贤：第一个贤为动词，尊重，敬重；第二个贤指贤者；即以贤为贤。易，轻视，不看重。色，女色。事，侍奉。竭，尽心尽力。致，献出，奉献。

【论语人物】

子夏，姓卜，名商，字子夏，卫国人，小孔子44岁，孔子晚年学生。

【淮北佬曰】

《论语》便于实用，便于大众化、普及化，因此浅显反倒是它粉丝者众的优势。难，则难在独见、深见、顿悟和实践。

【论语内外】

有人说，《论语》在古代，只是一种启蒙读物，用它来学文字，来启蒙入门的文化知识和人文精神。《论语》的意思，的确一点都不深奥，甚至是浅显易懂的，

用词也不生僻，一般的人，只要想读，都不难读懂。难的一是兴趣，无“趣”则难；一是感悟，只读懂了，不去省思，没有自己的看法和见解，就难有进展。难，就难在独见、深见、顿悟和实践。《论语》便于实用，便于大众化、普及化，因此浅显反倒是它粉丝者众的优势。

【原文】

1.8 子曰：“君子不重则不威，学则不固。主忠信，无友不如己者。过，则勿惮改。”

【译文】

孔子说：“君子不庄重就没有威严，学了也不能稳固。以忠信为主，不和不如自己的人交朋友。犯了错不要怕改正。”

【易惑词】

重，庄重。威，威严。主，以动用法，以……为主；或又释为亲近。无，不要。过，错误，过失。惮，音 dàn 但，畏难，害怕。

【淮北佬曰】

在一个时代里，多数人达成大致的共识，约定俗成，就好了。不用去想一劳永逸的结论。

【论语内外】

由于孔子有三人行必有我师的说法，所以人们会认为，不要和不如自己的人交朋友，与孔子的其他言论相悖；于是释无友不如己者，为没有朋友不如自己的，即所有的朋友都有长处，都有值得自己学习的地方。又有人释如字为相类，即不和不同类、不同志向的人交朋友。这都是在语言基础上的推论和猜测。孔子和他的弟子们说话，和他同时期的人说话，在什么心情下，在什么环境里，在什么语境中，在什么氛围间，都难以再现。因此，当年孔子的一句话，要做什么理解，都是后人自己的事，孔子无法给你开个证明。也正因为如此，后人对《论语》的释义，不同时代，常有相反解读。那怎么办呢？在一个时代里，多数人达成大致的共识，约定俗成，就好了。不用去想一劳永逸的结论。

【原文】

1.9 曾子曰：“慎终追远，民德归厚矣。”

【译文】

曾子说：“慎重地办理丧事，追念远逝的先人，民风道德自然回归淳厚。”

【易惑词】

慎，谨慎，认真。终，指丧礼。追远，感念祖先。归，趋于，归于。厚，淳厚。

【淮北佬曰】

《老子》不谈神，《论语》不谈怪。

【论语内外】

如果我们认为宗教是一种排他性的抽象信仰体系的话，那么《论语》并未对一种宗教信仰加以提倡。它的提倡都十分具体，它的提倡也不排他，它的规范都存在于生活的日常之中，它的要求很零碎不成系统，它也不提及灵魂的去向、安顿等问题。《论语》就是日常的、生活的、感受的、体验的、温厚的、衣食的、世俗的、彼此的、社会的、可及的。

《老子》不谈神，《论语》不谈怪。老子的“慎终如始”，强调的是一种精神规范、个人修养。曾子的“慎终追远”，则提倡的是一种社会伦理、道德操守。《论语》的社会只有人，没有神。一直到今天，中国社会还基本上是一个在世的社会，是一个无神的社会，中国人还基本上都是在世的人，是无神论者。

曾子说到的对先人的追思和怀念，既建立在生物性血亲的基础上，也建立在认祖归宗的文化基石上，还建立在孝悌的观念上。血亲是至少所有哺乳类动物共有的本能或情感，是对人自然生命的一种敬重；认祖归宗是一种文化传承，比如许氏历来有淡泊名利、清远自持、宽厚待人的共同操守，并为宗亲自觉传承；孝悌则是一种社会伦理的弘扬。

【原文】

1.10 子禽问于子贡曰：“夫子至于是邦也，必闻其政，求之与，抑与之与？”子贡曰：“夫子温、良、恭、俭、让以得之。夫子之求之也，其诸异乎人之求之与？”

【译文】

子禽问子贡：“夫子每到一个国家，必定听得到那个国家的政讯，是求人告知的呢，还是别人主动告知的？”子贡说：“夫子以温厚、善良、恭敬、俭朴、谦让而使别人主动告知。夫子得到政讯的方法，和别人不一样吧？”

【易惑词】

夫子，古代对做过大夫的人的敬称，这里指孔子。至，到，达。是，代词，这，这个。闻，听到，知道。政，政治，政事。抑，选择连词，或是，还是。其诸，语气词，表示不确定，或许。

【论语人物】

子禽，姓陈，名亢（音 gāng 刚），字子禽，小孔子 40 岁，是否孔子学生有争

议。子贡，姓端木，名赐，字子贡，卫国人，小孔子 31 岁，孔子得意弟子，孔门十哲之一，具外交及经商才能。

【淮北佬曰】

当他人占有信息不如我多的时候，我做出决定的正确性就会高于他人，当他人占有的信息比我少的时候，别人犯错误的概率就会比我大。

【论语内外】

子禽或者好奇，或者似乎知道信息的重要性，因而向子贡打听关于孔子的相关信息。用现代信息理论观照，如果信息只为一方所知，那就是单向透明，就是我了解你、知道你、看得到你、看得清你、听得到你、摸得着你，而你不了解我、不知道我、看不到我、看不清我、听不到我、摸不到我。

当他人占有信息不如我多的时候，我做出决定的正确性就会高于他人，当他人占有的信息比我少的时候，别人犯错误的概率就会比我大。当我获得信息很及时的时候，我就会有时间做出合适的选择，当别人获得信息比较滞后的时候，别人就无法做出恰当的判断。在信息社会以前，人类社会的信息总体而言都是匮乏的、缺少的、不足的；而在信息社会中，人类社会的信息总体而言都是过剩的、饱和的、超量的，需要费时、费力、费心地筛选、甄别、挑拣。

子禽可能是个有心人，想及时地多了解老师的一些信息，以便发展与老师的关系，更好地向老师学习，更有心理准备地学习老师的思想和知识。也可能子禽并非孔子学生，因他为齐国大夫，有地位，有处世的经验，或有相关的习惯，于是会习惯性地打听他人的各种消息，以满足自己的信息欲。还可能子禽就是单纯地从内心里对孔子景仰、关心，就是牵挂孔子的一举一动，牵挂偶像的一言一行。他或就是孔子的一位铁粉。但到子张篇时，我们又发现他不像孔子的铁粉，而像一个过于世故的大夫。

【原文】

1.11 子曰："父在，观其志；父没，观其行；三年无改于父之道，可谓孝矣。"

【译文】

孔子说："父亲在世时，观察儿子的志向；父亲不在世了，则观察儿子的行为；如多年不改变父亲生前行为准则，可以说是孝顺了。"

【易惑词】

在，健在，在世，活着。其，代词，指儿子。志，志向。没，音 mò 沫，不在世，死亡。行，行为举止。道，规矩，行为准则。

【淮北佬曰】

老子的"道"，是天道；孔子的"道"，是人道。天道，就是天地万物运行的自然而然的规则；人道，就是人与人、群与群相处应该持守的人为的标准。

【论语内外】

按照文化学的传承规则，传统的历史和文化似乎是由男子决定的，例如一般在一个家庭里，孩子们的祖先历史是父亲这边的历史，或父亲讲述的历史。父亲不断叙说的历史，将是正统的历史，哪怕父亲讲述的是已经歪曲的历史，或正在歪曲的历史，或被父亲歪曲的历史，或被父亲有意歪曲的历史。我们以前经常进行的寻根活动，在传统的意义上，就是对父亲的血脉进行寻找、追本溯源。

当父亲不在的时候，传承活动由母亲继续进行下去。但在旧时代的环境下，母亲会自觉地对丈夫留下的血脉和言说的“历史”发扬、光大，因为如果不这样，就好像塞进了“私货”，就不那么根正苗红了，在他人眼光中，就不是对正统和正当的延续。

儿子的责任没有歧义和偏门。“三年无改于父之道，可谓孝矣”，三年或多年不改变父亲生前制定的行为准则，这就是孝道。父亲在的时候，仿照父亲的行为准则尽礼做事，父亲不在时，就要继承父亲的行为准则尽礼做事。父亲在的时候，历史由父亲说了算，父亲不在的时候，历史则由儿子说了算，哪怕儿子对父亲传留的历史出现了记忆偏差，或有意出现了记忆偏差，那也就这样了，就是儿子说的这样了。这就是家庭或家族的历史。

【原文】

1.12 有子曰：“礼之用，和为贵。先王之道，斯为美；小大由之。有所不行，知和而和，不以礼节之，亦不可行也。”

【译文】

有子说：“礼制的作用，贵在促和。过去圣主明君治理国家，这是优秀的传统，无论事小事大都按礼而行。但也有行不通的时候。为和而和，不用礼规节制，也就行不通了。”

【易惑词】

礼，孔子着力推崇的以周礼为主的一套礼制规范。用，应用，使用。和，恰如其分，即和谐。先王，春秋以前的贤明统治者。道，治理方法。斯，代词，指以礼促和。小大由之，小事大事都依礼而为；由，遵照，遵循。有所不行，有时候行不通。节，节制，规范。

【淮北佬曰】

礼融合在日常生活的细节中，无须刻意去做，但又时刻都会面对。

【论语内外】

“礼”是孔子着力推荐、践行的一种规范，礼也是人文道德的重要组成部分。

礼是仁的形式、内涵和起点，没有起码的礼义观念，就不可能有仁、爱、忠、信、恕、贤、孝、悌的守持。不能遵守起码的礼仪、规矩，就不可能坦然面对他人、他物。在对待礼的态度上，既要认真，又要敬畏，对礼一丝一毫的轻待，都会为知礼、懂礼的人觉察。礼也是日常的，礼融合在日常生活的细节中，无须刻意去做，但又时刻都会面对。礼也是无所不在的，日常生活中有礼，正式场合有礼，看得见的地方有礼，看不见的地方也有礼。

【原文】

1.13 有子曰："信近于义，言可复也。恭近于礼，远耻辱也。因不失其亲，亦可宗也。"

【译文】

有子说："信守的诺言符合义，说的话就可兑现。恭敬符合礼，才能远离耻辱。依靠亲近的人，也就心安了。"

【易惑词】

信，信用。近，接近，符合。义，孔子提倡的一种道德准则。言，约定，承诺。复，兑现，可行。恭，恭敬，有礼。远，音 yuàn 怨，动词，使远离。因，依靠，凭借。宗，可靠，牢靠。

【淮北佬曰】

在《论语》中，君子争的是义，小人争的是利；君子争的是好坏，小人争的是享受；君子争的是虚无，小人争的是实在。

【论语内外】

所谓义，义者，宜也，一般都解释为适宜，即合适、合宜、适合，大致就是中庸，也就是以中为用的意思，是合宜的道德、行为和道理。因此，也可以认为，义就是合适的、恰当的、适当的道德、行为、道理、观念、言语和取舍。但如此一来，义就更加是一种方法论，而不更加是一种世界观了。不过，世界观和方法论，也是互文的，观念就是方法，方法也是观念，怎么能截然分开呢？

在《论语》中，君子争的是义，小人争的是利；君子争的是好坏，小人争的是享受；君子争的是虚无，小人争的是实在；因为义是君子才有的品质，所以义的内涵应该更加丰富，既有仁、礼、忠、信的意思，也有恕、贤、孝、悌、敬的含义。

【原文】

1.14 子曰："君子食无求饱，居无求安，敏于事而慎于言，就有道而正焉，可谓好学也已。"

【译文】

孔子说："君子饮食不求丰盛，居住不求安逸，敏捷地做事，谨慎地说话，到有道的人那里修正自己，这样可以说是好学了。"

【易惑词】

饱，指丰盛。安，安逸，舒适。敏，勤快。慎，谨慎。就，接近，亲近。有道，有德行的人。正，匡正，修正。

【淮北佬曰】

无德已经不是君子了，再加上无位，那早就什么都不是了。

【论语内外】

君者，群也，众人之首领。君要么是执掌权力的人，要么是有专长受尊重的人，要么是品德高尚的人，要么是有学问的人，要么就是有凝聚力的人。君子，可能是贵族，也可能只是野人。国君、君主、君子，在原本的意义上，都是以上这些人中的一类人，但一定都是有相对凝聚力的人。他们要么有德有位，要么有德无位，也可能无德有位，但不会无德无位；无德可能有位；无德已经不是君子了，再加上无位，那早就什么都不是了。

【原文】

1.15 子贡曰："贫而无谄，富而无骄，何如？"子曰："可也。未若贫而乐，富而好礼者也。"子贡曰："《诗》云：'如切如磋，如琢如磨'，其斯之谓与？"子曰："赐也，始可与言《诗》已矣，告诸往而知来者。"

【译文】

子贡说："贫不谄，富不骄，怎么样？"孔子说："这样已经可以了，但还不如贫而乐，富而好礼。"子贡说："《诗经》说：'如切如磋，如琢如磨'，大概就是（精益求精）这个意思吧？"孔子说："赐呀，现在可以同你谈论《诗经》啦，因为你已经能够从我说过的话中领悟到我将要说的话了。"

【易惑词】

谄，音 chǎn 产，谄媚，巴结，逢迎。何如，怎么样。未若，不如。《诗》，《诗经》。如切如磋，如琢如磨，指对玉石、象牙等的打磨加工。其斯之谓与，即其谓斯与；其，大概。赐，子贡名。诸，之。往，过去，已告之事，已说之话。来，未来的事，未告之事，未说之话。

【淮北佬曰】

贫贱而不下贱，富贵而不骄横，这是孔子设计中的理想人格。

【论语内外】

作为春秋时期活跃的国际外交家和有成就的商人，子贡在《论语》里提问的

数量名列前茅，而且均涉及孔子思想的核心。子贡提出的问题都有实践意义，既不古怪，也不空泛，既深思熟虑，也务实深入。贫贱而不下贱，富贵而不骄横，不卑不亢，不衰不纵，是为人的底质，是君子的底线。这是孔子设计中的理想人格。

【原文】

1.16 子曰："不患人之不己知，患不知人也。"

【译文】

孔子说："不担心别人不了解自己，担心的是自己不了解别人。"

【易惑词】

患：担心、忧虑。不己知，不知己的倒装，不了解自己。不知人，不了解别人。

【淮北佬曰】

看到自己的不易和难处，由此而推及他人的境况和艰困。

【论语内外】

孔子待人、遇事，总是从自省的角度出发，看到自己的不易和难处，推及他人的境况和艰困，显出一种发自心底的敦厚和温和来。

为政篇第二

（共24章）

【原文】

2.1 子曰："为政以德，譬如北辰，居其所而众星共之。"

【译文】

孔子说："以德治国，就好像北斗星，在自己的位置上，众星都环绕着它。"

【易惑词】

以，用。北辰，北斗星，北极星。所，处所，位置。共，音 gǒng 拱，同"拱"，围绕，环绕，拱卫。

【淮北佬曰】

引力无所不在，看得见的地方有道，看不见的地方有德。

【论语内外】

《论语》的篇名，或取本篇"子曰"后的最前两字，以表达本篇的中心思想，例如"学而""为政""八佾""里仁""雍也""述而""泰伯""先进"等8篇。或直接取本篇的最前两字，作为篇名，例如"子罕""颜渊""子路""宪问""卫灵公""季氏""阳货""微子""子张""尧曰"等10篇，约略地表达本篇的重要内容。另有少数只是从本篇第一句中取前两字或三字，作为篇名，例如"公冶长""乡党"等两篇。

由于《论语》主要为孔子弟子及再传弟子录编，所以篇名的选定，一般是有意义的汉语词，例如"为政""八佾""里仁""泰伯""颜渊""子路""宪问""卫灵公""季氏""阳货""微子""子张"等篇名，要么是人名，要么是一种艺术形式（八佾），要么是一个动宾结构的词"里仁"。一些篇名有其特定的含义，例如"为政"主议政，"八佾"多论礼，"里仁"常谈仁。但也有些篇名，既不是有意义的汉语词，更没有表情达意的篇内意思，当时的取舍，不知出于何种原因。

例如“学而”，只是取本篇的前两个字，汉语上并无意义，或者本章关于学习的内容是孔门最看重的人生提倡？总之没有特别的语言意义。“述而”，一个实词，一个虚词，也不表达具体的意思。“子罕”，也不构成有意义的汉语词。

【原文】

2.2 子曰：“《诗》三百，一言以蔽之，曰：‘思无邪。’”

【译文】

孔子说：“《诗经》300 篇，用一句话概括，那就是：‘思想纯正，没有邪念。’”

【易惑词】

《诗》三百，《诗经》305 篇，此为约数。一言，一句话。蔽，概括。思无邪，思想纯正，没有邪念。

【淮北佬曰】

知所以然，因此而理解他人、他事、他物，这大概就叫成熟。

【论语内外】

《诗》的记录和整理需要长期的工作和大量的时间。当时的或后代的学者们或许都用与记录生活素材类似的方法积累材料。所谓“采风”，正是搜集民歌。后代的学者多用卡片，记录某某话在某某书、某某页，那是书摘或备忘，是一种提示以防遗忘。需要的时候，按照类别，翻一翻卡片，就找得到需要的材料在哪本书哪一页，与文学和思想没有关系。还有一种记录或备忘是思想记录或思想备忘，随时想到了一个闪光的句子，想到一句哲理的话，一句精彩的话，随时记下来，以后用在学术的或文学的著作里，这种句子一般都有文学色彩或文学形式，因而是文学材料的一部分。但还不是《诗经》中那样正儿八经的文学文本。《论语》的记录，大约就属于生活和思想记录。

【原文】

2.3 子曰：“道之以政，齐之以刑，民免而无耻；道之以德，齐之以礼，有耻且格。”

【译文】

孔子说：“用政律引导，用刑律约束，人民只能暂时免于犯罪受罚，却认识不到犯罪的可耻；用道德引导，用礼制规范，人民就会知羞耻并且依规生活。”

【易惑词】

道，音 dǎo 导，通“导”，引导，训导。之，代词一，下文中的民。以，用，使用。齐，整齐，约束，整治。刑，刑法。免，避免，免于犯罪。无耻，没有羞耻心。格，至，到，引为有所依循，归依，向往，归服。

【淮北佬曰】

社会普遍道德化，才是长治久安、和谐安定的基石。

【论语内外】

孔子提倡以德理政，推崇的是德化政治，是以德治国，是德治为本。以法治国，是舍本逐末；以德治国，才是追根寻本。道德意识是孔子治理国家、规范社会的先决条件。道德意识的淡化，直接关系到孔子仁、义、礼、忠、信、恕、贤、敬、孝、悌的提倡，而仁、义、礼、忠、信、恕、贤、敬、孝、悌的推行，是社会道德化的实质内容。在孔子的价值观里，社会普遍的道德化，才是长治久安、和谐安定的基石，才是社会良性发展的前提，才是理想的人文社会，也才是法制的先决条件。

【原文】

2.4 子曰："吾十有五而志于学，三十而立，四十而不惑，五十而知天命，六十而耳顺，七十而从心所欲，不逾矩。"

【译文】

孔子说："我十五岁有志于学问，三十岁能够自立，四十岁对各种事物不再迷惑，五十岁懂得天命，六十岁知道如何对待各种言论，七十岁可以随心所欲而不逾越规矩。"

【易惑词】

有，音 yòu 又，通"又"，古人习惯在整数与下一位数字之间加有，而不加又。志，决心。立，站得住，立得住，引为自立。不惑，不被迷惑。天命，自然规律，看不见的规律。耳顺，各种意见听得进去。从，跟随，放任，遵从。逾矩，越出规矩。

【淮北佬曰】

比人更大的力量，似乎在天上、在未知、在外界。

【论语内外】

孔子英明！把因年齿改变而导致的心理变化表述得这么准确。

但也可能是多年来我们受到孔老夫子这段话的影响，而自觉地向这一标准看齐的结果。

这也是孔子体验了生活后的精彩总结。

因年岁而带来的感悟难以逆向置换，四十不易知天命，五十还不够耳顺，六十已经能够部分随心所欲了，但还不能够随心所欲。

六十岁和五十岁有多大的不同呢？我先列出我个人的五大相同和五大不同吧，

虽然我还没能正式地体验六十岁的生活。

第一大相同是，胃口还是那么好，总是盼望着美食，稍微多有些活动，就会食量大增。

第二大相同是，如果没有改变原有的生活方式，就感觉体力与以前相同或相似，没有翻天覆地的变化。

第三大相同是，还是那么有想法，有信心，有目标，有奔头。

第四大相同是，睡眠仍然如常，读书也能够记住。

第五大相同是，玩心仍重，包括旅游、休闲、友聚、适当的牌局。

以上是接近六十岁时和五十岁相比的五大相同。

五大不同的第一大不同是，更有耐心，明白世上所有事物都永无止境，人的追求也只是永无终结的过程。

第二大不同是，更能够独处，更有自信和主见，具备了一定的随心所欲的能力。

第三大不同是，更有负面承受力，处事更周全，也更不愿意冒险。

第四大不同是，心理上更依赖伴侣，更看重稳固的家庭，更珍惜亲情和友情。

第五大不同是，更愿意依规而行，更看重发达和文明的社会。

【原文】

2.5 孟懿子问孝。子曰："无违。"

樊迟御，子告之曰："孟孙问孝于我，我对曰'无违'。"樊迟曰："何谓也?"子曰："生，事之以礼；死，葬之以礼，祭之以礼。"

【译文】

孟懿子问孝道之事。孔子说："不要违背礼节。"

樊迟给孔子驾车时，孔子告诉他说："孟孙问我孝道事，我对他说不要违背礼节。"樊迟说："这是什么意思?"孔子说："父母健在，要按礼节侍奉；父母去世，要按礼节埋葬，按礼节祭奠。"

【易惑词】

无违，不违背礼制。何谓，谓何的倒装，意为说的是什么意思。御，驾车。生，活着。事，侍奉。

【论语人物】

孟懿子，鲁国大夫，名何忌，懿为谥号，他的家族是鲁国三大重臣中的孟孙氏。樊迟，姓樊，名须，字子迟，鲁国人，小孔子46岁，孔子学生。

【淮北佬曰】

什么土壤结什么果，什么季节开什么花，什么环境想什么事，什么条件说什么话。

【论语内外】

孝在人类所有的文化中都是一种基础性的品质，这一方面因为这是人类生物本能的血缘亲情关系使然，另一方面才是人类文化的要求。孝作为一种基础性的品质，或者人伦观，将会影响、改变人类社会的其他重要关系。没有孝，就不可能有仁，连基础的孝道都做不到，怎么可能上升到最高位置的仁德层级？没有孝，也不可能有义，不可能为理想中的那种观念出力、献身；没有孝，不可能有礼，因为整个社会将是无序的，没有底线的，社会的整体平衡是不可能存在的；没有孝，也不可能有忠，人不可能对国家或君主有真正的忠诚，不可能为朋友做事发自心底，不可能不虚假实用；没有孝，不可能有信，因为没有边界，没有底线，没有束缚，临时观念，随时翻脸，又怎么可能诚以待人，诚以对事，诚以永久？没有孝，不可能有恕，所有事都任性而为，我为中心，强迫他人，就无法妥协，无法沟通，无法平等对待；没有孝，也不可能有悌，不侍奉父母，怎么可能敬重兄长？不向长辈鞠躬，怎么可能向兄长低头？

【原文】

2.6 孟武伯问孝。子曰："父母唯其疾之忧。"

【译文】

孟武伯问孝道之事。孔子说："做父母的只担心子女的健康。"（健康不可控制，而其他可以尽量做好，不让父母操心）

【易惑词】

父母唯其疾之忧，只担心儿女生病；唯，只，仅；其，代词，他的，他们的；疾，程度较轻的病。

【论语人物】

孟武伯，孟懿子的儿子，武，谥号。

【淮北佬曰】

尊亲之情，修身之本。

【论语内外】

孝在中国被看作道德之首。对祖先的敬畏感，被要求不应忘记；对家族中长者的责任感，被要求贯穿人生的始终。尊亲之情是修身之本，是一种春风细雨、润物无声的道德引导，无时无刻不在进行、塑造和滋润之中。孝又升华、引申出廉洁的从政价值观，对家庭中长者的孝道，演化、泛化为从政的廉道。百善孝为先，廉为孝之首，在家中不能孝，为政则难为廉，这其中的内涵和精髓，体现出一种特别的文化精神。但这只是道德理论层面的叙述，如进入政治实践程序，则还需有方法论上的

细密限定。虽然在家不能孝，为政难以廉，但在家能够孝，为政也不能保证廉。

【原文】

2.7 子游问孝。子曰："今之孝者，是谓能养。至于犬马，皆能有养。不敬，何以别乎？"

【译文】

子游请教孝道之事。孔子说："现在的人所谓孝道，只是能养活父母。至于狗马，都能得到人的喂养。对父母没有孝敬之心，和养活狗马有什么区别呢？"

【易惑词】

养，旧音 yàng 样，供奉，养活。敬，孝敬。何以，以何的倒装，意为用什么。

【论语人物】

子游，姓言，名偃，字子游，吴国人，小孔子 45 岁，孔子晚年学生。子游是孔子唯一南方学生。

【淮北佬曰】

孝不一定是一种因果关系。

【论语内外】

百善孝为先，这看起来是有道理的，也很难能够单纯地反对。但关于"孝"的定义，在各种文化中却是不一样的，有时甚至是完全相反的，这正是对于孝的理解的最大的区别，最大的分歧，最大的不同，最大的问题。西方人认为孩子成年了就要放飞，孩子的成功和独立，就是对父母的大孝；而东亚文化却认为孩子大了就要孝敬父母，人们把这理解成一种因果关系，因为父母对你有养育之恩，所以你要尽孝道以回报。

【原文】

2.8 子夏问孝。子曰："色难。有事，弟子服其劳；有酒食，先生馔；曾是以为孝乎？"

【译文】

子夏问孝道事。孔子说："对父母和颜悦色最难。有事情，子女去做；有酒和食物，让父母吃喝；难道这就可以认为是孝吗？"

【易惑词】

色，面容，脸色，态度。难，不容易。弟子，指儿女。服，从事，担当。食，音 sì 四，食物。先生，年长者，此指父母。馔，音 zhuàn 赚，享用，食用。曾，音 zēng 增，竟，难道。是，代词，这，这里，这样。

【淮北佬曰】

君子之孝，才更牢靠。

【论语内外】

观念总是有利有弊、有长有短的。文化的分歧并不可怕，甚至也不重要，因为文化只是一种观念，或概念，随时可以更变。孝的内容和形式，总之使人温暖、舒心、有港湾感就好了，并非一定要整齐划一，非此即彼。西人遵循自己的孝道，发展出了强势的文明；中国遵循自己的孝道，也创造了辉煌和灿烂；这些文明都正有活力，不见死亡，就说明这些文明中的观念是有竞争力的，是能够生发出活跃的因子的。怕只怕那种教条的、古板的、守旧的孝道观念，总是排他性地要求孝从形式到内容都以我为尊，以我为要，以我为正式、为正统，这就极易引起歧义，引起不安，引起不满，引起反对，引起“文化的冲突”了。这也正是极端主义的起因。孔子说：“君子和而不同，小人同而不和。”君子和谐相处、搁置分歧，小人盲目认同，却又怎么可能没有分歧、和谐相处？君子之孝，似乎才更牢靠。

【原文】

2.9子曰：“吾与回言终日，不违，如愚。退而省其私，亦足以发，回也不愚。”

【译文】

孔子说：“我整日和颜回讲课，他从不提不同意见，好像愚蠢的人。课后观察他的言论，也很能发挥所学知识观点，颜回并不愚蠢。”

【易惑词】

不违，不提不同意见。愚，愚笨，愚蠢。退，从孔子处出来。省，音 xǐng 醒，察看，审察。私，指孔子不在场，私下里。发，发挥，阐发。也，语气词。

【论语人物】

颜回，姓颜，名回，字子渊，鲁国人，小孔子 30 岁或 40 岁，孔子早年学生。颜回是孔子最得意弟子之一。

【淮北佬曰】

学问是自己的事，有主见才好。

【论语内外】

本章中的“私”字，有不同见解，一般认为是私下的言论。“退而省其私，亦足以发”，也有多解。一解是，“课后观察他的言论，也很能发挥所学观点”；另一解是，“课后观察他的谈论，发现他也很能发挥我的观点”；大意还都是肯定他对老师教授内容和观点的接受能力。杨伯峻先生解为，“等他退回去自己研究，却也能发挥”，把“私”解为“自己研究”，也就是自己私下里做事的意思。杨伯峻先

生古汉语及古代文化好，理解到位，但有时也有过度解读或稍感拘泥的感觉；他对现代汉语的翻译比他对古文的理解能力稍弱，有时显得不十分匹配。

【原文】

2.10 子曰："视其所以，观其所由，察其所安，人焉廋哉？人焉廋哉？"

【译文】

孔子说："看一个人的所作所为，再观察这个人的来历和动机，再看这个人做这事时心情如何，安还是不安，那这个人还能隐藏得住吗？这个人还能隐藏得住吗？"

【易惑词】

所以，所作所为。所由，来历，走过的路。焉，何处，哪里。廋，音 sōu 搜，隐藏，隐匿。

【淮北佬曰】

人不能在思考的同时眨眼睛。

【论语内外】

观察一个人，有许多环节，按照孔子的方法，是由外而里、再由里而外地看。先看眼睛看得见的所作所为，再看他做事的内心、动机和心态；再通过心情看他的神态，一个人就透明了，就藏不住了。当代非言语交流研究结果表明，人不能在思考的同时眨眼睛，如果一个人在眨眼，那么他或她就不会同时在思考。姿势与地位和人的紧张程度有关。孔子居家时放松而轻松，在正式场合或国君、上级、同事的面前，则谨慎而小心。某人和上级或重要的人物、有求的人物交谈时，这人不会靠在椅背上，而会坐在椅子的前半部，并且身体前倾。一般而言，高层的办公室在高层，低层的办公室在低层。

【原文】

2.11 子曰："温故而知新，可以为师矣。"

【译文】

孔子说："温习旧知识而有新感悟、新见解，就可以当老师了。"

【易惑词】

故，过去的，已知的，旧的。温，温习。师，老师；或以故为鉴。

【淮北佬曰】

学习，是修己治国的前提。

【论语内外】

此句的一种解读是：温习旧知识而有新感悟、新见解，就可以当老师了。另一种解读是：温习旧的从而有新体会、新发现、新见解，这种温故而知新的方法相当于老师。第三种解读是，温习旧的从而有新体会、新发现、新见解，就可以以故为鉴了。三种解读，第一种强调的是掌握技能，如果掌握了这种技能，就具备当老师的条件了；第二种解读强调的是学习方法，温故知新是学习方法，如果掌握了这种学习方法，就等于找到了老师。第三种解读强调以故为鉴，旧为今用。学习是孔子修己治国的前提。不好好学习，对个人来说，没有仕途，对国家而言，没有前途。

【原文】

2.12 子曰："君子不器。"

【译文】

孔子说："君子不能像器物一样，只有一定的用途。"

【易惑词】

不器，不像器物那样只有单一用途；器，器物，器具，古代一般一器一用。

【淮北佬曰】

视野广宽，心地无限，思接千里，量达万端。

【论语内外】

多才多艺，就是现在常说的复合型人才。孔子说，君子不能像器物一样，只有一种用途，第一是说才智和能力，不能过于单一，仅作一用；过于单一，仅作一用，某种意义上，也是对器物的浪费。第二是说君子的器量，君子不能像器物般囿于一地，限于一处，可称可量，可见可算，而应该视野广宽，心地无限，思接千里，量达万端。第三是说对君子，不能只见一面，不能只观一方，不能只视一角，君子并非仅此一用；君子本就是复合型的，既有常人情感，也有君子气质；既有大众需求，亦有人所不及。

【原文】

2.13 子贡问君子。子曰："先行其言而后从之。"

【译文】

子贡问怎样才算是君子。孔子说："君子先践行要说的话，然后按照所做的说出来。"

【易惑词】

行，实行，行动，实践，贯彻。其言，自己的言论。从，跟从。

【淮北佬曰】

先做后说，而不是先说后做。

【论语内外】

《论语》是孔子思想的通俗记录，也是一种通俗经典，因而虽含蕴深邃，却言语浅易。子贡之问一般都问在点子上，问在要害处，问了就能指导实践。孔子的回答也出人意料。在行为日程上，孔子提倡的是先行后说，而不是先说后做。君子先践行要说的话，然后按照所做的说出来，这其实是君子要先践行所思所想，再把所思所想，用言语表达出来。因此身体里的理想十分重要，没有理想，就没法去做，也没法去说。

【原文】

2.14 子曰："君子周而不比，小人比而不周。"

【译文】

孔子说："君子团结而不勾结，小人勾结而不团结。"

【易惑词】

周，遍及，亲近，合群，团结，引申为用道义忠信团结人。比，音 bì 避，勾结。小人，没有道德的人。

【淮北佬曰】

君子与人处不计小端，与朋友交最重志同道合。

【论语内外】

君子周而不比，小人比而不周，类于孔子说的君子坦荡荡，小人常戚戚，君子和而不同，小人同而不和。君子普遍具有超于常人的道德修养、聪明才智、心胸视野、自然自信和人格魅力；君子常常具有独立行动、自主决定、高瞻远瞩的能力；君子与人处不计小端，与朋友交最重志同道合，坦荡开阔；因此君子在行为处世上，往往独立自主，信心满满，有能力做到和而不同，是社会和谐的推动力量，毋须相互苟合、暗箱操弄。小人能力有限、道德缺失、才智不足、行为失端，传递的多是负能量，忧戚惊慌，因而需要相互利用，用之则聚，无用则弃，亟须暗流助力，暗箱操作，避开天日，趁乱取利。

【原文】

2.15 子曰："学而不思则罔，思而不学则殆。"

【译文】

孔子说："只学习不思考就会迷惘，只思考不学习则会疑惑。"

【易惑词】

思，思考。罔，通“惘”，迷茫，迷惘，糊涂。殆，疑惑，危险。

【淮北佬曰】

学习是表面的形式，思考是深层的整合。

【论语内外】

学习是表面的形式，思考是深层的整合。只专表面的学习，就没有自己的心得；但只专自己的思考，就会变得狭隘。中国媒体曾进行过“阅读《论语》”的主题活动，并由网民投票、专家评审选出《论语》十句箴言，学而不思则罔，思而不学则殆，为评选出的十句箴言之一。这十句箴言为：1. 学而时习之，不亦说乎？有朋自远方来，不亦乐乎？人不知而不愠，不亦君子乎？2. 学而不思则罔，思而不学则殆。3. 曾子曰：吾日三省吾身：为人谋而不忠乎？与朋友交而不信乎？传不习乎？4. 己所不欲，勿施于人。5. 知之为知之，不知为不知，是知也。6. 温故而知新，可以为师矣。7. 子曰：“三人行，必有我师焉。择其善者而从之，其不善者而改之。”8. 见贤思齐焉，见不贤而内自省也。9. 子曰：吾十有五而志于学，三十而立，四十而不惑，五十而知天命，六十而耳顺，七十而从心所欲，不逾矩。10. 朝闻道，夕死可矣。这些话已经进入我们的日常文化之中，可见《论语》对中华文化影响的深远。

【原文】

2.16 子曰：“攻乎异端，斯害也已。”

【译文】

孔子说：“批判异端邪说，那些祸害就可以消除了。”

【易惑词】

攻，专攻，攻击，声讨，批判。异端，非正统的观念；或另一端，非正统观念为其引申义。斯，代词，这，这样。已，止，除。

【淮北佬曰】

偏向一端用力，那就有害了啊。不偏向一端用力，那就一事无成了啊。

【论语内外】

“攻”有专攻、攻击、研习等多个意思；“异端”有非正统观念、不正确观念等义，因而此句的释义就有变化。一种释义为，“偏向一端用力，那就有害了啊”，这是就攻的专攻义而言。一种释义为，“下功夫研习各种非正统学说，是有害的”，这是就攻的研习义而言。一种释义为，“批判异端邪说，那些祸害就可以消除了”，这是就攻的攻击义而言。一种释义为，“批判那些不正确的议论，祸害就可以消除了”，这是就异端的不正确义而言。一种释义为，“只埋头钻研形而上学理论，这

是很有害的”，这是就异端的又一释义而言。相应的，“也已”连用即释为语气词，“已”或释为止住、消除、清除等。

中国媒体又曾进行过“阅读《论语》推荐十大好书”的评选活动，综合网友投票和专家意见，最终入选的图书既有历史上《论语》注疏、研究的经典之作，也有民国以至当代学者的学术著作，还有面向一般读者的普及作品。入选的十本书包括：《论语新解》（第三版）（生活·读书·新知三联书店，钱穆著）、《论语译注》（中华书局，杨伯峻注）、《论语正义》（中华书局，〔清〕刘宝楠撰，高流水点校）、《论语今读》（中华书局，李泽厚著）、《论语集释》（中华书局，程树德撰，程俊英、蒋见元点校）、《论语》（上海古籍出版社，〔宋〕朱熹集注）《论语义疏》（中华书局，〔梁〕皇侃著，高尚榘整理）、《丧家狗：我读〈论语〉》（山西人民出版社，李零著）、《辜鸿铭讲论语》（北京理工大学出版社，辜鸿铭著）、《孔子评传》（南京大学出版社，匡亚明著）。

【原文】

2.17 子曰：“由！诲女知之乎！知之为知之，不知为不知，是知也。”

【译文】

孔子说：“由！我教你求知的正确态度吧！知道就是知道，不知道就是不知道，这才是智慧。”

【易惑词】

诲，教导。女，音 rǔ 汝，同“汝”，你。知，指对知识的态度。之，指传授给学生的知识。是，代词，这，这样。知，音 zhì 智，同“智”，智慧。

【论语人物】

仲由，姓仲，名由，字子路（季路），鲁国人，小孔子 9 岁，孔子早年学生。

【淮北佬曰】

与时俱进，才能引领潮流。

【论语内外】

1980 年我在大学学古代汉语，读《论语》，那时的专著一般都把孔子的这句话翻译为“知道就是知道，不知道就是不知道，这才是对知与不知的正确态度”。而现在的几乎所有学者都把最后一个“知”解释为智，智慧。还有一些学者把第一个“知”和最后一个“知”都解释为智，智慧。古代汉语没有标点符号，汉字也可多义通假，因此古代文献既给后人研究带来困扰，也给后人研究带来广阔空间。在不违背语言规律的情况下，各种译言都展现了一片新鲜的天与地。没有谁说服谁的问题，只有潮流和风向的引领。可见学术研究，也要与时俱进，与时代接轨，否则，就会变得陈旧和过时。

【原文】

2.18 子张学干禄。子曰："多闻阙疑，慎言其余，则寡尤；多见阙殆，慎行其余，则寡悔。言寡尤，行寡悔，禄在其中矣。"

【译文】

子张请教怎样求官得禄。孔子说："多听，没把握的话不说，有把握的话则谨慎地说出来，就能减少错误；多看，没把握的事不做，有把握的事也要谨慎地去做，就能减少后悔。说话过失少，做事后悔少，俸禄官职就在其中了。"

【易惑词】

干，求。禄，旧时官吏的俸给，求禄即求仕。阙疑，搁置疑惑，保留疑惑；阙，通"缺"；疑，疑惑。寡，少。尤，过失，错误。阙殆，搁置疑惑，保留疑惑。悔，后悔，懊悔。行，音 xìng 杏，做事，行为。

【论语人物】

子张，姓颛孙，名师，字子张，陈国人，小孔子48岁，孔子晚年学生。

【淮北佬曰】

名声的好与坏，仍然还是个德行问题。

【论语内外】

子张开诚布公，向孔子讨教当官的方法和注意事项。孔子倒也爽快，叮嘱他做人做事的要诀，当官进仕的秘密，可见孔子时代的官员还没有被污名化，还没有被涂黑。如果是当下，没有人会公开说出当官的愿望，如果真有此愿，也会悄然进行，并美其名曰"当公仆"，做人民的服务员。官本位的观念明显从孔子那时就开始了，而且是公开进行的。名声的好与坏，仍然还是个德行问题。经商的职业曾经因言利被看得很轻，而现在被看得很重；从政的职业曾经被看得很重，而现在常被认为与不德挂钩。

【原文】

2.19 哀公问曰："何为则民服？"孔子对曰："举直错诸枉，则民服；举枉错诸直，则民不服。"

【译文】

鲁哀公问："怎样做才能让人民服从？"孔子回答说："举用正直的人，不用邪曲的人，人民就会服从；举用邪曲的人，不用正直的人，人民就不服从。"

【易惑词】

何为，为何的倒装，怎样。服，服从，归服。对曰，臣子回答国君，下回答

上。举，选拔，提拔。错，放置，安排，通“措”。诸，之于的合音；之，代词；于，语气词。枉，不正，弯曲。

【论语人物】

哀公，鲁哀公，鲁国国君，姓姬，名蒋，谥号为哀。

【淮北佬曰】

选贤用仁，也是后世治国理政的不二准则。

【论语内外】

这是孔子的用人标准，治理国家要举用正直的人，正直人民就服气，歪邪人民就反对。选贤用仁，也是后世治国理政的不二准则，谁都知道，谁都明白，谁都能说出个一二三四来，因为《论语》的准则和先例，已经入脑入心，化为日常。过熟则烂。因此常有人提议去除传统，引入新论。我却以为，孔子之论，不是多余，而是不足；不是去除，而是增添；不是淘汰，而是补齐；不是消灭，而是激活。

【原文】

2.20 季康子问：“使民敬、忠以劝，如之何?”子曰：“临之以庄，则敬；孝慈，则忠；举善而教不能，则劝。”

【译文】

季康子问：“要让人民敬重、忠诚和勤勉，应该怎么做呢?”孔子说：“您对待人民严肃认真，人民就敬重，您孝老慈幼，人民就忠诚，您举用善人并且教育能力弱的人，人民就勤勉。”

【易惑词】

敬，认真严肃。以，连接词，而，和。劝，勤勉，努力。如之何，怎么办，该怎样做。临，面临，面对，上对下，引为对待。善，指有德行的人。不能，指才能低下的人。

【论语人物】

季康子，鲁哀公时的正卿季孙肥，姓季孙，名肥，康为谥号。

【淮北佬曰】

只有仰赖人民，人民才仰赖当政者。

【论语内外】

德治不是空洞的而是实在的，良政也不是虚无的而是看得见的。德政既要求当政者认真勤勉，也要求当政者孝老慈幼；德政既要求当政者选贤任能，德政也要求当政者普惠大众。管理者与被管理者是相依相存的关系，没有管理者，就没有被管理者，没有被管理者，管理者也无法存在。当政者仅仅关注政事是远远不够的，功夫在政外，只有敬重人民，人民才敬重当政者；只有忠实人民，人民才忠实当政者；只有诚信人民，人民才诚信当政者；只有包容人民，人民才包容当政者；只有仰赖人民，人民才仰赖当政者。

【原文】

2.21 或谓孔子曰："子奚不为政？"子曰："《书》云：'孝乎惟孝，友于兄弟，施于有政。'是亦为政，奚其为为政？"

【译文】

有人对孔子说："您为什么不出仕从政？"孔子说："《尚书》上说：'孝顺父母，友爱兄弟，并以这种品德影响政治。'这就是参政，为什么只有做官才叫从政呢？"

【易惑词】

或，此为不定代词，有人。奚，疑问代词，为何，为什么。《书》，《尚书》的简称。乎，语气词。惟，只有。友，友善，友爱。施，施行，延及。

【淮北佬曰】

虽然孔子崇尚的是良人善性的理念，但他也明白人皆利己的人性。

【论语内外】

孔子对从政的概念进行了泛化，用我们现在的话说，就是偷换了概念。从政就是做官，做官就是管理社会，管理社会就是要建立一个和谐平顺的人境。如果能用各种方式达到构建一个和谐平顺的人境的目的，那的确不一定非要从事与管理社会直接相关的工作。但这里的"有人"提问的意思，恐怕还不完全是"从政"的字面意思，而是暗含了当官理政背后的权力、地位及富贵观念。人总是要为自己着想的，虽然孔子崇尚的是良人善性的理念，但他也明白人皆利己的人性。孔子这样说也许只是在那种语境下被迫应战的撑面子话，是一种"外交辞令"，但这也展示了他的辩才。

【原文】

2.22 子曰："人而无信，不知其可也。大车无輗，小车无軏，其何以行之哉？"

【译文】

孔子说："人不讲信誉，真不知道怎么可以这样。就像大车没有輗，小车没有軏，凭什么行走呢？"

【易惑词】

而，如果，假如。信，信用。可，可以。輗，音 ní 泥，軏音 yuè 月，均为车上零件。

【淮北佬曰】

诚信不仅是需要个人具备的品质，更是稳定向善的社会必需的品质。

【论语内外】

仁德的社会也是诚信的社会，就像仁德的社会也是孝慈的社会、仁德的社会也是义行的社会、仁德的社会也是宽容的社会、仁德的社会也是敬悌的社会、仁德的社会也是礼制的社会、仁德的社会也是忠良的社会、仁德的社会也是贤心惠意的社会一样，诚信不仅是需要个人具备的品质，更是稳定向善的社会必需的品质。輗和軏同物异名，都是车辕前端用于连接车辕和轭的零件，但輗用在大车上，軏用在小车上。

【原文】

2.23 子张问："十世可知也?"子曰："殷因于夏礼，所损益，可知也；周因于殷礼，所损益，可知也。其或继周者，虽百世，可知也。"

【译文】

子张问："十代以后的礼仪制度可以预知吗?"孔子说："殷朝承袭夏朝的礼仪制度，减少和增加的，都可以知道；周朝承袭殷朝礼仪制度，减少和增加的，都可以知道。那么以后继承周朝的朝代，即使有一百代，也是可以推知的。"

【易惑词】

世，世代；古代以三十年为一个世代。也，语气词。因，承袭，沿袭。损，减少。益，增加。虽，即使，就是。

【淮北佬曰】

理想中的社会，正是一种能够习得、可以预知、值得期待的仁德社会。

【论语内外】

在稳定的仁政社会里，前世和后世的社会，都是能够习得和预知的；前世和后世的人生，都是能够想象和期待的。孔子理想中的社会，正是这样一种能够习得、可以预知、值得期待的仁德社会。孔子可能是保守的，也可能是因循守旧的，但他理想中的社会未必就是一成不变的社会，他设计中的社会未必就不是从前朝汲取经验和教训以图强的社会，他的稳定和传承就未必是全盘照抄。但孔子的变与不变，的确难以把握和掌控，孔子的增加和减少，也的确难以量化和精确制导。这才是仁德政治的关键。

【原文】

2.24 子曰："非其鬼而祭之，谄也。见义不为，无勇也。"

【译文】

孔子说："不是自己应该祭祀的鬼神却去祭祀它，这是谄媚；见到应该挺身出手的事情而不去做，这是没有勇气。"

【易惑词】

鬼，人死为鬼，多指逝去的祖先。谄，巴结，谄媚。

【淮北佬曰】

媚俗不是孔子倡导的德行，媚人也不是孔子推崇的仁质。

【论语内外】

媚俗不是孔子倡导的德行，媚人也不是孔子推崇的仁质。见义而不为，这是无勇；社会不见义，这是道德的缺失。孔子的德治善政，既包含了仁义礼忠信，也涵盖了恕贤敬孝悌；既剔除了谄媚巴结，也反对割裂文化；既有所舍，也有所取；既摒弃，也传承；既强调宏观大政，也注意细微小节；既务虚政，也讲实事。既有纲，也有目。

八佾篇第三

（共26章）

【原文】

3.1 孔子谓季氏："八佾舞于庭，是可忍也，孰不可忍也?"

【译文】

孔子谈到季氏，说："他在庭院里使用六十四人的舞乐，这种事都能狠心做出来，还有什么事不能狠心做出来呢?"

【易惑词】

佾，音 yì 逸，古代舞蹈奏乐，八行为一佾，只有周天子才能用佾。忍，一种解释为容忍，为孔子角度；一种解释为忍心、狠心，从季孙氏角度。孰，什么事。

【论语人物】

季氏，鲁国执政大夫季孙氏。

【淮北佬曰】

由于反抗成本太高，或还没有在相应范围内达成共识，于是只好使用弱者的武器，即私下里发牢骚，议论人，说人家坏话，继而消极怠工。

【论语内外】

"是可忍也，孰不可忍也"，用更多的现代汉语去理解，这句话大概如此：这样的事都可以忍，还有什么样的事不可以忍！这样的人都可以忍，还有什么样的人不可以忍！这样的事都忍心去做，还有什么样的事不能忍心去做！这样位高权重的人都忍心去做，其他人做什么都不足为奇了！孔子说的这句话以及说这句话的环境，有点美国社会学家斯科特"弱者武器"的味道。由于反抗成本太高，或还没有在相应范围内达成共识，于是只好使用弱者的武器，即私下里发牢骚，议论人，说人家坏话，继而消极怠工。

钱穆先生解读这个"忍"字，以为有两义，一为忍耐的忍，一为忍心的忍。

他认为“是可忍”的忍指事，“孰不可忍”的忍指人，但有事则必及人，所以不必过于拘泥。这句话，“文化大革命”“批林批孔”时对我们的解释则是：这样的事都能忍，还有什么样的事不能忍！这样的人都能忍，还有什么样的人不能忍！其实也就是用疑问的句式，来加强肯定的语气。那时这句话经常使用在一些大批判环境里，例如，对苏联修正主义即“苏修”，他们的所作所为，“是可忍，孰不可忍!”对“地富反坏右”及他们做的“坏事”，“是可忍，孰不可忍!”其实也只能如上理解。因为如果把“忍”理解为狠心、忍心，在大批判的环境下，那整个就说不通了。“‘苏修’这样的事都忍心去做，还有什么事情不忍心去做?”显得很娘娘腔，完全没有批判的气氛和力度。所以时代和环境对古代经典的阐释具有重要影响。在许多情况下，特别是在有相应的阐释空间的情况下，阐释者的心理状态决定了阐释倾向，决定了阐释的轻与重，决定了阐释的选择。正确与错误的标准在这种情况下只是一种表面重要的显标准，而决定选择的则是人们心底的隐性标准。

【原文】

3.2 三家者以《雍》彻。子曰：“‘相维辟公，天子穆穆’，奚取于三家之堂?”

【译文】

三大家族祭祀结束时唱着《雍》诗撤祭品。孔子说：“《雍》诗里说‘诸侯助祭，天子肃穆地主祭’，这诗句怎能在三家的庙堂上唱?”

【易惑词】

三家，指鲁国执政大夫孟孙、叔孙、季孙三大家族，他们又被称为三桓，因为这三大家族都是鲁桓公的后代。《雍》，《诗经·周颂》篇名，天子祭祀后撤除礼品时唱此诗。彻，通“撤”，撤除祭品，祭祀完毕后撤除祭品。相，助祭的人。维，语气词。辟公，诸侯。穆穆，庄重肃穆。奚，怎么。堂，祭祀祖先的庙堂。

【淮北佬曰】

在人们的潜意识里，天下、国、家，既是个人掌控的，但更属于社会，属于大众，属于集体。

【论语内外】

孔子依礼而为，遵奉等级制度，所以他看不惯三大家族这样违礼的行为。春秋时期的天下、国、家，与现代天下、国、家的概念，并不一致。天子有天下，诸侯有国，卿大夫有家，天下、国、家，都是私有性质的。春秋时期的天下属于周天子，周天子的王位由嫡长子继承，其余的儿子及功臣封为诸侯。诸侯的君位也由嫡长子继承，其余的儿子则封为卿大夫。担任卿大夫“家”中官职的通常是士，称为家臣，春秋以前多为武士，春秋以后多为文士。孔子的弟子季路和冉有，都担任

过卿大夫的家臣，看样子，他们都是以文士的面貌出现的。他们为私家工作，仿佛现在为私营企业工作，尽职尽忠也是本分。

但不管天下、国和家是私人的，还是大家的，人们公平、正义、制度规范的概念都是存在的。在人们的潜意识里，天下、国、家，既是个人掌控的，但更属于社会，属于大众，属于集体。天下有天下的礼制，国有国的法度，家有家的规矩。这些，都不能违背社会文化起码的道德原则。

【原文】

3.3 子曰："人而不仁，如礼何？人而不仁，如乐何？"

【译文】

孔子说："做人，却没有仁德，礼仪又能对他怎么样？做人，却没有仁德，音乐又能对他怎么样？"

【易惑词】

仁，仁德。礼，礼仪。乐，音乐。

【淮北佬曰】

《论语》的记述，距今已近2500年，除了背景研究外，我们所能汲取的，应该是其中抽象出来的社会价值和道德意义。

【论语内外】

仁是孔子言行中最高的道德标准，礼与仁则是事物的两个侧面，或可相互包括，或可理解为不同的表述方式。礼可理解为仁的形式，仁可解读为礼的实质内容；礼是社会秩序的规定，仁是社会秩序的依循。没有仁心，礼仪都是假的；连礼仪这种形式都没有，都做不到，孔子就觉得，更不可能有仁心。

【原文】

3.4 林放问礼之本。子曰："大哉问！礼，与其奢也，宁俭；丧，与其易也，宁戚。"

【译文】

林放问礼的本质。孔子说："这个问题问得到位！一般的礼，与其奢侈，宁可节俭；丧礼，与其在仪式上周全，宁可内心更加悲哀。"

【易惑词】

奢，奢侈。易，周到，周全，指仪式周全。戚，悲哀，悲伤，哀戚。

【论语人物】

林放，鲁国一位守礼制的人；有学者认为他也是孔子学生。

【淮北佬曰】

仁是思想的内核，礼是思想的载体。

【论语内外】

大哉问，或有两个意思。一个意思是孔子感叹这个问题问得好，问得到位，问到了点子上，因而发出感叹。另一个意思，是说这个问题是个大问题，是个重大的问题，然后作出了后面的回答。仁为里，礼为表；仁是思想的内核，礼是思想的载体；仁在背后操作，礼在表面演出；仁强调平等，礼或分贵贱；没有仁，礼将不存；没有礼，仁则无法体现。礼是孔子对传统文化的承袭，仁则是孔子对传统文化的选择、归纳、精炼和提升。其实，孔子也没法一言以概之，用一句话或几句话，精确地回答林放的问题，因此他作出了部分回答。

【原文】

3.5 子曰："夷狄之有君，不如诸夏之亡也。"

【译文】

孔子说："夷狄有君主，仍不如华夏无君主。"

【易惑词】

不如，比不上，还不如，不及。诸夏，中原各诸侯国。亡，音 wú 无，同"无"，没有。夷，东方族群；狄，北方族群；都是当时华夏以外的民族；后用来泛指中原以外的民族；又有认为指春秋时期的楚国和吴国。

【淮北佬曰】

春秋时期，中原一带的黄淮流域文化最为发达。

【论语内外】

孔子或表达一种怨怪，或表示一种轻蔑，或言说一种现象，或区分一种主次，或捍卫一种地位，或展望一种前景。孔子表示的，不外乎一种正统与非正统，主要与次要，我者与他者的图景。春秋时期，中原一带的黄淮流域文化最为发达。到战国秦汉，江淮地区还火耕水耨、饭稻羹鱼呢。即使在中原内部，也还有主次之分。孔子为主，老子为辅；河水为主，淮水为辅；山河为主，江海为辅；儒家为主，道家为辅；仁者为主，其他为辅。呈现出一种无所不在的等级性。

【原文】

3.6 季氏旅于泰山。子谓冉有曰："女弗能救与？"对曰："不能。"子曰："呜呼！曾谓泰山不如林放乎？"

【译文】

季氏要去祭祀泰山。孔子对冉有说："你不能阻止吗？"冉有回答："不能。"孔子说："唉，难道泰山之神竟不如林放懂礼（会接受这逾规的祭祀）？"

【易惑词】

旅，动词，祭山；或祭名，祭山的名称，古代对山川的祭祀称旅；依礼规，只有天子诸侯才能祭祀名山大川。女，同"汝"，你。弗，不。救，挽救，劝阻，此处为设法阻止。呜呼，感叹词。曾谓，难道；曾，音 zēng 增，竟，乃。

【论语人物】

冉有，姓冉，名求，字子有，鲁国人，小孔子 29 岁，孔子学生。

【淮北佬曰】

如果真不懂规矩，那是无知；如果懂规矩而有意为之，那就是僭越。

【论语内外】

依当时礼制，只有天子、诸侯，才能祭祀名山大川，而季氏只是鲁国的大夫。用现在的话说，这叫不懂规矩。如果真不懂规矩，那是无知；如果懂规矩而有意为之，那就是僭越；体制内的人都会侧目以对。

【原文】

3.7 子曰："君子无所争。必也射乎！揖让而升，下而饮。其争也君子。"

【译文】

孔子说："君子没有什么可争的。如果一定要有争，就是射箭比赛吧！赛前互相行礼，赛后饮酒致礼。这样的竞争，还是君子之争。"

【易惑词】

争，竞争，争输赢。射，射箭；此处指射箭比赛，即射礼，古代宴饮时比赛射箭以作娱乐。揖让，拱手作揖谦让；揖，音 yī 一。升，登阶入堂，射礼在大堂进行。饮，饮酒，喝酒。

【淮北佬曰】

先秦的经典大都是感性的。

【论语内外】

从篇幅上来看，先秦的经典都"微不足道"，有人统计《道德经》共 5284 字，《论语》共 11705 字。但我还是那句话：先秦的经典大都是感性的，包括《论语》，甚至《尚书》等政府文件汇编，都有强烈的天地体验感，这是当时人们认识世界的主要特征。因此要读懂它们，光靠能够言说的显性知识没法完全读得懂，悟得透，还得靠缄默知识的帮助，我们才最终能貌似读得懂。就像本章的"君子"与"争"。字面上君子与争的关系，我们仿佛读得懂了，但君子与射箭、君子与礼仪、君子与竞争之间隐含的关系，却也不是那么一目了然的。

【原文】

3.8 子夏问曰：“‘巧笑倩兮，美目盼兮，素以为绚兮’，何谓也?”子曰：“绘事后素。”曰：“礼后乎?”子曰：“起予者商也！始可与言《诗》已矣。”

【译文】

子夏问道：“‘笑容美丽，眼神娇媚，白色底子上绘着有文采的画’，这几句诗是什么意思?”孔子说：“先有白色的底子，然后绘画。”子夏说：“就是说礼仪产生在仁义之后吗?”孔子说：“对我有所启发的就是你啊！现在可以和你谈论《诗经》了。”

【易惑词】

倩，美丽，美好。兮，语助词。盼，黑白分明。素，白绢。绚，有文采。绘事后素，绘画后于白底子，即先有白底子后有绘画；绘，绘画；素，白色。礼后乎，礼在后面吗？意思是礼在什么后面，即礼是后起之事。起，启发。予，我。商，子夏。

【淮北佬曰】

我们感受到的多于我们能表达的。

【论语内外】

缄默，就是不开口说话。按照英国物理化学家波兰尼的说法，我们所认识的多于我们所告诉的。他的意思就是，我们认识的多，而我们能说出来的少。也就是说，面对大千世界、万般事物，大多数时候我们看见了听见了感觉到了，可就是说不出来。啊啊的说不出来，想想还真有些急人。礼仪、仁义和美目、巧笑，真的必然有某种联系吗？还真是说不清楚的啊。

【原文】

3.9 子曰：“夏礼，吾能言之，杞不足征也；殷礼，吾能言之，宋不足征也。文献不足故也。足，则吾能征之矣。”

【译文】

孔子说：“夏朝的礼，我能说出来，但夏的继承者杞国不足以佐证；商朝的礼，我能说出来，但商的继承者宋国不足以佐证。这是杞宋两国历史文献和贤人不够的缘故。如果有足够的文献和贤人，我就可以引以为证了。”

【易惑词】

杞，音 qǐ 起，国名，周初为夏朝后裔建立的封国。征，证，证明。宋，国名，

周朝为殷朝后裔建立的封国。文，典籍。献，贤者，掌握典籍的贤者。故，原因。

【淮北佬曰】

本章各句看起来莫名其妙。

【论语内外】

莫名其妙正是缄默知识大展身手的好时机。老子是最早完美地表达缄默知识这种意思的智者。“道可道，非常道”，说的可不就是典型的缄默知识！当然我并非又要说世界上所有的创造和创新，我们的老祖宗都已经表述过了，但一个人的高度天分，一种思想的惊人智慧，几千年以后，与任何新思维，都还能匹配，这不能不令人啧啧称奇。

【原文】

3.10 子曰：“禘自既灌而往者，吾不欲观之矣。”

【译文】

孔子说：“禘祭之礼，从最初献酒以后，我就不愿再看下去了。”

【易惑词】

禘，音 dì 帝，最为隆重的祭礼，即周天子祭祖的大典；因鲁国地位特殊，因此也举行禘祭。灌，禘祭中的一个程式，用酒浇地，迎请神灵。吾不欲观之矣，一说鲁国无资格举行禘祭，因此不欲观之；一说祭典中将继承闵公的僖公排在前面是违礼的，因此不欲观之；一说献酒以后所有程式都不合规，因此不欲观之。

【淮北佬曰】

《老子》更靠感悟，《论语》更赖实践；《老子》清高，《论语》世俗；《老子》管身后，《论语》主生前；《老子》的难以言说是缥缈的，《论语》的难以言说是多义的。

【论语内外】

缄默知识是一种隐性知识。但任何显性知识里都包含有隐性知识，任何隐性知识里也都蕴藏有显性知识。但如果我们没有缄默知识的概念，遇到我们学不好的时候，碰到我们读不懂的时候，我们还以为是自己笨呢，但其实是我们不知道有缄默知识，更不懂得运用我们的缄默知识。找到了症结所在，我们才知道怎样对症下药。就像本章谈到的祭礼和心态，当我们不明白为什么从最初的献酒以后孔子就不愿意看下去时，我们就得离开这种表面的礼仪，去感悟它的社会学或心理学内因了。中华民族似乎更擅长把握难以言说的东西。看它看不见，听它听不着，摸它摸不到，《老子》如此，《论语》也不例外。但它们之间的难以言说也有很大的不同：《老子》更靠感悟，《论语》更赖实践；《老子》清高，《论语》世俗；《老子》管身后，《论语》主生前；《老子》的难以言说是缥缈的，《论语》的难以言说是多义的。

【原文】

3.11 或问禘之说。子曰："不知也。知其说者之于天下也，其如示诸斯乎！"指其掌。

【译文】

有人问禘祭之礼的规矩。孔子说："我不知道。知道的人拿治理天下来比，会像把东西摆放在这里一样容易吧！"一边说一边指着手掌。

【易惑词】

说，规矩，有关规定。示，置，摆放。诸，之于。斯，代词，指下文手掌。

【淮北佬曰】

中华民族似乎更擅长把握难以言说的东西。

【论语内外】

有说死者之礼为：天子可以立庙供奉七代祖先，诸侯可以立庙供奉五代祖先，卿或上大夫可以立庙供奉三代祖先，下大夫或上士可以立庙供奉两代祖先，持手而食者不得立宗庙，就是出体力干活的人不允许立庙供奉祖先。有人说孔子博而不专，但即使在礼乐这个专的项目中，孔子也不是无所不知的。孔子并不讳言他的不知。孔子不是那号虚假的人。知道就是知道，不知道就是不知道，这才是明智和智慧，也才是对知与不知的正确态度。孔子的内心是坦荡的。或知道就说知道，不知道就说不知道，这反而显得高深。或孔子又是知道这些规矩的，但由于他对鲁国的禘祭持不同意见，他不愿谈及此事，或不想多谈此事，因而推说不知。

【原文】

3.12 祭如在，祭神如神在。子曰："吾不与祭，如不祭。"

【译文】

祭祖时好像真有祖先在那里，祭神时好像真有神在那里。孔子说："我如果不能亲自参加祭祀，就如同不祭祀。"

【易惑词】

祭，指祭祖。如在，好像活着。祭神，祭祀诸神。与，音 yù 预，参与。如不祭，如同没有祭祀。

【淮北佬曰】

做任何事，都要信以为真。

【论语内外】

儒的起源众说纷纭，也与祭祀、告诫有关。儒训为"需"，需的象形意思是：

四肢下垂站立的人正在沐浴。古代祭祀前需沐浴更衣，以示敬重，因此成为司礼祭祀的人的专名。又因为需字另有所用，后人便在需前加人旁，以示区别。在甲骨文中，儒有两种用法，一种用法指一群人，即“儒人”，另一种用法指某人，即“子儒”。这两种用法都表明，儒是专司祭祀典仪、接待宾客的人，或一种工作，或一种职务。久而久之，在世人眼中，儒人形象成为纯正、严谨、守序、威严、文化引导和传承的代言人。这也大致是君子的规格、品德和标准。因此，儒学，就是君子学。孔子推崇的仁、义、礼、忠、信、恕、贤、敬、孝、悌，都应该是君子必备的品格。又有一种说法，认为《周礼》中记载说“儒”是政府中的教育部门，这个部门按规定有六种学科，有编成简册的教材，也有专职的人员编制。这里的儒，就是教育工作者了。儒学，也是教育学。

【原文】

3.13 王孙贾问曰：“‘与其媚于奥，宁媚于灶’，何谓也?”子曰：“不然，获罪于天，无所祷也。”

【译文】

王孙贾问：“‘与其讨好房屋西南角的奥神，不如讨好厨房的灶神’，这话是什么意思?”孔子说：“不对，得罪了上天，没地方祈祷去。”

【易惑词】

媚，讨好，奉承，巴结。奥，奥神，居室西南角的神为奥神，此为尊位。灶，灶神，一般的神，但也关系饮食大事。祷，祈祷，求福。

【论语内外】

王孙贾，卫国大夫。

【淮北佬曰】

不入圈套。

【论语内外】

王孙贾问的是，是讨好那些内臣近侍呢，还是交结那些外朝的实权派?孔子的意思是，都不巴结、讨好，做了违背天理的事，靠谁都没用。孔子似乎堵绝了具体的政治投机之道。他愿意的，是真正的政治舞台，是真正的政治实践。

【原文】

3.14 子曰：“周监于二代，郁郁乎文哉！吾从周。”

【译文】

孔子说：“周朝的礼仪借鉴了夏商两代，丰富多彩啊！我主张遵从周代。”

【易惑词】

监，音 jiàn 见，通“鉴”，借鉴。郁郁，繁盛，丰富。文，此指周代礼乐制度。从，遵从。

【淮北佬曰】

礼能够提供一个看得见的规范，礼也能够进行看不见的约束。

【论语内外】

在孔子眼中，周朝的礼仪借鉴了夏商的精华，丰富多彩，不可比拟，是他梦寐以求的境界。礼的重要性不言而喻，礼的普遍性更不可轻视。礼能够塑造理性的社会，礼也能够进行感情的凝聚。礼能够提供正当的权威，礼也能够提升人们内心的肃穆。礼能够提供一个看得见的规范，礼也能够进行看不见的约束。礼仪可以形成风俗，礼制能够化为血肉。遵礼可以互敬互爱，守礼能够鼓励正义。

【原文】

3.15 子入太庙，每事问。或曰：“孰谓鄹人之子知礼乎？入太庙，每事问。”子闻之，曰：“是礼也。”

【译文】

孔子进入太庙，每件事都问。有人说：“谁说孔子知礼呢？进了太庙，每件事都问。”孔子听说了这话，说：“这正是礼呀！”

【易惑词】

太庙，开国之君叫太祖，祭祀太祖的庙即称太庙，鲁国太庙即周公庙。鄹人之子，指孔子；鄹，音 zōu 邹，地名；孔子父亲叔梁纥曾做过鄹大夫，因此这样说孔子。

【淮北佬曰】

礼最初总是以习俗为发端，为起点，也是以习俗为基础的。

【论语内外】

孔子是机智的。他把具体的礼规转化成礼节和知礼，显出了他随机应对的能力。礼最初总是以习俗为发端，为起点，也是以习俗为基础的。在狭隘的概念上，社会可能少仁者或无仁者，但不可能无礼，无礼节，因为礼没有社会空白。礼是无所不包的社会总规范，因此礼无所不在。礼既包含了具体的礼仪、礼节，又包含了礼的精神、礼的思想和内涵。

【原文】

3.16 子曰：“射不主皮，为力不同科，古之道也。”

【译文】

孔子说："比赛射箭不一定要射穿箭靶，因为各人力气不相同，这是古时的规矩。"

【易惑词】

射，学习礼乐的射礼，不是军事上的射箭。主，主体，以之为主，即射礼时射中靶子即可，不一定要射穿，以此观察射者品德。皮，古代箭靶用布或兽皮做成，此处以皮代靶。为，音 wèi 卫，因为。同科，同等；科，等级。道，规矩。

【淮北佬曰】

以最适宜可掌控的尺度来调整人们之间的关系，才是合于标准的。

【论语内外】

射箭有射箭的道理和礼仪。由于各人气力不同，因而仅仅观看能否射穿靶标，并不能看得见射手的把握、掌控能力；也不得见射手的心态和修养。对动作的细腻把握、对掌握分寸的管控能力、对射箭的人文理解，而不是是否射穿靶标，才是重要的观察考评标准。由此引申到社会治理，就是不使用蛮力来治理社会，而以最适宜可掌控的尺度来调整人们之间的关系，才是合于标准的。

【原文】

3.17 子贡欲去告朔之饩羊，子曰："赐也！尔爱其羊，我爱其礼。"

【译文】

子贡想把鲁国每月初一祭祀用的活羊省去不用，孔子说："赐啊，你爱惜那只羊，我爱惜那种礼。"

【易惑词】

去，免去，免除。告朔，初一祭祀；告，音 gù 固；朔，初一。饩羊，祭祀用的活羊；饩，音 xì 细。爱，爱惜，吝惜。

【淮北佬曰】

有了礼制，就有了秩序，有了秩序，就有了规范，有了规范，就有了和谐，有了和谐，就有了稳定，有了稳定，就会有发展和财富。这是一个道德链，也是一个利益链，彼此都有关联。

【论语内外】

子贡作为在岗的管理者，节俭用度，合情合理；孔子则把虚拟的礼仪道德，看得比活羊物质更重要、更必须。孔子说，武王、周公都是孝道之人，所谓孝，就是善于继承先祖的志向，善于继承先祖的事业，春秋之季要整理祖庙，祭祀祖先，要摆设衣物，要贡献食品，要按序排位，还要区分年岁，晚辈给长辈上酒，各站各的位置（《中庸》）。有了礼制，就有了秩序，有了秩序，就有了规范，有了规范，就有了和谐，有了和谐，就有了稳定，有了稳定，就会有发展和财富。这是一个道德链，也是一个利益链，彼此都有关联。因此在孔子看来，节省一只羊并非只牵涉一只羊的命运，还牵涉道德社会的建设大命题，节省、马虎不得。孔子对子贡即使批评，也婉转有度，不像对他不喜欢的学生如冉有，那样大吼大叫的。

【原文】

3.18 子曰："事君尽礼，人以为谄也。"

【译文】

孔子说："依礼服侍君主，别人却认为是谄媚、讨好"

【易惑词】

事君，侍奉君主。尽，完全。以为，认为。谄，谄媚、讨好。

【淮北佬曰】

所有的语言都是方言，共同语是一种使用范围更大的方言。

【论语内外】

孔子时代，某种意义上，事君就是尽礼，尽礼就是尽职；也会有人认为这就是讨好领导、上级。人性在几千年里都是一样，或类似的。《论语》是用什么语言写的，春秋时期黄淮一带的人们到底用什么样的语言交流？有共同语，还是各说方言？这是我们都想第一时间知道的问题。在我看来，所有的语言都是方言，共同语是一种使用范围更大的方言。清朝官方认可使用的汉语，被称为官话，也是一种方言，只不过这种方言受到权力的支撑，为官方和更多的人所使用，成为一种所谓正统和正式的语言，成为一种相对而言的共同语。官方和上层认可使用的语言，在春秋时期被称为雅言，在清朝被称为官话，在民国时期被称为国语，在中华人民共和国被称为普通话。

各个时期对共同语不同的称呼，体现了不同的政治内含和思想价值观。雅言是一种等级划分，有雅就有俗，雅是上层社会和上等人物才能够和有权使用的语言。官话是一种权力命名，有官就有民，官场和官员说的话，自然不同于草场和草民说的话。国语是一种体制命名，皇天下不是民众的天下，国天下才是大家共同的天下，国天下大家共同使用的语言，也就能够代表大家了。普通话是一种价值命名，既弱化了等级，也弱化了雅俗和官场；在这样一种平等价值观的笼罩下，所有人一律平等，没有高低、贵贱和官民之分，从来就没有救世主，也从来没有神仙皇帝，没有天生的贵种，这种语言普通到所有的人都能用，都有资格用，都零门槛用得起。

【原文】

3.19 定公问："君使臣，臣事君，如之何？"孔子对曰："君使臣以礼，臣事君以忠。"

【译文】

鲁定公问："国君差使臣子，臣子侍奉国君，各应该怎样做？"孔子答道："国君应该依礼差使臣子，臣子应该忠心侍奉国君。"

【易惑词】

使，使用。事，侍奉，服务。以，依据。

【论语人物】

定公，鲁定公，姓姬，名宋，鲁国国君；定，谥号。

【淮北佬曰】

雅言和俗语总会由俗到雅，再由雅而亡。

【论语内外】

雅言和俗语是两个相对的概念。有雅就有俗，有俗必有雅。雅总是上层的、上流的、正式的、高贵的、认真的、严谨的、讲究的、细密的、周全的、礼仪的、高尚的；那么雅言也就是上层的语言、上流的语言、正式的语言、高贵的语言、认真的语言、严谨的语言、讲究的语言、细密的语言、周全的语言、礼仪的语言、高尚的语言。相反，俗的就总是非上层的、非上流的、非正式的、不高贵的、不认真的、不严谨的、不讲究的、不细密的、不周全的、不讲礼的、不高尚的；那么俗语也就是非上层的语言、非上流的语言、非正式的语言、不高贵的语言、不当真的语言、不严谨的语言、不讲究的语言、不细密的语言、不周全的语言、不讲礼的语言、不高尚的语言。

像所有事物演进的规律一样，雅言和俗语也总会由俗到雅，再由雅而亡。我臆想的语言演进过程大概是这样的：人类的物理发声→有意识的语音交流→更细密周全的口头语言→形成书面语→官方和宫廷在书面语和更细密周全的民间口头俗语基础上形成一套官话或雅言→官话和雅言系统更加成熟→成为全民认可的共同语→民间口头俗话继续演进并持续补充更新书面语和官话（雅言）→逐渐形成全新的民间口头俗话→逐渐形成全新的书面语→逐渐形成全新的雅言或官话系统→循环不止。

【原文】

3.20 子曰："《关雎》，乐而不淫，哀而不伤。"

【译文】

孔子说："《关雎》这首诗，欢乐而不放纵，悲哀却不伤痛。"

【易惑词】

《关雎》，《诗经·国风》的第一篇。淫，过分而至失当。伤，伤感。

【淮北佬曰】

官话依靠权力扩张。

【论语内外】

上章《论语内外》所言，雅言与俗语演进规律，也应该是方言与共同语、语言与语言之间的演进规律，即：（1）各种方言并存→上层集团形成官话或雅言→雅言或官话推广或被模仿成为全民共同语→共同语反向影响方言→方言持续补充影响共同语→逐渐形成全新的方言→逐渐形成全新的共同语。（2）各种方言并存→不同的上层集团形成多个官话或雅言系统→多个官话或雅言系统形成多个共同语→多个共同语分别反向影响相应的方言→多种方言分别持续补充影响相应的共同语→逐渐形成全新的方言→逐渐形成全新的书面语→逐渐形成全新的共同语→逐渐形成不同的语言系统。

根据以上语言的演进臆想流程，我们大约可以明了，《论语》是用当时相对俗语而言的雅言、相对方言而言的共同语即官话写成的。周振鹤与游汝杰说，"雅"字借为"夏"，"夏"是西周王畿一带的古名，所以当时的官话，也就是周室所用的语言。士大夫所做的诗和外交场合上所用的语言都是雅言，当时的外交场合常有赋诗言志的事，所以各国的士大夫不仅都会做诗，而且大家在诗中所用的语言必须相同才能相互"言志"。在朝、聘、令、盟等场合，也必须有一种统一的语言，因此，雅言对于周天子与各国的联系和交流也是必不可少的，当时或后来的经典著作，如《易传》《论语》，都是用雅言写的。（《方言与中国文化》，周振鹤、游汝杰著，上海人民出版社，1986 年 10 月第 1 版）

【原文】

3.21 哀公问社于宰我。宰我对曰："夏后氏以松，殷人以柏，周人以栗，曰使民战栗。"子闻之，曰："成事不说，遂事不谏，既往不咎。"

【译文】

鲁哀公问宰我，制作土地神的牌位用哪种木材？宰我回答："夏朝用松木，殷朝用柏木，周朝用栗木，意思是让人胆战心惊。"孔子听到这些话，说："既成事实的事不说，已经完成的事不劝谏，已经过去的事不追究。"

【易惑词】

社，土神，此处指神庙中供奉的木主。夏后氏，夏朝的人。以，用，使用。

栗，栗树。战栗，因恐惧而发抖，栗木的栗与战栗的栗同音，因此用栗木而取战栗义。成事，已经做过的事。说，解释。遂，完成。谏，规劝。咎，怪罪，责备，追究。

【论语人物】

鲁哀公，名蒋，鲁定公之子，春秋时期鲁国最后一任国君。宰我，姓宰，名予，字子我，鲁国人，孔子早年学生。

【淮北佬曰】

老大在，哪有小子们的话语定义权！

【论语内外】

鲁哀公向宰我了解制作土地神牌位用什么样的木料，宰我回答得准确、肯定、细致，显示了他的知识储备。在《论语》中，宰我被归于孔门十哲之中的言语类，也就是口才好，能说会道。能说会道的人至少有两种，一种是该说的时候能说、会说；一种是不论场合、时间、对象，就滔滔不绝。前一种人不仅口才好，而且心智高，是真正的口才好、大智慧；后一种人只是能说会道，却得不到人们的尊敬。宰我虽然有知识，能说会道，却可能性格逆向，不识人事，因而得不到许多尊敬，连孔子都不喜欢他。孔子不喜欢他也许不完全是他“不会说话”，或还掺杂有宰我说得也不错、抢了孔子风头的些许郁闷。从此章中孔子的别出心裁可窥一斑。老大在，哪有小子们的话语定义权！这或许就是美国政治学家白鲁恂认为儒家有独裁心态的来源？但老大就是老大，老大之所以能成为老大，正因为老大的武器永远比小的们多几种。即便是孔子的“强词夺理”“别出心裁”，“既成事实的事不说，已经完成的事不劝谏，已经过去的事不追究”，这样的话也充满了练达的人生道理、社会哲思。孔子是真正的老大。

【原文】

3.22 子曰：“管仲之器小哉！”或曰：“管仲俭乎？”曰：“管仲有三归，官事不摄，焉得俭？”“然则管仲知礼乎？”曰：“邦君树塞门，管氏亦树塞门；邦君为两君之好，有反坫，管氏亦有反坫；管氏而知礼，孰不知礼？”

【译文】

孔子说：“管仲的器量很小啊！”有人说：“管仲节俭吗？”孔子说：“管仲有三个钱库，手下的人也不兼差，哪里算得上节俭？”又问：“那么管仲懂得礼节吗？”孔子说：“国君立塞门，管仲也立塞门；国君设宴招待外国国君，在堂上设有酒台，管仲待客也有这样的酒台；如果说管仲懂得礼节，那么还有谁不懂得礼节？”

【易惑词】

器，器量，心胸。三归，三个收藏钱财的府库。摄，兼差，兼职。然则，那么。树，动词，立。塞门，阻隔视线的物件，相当于现今的照壁、屏风；塞，音sè 涩。坫，音 diàn 店，放置器物的土台。反坫，饮酒后，将空酒杯放在土台上。

【论语人物】

管仲，名夷吾，字仲，谥号敬仲，后人尊称为管子，齐国宰相。

【淮北佬曰】

孔子的话语霸权是一种智慧霸权，是一种天然霸权。因为他的言说总是比他人载运了更多的道理和智慧。因此，只要他说出话来，就会有一种高度，就会力压群雄，就有些自信满满，就显得有话语霸权。但这可能不是或完全不是道德意义上的独裁心态。

【论语内外】

在《论语》里，孔子的言论总体是平等待人、是与人为善、是相互交流、是平民主义的。孔子的话语霸权是一种智慧霸权，是一种天然霸权。因为他的言说总是比他人载运了更多的道理和智慧。因此，只要他说出话来，就会有一种高度，就会力压群雄，就有些自信满满，就显得有话语霸权。但这可能不是或完全不是道德意义上的独裁心态。

【原文】

3.23 子语鲁大师乐，曰：“乐其可知也。始作，翕如也；从之，纯如也，皦如也，绎如也，以成。”

【译文】

孔子告诉鲁国乐官音乐演奏的道理，说：“音乐演奏的过程是可以知道的。开始演奏，合乐齐整；展开后，和谐优美，清晰明丽，连绵不断，音乐便完成了。”

【易惑词】

语，音 yù 玉，告诉。大师，乐官官职名；大，音 tài 太。如，形容词词尾。翕，音 xī 西，合，协调。从，音 zòng 纵，展开。纯如，音调和谐。皦，音 jiǎo 搅，清晰。绎，音 yì 翼，连续不断。

【淮北佬曰】

因为爱之切，所以研之宽、味之深。

【论语内外】

孔子周游列国后回归鲁地，晚年沉心静意，教授弟子，整编文史。他的文艺鉴赏能力，让人无可怀疑。孔子对音乐演奏的过程仿佛了如指掌、烂熟于胸，并且形成自己的文学化语言。兴趣或真是最好的老师，无论对音乐、诗文，还是政治、道德、礼仪，孔子想必都是爱之切，因而研之宽、味之深的。

【原文】

3.24 仪封人请见，曰："君子之至于斯也，吾未尝不得见也。"从者见之。出曰："二三子何患于丧乎？天下之无道也久矣，天将以夫子为木铎。"

【译文】

仪地的长官请求见孔子，说："到这里的贤者君子，我从没有不和他见面的。"孔子学生请求孔子接见了他。他出来后，对孔子学生说："诸位哪用为老师失去官位而忧虑呢？天下无道已经很久了，上天将把你们的老师当作聚醒众人的铜铃。"

【易惑词】

仪，卫国的一个地名。封人，官名，守卫边界的官员。请见，请求接见；见，音 xiàn 现。从，音 zòng 纵，随从者。二三子，几个人，诸位，此指孔子的学生们。丧，失去官位。木铎，铜质木舌的铃，有事召集众人时用。

【淮北佬曰】

《论语》的记录，真是十分鲜活！

【论语内外】

当时的各个诸侯国，大概也就和现在一些国家的加盟共和国差不多，只不过从上到下，都是私家民营的罢了。孔子由于做过鲁国的高官（大司寇），因而有资格享受夫子这一尊称。这位仪地的长官怕孔子不见他，先放出风声，就是来仪地的君子，没有例外都接见了他。这种说辞，这种作为，让人觉得他是小地方的人，没见过世面，甚至还带有一点善良的"威胁"、友好的"嗔怪"。但机会和好处常常蕴藏在意想不到的普遍努力之中。正如孔子所言，众恶之，必察焉；众好之，必察焉。如果先入为主，选择对口味的人见，不对口味的人不见，就可能失去许多宣传，错过许多君子。《论语》的记录，真是十分鲜活！

【原文】

3.25 子谓《韶》："尽美矣，又尽善也。"谓《武》："尽美矣，未尽善也。"

【译文】

孔子谈论《韶》乐："极美啊，也极完善了。"谈论《武》乐："极美了，但还不够完善。"

【易惑词】

《韶》，舜时乐曲名。美，艺术好。善，内涵好。《武》，周武王时乐曲名。

【淮北佬曰】

文学和语言的影射功能，或许是由孔子开创的。

【论语内外】

这是孔子对古乐的深切感悟。美，是美妙无比；善，是思想正确。《韶》乐已经尽美尽善，《武》乐则尽美弱善，这是孔子的感觉，也是孔子的评价。又由于舜的天子位由禅让而来，武王的天子位由武力而来，因而此话又可能暗含政治评价。文学和语言的影射功能，或正是由孔子开创的。

【原文】

3.26 子曰："居上不宽，为礼不敬，临丧不哀，吾何以观之哉?"

【译文】

孔子说："居于上位不宽厚待人，执行礼仪时不认真恭敬，参加丧事时不悲痛哀伤，这种样子我能看得下去吗?"

【易惑词】

居上，居于上位，居于统治地位。宽，宽厚，宽容。为礼，行礼。临丧，莅临丧礼；丧，音 sāng 桑。

【淮北佬曰】

孔子认真的不是泛泛的道德，而是不合乎场合的态度、不合乎关系的对待、不合乎礼仪的行为。

【论语内外】

孔子是极为认真的。但孔子也是依时而变的。该感慨时，他会感慨曾经跟他游于陈蔡的弟子都不在身边了；该文学时，他会赞同曾皙在沂水里泡泡澡、在祭台上吹吹风的春游；看见冬天的苍茫时，他会慨叹松柏的后凋；拿到干肉时，他相信人都是值得教育的。居于上位而不宽厚待人，执行礼仪而不认真恭敬，参加丧事而不悲痛哀伤，这些特定的场合，及人际关系，都是需要认真对待的，如做不到，孔子能看得下去吗！孔子认真的不是泛泛的道德，而是不合乎场合的态度、不合乎关系的对待、不合乎礼仪的行为。

里仁篇第四

（共26章）

【原文】

4.1 子曰："里仁为美。择不处仁，焉得知？"

【译文】

孔子说："居于仁处是好的。居住不选择仁处，这哪里算得上是明智呢？"

【易惑词】

里，作动词用，居住，古代二十五家为一里。处，音 chǔ 楚，居住。知，音 zhì 智，通"智"，明智，聪明，《论语》中智均作知。

【淮北佬曰】

仁应该是无所不包、无所不在的，只要我们内心想得到它。

【论语内外】

仁是孔子对历史、文化的承袭、提炼和升华，是对人性中美、善、和、乐等禀性的发现、挖掘和概括，是对社会氛围的一种指标性定义。对人而言，守持礼节、尊亲孝老、事忠包容、贤良信义，都是好的品质，都是仁的要求；对社会而言，和谐美乐、依规循善、良政礼治、宽爱厚养，都是仁的标识。仁是孔子最顶尖的思想尺度、社会规范、伦理表述、人文标杆和修身准则。获得仁的一个方式，就是接近仁、靠近仁。按照《论语》对仁的宽泛展示，仁应该是无所不包、无所不在的，只要我们内心想得到它。但可能有的地方仁多一些，有的地方仁少一些。

【原文】

4.2 子曰："不仁者不可以久处约，不可以长处乐。仁者安仁，知者利仁。"

【译文】

孔子说："不仁者不可以长久地处于穷困中，不可以长久地处于安乐中。仁者安于仁（不仁便不安），智者借用仁（知道仁的长远的好处）。"

【易惑词】

处，音 chǔ 楚，处于。约，穷困，贫困。乐，富贵安乐。安，安心。知，同"智"，聪明。利，利用。

【淮北佬曰】

得仁而安，失仁易乱。

【论语内外】

仁是孔子的核心价值观，是孔子最高层次的道德内涵。得仁而安，失仁易乱，就像我们现在常说的，无原则心慌、无计划易乱一样。智慧的统治者明白仁的长远好处，就会充分地利用仁的力量，使社会能够和谐发展，有序前行。仁与不仁可以彼此损益，穷困安乐也能相互转换。当代社会必须重视改变、调整人们的地位和生存环境，才能使出身卑微的人有上升进取的通道，出身高贵的人也有施展才华的舞台。仁德的社会价值，才能得到充分的体现。

【原文】

4.3 子曰："唯仁者能好人，能恶人。"

【译文】

孔子说："只有仁者能喜欢好人的好，厌恶不好人的不好。"

【易惑词】

好，音 hào 号，喜欢。恶，音 wù 务，讨厌。

【淮北佬曰】

多样性不在时我们呼吁多样性，多样性来了我们又一时消化不良。

【论语内外】

孔子这句话的读解现在不能共识。如果读解成"只有仁人才能喜欢某人，讨厌某人"，似乎失去了现代汉语释义的意义，读者不明白孔子到底在说什么。如果读解成"只有仁者才能喜欢好人，厌恶坏人"，也较绝对，而且不公。"以人的好为好，以人的恶为恶"，"只有仁者才能让人的好彰显，让人的不好远扬"，"只有仁者才能爱憎分明地喜爱好人，厌恶不好的人"，这些意思似乎都存在，又都不真切。或译成：只有仁者才能喜爱应该喜爱的人，讨厌应该讨厌的人；似乎更顺眼一些。

多样性不在时我们呼吁多样性，多样性来了我们又一时消化不良。能达成共识，有它的好，不能达成共识，也丰富多彩。因此，我们或可说，没有绝对的有利，也不会有绝对的不利，利和弊无法单独存在，它们都只存在于不同的环境和条件里。

【原文】

4.4 子曰："苟志於仁矣，无恶也。"

【译文】

孔子说："如果立志实行仁德，就不会做让别人厌恶的事了。"

【易惑词】

苟，如果，假如，只要。志，志向，立志。恶，音 wù 务，厌恶，讨厌。

【淮北佬曰】

假如立志归仁，总是没有坏处的。

【论语内外】

这句话也歧见多多，主要是"恶"的释义。"恶"，到底是厌恶、讨厌，还是恶习、恶行、丑恶、不好？"假如立志归仁，总是没有坏处的"，觉得意思浅显。"如果立志实行仁德，就不会做让别人厌恶的事了"，觉得不能尽兴。"如果立志于仁，就不会有恶行了"，觉得不够全面。"如果心在仁德，就看不出有恶行了"，因为用仁德的眼光看人、看事，恶人、恶行都可转而为仁。但仁总是好的，对人和社会是有益无害的，守住了仁，就是守住了底线，守住了仁，就能够大展宏图。

【原文】

4.5 子曰："富与贵，是人之所欲也；不以其道得之，不处也。贫与贱，是人之所恶也；不以其道得之，不去也。君子去仁，恶乎成名？君子无终食之间违仁，造次必于是，颠沛必于是。"

【译文】

孔子说："富与贵，这是人人期待的；不用正当的方法得到，君子不会接受。贫与贱，这是人人讨厌的，不用正当方法达到摆脱贫贱的目的，君子宁肯不摆脱。君子离开了仁德，怎样去成就声名呢？君子在一餐饭的工夫都不会离开仁德，匆忙时都要和仁德在一起，颠沛中也一定会和仁德在一起。"

【易惑词】

欲，向往，希望，期待。以其道，用正当的方法；以，用。处，音 chǔ 楚，居处，居住，引为接受。去，离开，摆脱。恶乎，如何，怎样；恶，音 wū 污。终食之间，吃完一顿饭的时间，即短暂的时间；间，时间，期间。违，离开。造次，匆忙，仓促。于，为，实行。是，代词，指仁。颠沛，流离，不安定。

【淮北佬曰】

仁是一切好的品德，而一切坏的品德均与仁无涉。

【论语内外】

什么是仁？仁是孔子思想的核心概念，也是儒家学说的中心思想。在《论语》中，共有43章论仁说仁。但仁到底是什么，却没有一个明确的定义。

“仁者先难而后获，可谓仁矣。”有仁德的人先付出一些努力，然后收获成果，这样可算有仁德了。

“克己复礼为仁。”抑制自己，并使自己的言行符合礼，这就是仁。

“非礼勿视，非礼勿听，非礼勿言，非礼勿动。”不符合礼的不看，不符合礼的不听，不符合礼的不说，不符合礼的不做，这都是仁的具体内容。

“出门如见大宾，使民如承大祭。己所不欲，勿施于人。”出门做事要像去见贵宾一样，动员百姓就像举行大祭典一样郑重。自己不喜欢的，也不要强加给别人。这些都是仁。

“仁者，其言也讱。”仁者言语迟滞。

“爱人。”爱人就是仁。爱人既是爱他，也是自爱。爱他是建立在自爱的基础上的，不自爱，不修身正己，不以身作则，就无法从爱的基点出发以爱他。爱他也是爱己，使他人好，就会为自己好；为他人想，才能反爱自己；他人是自己的参照，善待他人，爱才能回归自身。

“居处恭，执事敬，与人忠。”日常端庄严正，做事认真恭敬，对人忠心诚意，都是仁。

“能行五者于天下为仁矣。”“恭、宽、信、敏、惠。”能在天下施行恭、宽、信、敏、惠这五种德行就是仁了。

“刚、毅、木、讷近仁。”刚强、坚毅、质朴、言语慎重，这四种品德都接近仁。

所有的好品质，都是仁。

【原文】

4.6 子曰：“我未见好仁者，恶不仁者。好仁者，无以尚之；恶不仁者，其为仁矣，不使不仁者加乎其身。有能一日用其力于仁矣乎？我未见力不足者。盖有之矣，我未之见也。”

【译文】

孔子说：“我没见过喜欢仁德的人和厌恶不仁德的人。喜欢仁德的人，觉得世界上没有能超过仁德的；厌恶不仁德的人，实行仁德，是为了不让不仁德的东西到自己身上。有能够用一天时间把力气用到仁德上的吗？我没见过力气不够的。大概有这种人，我没见过。”

【易惑词】

好，音 hào 号，喜欢。恶，音 wù 务，厌恶，讨厌。尚，超过。盖，大概，也许。未之见，未见之的倒装。

【淮北佬曰】

但到底什么是仁，却无法一言以蔽之。

【论语内外】

再没有见过比仁更好的了，仁既是精神食粮，也是物质食粮，因为仁不但能够修身养性，更能理邦治国；不但能够赏心悦目，更能和谐社会；不但能够明辨是非，更能禁得住诱惑；不但能够清醒处世，更能反省实践；不但能够宽容博爱，更能忠诚孝慈。这些谈论仁的条目，多少带了点说教的气息，容易成为教条主义者和老古板发挥的依据。但孔子过于重视仁的价值，因此逢人必说、逢会必讲，也足见他的执着和持守。

【原文】

4.7 子曰："人之过也，各于其党。观过，斯知仁矣。"

【译文】

孔子说："人的过错，可以分成各种不同的类型。观察所犯过错的类型，就能够知道是哪一类人了。"

【易惑词】

过，过错，过失。党，原为古代基层组织，引申为类型，类别，集团，团体。斯，就，连词。仁，同"人"。

【淮北佬曰】

这说的是物以类聚、人以群分的道理。

【论语内外】

另有一译："人的过错，可以分成各种不同的类型。考察一个人所犯的错误，就可以知道他是哪一种人了。"本章说的是物以类聚、人以群分的道理。也是说人们的同质性。人们的同质性与他们交流、交往的密度成正比；交往频密，犯的错误都是类似的。过错至少可以分成两类。一类是微观型的，就是技术型的，是具体的错误；因为对事物的了解不够，对人物的判断偏差，对事件的估计不足，而形成错误的决策，因而办了错事；就像打牌打错了一张牌，或几张牌，导致输掉一局。另一类是宏观型的，就是观念型的，是对事物的整体把握出了问题，这样即使个人再努力，做事再认真，个别环节做得再好，为人再忠厚老实，也无法获得全面的成功，无法到达期望的高度，无法做出理想中的贡献。

【原文】

4.8 子曰："朝闻道，夕死可矣。"

【译文】

孔子说："早上得知了道，即便晚上死去，也没什么。"

【易惑词】

朝，音 zhāo 招，早晨，清晨。道，可解为真理、道理等。夕，傍晚；又指晚上。

【淮北佬曰】

所谓人道，是与天道的对言。天道是天地万物的道理，天地万物运行的法则；人道则是人世间的道理，是社会运行的规律。

【论语内外】

早上听说了道，晚上死去，都值了。或者，早上得知真理，条件是晚上就死，那也值得。极言道的价值。道，在孔子这里，多指人道。或引申为真理、道理、情理。所谓人道，是与天道的对言。天道是天地万物的道理，天地万物运行的法则。人道则是人世间的道理，是社会运行的规律。孔子不来虚的，他总是实实在在地谈人世，谈社会。这样做的好处是，看得见，摸得着，便于学习、遵循。这样做的薄弱不足是，宏观理性淡薄，理想精神不足。但世界上没有全知全能的思想和理论。有一得，必有一不足；有一长，必有一所短。调整控施，全在人们的把握。

【原文】

4.9 子曰："士志于道，而耻恶衣恶食者，未足与议也。"

【译文】

孔子说："读书人有志于真理的追求，却又以粗衣简食为耻，这样的人就不值得和他谈论商议了。"

【易惑词】

士，读书人。耻，以……为耻。恶，音 è 饿，粗简，不好。足，值得。议，商议，探讨。

【淮北佬曰】

真正追求真理的人，一定既能吃苦，也能享受。

【论语内外】

这样的人是伪君子，至少在孔子看来。既然有志于真理，却又以粗衣简食为耻，这样的人，其实是有志于奢华和享受的，跟他还有什么好谈的！但是，这样一

来，追求真理，似乎就与粗衣简食画上了等号。这不知是不是孔子的原意。或许这样理解更好：追求真理的人，是不会在乎生活的条件的，哪怕只有粗衣简食，他也能泰然处之，追求不息。追赶真理并不排斥享受，宽裕的生活、良好的物质条件，还往往是追求真理的好帮手呢。不追求真理的人，肯定是不愿吃苦的人，但即使给他享受，他也未必懂得享受。真正追求真理的人，一定既能吃苦，也能真正懂得体味生活、知道如何享受。

【原文】

4.10 子曰："君子之于天下也，无适也，无莫也，义之与比。"

【译文】

孔子说："君子对于天下事，没有一定之规要怎样做或不怎样做，怎样合适就怎样做。"

【易惑词】

无适，无专门规定如此；适，音 dí 敌。无莫，无专门规定不如此；莫，音 mù 木。义，适宜，适合。比，音 bì 必，靠拢，挨着，亲近，依从。

【淮北佬曰】

圣人也是灵活的。圣人必是灵活的。

【论语内外】

这正是中庸之道。圣人也是灵活的。圣人必是灵活的。孔子对待生活、对待事物、对待道理、对待现实和未来，既是严正的，也是适度的；既是规范的，也是灵活的；既是清楚的，也是模糊的；既是实在的，也是飘忽的；既是收缩的，也是放大的；既是正面的，也是侧面的；既是全面的，也是局部的；既是前瞻的，也是后视的。一定要如此做，这是原则；不一定要如此做，这是灵活；一定要坚持，这是根本；不一定要坚持，这是应对。中庸之道，就是要执中而用；而中在哪里？则全凭个人智巧。

【原文】

4.11 子曰："君子怀德，小人怀土；君子怀刑，小人怀惠。"

【译文】

孔子说："君子心怀仁德，小人惦记安逸；君子关注法制，小人关心恩惠。"

【易惑词】

怀，怀想，思念，惦记。小人，此指百姓，大众。土，乡土，引为安逸舒适。刑，法制。惠，实惠，眼前的利益，实际的好处。

【淮北佬曰】

君子志在广远，小人安土重迁。

【论语内外】

孔子提倡以德理政，推崇的是德化政治；孔子却又关注法制，推翻了刑律只解决临时问题而不解决根本问题的论断。孔子的言论必然有相对的语境，孔子所言也应该有所指向。君子以仁德服人，小人躬耕传家；君子诗书存志，小人乡土安身；君子关心社会秩序，小人关心切身利益；君子志在广远，小人安土重迁。

【原文】

4.12 子曰："放于利而行，多怨。"

【译文】

孔子说："总依照利益行事，就会有许多怨恨。"

【易惑词】

放，音 fǎng 仿，通"仿"，依照，依据；或音 fàng 放，追逐。怨，怨恨。

【淮北佬曰】

人总要做事，多为公行事，是公德；多为私行事，是私德。

【论语内外】

总依据个人私利行事，就会招来许多怨恨；因为私利会有冲突，影响到他人利益，就会惹起怪怨。总依据国家公利行事，也会引来怪怨；因为利益总是对一部分人而言为利，对另一部分人而言无利或不利。因此，为私利行事，为私；为公利行事，为公；人总要做事，多为公行事，是公德；多为私行事，是私德。

【原文】

4.13 子曰："能以礼让为国乎，何有？不能以礼让为国，如礼何？"

【译文】

孔子说："能够以礼让来治国，那还有什么困难？不能以礼让来治国，那要礼制又能什么用处呢？"

【易惑词】

为，治理。何有，不难，有何困难，何难之有。如……何，对……怎么办。

【淮北佬曰】

弟子就是用来教的，师傅就是用来学的。

【论语内外】

悟读《论语》，必须把它放在社会学的范畴里学习，才能不偏航向，不迷前

途。饭就是用来吃的，水就是用来饮的，床就是用来睡的，席就是用来坐的，衣就是用来穿的，话就是用来说的，理就是用来辩的，沂就是用来浴的，川就是用来叹的，友就是用来交的，觚就是用来盛酒的，俎就是用来切肉的，弟子就是用来教的，师傅就是用来学的，礼就是用来用的。如果不用，只是个摆设，是花架子，孔子就会问，要这礼制还有什么用！但《老子》的道，只管世界观，不能用来吃喝；《中庸》的中，概说方法论，也不能用来睡觉；要它们还有什么用？因为《老子》是哲学，不谈具体；《中庸》是泛论，只论抽象；《论语》则是生活，涉及温饱。

【原文】

4.14 子曰："不患无位，患所以立。不患莫己知，求为可知也。"

【译文】

孔子说："不必担心没有位置，只需担心没有能够胜任的本事。不必担心别人不了解自己，只需去追求让别人知道自己的本领。"

【易惑词】

患，担心，忧虑。位，职位。所以立，立身的本领。莫，不，没有人。求，追求，得到。

【淮北佬曰】

首先须有梦想，然后才有努力；首先须有抱负，然后才有奋斗；首先须有设计，然后才有工程；首先须有自身，然后才有他人；首先须搞明白，然后才有办法；首先须有规划，然后才有攀登。

【论语内外】

我20多年前写过一本小册子，叫《条件论》，现在已经不知去向了，谈的正是先具备胜任工作的条件，再去获得所需胜任的工作；先具备实现理想的能力，再去实现自己梦中的理想。没有条件实现的理想，只是梦想；没有能力完成的工作，是一种负担；没有工具打造的设备，只是废物；没有技术支援的设计，走不了多远；没有道德支撑的信仰，必会坍塌；没有资质承担的工程，肯定是豆腐渣工程。反过来亦然。首先须有梦想，然后才有努力；首先须有抱负，然后才有奋斗；首先须有设计，然后才有工程；首先须有自身，然后才有他人；首先须搞明白，然后才有办法；首先须有规划，然后才有攀登。

【原文】

4.15 子曰："参乎！吾道一以贯之。"曾子曰："唯。"子出，门人问曰："何谓也？"曾子曰："夫子之道，忠恕而已矣。"

【译文】

孔子说："曾参呀！我的学说有一个中心贯穿其中。"曾子说："是的。"孔子离开后，其他学生问说："老师的话是什么意思?"曾子说："老师的学说，就是忠和恕罢了。"

【易惑词】

参，音 shēn 深，曾子名参。道，孔子的学说，思想。贯，贯穿。唯，应答声，表示肯定，明白了。门人，此指孔子学生。忠，尽心尽力。恕，宽恕。

【论语人物】

曾参，姓曾，名参，字子舆，小孔子 46 岁，孔子学生。

【淮北佬曰】

曾子在一定程度上是有文化自觉和文化自信的呀！

【论语内外】

忠诚和宽容，是曾子对孔子一个中心或一个基本思想的理解。但忠和恕，难道不是两个中心，或两个基本思想？这大概是口头语言的模糊化处理。我们写字时可以字斟句酌，但说话时却可以笼而统之，大差不差。另外，口头语言有书面语不可替代的细腻性和丰富性，这不是书面语能够完全记录的。因此《论语》如果有所遗留，则十分鲜活。2015 年有消息报道，曾子后代纂修的家谱中，有相关家训的内容，这些内容包括：勤祭扫，孝父母，敬叔伯，宜兄弟，明夫妇，和乡党，隆师友，勤诵读，务农桑，先气质，惜文字，厚姻娅，戒争讼，救水旱，禁戏场，禁越葬坟墓，禁久搁不葬，禁拖欠粮饷，禁分受不均，禁异姓入继，禁淫欲，禁发冢，禁邪说，禁赌博，禁谣谤等等。这也是一种一以贯之吧。

【原文】

4.16 子曰："君子喻于义，小人喻于利。"

【译文】

孔子说："君子明白义，小人知道利。"

【易惑词】

喻，明白，懂得，知晓。义，可理解为道理，准则等。利，私利。

【淮北佬曰】

义不过则轻松，利不贪则畅快。为人生留下品察的空间，才是智慧的。

【论语内外】

将君子与小人、财富与品德对立，在后世的理解上，会产生一系列不适，更会产生一系列误解和误读。义不过则轻松，利不贪则畅快。财富是必要的，因为财富能使人保持尊严。利不贪也是不可忽视的，因为除了逐利，人生还有丰富多彩的多

样生活。因无休止地逐利而舍弃品味生活，得不偿失；因无休止地谋财而放弃细察人生，舍本逐末。

另外，财富从根本上说，永远都是公共的和公益的。你消费的，似乎是属于你的，但由于你是属于社会资源的一部分，所以社会需要你做适当的消费；你剩余的，似乎是属于你的，但它更是社会的，社会需要时，它必须为社会所用，社会不需要时，它先蓄存在个人名下。东方如此，西方也如此。这是人类财富的社会属性规定的。

因此，义不过则轻松，利不贪则畅快，为人生留下品察的空间，才是智慧的。

【原文】

4.17 子曰："见贤思齐焉，见不贤而内自省也。"

【译文】

孔子说："见贤者就向他看齐，见不贤者就反省自己，看自己有没有同样的问题。"

【易惑词】

齐，平齐，看齐。省，音 xǐng 醒，反省。

【淮北佬曰】

对我而言，没有无用之人，更无弃用之事。

【论语内外】

见贤与不贤有两层表面的意思：见贤德则思齐，见贤人而看齐；见不贤德想想自己有没有，见不贤人想想自己是不是。见贤与不贤还有一层隐含的意思：对我而言，没有无用之人，更无弃用之事；人人、事事，都是能够为我所用的资源；好好、坏坏，都有为我吸收的营养。

【原文】

4.18 子曰："事父母，几谏，见志不从，又敬不违，劳而不怨。"

【译文】

孔子说："侍奉父母，遇事要好言相劝，如果父母不听从，应当继续恭敬侍奉，不要因此而冒犯，虽心有忧虑，但不怨恨。"

【易惑词】

事，侍奉。几，音 jī 机，婉转，委婉，轻微。谏，规劝。志，意见，看法。违，冒犯，违逆。劳，忧愁，忧虑。

【淮北佬曰】

相互彰益，方显大气。

【论语内外】

侍奉父母，没有原则问题，谨需好言相对。侍奉父母，没有对错之分，只要恭敬相待。侍奉父母，哪能怨心恨意？只要顺心顺意。倒是做父母的，须提升自身，体谅晚辈；做出自我，解放子女。倚老卖老易怨，老而不德招嗔。吃老啃老固然不厚，吃儿啃儿亦为不仁。己所不欲，勿施于人；相互彰益，方显大气！

【原文】

4.19 子曰："父母在，不远游，游必有方。"

【译文】

孔子说："父母健在时，不长时间出门，长时间出门时一定要让父母知晓自己的去向。"

【易惑词】

在，健在，在世。远游，到远方求师、求职。方，方位，方向，位置，去向。

【淮北佬曰】

不仅要独撑局面，还要为自己坚持。

【论语内外】

父母健在，可以外出工作、学习，但有前提，就是告诉父母自己的去向，以免父母牵挂、忧心。古代交通不便，通信滞缓。女儿要么不"游"，"游"定有方，"游"只是出嫁；父母对她的担心，一般只担心她在婆家是否顺心如意，不担心她的人身安全、前程远近。儿行千里母担忧，因为男子不仅要独撑局面，还要为自己坚持；不但要对自己负责，也要为他人承受；不但要养活自己，还要养好家人；不但要养好家人，还要应付内争外斗；不但要有很棒的身体，还要有超人的智力。因此必须告知去向，才能使父母思有方向，才能得到心理的安慰。

【原文】

4.20 子曰："三年无改于父之道，可谓孝矣。"

【译文】

孔子说："多年不改变父亲生前行为准则，可以说是孝顺了。"

【易惑词】

道，规矩，准则。

【淮北佬曰】

显话语无法立即成为隐话语，在背后操控；隐话语也无法立即取代显话语，登台演出。这正是我们时代的思想现状。

【论语内外】

父辈定下的规矩，三年，或多年不改，幻化成一种威权象征，即儒家文化有一种年久不变的超稳定架构。这似乎为我们提供了一种批判性的标的。但我们要知道，儒家思想经过两千多年运行，并且经由后代儒者的修改、塑造，已经无法自然内生出全新的道德、规范和律条了。在这种情况下，西方思想的介入为儒家思想提供了新鲜的催化剂，激活了《论语》原典中才有的正在休眠的活性基因。于是，一个时期以来，西方文化成为我们时代的显话语，中华文化成为我们时代的隐话语。但是，显话语无法立即成为隐话语，在背后操控；隐话语也无法立即取代显话语，登台演出。这正是我们时代的思想现状。

【原文】

4.21 子曰："父母之年，不可不知也。一则以喜，一则以惧。"

【译文】

孔子说："父母的年龄，不可以不记着，一方面因他们长寿而高兴，一方面因他们高龄而担心。"

【易惑词】

年，这里指年龄。知，记住。一则，一方面。喜，高兴。惧，担心。

【淮北佬曰】

对我而言，父母离去的忧虑，在40岁以前，是从来不存在的。

【论语内外】

孔子的话十分符合中国人的人性，也精准地表述了随着年齿的改变人们心理的变化。这种心理必须到一定的年岁才能体会。自己年轻时父母的年岁一般也不会过长，因此不会想到父母在与不在的问题。自己年长时父母更年长，人就会忧虑父母的在与不在，内心就会一方面为父母的长寿而高兴，一方面为他们愈来愈接近离去而焦虑。我父亲40多岁、我母亲30多岁才有我，而我是过了40岁才开始知道忧虑父母的年岁的。一方面为父母的长寿而欣喜，另一方面，就是平添了父母离去的忧虑。对我而言，父母离去的忧虑，在40岁以前，是从来不存在的。

【原文】

4.22 子曰："古者言之不出，耻躬之不逮也。"

【译文】

孔子说："古人不轻易表态，因为他们以做不到为耻。"

【易惑词】

耻，以……为耻。躬，亲身，自身。逮，音 dài 代，及，做到，赶上。

【淮北佬曰】

小人的生活方式，就是言而无信。

【论语内外】

不轻易表态，是怕自己做不到。而做不到的事不许诺，这是仁者之风、君子之态。仁者言而有信，小人言而无信。正因为仁者言出必行，久而久之便成为君子；正由于言而无信，时间长了便归于小人。言而无信不是真做不到，而是不认真对待；不认真对待不是真不认真对待，而是一种生活方式。由一个无意中的言而无信做起，成为一种习惯性的言而无信：遇人便会言而无信，遇事总想言而无信。言而无信也会依赖、上瘾、享受。因为这是一种生活习惯，所以小人的生活方式就是言而无信。

【原文】

4.23 子曰："以约失之者鲜矣。"

【译文】

孔子说："因为约束自己而有过失的很少见。"

【易惑词】

以，因为，由于。约，约束。失，过失，错误，有过失。鲜，音 xiǎn 显，少。

【淮北佬曰】

理智地对待他人，冷静地处理事务，清醒地看待现实。

【论语内外】

约就是理性，就是冷静，就是清醒，就是理智，就是依规。理智地对待他人，冷静地处理事务，清醒地看待现实，依规处理事件，不是不会犯错误，而会很少有错误；不是不会有过失，而是很少有过失。约束自己，就是要近仁、知义、循礼、守信；约束自己，就是要忠事、仰贤、孝顺、包容；能够做到近仁、知义、循礼、守信、忠事、仰贤、孝顺、恭敬，不是不会犯错误，而会很少犯错误，不是不会有过失，而会很少有过失。用仁、义、礼、忠、信、恕、贤、孝、悌来约束自己，就是一种向善的方向；这样做由于顺应社会，因此而鲜有冲突。

【原文】

4.24 子曰："君子欲讷于言而敏于行。"

【译文】

孔子说："君子要言语谨慎，行事敏捷。"

【易惑词】

讷，音 nè，语言迟钝，不畅。敏，敏捷，快速。

【淮北佬曰】

说得多做得少是轻率，说得少做得多是慎重。

【论语内外】

说得少做得多，是君子，是仁者，是信诺。说得多做得少，是小人，是夸夸其谈，是虚话妄言者。说得多做得少是轻率，说得少做得多是慎重。说得多做得少不是指的职业，教师都说得多做得少，但他们的说就是做；演讲家也说得多做得少，但他们的说是职业。说得多做得少指的是说到做不到，指的是言行不一，指的是言而无信。言而有信为仁，言而无信为伪。仁者智慧，明白道不可明言的道理；小人糊涂，不懂得言出必行的规则。

【原文】

4.25 子曰："德不孤，必有邻。"

【译文】

孔子说："有德行的人不会孤独，一定有志趣相合的人同在。"

【易惑词】

孤，孤独，孤单。邻，亲近，伙伴，相伴。

【淮北佬曰】

有德的人能够独行，有仁的人能够独做，有定力的人能够独自，有理想的人能够独存，有抱负的人能够独处，有自信的人能够独往，有内心的人能够独活，有能力的人能够独创，有渴望的人才能独在。

【论语内外】

有德的人不会孤单，无德的人才会寂寞；有德的人不见孤独，无德的人偏要热闹。有德就是有仁、有道、有理想、有抱负、有自信、有内心、有渴望、有才华、有定力、有能力、有信仰、有主见。有德的人能够独行，有仁的人能够独做，有定力的人能够独自，有理想的人能够独存，有抱负的人能够独处，有自信的人能够独往，有内心的人能够独活，有能力的人能够独创，有渴望的人才能独在。有理想的人内心必定是独处的，因为他需要依己而行；有能力的人内心必定是独在的，因为他不需要抱团取暖；有信仰的人内心必定是自信的，因为他知道自己要做什么、怎样做；有抱负的人内心必定是独行的，因为没有人能够赶得上他的行程；有主见的人内心必定是独大的，因为他的内心强大。有德行的人不会孤独，因为理想就是他的伙伴，自信就是他的密友，能力就是他的同仁，信仰就是他的友邻。

【原文】

4.26 子游曰："事君数，斯辱矣；朋友数，斯疏矣。"

【译文】

子游说："侍奉君主过于频密，就会招来耻辱；与朋友交往过于频繁，反而会被疏远。"

【易惑词】

数，音 shuò 朔，频密，频繁，屡屡。斯，就，那么。辱，侮辱。疏，疏远。

【淮北佬曰】

过于不谈利益，总会遭遇利益的牵扯；过于纠缠利益，总会受到利益的报复。

【论语内外】

中国人说，君子之交淡如水，距离产生美感；西方人说，没有永远的友情，只有永远的利益。都是说人与人之间的关系，过稀会生分，过频则易反目；过远会疏离，过近则易腻歪；过于不谈利益，总会遭遇利益的牵扯；过于纠缠利益，总会受到利益的报复。但这并非通过书本或研究能够真正体会。在生活中我们常有感受，曾经对他最好的那个人，遇事时却对你最不给力；反而曾经对他不最用心的那个人，遇事却意料之外最替你担当。过于频密可能因期待过高而不堪细微，过于频繁可能因了解过多而情趣疲劳。

《论语》的精彩，更多是感悟的精彩，而不是理论的高超；孔子及弟子的深妙，更多是缄默知识的深妙，而非系统学习的深妙。

公冶长篇第五

（共28章）

【原文】

5.1 子谓公冶长："可妻也。虽在缧绁之中，非其罪也。"以其子妻之。

【译文】

孔子谈到公冶长："可以把女儿嫁给他。他虽进过监狱，但并不是他的罪过。"便把自己的女儿嫁给他。

【易惑词】

妻，音 qì 器，动词，嫁。缧绁，音 léi 雷 xiè 泄，捆绑犯人的绳子，引为监狱。子，儿女，此指女儿。

【论语人物】

公冶长，姓公冶，名长，字子长，齐国或鲁国人，孔子学生。

【淮北佬曰】

孔子善于抓大放小、弃虚图实、不因事废人。

【论语内外】

本篇各章牵涉多人，以点评人物为主，因此许多《论语》人物在本篇现身，通过对人物的品评、臧否、褒贬、指点，展现了《论语》中丰富的人生观、社会观和价值观，也披露了孔子时代多样性的社会生活与风土人情。公冶长姓公冶，名长，字子长，齐国或鲁国人。他虽然进过监狱，但那并非他的过。据说他能忍辱负重，直面人生，因此孔子把女儿嫁给他，也不是没有理由的。这也表明了孔子抓大放小、弃虚图实、不因事废人的生活观。

【原文】

5.2 子谓南容："邦有道，不废；邦无道，免于刑戮。"以其兄之子妻之。

【译文】

孔子谈到南容："国家有道时，他不会被弃置不用；国家无道时，他无牢狱之灾。"便把自己的侄女嫁给他。

【易惑词】

道，此指国家清明有序。废，弃置，不用。刑戮，刑罚和杀戮。兄之子，哥哥的女儿；兄，孔子的哥哥孟皮。妻，音 qì 器，动词，嫁。

【论语人物】

南容，姓南宫，名适（音 kuò 阔），字子容，孔子学生。

【淮北佬曰】

孔子看家庭，比看国家更重。

【论语内外】

如果不认为"邦有道，不废；邦无道，免于刑戮"是投机取巧、见风使舵的话，那么合时宜、掌分寸、会生活、进退有度，这就都是孔子看重的，因而孔子把侄女嫁给他。因此而知，孔子是"实用主义"的，他不玩虚的。实的实用，虚的花哨；实的现实，虚的早晚还得落在地上。孔子看家庭，比看国家更重。家里的人嫁出去，关系到幸福一生，不容马虎；国家的事，毕竟不全是自己的事，也不全是自己管得了的事，就有空间来点虚的了。但显然，我们在赞同这种实用观的时候，总觉得少了那么点虚的。

【原文】

5.3 子谓子贱："君子哉若人！鲁无君子者，斯焉取斯？"

【译文】

孔子谈到子贱："这个人真是君子啊！如果鲁国没有君子，他从哪里学到这样的好品德呢？"

【易惑词】

若人，这人，指子贱；若，这，这个，这样。斯，代词；前斯指子贱，后斯指品德。取，取得，获取，得到。

【论语人物】

子贱，姓宓（音 fú 伏），名不齐，字子贱，小孔子 30 岁或 40 岁，孔子学生。

【淮北佬曰】

留下文字的闲谈，是极端重要的！

【论语内外】

《论语》中孔子评价人，看来真是在口语基础上书写、记录的，因为不论证，不谈具体标准。孔子是被子贱的聪明折服了，如果鲁国没有君子，他是从哪里学来的呢？或者说，子贱太聪慧了，其他怎么能有第二个人学成他那个君子样啊！这不知道是不是学生事孔子时的闲谈。但看起来像闲谈。闲谈也能谈出点名堂来。并且，寻常的话语，变成文字，似乎就高尚了。看起来，留下文字的闲谈，是极端重要的！

【原文】

5.4 子贡问曰："赐也何如？"子曰："女，器也。"曰："何器也？"曰："瑚琏也。"

【译文】

子贡问："我是怎样一个人？"孔子说："你啊，好像一件器物。"子贡说："什么器物？"孔子说："祭祀时盛黍稷的瑚琏。"

【易惑词】

女，音 rǔ 汝，你。器，器物，器皿。也，表疑问的语气词。瑚琏，音 hú 胡 liǎn 脸，祭祀时盛粮食的器皿，表示宝贵、重要。

【淮北佬曰】

人的潜质，大概在哪里都能流露出来。

【论语内外】

孔子言语开放，思维敏捷，联想丰富。他把子贡比作祭祀时盛粮食的器皿，也许只是暗示子贡的才艺单一，而不是暗示子贡的食量大。或喻子贡为国家宝贵人才，将受人尊重。或只随口一说，或开玩笑而已。如果仅仅是暗示子贡食量大而无更多深意，《论语》编辑可能已把此章删除了。不过，孔子与子贡的对谈总是够精彩，够出人意料。这也许正是师生间放松的教与学。也许是子贡这人最能让孔子放松。外交事务、经商理财，都最要善于处理好人与人之间的关系。人的潜质，大概在哪里都能流露出来。

【原文】

5.5 或曰："雍也仁而不佞。"子曰："焉用佞？御人以口给，屡憎于人。不知其仁，焉用佞？"

【译文】

有人说："冉雍有仁德却没有口才。"孔子说："哪里用得着能言善辩呢？口舌伶俐地与人争辩，常常让人厌烦。我不知道他能不能称得上仁德，光要口才有用吗？"

【易惑词】

佞，口才好，能言善辩。御，对付，应对。口给，应答敏捷，口齿伶俐，能言善辩；给，音 jǐ 挤，供给。屡，数次，多次。

【论语人物】

冉雍，姓冉，名雍，字仲弓，鲁国人，孔子学生。

【淮北佬曰】

志同道合，看到的都是长处；志趣相异，满眼都是不屑。

【论语内外】

爱之深，护之切。冉雍出身卑微，为人忠厚老实，不长言辞，却有行政才能，做鲁国执政大夫季桓子家宰时，因居敬行简深受好评，是孔子口头重点表扬的好学生，排在德行榜第 4 名。人无完人，人都有缺点，人也都有专长。君子看人，看人所长，小人看人，挑人之短。但情感也会主宰人的评价：志同道合，看到的都是长处；志趣相异，满眼都是不屑。孔子说得很对，有所长无须全才，这是就所用而言。那人说得也没错，有所短全凭感情，这是因志趣而异。

【原文】

5.6 子使漆雕开仕，对曰："吾斯之未能信。"子说。

【译文】

孔子让漆雕开去做官，漆雕开说："我对这事还没有信心。"孔子听了很高兴。

【易惑词】

仕，指做官。吾斯之未能信，即吾未能信斯；斯，代词，指出仕这件事；信，信心，自信。说，音 yuè 越，悦，高兴。

【论语人物】

漆雕开，姓漆雕，名开，字子开，小孔子 11 岁，孔子学生。

【淮北佬曰】

实事求是，始于孔子。

【论语内外】

实事求是，始于孔子。孔子想让漆雕开走仕途，漆雕开或因没兴趣而不愿去，或因没学好而无信心。孔子不但不勉强，反倒很开心。兴致是最好的老师，也是最佳的伴侣。信心是成功的前提，也是成绩的保证。

【原文】

5.7 子曰："道不行，乘桴浮于海，从我者，其由与？"子路闻之喜。子曰："由也好勇过我，无所取材。"

【译文】

孔子说："主张行不通，想乘小筏子漂往海外，跟随我的大概只有子路吧？"子路听到这话很高兴。孔子说："仲由的勇敢精神超过我，这就没有可取之处了。"

【易惑词】

桴，小筏子。从，音 zòng 纵，跟从。材，通"哉"。

【淮北佬曰】

欲抑先扬，欲批故彰。孔子熟知人性。

【论语内外】

先表扬一个人，再打击一个人，欲抑先扬，欲批故彰。孔子熟知人性。人都是想听表扬的，人又都听不得批评。先表扬一个人让人高兴，再批评一个人让人不高兴。孔子掌控局面，人情练达；孔子又为所欲为，技艺熟烂。材在这里有多种解释，一种解释是语气词哉；另一种解释是木材，意思是子路虽有勇力，却无处取得做桴的木头；第三种解释是裁量，即说子路虽然勇猛，却不善裁量事物。

【原文】

5.8 孟武伯问："子路仁乎？"子曰："不知也。"又问。子曰："由也，千乘之国，可使治其赋也，不知其仁也。""求也何如？"子曰："求也，千室之邑，百乘之家，可使为之宰也，不知其仁也。""赤也何如？"子曰："赤也，束带立于朝，可使与宾客言也，不知其仁也。"

【译文】

孟武伯问："子路仁德吗？"孔子说："不知道。"孟武德又问。孔子说："子路这个人，一个一千辆兵车的国家，可以让他负责军事工作，他有没有仁德就不知道了。""冉求怎么样？"孔子说："冉求啊，千户大小的县可以让他当县宰，百辆兵车的大夫封地可以让他当总管，他有没有仁德就不知道了。""公西赤怎么样？"孔子说："公西赤嘛，可以让他穿着礼服在朝廷接待宾客，他有没有仁德就不知道了。"

【易惑词】

千乘，一千辆兵车；乘，音 shèng 胜。治，治理，管理。赋，兵赋，军事方面的工作。邑，百姓聚居地。百乘，一百辆兵车；有百辆兵车的大夫，是有较大实力的。家，大夫的封地。宰，总管，家臣。束带，束着冠带，此指穿着礼服。宾客，指外国来宾。

【论语人物】

公西赤，姓公西，名赤，字子华，鲁国人，孔子学生。

【淮北佬曰】

轻易做得到的，必定非仁；草草达得到的，必定假冒。

【论语内外】

孔子可以纵论短长，却不可以轻许仁德；孔子知人善荐，却不会破了规矩。仁是孔子心目中的最高境界，轻易做得到的，必定非仁；仁者是孔子心目中的完美人物，草草达得到的，必定假冒。人人都知仁，人人都不知仁；人人都得仁，人人都得不到仁。仁是高标杆，人有多高，仁就比人高半尺；仁是善境界，人有多善，仁就比人善一寸。

【原文】

5.9 子谓子贡曰："女与回也孰愈？"对曰："赐也何敢望回？回也闻一以知十，赐也闻一以知二。"子曰："弗如也，吾与女，弗如也！"

【译文】

孔子对子贡说："你和颜回，哪个强一些？"子贡回答："我怎么敢和颜回相比，颜回闻一可推知十，我闻一只能推知二。"孔子说："不如啊，我同意你的话，你不如颜回！"

【易惑词】

孰，疑问代词，谁，哪个。愈，胜过，更强，更好。赐，子贡。望，相比，仰望。弗，不。与，赞同，同意。

【淮北佬曰】

孔子与子贡的对谈最舒服，最上路，也最相搭。

【论语内外】

老师和学生形如朋友，只有年龄上的差别，没有尊卑上的疏离；只有家庭中的长幼，没有代际上的阻隔。《论语》中，孔子与子贡的对谈最舒服，最上路，也最相搭。一个善解人意，一个善于沟通；一个思虑深邃，一个内心稳定；一个才华横溢，一个俚俗兼具；一个洞察人世，一个玩转政商；一个成熟，一个低调；一个仁，一个智；一个重情，一个着义。"与"在这里，或有两种意思，一种意思为连词，即我和你都不如颜回；另一种意思是赞同子贡的话，认为子贡不如颜回。由于与在《论语》中作实词时，常可理解为同意、赞同，因此这里也使用赞同义。但这里如果用作连词，语义和格调上，就更顺畅、高扬了。

【原文】

5.10 宰予昼寝。子曰："朽木不可雕也，粪土之墙不可圬也，于予与何诛？"子曰："始吾于人也，听其言而信其行；今吾于人也，听其言而观其行。于予与改是。"

【译文】

宰予白天睡觉。孔子说："腐朽的木头没法雕刻，粪土的墙壁不能粉刷，对宰予，我没什么可责备的了。"孔子又说："最初我看人，听了他说的话就相信他的行为；现在我看人，听了他说的话还要观察他的行为。经过宰予的事情以后我改变了看法。"

【易惑词】

昼寝，白天睡觉。粪土，脏土，污土。圬，音 wū 污，粉刷，抹墙。予，宰予。与，语气词。诛，音 zhū 朱，责备，责问。是，代词，指听其言而观其行。

【论语人物】

宰予，姓宰，名予，字子我，孔子学生。

【淮北佬曰】

宰予生涩。

【论语内外】

宰予何许人也？宰予者，姓宰，名予，字子我，鲁国人。他口齿伶俐，能说会道，又思维敏捷，常常提出刻薄问题，挑战权威。由于他常质疑孔子学说，因此也不得孔子待见，遇见宰予犯错，孔子就往狠里说。在这点上，宰予显然比孔子差太远。孔子想说子路缺点，先表扬子路忠诚。《论语》编者大概受到影响，称其宰予。称字为尊，呼名次之。宰予生涩，又过于刻薄，因而有人不喜欢，当势在必须。但孔子的宽阔，或在宰予身上表现最为充分，因为孔门十哲，宰我榜上有名，只是不知十哲名单，是否孔子亲口言说。

【原文】

5.11 子曰："吾未见刚者。"或对曰："申枨。"子曰："枨也欲，焉得刚？"

【译文】

孔子说："我没见过坚毅不屈的人。"有人答道："申枨是这样的人。"孔子说："申枨欲望太多，哪里能坚毅不屈。"

【易惑词】

刚，坚强，刚毅。欲，指欲望多。

【论语人物】

申枨，或为孔子学生；枨，音 cháng 肠。

【淮北佬曰】

欲望太多，就会分心；分心过多，难成大事。

【论语内外】

刚释为刚毅不懈、坚毅不屈，或意志坚强、意志坚定、意志刚强等义。刚也是孔子高度称许的品质，对这种品质要高要求，使孔子说出他都没见过真正刚毅不屈的人。意志坚强的人首先得摒除屑小的杂意，树立远大的目标。有一位投资家说过，他在奔向成功的道路上时从不注意小事，而在成功之前所有的事都是小事。人生会有许多欲望，一类欲望是生理的，比如美食、美色，另一类欲望是文化的，比如歌舞、茶酒、旅行、阅读，而所有的生理欲望又都掺杂了文化的要求。欲望太多，就会分心，分心过多，难成大事。申枨因欲望太多，被孔子如此评点。这并非他的过错，只是他的现状。

【原文】

5.12 子贡曰："我不欲人之加诸我也，吾亦欲无加诸人。"子曰："赐也，非尔所及也。"

【译文】

子贡说："我不希望别人强加于我，我也不愿意强加于人。"孔子说："赐呀，这不是你能做到的。"

【易惑词】

加，凌驾，强加。诸，之乎的合音；之，代词；乎，语气词。尔，第二人称代词，你，你们。及，做到，达到。

【淮北佬曰】

思考是个人的，而社会是大家的。

【论语内外】

子贡善于思考，勤于动脑，长于言语。他是孔子十大高足之一，孔子（或编者）将他与宰我同归为言语特优生之列，但子贡和宰我不同，子贡虽擅言语，却不会出言偏激，子贡虽勤思考，却不会出口狂放。他说出的话都不至于离谱。子贡小孔子 31 岁，两人的交流，常使人有慈父孝子之暖。我不希望别人强加于我，我也不愿意强加于人，这是子贡思考的结果，而非子贡由生活中感知。这是子贡的青涩期。正如孔子所言，你想得好，却做不到。因为你想得好，但是别人未必能随你愿。思考是个人的，而社会是大家的。诸事杂糅，就不是想象和思考那么单纯了。

【原文】

5.13 子贡曰："夫子之文章，可得而闻也；夫子之言性与天道，不可得而闻也。"

【译文】

子贡说："老师在诗书礼乐方面的学问，我们听得到；老师关于人性和天道方面的言论，我们就听不到了。"

【易惑词】

文章，孔子的学问；或指孔子传授的古代文献。得，得到，能够。性，人的本性。天道，天命。

【淮北佬曰】

得空即问、有闲即学，也是一种特权，让人暗自称羡。

【论语内外】

子贡常和孔子对谈，常和孔子沟通、交流。或者这就是一种学习，一种书本知识以外的学习。子贡与众弟子得距离之便，方便得空即问、有闲即学，也是一种特权，让人暗自称羡。孔子学子众多，偏子贡等少数弟子常询于老师，这要么是由于子贡等高徒问得好，值得留存，要么正是因为其他学生不知利用与孔子间的物理距离，多学多问。文章，或指文学艺术，或指文献典章，或指诗书礼乐。人性和天道，《论语》里讲得极少，孔子日常可能也讲得不多，因而子贡他们，就很好奇了。

【原文】

5.14 子路有闻，未之能行，唯恐有闻。

【译文】

子路听到一个道理，如果还未及实行，就怕又听到一个新道理。

【易惑词】

有闻，听到一个观点或道理。唯恐有闻，有，音 yòu 又，又。

【淮北佬曰】

孔门弟子风格各异，丰富多彩。

【论语内外】

子路率直勇猛，做事风行，性格鲜亮，不过也有冒进之患，不省之忧，失虑之过。子路的强项是事务，驾车行走，打探方向，跑路弄饭，他既乐意做，也做得好。学习和思考却是子路的弱项，听到一个道理，得到一个观点，接触一个思想、碰到一个理论，让他消化、吸收、整合为自己的知识、思想和营养，是勉为其难的事。他不是那种不愿学习的人，而是那种学不进去的人。孔门弟子风格各异，丰富多彩。子路没有传承孔子思想的才华和能力，却可以躬身做事，不计辛苦，这也是孔子生活中需要的。

【原文】

5.15 子贡问曰："孔文子何以谓之'文'也?"子曰："敏而好学，不耻下问，是以谓之'文'也。"

【译文】

子贡问："孔文子为什么谥为'文'?"孔子说："他聪敏好学，不以向地位比自己低、学问比自己浅的人请教为耻，因此谥为文。"

【易惑词】

敏，敏捷，机敏。下问，向地位低的人请教。

【论语人物】

孔文子，姓孔，名圉（音 yǔ 雨），字仲叔，卫国大夫，谥号文。

【淮北佬曰】

不耻下问，因此谥文。

【论语内外】

以下几条是对政治家的"点评"。孔文子姓孔，名圉，字仲叔，谥号文。所谓谥号，是古代君王或高官大臣去世后，朝廷根据他们生前的道德、事迹，给予他们或褒或贬的称号，但也有谥实不对的情况。上古时的谥号有用两三个字的，但多用一字；后世的谥号，则多为两字。孔圉谥文，正如孔子所言，他聪敏好学，不以向地位比自己低学问比自己浅的人请教为耻，因此谥为文。

【原文】

5.16 子谓子产，"有君子之道四焉：其行己也恭，其事上也敬，其养民也惠，其使民也义"。

【译文】

孔子评论子产说："他有四种德行合于君子之道：自己行为谦逊，侍奉国君恭敬，养护百姓恩惠，役使人民合理。"

【易惑词】

道，处世原则。行己，要求自己，规范自己的行为。敬，尽职，敬业。惠，恩惠。义，合宜，合适，合理。

【论语人物】

子产，姓公孙，名侨，字子产，春秋时郑国大夫。

【淮北佬曰】

君子或与仁者一样，是孔子心目中绝不轻易许人的桂冠。

【论语内外】

子产是春秋时期与孔子同时代、比孔子稍早些的思想家、政治家。他与孔子在治国方针、价值判断等方面有不少共同之处，亦有不同之处。孔子论人，常见辩证，他认为好的，即使情感不睦，也会实事求是；他认为不好的，即使有碍情面，也能酌情言明。在孔子眼里，子产已经有四个重要的方面，符合君了标准了，他的行为谦逊，他对国君恭敬，他对百姓恩惠，处理政务合理。但孔子说话留有余地，并不直接命名君子。君子或与仁者一样，是孔子心目中绝不轻易许人的桂冠。

【原文】

5.17 子曰："晏平仲善与人交，久而敬之。"

【译文】

孔子说："晏平仲善于与人交往，时间越长，别人愈尊敬他。"

【易惑词】

敬，尊敬。之，代词，指晏平仲。

【论语人物】

晏平仲，姓晏，名婴，字仲，谥号平，齐国大夫。

【淮北佬曰】

善于与人交往，因而愈久愈敬。

【论语内外】

先秦，姓是代表母亲血缘的符号，氏是代表父亲血缘的符号，秦始皇姓嬴名政，是因为他母亲姓嬴，而他的父亲姓赵。汉以后，这种姓氏法就完全反过来了，父亲那边称姓，母亲那边称氏。以前许多平民女子没有名，姓什么，就叫什么氏，嫁到男方家庭，就跟大姓，丈夫姓李，就叫李刘氏，丈夫姓周，就叫周刘氏。古代的人，既有名，又有字，后来还有号。名是出生三个月后由父亲取的；字是 20 岁举行成年冠礼时取；名与字有意义上的关联；号一般成年后根据爱好、理想等自取。例如颜回，字子渊，回有回旋、旋转的意思，渊是"回水"的意思。曾点，名点，字皙，点是小黑，皙是白，黑白是反义词。宰予，名予，字子我，予是名，子我是字，他的名和字是同义词。"子"在春秋时是男子的尊称，所以在字前加子，是一种普遍的方式。子渊、子我、子产、子羔、子华、子思、子有、子贱、子夏、子贡、子张、子迟、子容，都是这种取字法。

晏平仲姓晏，名婴，字仲，谥号平，齐国大夫，辅政长达50年，是春秋时的著名政治家。因他谨慎、恭敬，善于与人交往，因而孔子说时间越长，别人越尊敬他。

【原文】

5.18 子曰：“臧文仲居蔡，山节藻棁，何如其知也？”

【译文】

孔子说：“臧文仲把大乌龟藏在由山水斗拱和藻草短柱建成的屋子里，这个人怎么这么聪明呢？”

【易惑词】

居蔡，此指存放、收藏大乌龟；蔡，一种产于蔡的大乌龟。山节，刻有山水的斗拱。藻棁，刻有藻草的短柱；棁，音 zhuō 捉，梁上短柱。知，同“智”，聪明，明智。

【论语人物】

臧文仲，姓臧孙，名辰，鲁国大夫，谥号文。

【淮北佬曰】

我们的小名相当于古人的名，我们的大名相当于古人的字。

【论语内外】

接上言讲命名取字。婴儿三月时父亲为孩子取名，成人时取字，成人后取号，延续至今，大约相当于我们刚出生时家长给我们取小名，需要上户口时，或要上幼儿园，或要上小学时，再给我们取个正式的大名，别号则是我们成人后，文艺界人士根据自己的喜好，起的一个别名。我婴儿时期有一张照片，上面写着“毛孩100天”，这个“毛孩”，就是小名，或大约相当于古人的名，当然只是相当，并不是真的等于。小孩子生下来，临时要起个小名，嘴里有个喊头，因为总不能天天说“那个东西，这个东西”吧，因为是小时候的名，所以也相当于昵称。上户口时就要取大名了，这是个正式的名字，上学要用，以后一辈子都可能要用，所以很正式。我的大名叫幼连，即许幼连，但后来上中学，“文化大革命”时期，看了一部越南电影，里面有个抗美英雄叫辉，于是一时冲动，把自己正式的大名改成了“辉”，名字虽然不错，但重名的人太多了。

【原文】

5.19 子张问曰：“令尹子文三仕为令尹，无喜色；三已之，无愠色。旧令尹之政，必以告新令尹，何如？”子曰：“忠矣。”曰：“仁矣乎？”曰：“未知，焉得

仁?”“崔子弑齐君，陈文子有马十乘，弃而违之。至于他邦，则曰：‘犹吾大夫崔子也。’违之。之一邦，则又曰：‘犹吾大夫崔子也。’违之。何如?”子曰：“清矣。”曰：“仁矣乎?”曰：“未知，焉得仁?”

【译文】

子张问：“令尹子文多次当楚国令尹，不见他有欣喜的神情，多次被罢官，也不见他有怨恨的神态。每次卸任，总要把所有旧政告诉新令尹，子文这人怎么样?”孔子说：“算是尽忠职守了。”子张又问：“算不算仁呢?”孔子说：“未能做到智慧，这怎么能算仁?”子张又问：“崔子杀了齐庄公，陈文子舍弃四十匹马的财产离开齐国。到了另一个国家，说道：‘这里的执政者和崔子差不多。’离去。又到一个国家，他又说：‘这里的执政者和崔子差不多。’离去。这个人怎么样?”孔子说：“很清白。”子张说：“这算是仁吗?”孔子说：“未能做到智慧，这怎么能算仁?”

【易惑词】

令尹，楚国宰相，官名。三仕，多次任职。已，止，指免职。愠色，怨恨的脸色。知，同智，智慧。弑，地位低的人杀地位高的人。齐君，指齐庄公。违，离去。至于，到达；至，到达；于，介词。犹，如同，好像。之，到，往，到……去。清，清高，清白。

【论语人物】

令尹子文，令尹是官名，子文谥号。令尹子文姓斗，名穀於菟（音 gǔ wū tú），春秋时楚国令尹。崔子，齐国大夫崔杼（音 zhù 柱）；齐庄公多次与崔杼妻子棠姜通奸，因此齐庄公被崔杼所杀。

【淮北佬曰】

在正式的场合，要表示对他人的尊敬，可能仅称大名还不够，那就得带上职务。

【论语内外】

接上言名命取字。几千年来，这些规矩和习惯并没有根本性的改变，虽有变化，但根源仍在。按照取名、用字、命号的时间顺序、生命阶段和心理因素，我们大致可以知道，古代对人称字比称名更正式，也更尊敬。如果称字还觉得不够尊敬，那就称号，如果有号可称的话。这就像在正式的场合，叫别人的小名，虽然亲切，但场合不对，既不正式，也不够尊敬。在正式的场合，要表示对他人的尊敬，可能仅称大名还不够，那就得带上职务，例如某某局长，某某主任，某某部长，某某经理，某某董事长，这叫上路子，懂规矩。因为是正式的尊称，所以听的人心里高兴。在这类事情上，依照社会礼规，再好的朋友，也没法例外。

【原文】

5.20 季文子三思而后行，子闻之曰："再，斯可矣。"

【译文】

季文子做事总要考虑多次才行动，孔子听到这事说："考虑两次就可以了。"

【易惑词】

再，第二次，两次。斯，就。

【淮北佬曰】

孔子这样说，既符合孔子为师诲人的身份，也能够显示他的与众不同。

【论语内外】

三思而后行，或者思考多次再行动，或者就是思考三次再行动。三思而后行，这可能不是季文子的自我描述，可能不是季文子对人说，他做事总要考虑三次或多次才去做，而是他人的观察归纳。这是季文子处世的特点。从这个角度说，三不是实际的思考次数，只是反复思考。但孔子说考虑两次就可以了，两是确数，因此更可能是相对于确数的三而言的。或还有一种对话时语境的作用，对话中有人说季文子做事要考虑三次才行动，孔子接上说考虑两次就够了。孔子这样说，既符合孔子为师诲人的身份，也能够显示他的与众不同。

【原文】

5.21 子曰："宁武子，邦有道，则知；邦无道则愚，其知可及也，其愚不可及也。"

【译文】

孔子说："宁武子这人，国家平和时，他就聪明；国家昏昧时，他就装笨。他的聪明别人能赶上，他的装笨，别人就赶不上了。"

【易惑词】

知，音 zhì 智，聪明，智慧。愚，愚蠢，愚笨，此指装蠢。及，企及，赶不上，学不来。

【论语人物】

宁武子，姓宁，名俞，卫国大夫，谥号武。

【淮北佬曰】

在相反的政治生态中，为人处世的态度，最看得出对道德底线的守持。

【论语内外】

在相反的政治生态中，为人处世的态度，最看得出对仁义礼忠信的守持。孔子

常用这种标准来表达肯定或反对的价值。在泰伯篇第八章中，孔子说："坚定信念，努力学习，用生命守卫善道。不进入危险的国家，不住在混乱的国家。天下有道就展现自己的才华，天下无道就低调隐藏。国家清明而自己贫贱，就是耻辱；国家黑暗而自己富贵，也是耻辱。"在宪问篇第十四章中，孔子说："国家清明，做官领取薪俸；国家昏暗，还去做官领取薪俸，这就是可耻。"孔子也常用这种标准来表达称许或否定的态度。在本篇本章中，孔子说："宁武子这人，国家平和时，他就聪明；国家昏昧时，他就装笨。他的聪明别人能赶上，他的装笨，别人就赶不上了。"在卫灵公篇第十五章中，孔子说："刚直啊史鱼！国家清明他就像箭一样正直，国家昏暗他也像箭一样正直。君子啊蘧伯玉！国家清明他出来做事，国家昏暗他把才华收藏起来。"都说的是大致的意思、相似的观点。

【原文】

5.22 子在陈，曰："归与！归与！吾党之小子狂简，斐然成章，不知所以裁之。"

【译文】

孔子游在陈国，说："回去吧！回去吧！我乡学生心气高盛，行为粗疏，文采斐然，却还不知如何裁度自己。"

【易惑词】

陈，国名，周武王将舜的后裔封于陈。吾，我，第一人称代词。党，乡党，家乡。小子，指学生。狂，志向远。简，行为粗。斐然，有文采；斐，音 fěi 匪。裁，裁剪，节制。

【淮北佬曰】

孔子还是能够控制住自己的情绪的。

【论语内外】

这一章到底是什么意思？令人费解。本章也有几种释读，一种是："该回家了，该回家了，我家乡的这些年轻人志高气远，又有文采，真不知道怎样指导他们。"另一种释读为："回去吧，回去吧，我乡的学生志向远大，但才疏学浅，真不知道该怎样指导他们呢。"这都有些生气、愤愤然的感觉，倒是合于生活的现象。但这到底是孔子因事生气，还只是他的一个感慨？到底是在陈国遇到了不快，还是家乡的弟子让他挂心？

或只是孔子弟子们因心高志远而做出了举止粗疏的事，让孔子既生气、又无奈？果若如此，孔子还是能够控制住自己的情绪的，他没有因怨怪交加，失控说出一些过陡的话来，而是把怒气包裹在表扬的糖衣里，看似表扬，实为泄愤，看似愤怒，又像表扬。愤怒总会过去的，如果说出去了过头话，就不好收回了。如果收回去，既知今日，何必当初？就会让人觉得不成熟。

【原文】

5.23 子曰：“伯夷、叔齐不念旧恶，怨是用希。”

【译文】

孔子说：“伯夷、叔齐不记旧仇，别人对他们的怨恨就少了。”

【易惑词】

旧，过去的。恶，仇恨。是用，因此。希，通“稀”，少。

【论语人物】

伯夷，姓墨，名允，字公信；伯，长；夷，谥号。叔齐，名智，字公达；齐，谥号；伯夷的弟弟。两人因让位避世，后来又以食周朝的粮食为耻，饿死在首阳山，并被后人树为某种道德楷模。

【淮北佬曰】

没有历史的道德容易过时，没有思想的道德只能昙花一现。

【论语内外】

伯夷和叔齐的成名最初起因于谦让，因此有人认为他们有高尚的人格，甚至有圣人一般的光辉。历朝历代都有不与新朝新代合作的例子，但他们仅依靠不合作，一般都难以成为民族英雄、时代先锋。这大概一方面是因为他们只是某种道德标准空洞的榜样，而无历史事迹真实的内容。没有历史的道德容易过时，没有思想的道德只能昙花一现。

【原文】

5.24 子曰：“孰谓微生高直？或乞醯焉，乞诸其邻而与之。”

【译文】

孔子说：“谁说微生高直爽？有人向他讨点醋，他不说自家没有，却从邻家要来给人家。”

【易惑词】

直，直率，直爽。醯，音 xī 希，醋。诸，之于。

【论语人物】

微生高，姓微生，名高，鲁国人。

【淮北佬曰】

借醋与人的传奇。

【论语内外】

微生高的故事有些传奇，说他守持信诺，与一位女子约于桥下时，到点时女子不来，水却来了，他为诚诺计，抱着桥柱子不愿离去，最终淹死。微生高或是当时一位道德楷模，他诚实守信、性情高直，不愿负人。孔子说他借醋与人，对他的道德声誉，似乎不予认同，因为微生高为做而做，不能够实事求是。但说微生高不出于真心，或许说不过去，因为生死面前，他也经受了考验。可能这人只是一个直脑筋，不善变通，过于教条。这或是孔子不十分喜欢的。在我们生活的周围，如果有这样借醋也要与人的人，我们一般都会认为他够处，因为急人所急，自己没有，借也要借给人，这样的事，是值得歌颂的，这样的人，是值得依赖的。

【原文】

5.25 子曰："巧言、令色、足恭，左丘明耻之，丘亦耻之。匿怨而友其人，左丘明耻之，丘亦耻之。"

【译文】

孔子说："花言巧语、面容伪善、过度恭敬，左丘明认为这是可耻的，我也认为可耻。心怀怨恨表面却装成对别人友好，左丘明认为这是可耻的，我也认为这是可耻的。"

【易惑词】

足，旧读 zù，去声；过分，过度。丘，孔子自称。匿，隐藏。友，表示友好。

【论语人物】

左丘明，春秋时鲁国史官，活动年代或稍早于孔子。

【淮北佬曰】

孔子看重的是君子作风，而不是小人品相。

【论语内外】

这些是孔子的人品观。孔子认为花言巧语、面容伪善、过度恭敬和表里不一，都是令人厌恶、可耻可厌的。孔子倡议的大概是实事求是、真实不假、神态自若和表里如一。从这些人品标准看，孔子看重的是君子作风，而不是小人品相；孔子张扬的是务实风气，而不是玩虚弄假。虽然玩虚弄假的人世代都有、无处不存，但孔子的提倡，还是成为我们后世品人的固有尺度，成为后世评人的正确答案。左丘明为鲁国史官，活动年代或稍早于孔子。本章中孔子把左丘明抬出来证明自己，是孔子对左丘明的敬重与观点的认同，也可能当时左丘明的社会影响，是较大、较正面的。

【原文】

5.26 颜渊、季路侍。子曰："盍各言尔志?"子路曰："愿车马衣轻裘与朋友共敝之而无憾。"颜渊曰："愿无伐善，无施劳。"子路曰："愿闻子之志。"子曰："老者安之，朋友信之，少者怀之。"

【译文】

颜渊、季路侍立孔子身边。孔子说："何不各自说说自己的志向?"子路说："我愿意把车马衣服与朋友共同使用，用坏了也不遗憾。"颜渊说："我愿能做到不夸耀己长，不表白功劳。"子路说："想听到老师的志向。"孔子说："老者安享，朋友互信，年轻人得到关怀。"

【易惑词】

侍，侍候，陪侍。盍，音 hé 何，何不的合音字，为什么不。轻，或为衍文。裘，皮衣。敝，破烂，穿破用烂。憾，抱怨，遗憾。伐，夸张，夸耀。善，好。施，表白，炫耀。安之，即使之安。怀，关怀。

【淮北佬曰】

师生三人的对话，内容不同，视角各异，都符合各人性格、好恶，以及成长的背景。

【论语内外】

颜渊和子路陪侍孔子，孔子坐，弟子站。杨伯峻先生说，《论语》中若单用侍，就是孔子坐，弟子站；若用侍坐，就是大家都坐；若用侍侧，就可站可坐。孔子和弟子闲聊、说话，真别有一番情境。子路性子急，思虑浅，看见的自然多是眼前的实物、实用与实际，所以他愿意得财物与朋友共。颜渊穷困，也没有大富大贵的宏愿，因而他物质底线底，道德底线高，希望在物质以外，多得一些朴实的抽象价值就满足了。孔子则站得高、看得远、想得开，志向高远，落脚实地。师生三人的对话，内容不同，视角各异，都符合各人性格、好恶，以及成长的背景。

【原文】

5.27 子曰："已矣乎！吾未见能见其过而内自讼者也。"

【译文】

孔子说："算了吧！我没见过能发现自己的过错就在内心自责的人啊。"

【易惑词】

已，罢了，停止。过，过错，错误。自讼，自我责备，自我批评；讼，责备，批评，辩论。

【淮北佬曰】

不知道孔子这句话是在什么语境下说的，总之充满不屑。

【论语内外】

不知道孔子这句话是在什么语境下说的，总之充满不屑。或许有人在孔子面前或转告孔子，某人评论某人能在自讼方面达标，孔子不爽，因此直言而出。在孔子心里，自讼大约应该是一件极难的事。自讼容易，而真正的自讼，在孔子看来，几乎做不到，至少孔子说他还没有见过这样的人。孔子自己能不能做到呢？从《论语》里，我们能看到孔子一直试图努力这样做，他提倡仁义礼忠信恕贤敬孝悌，就是在自我辩论，自我批评，自加标准，就是一种自讼。但他又不认为有人真正能做到自讼，就像极少有人能成为真正高标准的仁者、君子一样。

【原文】

5.28 子曰："十室之邑，必有忠信如丘者焉，不如丘之好学也。"

【译文】

孔子说："就算只有十户人家居住，也一定有像我一样忠信的人，不过没有人像我这样喜欢学习。"

【易惑词】

十室，小邑。如，像。丘，孔子自谦。好，音 hào 号，喜欢。

【淮北佬曰】

做到忠信较易，忠信而学却难。

【论语内外】

十户，是极言其小和少。必有忠信者，是极言忠信平和易。其实按照孔子的语言习惯，所有的事物，都不是绝对的易或难，都是在与他事的比较中或易或难；所有的修养，都不是绝对的做得到或做不到，都是在特定语境中的做得到或做不到。忠与信的易，只是与学相比的易。做到忠信较易，忠信而学却难。

雍也篇第六

（共30章）

【原文】

6.1 子曰："雍也可使南面。"

【译文】

孔子说："冉雍这个人可以让他去治理国家。"

【易惑词】

南面，面朝南，长官坐北面南，此指冉雍有为官才能。

【淮北佬曰】

能够面对阳光，是有权力、有能力、有实力的表现。

【论语内外】

《论语》编者按学习、为政、礼制、仁君、其他的顺序编排，反映了编者对事物重视程度的不同。本篇多为孔子对弟子的评价，也是丰富多彩的。冉雍，字仲弓，鲁国人，他出身卑微，为人忠厚老实，不多言辞，却有行政才能，做鲁国执政大夫季桓子的家宰时，因居敬行简受人好评。雍也可使南面，就是说冉雍这个人，话稀有眼色，有行政才能，因此有能力、有素质做到很高的官。南面，即面南，古代坐北面南的座位为上位，天子、诸侯、卿大夫的座位都是面南的。面南之所以好，是由于中国在北半球，面南是对着太阳、对着光明的。因为没有空调，古代的阳光是珍贵的。房屋需要太阳的光线和照晒，冬天人们在避风的地方晒太阳，也需要面对阳光。因此能够面对阳光，是有权力、有能力、有实力的表现。

【原文】

6.2 仲弓问子桑伯子。子曰："可也简。"仲弓曰："居敬而行简，以临其民，

不亦可乎？居简而行简，无乃大简乎？”子曰：“雍之言然。”

【译文】

仲弓问子桑伯子这个人如何。孔子说：“还好，做事简洁。”仲弓说：“心存恭敬而行事简约，用这种方法治理百姓，不也是可以的吗？心存简单而行事草率，不是太粗简了吗？”孔子说：“你说得对。”

【易惑词】

仲弓，冉雍。简，简约，简明，简单。居，日常，平时。临，治理。无乃，不是，岂不是。大，音 tài 泰，太。然，对，正确。

【论语人物】

子桑伯子，名枝，字子桑，秦国大夫，以知人善用著名，伯子说明他有卿大夫身份。

【淮北佬曰】

要辩证地、以中为用地看事物。

【论语内外】

仲弓是孔门弟子中德行好的学生，孔子也是喜欢他的，时常为他说话。在公冶长篇中，有人说冉雍有仁德却没有口才，孔子就替仲弓辩护说，哪里用得着能言善辩呢？口舌伶俐地与人争辩，常常让人厌烦，我不知道他能不能称得上仁德，但光要口才有用吗？在本篇中，孔子又夸赞仲弓有治理国家的才能。在子路篇中，孔子还给仲弓出主意，告诉他政务要领：要给下属带头，宽容别人的小错，提拔贤才；那么怎么识别贤才然后提拔呢？孔子又告诉他：提拔你了解的人，至于你不了解的人，别人难道会埋没他们吗？仲弓现在看问题，也有了孔子风，知道辩证地、以中为用地看事物：行事简约是可以的，但行事简约并非行事草率，如何适宜中度，才是最重要的。仲弓对孔子的思想，是往心里去的，并且能够用孔子的学问去指导实践。

【原文】

6.3 哀公问：“弟子孰为好学？”孔子对曰：“有颜回者好学，不迁怒，不贰过，不幸短命死矣，今也则亡，未闻好学者也。”

【译文】

鲁哀公问：“你的学生中哪个最爱学习？”孔子回答说：“颜回最爱学习，他不把怒气发泄到不相干的人身上，不犯同样的错误，他不幸短命死了。现在这样的人没有了，我再也没听说过有喜爱学习的人了。”

【易惑词】

迁，转移。贰，重复，再次。短命，颜回死时三十一岁。亡，音 wú 无，同“无”，没有。

【淮北佬曰】

学是孔门的学规。

【论语内外】

学是孔门学规，是孔门的规矩。以学习统领生活，以学习统领道德，以学习统领俸禄，以学习统领言语，以学习统领行为，以学习统领交友，以学习统领情绪，以学习统领生死，以学习衡量弟子，以学习表示好恶，以学习划聚好坏。朱熹说，活到老，学到老，正是孔门学规的延承。孔子评价他的学生，一个重要的标准，正是学。

【原文】

6.4 子华使于齐，冉子为其母请粟。子曰："与之釜。"请益。曰："与之庾。"冉子与之粟五秉。子曰："赤之适齐也，乘肥马，衣轻裘。吾闻之也：君子周急不继富。"

【译文】

子华出使到齐国，冉子请求孔子给子华母亲一些小米，孔子说："给她一釜。"冉子请求增加一些。孔子说："再给她一庾。"冉子却给了她五秉。孔子说："子华出使齐国，乘着肥壮的马拉的车，穿着轻而暖的皮袍。我听说了，君子救济急需帮助的人，而不为富人锦上添花。"

【易惑词】

请粟，请求安家的粮食；粟，小米。釜，音 fǔ 斧，古代计量单位，为六斗四升。益，增加。庾，音 yǔ 雨，古代计量单位，为二斗四升。秉，古代计量单位，十六斛为一秉，一斛为十斗。适，到，到……去。周，救济。继，接济，添加。

【淮北佬曰】

拿孔子家的粮食不当粮食，做人情，力度也够大的！

【论语内外】

子华就是公西赤，姓公西，名赤，字子华，是孔子早年学生。冉子就是冉有，名求，字子有。在公冶长篇里，孟武伯问仁德，恰将子有和子华放在一起问了。孟武伯问冉求的仁德怎么样，孔子说，冉求啊，千户大小的县可以让他当县宰，百辆兵车的大夫封地可以让他当总管，他有没有仁德就不知道了；孟武伯又问公西赤的仁德怎么样，孔子说，公西赤嘛，可以让他穿着礼服在朝廷接待宾客，他有没有仁德就不知道了；可见孔子是不给子有和子华戴仁德帽子的。这或正是物以类聚、人以群分？不知冉子与子华是什么关系，可能是最好的哥们，拿孔子家的粮食不当粮食，做人情，力度也够大的！不过话说回来，孔子家的粮仓或也不小，冉子做人情都能随便挖这么多粮食送人，如果孔子家的粮仓不够大，冉子也不好意思让孔家吃

了上顿愁下顿吧。孔子有修养，虽然对冉子不满，却也拿冉子没办法，又不能在这件具体的事情上显得那么小气，于是就上纲上线，把家务琐事，上升到社会道德层面，把要接济的对象，区分为急难的人和富人。济难不济富，救急不救穷，后来的这些社会原则，或都是从孔子这里套用来的。

【原文】

6.5 原思为之宰，与之粟九百，辞。子曰："毋，以与尔邻里乡党乎!"

【译文】

原思在孔子家当总管，孔子给他九百粟，他推辞不要。孔子说："不要推辞了，有节余就给你的乡邻吧!"

【易惑词】

之，其。宰，家臣，管家。辞，推辞，不接受。毋，同"无"，不要。邻里乡党，均为古代行政单位，五户为邻，二十五户为里，五百户为党，一万二千五百户为乡。

【论语人物】

原思，姓原，名宪，字子思，鲁国人，小孔子36岁，孔子学生。

【淮北佬曰】

孔子看不上的是贱民，所谓贱民，就是那些自甘贫穷而又穷斯滥没有底线的人。

【论语内外】

子贡是孔门弟子中最富的学生，而原思是孔门弟子中最穷的学生之一。子贡的富有，是自己努力挣来的；原思虽然穷迫，却能够持贫守志，安贫乐道，不与世俗同流，未穷斯滥矣，未因穷而没有底线。孔子对原思也是赞赏的，还尽可能地接济他。与上一章冉求拿孔子家小米送人做人情相比，这次是孔子动员原思接受，可见孔子的情感动机与做事准则。原思在宪问篇里，曾向孔子请教耻的问题，孔子回答他说，国家清明，可以去做官领取薪俸，国家昏暗，还去做官领取薪俸，这就是可耻。原思问的问题，不能不说和他的个人处境、他欲坚持的道德，有着内在的联系。在孔子体系中，人穷、人富，都没有关系，但每个人都要有上进心，都应该做好自身的工作，坚守道德的底线，并尽可能改善生存条件。孔子看不上的是贱民，所谓贱民，就是那些自甘贫穷而又穷斯滥没有底线的人。

【原文】

6.6 子谓仲弓，曰："犁牛之子骍且角，虽欲勿用，山川其舍诸?"

【译文】

孔子谈到仲弓时说："耕牛生的小牛毛色是红的，角端正整齐，人们虽不想用它祭祀，山川之神难道能舍弃它吗？"

【易惑词】

犁牛，耕牛；古代耕牛或不用作祭祀的牺牲。骍，音 xīng 星，赤色，周朝崇尚红色。角，这里指角长得端正。用，用来祭祀。山川，山川的神灵，此暗指统治者，上层。诸，之乎的合音。

【淮北佬曰】

不论出身如何，全靠自己努力。

【论语内外】

这段或是孔子对仲弓的评价。仲弓出身贫苦，家人或以蓄养牲口为谋生手段，因此孔子用耕牛和小牛比喻，显得贴切、鲜活。有说孔子时代不以耕牛祭祀；有说孔子时代不以长得不好看的耕牛祭祀，意思是只用经过筛选长得周正的牛祭祀；或小牛还不算耕牛。因此，这段话就有两种意思：一种意思是虽然不用耕牛祭祀(受重用)，但由于这头小牛毛色纯正牛角齐整，想不用都不行；另一种意思是，虽然人们用耕牛祭祀，但也要选好看的符合标准的，暗示仲弓最符合标准。孔子此话要旨，就是不论出身如何，全靠自己努力。

【原文】

6.7 子曰："回也，其心三月不违仁，其余则日月至焉而已矣。"

【译文】

孔子说："颜回呀，他的内心长久不离开仁德，其他人只是短时间想起来罢了。"

【易惑词】

三月，时间长。其余，其他人或学生。日月，时间短。

【淮北佬曰】

仁源于人，源于社会，由于两人或多人即要调节相互关系，所以两人或多人即可生仁，两人或多人即可构建仁体。

【论语内外】

孔子对颜回的评价，是孔子对学生中守仁者的最高评价了。仁源于人，源于社会，由于两人或多人即要调节相互关系，所以两人或多人即可生仁，两人或多人即可构建仁体。仁既源于人，因而也服务于人。仁不仅是为人处世的价值基础，也是普遍世界的道德规范，还是和谐社会的治理原则。但仁束缚人，因此除了颜回，没有几个人甘愿束缚，没有几个人能做得很好。

【原文】

6.8 季康子问："仲由可使从政也与？"子曰："由也果，于从政乎何有？"曰："赐也可使从政也与？"曰："赐也达，于从政乎何有？"曰："求也可使从政也与？"曰："求也艺，于从政乎何有？"

【译文】

季康子问："仲由这个人可以从政吗？"孔子说："仲由处事果断，从政有什么不可以呢？"季康子又说："子贡也可以从政吗？"孔子说："子贡通情达理，从政有什么不可以呢？"季康子又说："子有可以从政吗？"孔子说："子有多才多艺，从政有什么不可以呢？"

【易惑词】

从政，管理政务。果，果断，果决。何有，有何的倒装，有何困难，有何不可。达，通达，通晓事理。艺，古以礼、乐、射、御、书、数为六艺，此指多才多艺。

【淮北佬曰】

子有脾气好，适合官僚作风，孔子还可以想说就说，想骂就骂。

【论语内外】

孔子对弟子了如指掌，也钟爱有加。仲由人直口快，很难适应政界生态，孔子却认为他的直快是一种果断，这也不能完全说没有道理。子贡是通用型人才，放在哪里，都能胜任，自不待说。子有多才多艺，性情温和，确是从政的良才。虽然孔子认为子有道德上不坚定，但子有脾气好，适合官僚作风，他还可以想说就说，想骂就骂，还可以通过子有向掌权者施加影响。孔子既对弟子关心厚爱，一般而言，或也是因才施用的大师。

【原文】

6.9 季氏使闵子骞为费宰，闵子骞曰："善为我辞焉！如有复我者，则吾必在汶上矣。"

【译文】

季氏派人请闵子骞做费邑总管，闵子骞说："替我好言谢绝吧！假如再来找我，那么我必定在汶水之北了。"

【易惑词】

费，音 bì 壁，季氏家邑。复，再次，再来。汶，音 wèn 问，水名；汶上，汶水北，此处暗指齐国。

【论语人物】

闵子骞（音 qiān 迁），姓闵，名损，字子骞，小孔子 15 岁，孔子早年学生。

【淮北佬曰】

现在已经几乎没有人知道闵子骞的名了，如果你说闵损，人们都不知道是谁。这一方面由于孔子时代称名不如称字尊重，另一方面，怕也与损的后来义有关；损的后来义多是负面的，人们就不爱把这些后来义与闵子的正面形象相连。

【论语内外】

闵子骞家乡在现安徽省宿州市埇桥区曹村镇境内的闵祠村，附近还有闵贤村等，可见当地对闵子骞的热情。埇桥的行政范围，基本上就是原来的宿县，也是个很古老的地方了。宿县当地人谈论闵子骞，都自然而然称闵子，表示对闵子骞的尊敬。毕竟闵子在《论语》中的形象是完全正面的，受到孔子的表扬，又是孔门十哲中的道德楷模之一，几千年来一直完全符合中国人的孝道追求。重要的是，对闵子的这些评价，白纸黑字，历历在目，没有疑问。闵祠村有闵祠和闵子骞墓，祠和墓之间，还有一条路叫闵骞路。闵子骞姓闵，名损，字子骞，现在已经几乎没有人知道闵子骞的名了，如果你说闵损，人们都不知道是谁。这一方面由于孔子时代称名不如称字尊重，另一方面，怕也与损的后来义有关；损的后来义多是负面的，人们就不爱把这些后来义与闵子的正面形象相连。闵祠村与山东曲阜相距约 300 公里，在春秋时代，这也是个不近的距离。现闵祠西北安徽萧县杜楼镇境内，有个村叫鞭打芦花车牛返村，是个自然村，属孟窑行政村管辖，据说这是中国最长的村名。车牛返村在车返山北、石磙子山西，这些山都是平原上的一些低山。村庄和车返山之间的山脚下，立了一块碑，说明那里就是传说中的鞭打芦花处。闵子骞虽然是道德楷模，但可能并不善于行政。从此章他的回答中，或见得着一些违背行政技术原理的情报、信息、端倪。

【原文】

6.10 伯牛有疾，子问之，自牖执其手，曰：“亡之，命矣夫！斯人也而有斯疾也！斯人也而有斯疾也！”

【译文】

伯牛生病，孔子去探望他，从窗口拉着他的手说：“难活了，这是命啊！这样的好人竟得这样的病！这样的好人竟得这样的病！”

【易惑词】

问，慰问，探视。牖，音 yǒu 有，窗户。亡，音 wú 无，同“无”，丧，没有。命，命运，天命。夫，音 fú 福，语气词，相当于吧。斯，这样的。

【论语人物】

冉伯牛，姓冉，名耕，字伯牛，孔子学生。

【淮北佬曰】

特别有生活的况味！

【论语内外】

这似乎是生活中常见的感慨，仿佛说：“好人啊，不应该得这种病啊！好人啊！怎么该得这种病！”特别有生活的况味，特别显得世俗，特别“平易近人”，特别有烟火气！冉伯牛到底得了什么病，有各种臆测，有说是麻疯病的，又有说是传染病。有说冉伯牛为冉雍即仲弓父，那在德行排行榜上，他爷俩就占了两席，看来，道德水平也是有遗传的。不过他们的父子关系，并未得到更多专家的肯定和认可。冉耕，字伯牛，这只有农耕地区才起这样的名和字。古人名和字，常有意义上的关联，这在冉伯牛的名与字上，表现得十分充分。但古人的想象力，在某些方面，也还是让人有疑问的，冉伯牛名耕字伯牛，司马牛名耕字子牛，也太相近了点。

【原文】

6.11 子曰：“贤哉回也！一箪食，一瓢饮，在陋巷，人不堪其忧，回也不改其乐。贤哉，回也！”

【译文】

孔子说：“颜回，贤德啊！一箪饭，一瓢水，住在简陋的巷子里，别人都受不了那份忧困，颜回却不改他的快乐。贤德啊，颜回！”

【易惑词】

箪，音 dān 担，盛饭的圆形竹器。陋巷，或指简陋的小巷。堪，忍受。忧，忧困。乐，快乐。

【淮北佬曰】

不知这里的“瓢”，是否当代的葫芦瓢。

【论语内外】

这里的“一瓢饮”，就是一瓢水。水大概是冷水，也就是生水，没有经过加热的水，因为用瓢来盛，所以估计是生水。但不知这里的“瓢”，是否当代的葫芦瓢。

二十世纪六七十年代，中国农村喝生水的习惯还十分普遍。夏天不用说，在外面干活干累了，干渴了，回到家，第一件事，就是抓起葫芦锯成的瓢，从水缸里舀一瓢冷水，也就是生水，咕嘟咕嘟灌下去，那个痛快劲！在地里干活时，有时候生产队里会派专人从村里挑井水送到地头，那时的水桶都是木桶，送水的人来了，热得冒烟的人们都围过去，两手撑着桶沿，脸贴在水上牛饮一通，快活得不得了！或者用瓢喝，舀一瓢水，几个人轮流喝。有时候收工经过村头，看见有人刚从井里把井拔凉水提上来，就会有人过去喝水，喝个肚子圆才慢慢站起来。所以用瓢盛的水，大约一般都是冷水，或叫生水。烧开了的水，叫汤，不会盛在瓢里，那样很快就把瓢烫坏了。

现当代的水瓢，都是用葫芦做的，但《论语》里的瓢，不知道是不是用葫芦做的。我一直没有查到葫芦在中国的源流。按照汉字的组词规律，双音节的农作物，很可能不是汉文化的原生词，那么葫芦这种农作物，就有可能是“外来”的引进物种。但何时、从何地引进，一时还不得其详。广西贵县罗泊湾西汉墓曾出土有葫芦子，但不知与瓢葫芦是否同一物种。另外，葫芦在汉语里，早期也可能用单音词来表示，即同物异名现象。据说在战国时期，中原地区葫芦的种植技术已经相当先进。《庄子·逍遥游》说：“惠子谓庄子曰：魏王贻我大瓠之种，我树之成而实五石。”不知道这个瓠，是不是当代的葫芦这种植物。

【原文】

6.12 冉求曰：“非不说子之道，力不足也。”子曰：“力不足者，中道而废。今女画。”

【译文】

冉求说：“不是我不喜爱老师的学说，是我的能力有限。”孔子说：“如果能力不够，应该是半途而废。现在你却原地未行。”

【易惑词】

说，音 yuè 悦，同“悦”，喜欢。中道，中途，半道；道，道路。画，停止，停滞，划定界限。

【淮北佬曰】

学问和行政，一码归一码，不是一回事。学问好，是在学问方面有才能；行政好，是在管理方面有技巧。

【论语内外】

做不好学问，或不喜欢做学问，却能在社会上混得好，这样的人现在有，有很多；古已有，在冉求身上看得最清楚。冉求学问不怎么样，从政却有一套，并进入孔门十哲行政类。这就说明，学问和行政，一码归一码，不是一回事。学问好，不一定行政好；行政好，也可能学问很糟。学问好，是在学问方面有才能；行政好，是在管理方面有技巧。不能用同一种标准，去规范所有的类型。因此，各自发展，才是教育的真谛；广开门路，才是社会的正道。冉求似乎是受虐型的，脾气好，性情温和，恭谨有礼，仿佛逆来顺受。他被孔子蹂躏，可谓惨不忍睹：孔子对待冉

求，言词刻薄，常批评他为贵敛财，又呼吁弟子们群起而攻之，却也常借冉求干预政务。却不知逆来顺受，正是行政秘籍。冉求按照自己的路子走，也是有主见的。

【原文】

6.13 子谓子夏曰："女为君子儒，无为小人儒。"

【译文】

孔子对子夏说："你要做君子式的儒，不要做小人式的儒。"

【易惑词】

儒，读书人，儒生，学者。

【淮北佬曰】

这可能是孔子对子夏人品的直觉，也可能是孔子对子夏的提醒和警告。

【论语内外】

子夏姓卜名商，字子夏，卫国人，比孔子小 44 岁，是孔子晚年学生。子夏特长主要体现在《诗》《书》等古代典籍方面，他善于同贤于自己的人交朋友。孔子死后，子夏到魏国西河地区讲学，门下聚集了一批有才华的弟子，他自己也因此声名大噪，在当地的名声甚至超过孔子。此章孔子希望子夏做君子儒，不要做小人儒，可能是孔子对子夏人品的直觉，也可能是孔子对子夏的提醒和警告。可能在对谈当时，孔子已经正式或非正式地，在心目中，把子夏归于小人类中。但子夏虽有不足，他后来取得的影响，以及言语中的思想，也证明了他的才华。这说明孔子对人的评价，也避免不了或因感情而偏差，或有观察间的疏漏。

【原文】

6.14 子游为武城宰，子曰："女得人焉尔乎？"曰："有澹台灭明者，行不由径，非公事，未尝至于偃之室也。"

【译文】

子游当了武城县首长，孔子说："你在那里得到什么人才了吗？"子游说："有一个叫澹台灭明的人，走路不抄小道，不为公事，从不到我屋里来。"

【易惑词】

武城，鲁国城邑。得，发现，得到。焉尔乎，或均为语气词。径，小路，此指行为光明磊落，不走歪门邪道。偃，子游自称。

【论语人物】

澹台灭明，姓澹（音 dàn 但）台，名灭明，字子羽，鲁国人，小孔子 39 岁或 49 岁，孔子学生。

【淮北佬曰】

同姓不婚其实也就是同图腾不婚。

【论语内外】

中国早期的古姓，大多是从图腾的名称中演变而来的，同姓不婚其实也就是同图腾不婚，那时候的人们似乎都相信，他们是由于母亲接触了图腾而降生的，虽然要经过男女之间交合的表面程序。在一些学者看来，偃、姬、妃、姜、妫、姒等十二古姓，是分别由牛、龙、马、羊、猴、象等图腾演化而来的。

【原文】

6.15 子曰："孟之反不伐，奔而殿，将入门，策其马曰：'非敢后也，马不进也。'"

【译文】

孔子说："孟之反不夸耀，战败撤退他殿后掩护，就要进入城门时，他则鞭打着马说：'不是我敢于殿后，是马不肯跑啊。'"

【易惑词】

伐，夸耀。奔，疾走，跑，此为战败而逃。殿，在后掩护。策，竹子做的马鞭，用作动词，鞭打。

【论语人物】

孟之反，名子反（子侧）。

【淮北佬曰】

啥都不说的人老实，低调不已的人明理，谦虚幽默的人智慧。

【论语内外】

如果孔子所言属实，那孟之反是真英雄。在大家都知道的情况下，不夸耀或有几种形式，一种形式是不吭声，不管别人怎么表扬，自己都不表态，做就做了，没有必要再说一遍；另一种形式是谦虚，别人表扬，就说没什么，都是应该做的，换别人别人也会这样做；再一种形式，就是孟之反这样的反应，顾左右而言他，看似谦虚，却又幽默，看似实在，却真谦虚。啥都不说的人老实，低调不已的人明理，谦虚幽默的人智慧。

【原文】

6.16 子曰："不有祝鮀之佞，而有宋朝之美，难乎免于今之世矣。"

【译文】

孔子说："如果没有祝鮀的口才，只有宋朝的英俊，在当今社会里怕是难免灾祸了。"

【易惑词】

不有，假如没有。佞，口才好。

【论语人物】

祝鮀（音 tuó 驼），人名，卫国大夫。宋朝，宋国公子朝，曾任卫国大夫，因美貌而得卫灵公宠幸。

【淮北佬曰】

孔子机灵着呢！

【论语内外】

孔子是外向型人才，而不是内向型人才。以前印象里他是内向型人才，保守而老态，其实完全不是这样。或者说，孔子是中庸式人才，他既外向，又内向；需要外向时外向，需要内向时内向。需要唱歌时，他跟人哼唱；需要思考时，他足不出户；需要轻松时，他燕居；需要传道时，他游学；需要回绝时，他不卖马车；需要诲人时，束脩薄礼即可。他既看好颜回的穷困好学，也看好子贡的富足有为；既看好闵子骞的孝顺，也看好祝鮀的口才。孔子机灵着呢！

【原文】

6.17 子曰："谁能出不由户？何莫由斯道也？"

【译文】

孔子说："谁能够不从门走到屋外？为什么没有人在这条大道上走呢？"

【易惑词】

户，古代半扇门称户，此指门。何莫，为什么没有人；莫，没有人。道，道路，暗指孔子学说。

【淮北佬曰】

臆想一下孔子当时的琐碎生活、烦人杂事，他有时怕也够烦的。

【论语内外】

这也许是孔子的埋怨，也许是孔子有感而发。谁知道呢。最浅显的道理，反而可能最没有人在意，没有人注意，没有人观察，没有人因此而思考。人们建造房屋，给房屋留了门，就是给人进出用的；留了窗，就是透气、看风景用的；人们不可能每天进屋都翻窗而入，早上晚上都敞着门睡觉。想象一下孔子说这句话的环境，或在夏天的大树下，或在冬天的草房里，或在春天的泗水畔，或在秋天的地头边，或因某弟子一段话引发了孔子的感慨，或因社会上的一件事而使孔子气不打一处来，或因哪个学生做了一件愚蠢的事，都可能引起孔子的无奈、质疑、困惑。现在孔子名气很大，我们很羡慕，但臆想一下孔子当时的琐碎生活、烦人杂事，他有时怕也够烦的。

【原文】

6.18 子曰：“质胜文则野，文胜质则史。文质彬彬，然后君子。”

【译文】

孔子说：“质朴超过文采就显得粗野，文采超过质朴就显得虚浮。文采和质朴搭配相宜，才是君子。”

【易惑词】

质，自然朴实，没有修饰。文，经过修饰的，与质相对。野，粗陋，粗糙。史，本指掌管文史记录的史官，此指虚华浮夸。文质彬彬，文与质搭配适宜的样子。

【淮北佬曰】

文质彬彬的标准，不仅对事，而且对人；不仅对文，而且对物；不仅对内容，而且对形式；不仅对天地，而且对社会。

【论语内外】

因为孔子说了质胜文则野，文胜质则史，文质彬彬，然后君子，所以我们现在常使用“质朴”一词，也常使用成语文质彬彬。文与质适宜相搭，才有彬彬的模样，然后才是君子的模样，这说的仍是中庸之道。偏向文则过于讲究文采，就华而不实；偏向质则过于靠近粗陋，就俗不可耐。文质相宜相搭，也是君子的又一条标准。孔子说，君子做到中庸，小人违背中庸；君子正因为能做到中庸，所以君子每时每刻都恰如其分；而小人因为违背了中庸，因此小人时常肆无忌惮。文质彬彬的标准，不仅对事，而且对人；不仅对文，而且对物；不仅对内容，而且对形式；不仅对天地，而且对社会。

【原文】

6.19 子曰：“人之生也直，罔之生也幸而免。”

【译文】

孔子说：“人能够生存是由于正直，不正直的人也能生存，那是因为侥幸地免于灾祸。”

【易惑词】

直，正直。罔，与直相对，欺骗，不直。幸，侥幸。

【淮北佬曰】

所有太绝对的话都将被证明是错误的。

【论语内外】

孔子看问题真全面，有层次，分主次，讲递进，讲逻辑。如果只说正直的人能

够生存，就太偏向自己的学说、说话太绝对了。所有太绝对的话都将被证明是错误的，而且也不符合社会事实。如果只说不正直的能够生存，那还提倡正义、道德、忠恕做什么？那不如就提倡不正直、不道德好了。说人能够生存是因为正直，这是对正直、道德、仁义、忠信价值的证明。但为什么不讲正直的人也能生存呢？因为正直和仁义道德不能直接宣判人的死刑。不讲正直的人，犯事是必然的，不犯事是侥幸的；犯事是大概率事件，不犯事只是侥幸过关。老子说，天网恢恢，疏而不漏，天网宏阔无边，虽网眼稀疏，但什么都不会漏掉。正是这样的道理。

【原文】

6.20 子曰："知之者不如好之者，好之者不如乐之者。"

【译文】

孔子说："懂得它的人不如爱好它的人，爱好它的人不如以此为乐的人。"

【易惑词】

知，懂得。好，音 hào 号，喜欢，爱好。乐之，以之为乐；乐，陶醉其中；之，泛指学问、技艺、知识、道德等等。

【淮北佬曰】

学和做变成自己生命的一部分，那还有学不成、做不好的吗？

【论语内外】

《蚌埠日报》的袁社长与我颇有共同语言。我们都喜欢地理、文学、野外，他还特别喜欢军事地理，见到相关资料必收集，这比我就显得专业多了。有一次他陪我们去看一处纪念地，路上他十分感慨，说我现在的生活是最令人羡慕，最理想的：干着自己最喜欢的文学创作，有大把时间读自己最想读的书，根据自己的兴趣选择参加还是不参加相关活动，到处讲课传播知识思想是社会正能量，到哪都有许多粉丝拥戴有满足感，能按照自己时间安排到野外乡村走一走，访一访，呼吸最新鲜的空气，看到最野外的风景，写出来的作品都是自己的，靠作品得到的名声比什么都可靠，挣来的稿费没有任何风险，夫妻能够天天在一起。我觉得他说得真对！也正如孔子所言，因需要而学而做，不如因兴趣而学而做，因兴趣而学而做，不如把要学要做的变成自己生活的方式。学和做变成自己生命的一部分，那还有学不成、做不好的吗？

【原文】

6.21 子曰："中人以上，可以语上也；中人以下，不可以语上也。"

【译文】

孔子说："中等才智以上的人，可以告诉他高深的学问；中等才智以下的人，不可以告诉他高深的学问。”（或：孔子说：“中等水平以上的人，可以和他谈论高深的学问；中等水平以下的人，不可以和他谈论高深的学问。”）

【易惑词】

中，中等智力，中等程度。语，音 yù 玉，告诉，谈论。上，高深的知识。

【淮北佬曰】

用数字来衡量，会囿于数字；用感受来把握，会囿于人为。

【论语内外】

孔子教我们因材施教。孔子说话有艺术，一般都十分得体，分寸拿捏得也好，既讲出了内心，也善解人意，照顾到听者的理解。但孔子又常常直言无忌，该说的，就说出来，不遮不掩。自然，《论语》里的话，大多先说给弟子们听，因而不需要遮遮掩掩。在弟子们跟前，孔子是老大，弟子们是粉丝，孔子说什么，弟子们大多崇拜还来不及，因此孔子能说出心里的话。孔子言语的中人以上、中人以下，只是个大概的范围。还是中西文化的区别：西人重量化，中人重感受。中国人拿捏的是一种范围，西方人衡量的是一种数字。是中等以上，还是中等以下，全凭人的缄默知识了。用数字来衡量，会囿于数字；用感受来把握，会囿于人为。人间事没有十分的完美。

【原文】

6.22 樊迟问知。子曰：“务民之义，敬鬼神而远之，可谓知矣。”问仁。曰：“仁者先难而后获，可谓仁矣。”

【译文】

樊迟问怎样才算智慧。孔子说：“致力于百姓民意，敬畏鬼神并远离鬼神，这就算作智慧了。”樊迟又问怎样才算仁德。孔子说：“有仁德的人先付出一些努力，然后收获成果，这样可算有仁德了。”

【易惑词】

知，音 zhì 智，通“智”，聪明，智慧。务，专心，致力。义，道义，民意。远，音 yuàn 怨，疏远。难，音 nán 南，困难，艰难。获，收获。

【论语人物】

樊迟，姓樊，名须，字子迟，鲁国人，孔子学生。

【淮北佬曰】

孔子在敷衍他？

【论语内外】

樊迟问智，孔子说致力于百姓民意，敬畏并远离鬼神，这就算智慧了；樊迟又问仁，孔子说付出些努力，然后收获成果就好了，这就算仁了。怎么都觉得孔子是

在应付樊迟，是在敷衍他。孔子这算什么事？或者只因为樊迟比孔子年岁小太多，智力可能也不超群，孔子就如此对付他？先仁而后智。从政治的观点看，没有仁德，再多的智慧也没有意义，这是智的智慧义。从智的明智义看，没有仁德，就谈不到明智；而没有明智，仁也就无法体现得完整。樊迟这里问智慧和仁德，字面上看，与他人的提问并无二致，但孔子的回答，的确是浅显了一些。

【原文】

6.23 子曰："知者乐水，仁者乐山；知者动，仁者静；知者乐，仁者寿。"

【译文】

孔子说："智者喜欢水，仁者喜欢山；智者爱动，仁者爱静；智者快乐，仁者长寿。"

【易惑词】

知，音 zhì 智，同"智"，聪明，智慧。乐，音 yào 要，喜欢，喜爱。知者乐，智者快乐；乐，音 lè 勒，快乐。

【淮北佬曰】

以不同的地物形态对应不同的人性形态。

【论语内外】

"知者乐水，仁者乐山"，以不同的地物形态对应不同的人性形态。智者灵，仁者厚；智者活，仁者憨；智者爽，仁者绵；智者清，仁者渊；智者脆，仁者沉；智者远澈，仁者宽广。智者、仁者的这种相对，应是说者人生积累、长期思想、岁月感悟、胸间发酵的结果，并非信口而言和随手拈来。

【原文】

6.24 子曰："齐一变，至于鲁；鲁一变，至于道。"

【译文】

孔于说："齐国一变革，就达到鲁国文明水平了；鲁国一变革，就可至于理想大道了。"

【易惑词】

变，变革。道，仁政。

【淮北佬曰】

纬度是决定文明差异的最重要的地理因素，而平原地貌则是文明能否产生的决定性条件。

【论语内外】

孔子把文明的等级差，说得这么直白。儒和道都发源于中国中东部的淮水流域，道启于淮河中游的支流涡水，儒起于淮河下游的支流泗水。两地大都是平原地貌，符合法国历史学家布罗代尔的文明传播规律，即文明能够在水平线上扩张，却无法垂直扩张的论断。两地经度相近，但仅有相同或相近的白天、夜晚，这对人类文明的发展来说，并不十分重要；两地纬度不同，就有完全不同、很不相同或较不相同的雨雪、风霜和气温，这对人类文明的发展而言，极其重要。纬度是决定文明差异的最重要的地理因素，而平原地貌则是文明能否产生的决定性条件。

【原文】

6.25 子曰："觚不觚，觚哉！觚哉！"

【译文】

孔子说："觚不像觚，这也叫觚吗！这也叫觚吗！"

【易惑词】

觚，音 gū 姑，盛酒的器物。

【淮北佬曰】

读本章时我总想起父亲的口吻……

【论语内外】

觚是上古一种饮酒的器具，细腰，口为喇叭状，多用青铜制作。另有陶制的觚，多用于随葬。孔子说这话的语境，后人有些猜想。据杨伯峻先生介绍，一种可能的情况是，觚有棱角，因此才叫觚，孔子当时见到的觚或许只是一个圆形的酒器，而非上圆下方有棱角的酒器，但也称觚，孔子联想君不君、臣不臣、父不父、子不子，慨叹事物名实不副；另一种可能是觚与孤同音，寡少的意思，只能盛酒两三升的叫觚，有叫人不沉湎之意，孔子看到的觚可能容量加大，孔子因此发出感慨。但也有可能孔子当时仅仅因为心情不佳，借机发火，吹毛求疵，以泄愤懑。读本章时我总想起父亲的口吻，遇有名实不副的事物，他也会用"这也叫觚吗！这也叫觚吗！"这种句式和口吻，反复提出质疑。

【原文】

6.26 宰我问曰："仁者，虽告之曰'井有仁焉'，其从之也？"子曰："何为其然也？君子可逝也，不可陷也；可欺也，不可罔也。"

【译文】

宰我问："有仁德的人，如果告诉他'有仁者掉井下去了'，他会跟着跳下去

吗?”孔子说:“为什么要这样做?可以让君子赶到井边设法营救,却不可以让他陷于井中;君子可能会被欺骗,却不可以被愚弄。”

【易惑词】

井有仁,仁,代指仁人。然,这样,如此。逝,前往救援。陷,陷入。罔,愚弄。

【淮北佬曰】

宰我一和孔子交谈,就有意无意地给孔子出难题?

【论语内外】

宰我一和孔子交谈,就有意无意地给孔子出难题。当然他的有些看法,也不是完全没有道理的。比如他在阳货篇里,认为守丧三年期太长了,容易因守丧而耽误习礼为乐,以致礼坏乐崩;他建议改守丧为一年,认为一年也够了。孔子没有办法,只好让他愿咋的咋的,还在宰我走后,骂他不仁不德,质疑他没有得到父母之爱。如果说宰我在阳货篇里的建议还是建设性的话,那么在本章里,宰我的提问,就看不出多少意义了。说宰我是故意刁难孔子,也不是没有理由的。但宰我为什么会这样说?是什么缘由说出这等话来?我却怎么都看不明白。或孔子时代的这一价值观,我们现在已经完全无解。

【原文】

6.27 子曰:“君子博学于文,约之以礼,亦可以弗畔矣夫。”

【译文】

孔子说:“君子广泛地学习知识,以礼自律,也就不会背离大道了。”

【易惑词】

博,广泛,广博。文,文献。约,约束。畔,同“叛”,背离。矣夫,表示强烈感叹的语气词。

【淮北佬曰】

其实孔子既是面向大众的,也是面对精英的。能够面向大众,是因为《论语》都很好懂;面对精英,是因为《论语》望浅含深。

【论语内外】

有人说孔子繁琐无度,其实看不太出来。《论语》就是日常生活,就是孔子对弟子多年的说话,就是孔子(与弟子们)的所思所想所讲;记录下来,整理出来,看似无意,留之有心,看似黯淡,实则睿智,看似琐屑,其实有味。后人觉得孔子繁琐无味,是由于后人的不断附加;后人觉得孔子日常琐碎,是由于后人理解力的千差万别。其实孔子既是面向大众的,也是面对精英的。能够面向大众,是因为《论语》都很好懂;面对精英,是因为《论语》望浅含深。

【原文】

6.28 子见南子，子路不说，夫子矢之曰："予所否者，天厌之！天厌之！"

【译文】

孔子去见南子，子路不高兴，孔子发誓说："我如有不对，上天厌弃我！上天厌弃我！"

【易惑词】

说，音 yuè 悦，同"悦"，高兴。矢，同"誓"，发誓。所，如果，假如。否，不对，此指做了不合礼节或不正当的事。厌，厌弃，谴责。

【论语人物】

南子，卫灵公夫人，作风淫乱，名声不好。

【淮北佬曰】

子路的实在和认真，由此可见一斑。

【论语内外】

《论语》很少谈论女性，但也有少数几处谈到了，例如本章。孔子去见卫灵公的夫人南子，由于南子把持朝政，行为不正，名声不好，因此子路不高兴了，于是孔子赌咒发誓地说，我如有做得不对的地方，上天都厌弃我！这样的赌咒发誓，有一些天打五雷轰的意思，也算是毒誓了。

这里记载的事例很微妙，一般人的第一直觉，可能会往男女关系的方向想，而南子在男女之事上又的确形象不佳、绯声远扬。但我更相信这里说的是道德规范。因为孔子提倡的是仁德，与有违仁德的实权派的积极来往，就有机会主义或实用主义的嫌疑了。子路的实在和认真，也由此可见一斑。

【原文】

6.29 子曰："中庸之为德也，其至矣乎！民鲜久矣。"

【译文】

孔子说："中庸作为道德标准，至高无上啊！人们已经缺失它很久了。"

【易惑词】

中庸，适宜，中和，中度；中，取中，不偏不倚；庸，常，永恒，不改变。至，顶点，最高。鲜，音 xiǎn 险，缺乏，少，缺少。

【淮北佬曰】

《论语》中的孔子是在世者，《中庸》中的孔子是醒世者；《论语》中的孔子烟火缭绕，《中庸》中的孔子清素淡雅。

【论语内外】

中庸，就是折中、平常；就是取中、取和；就是以中为用。但中庸在《论语》中，不是孔子的重心。《论语》中孔子的重心，在仁，在义，在礼，在忠，在信，在恕，在敬，在孝，在悌。因为《论语》是众人的辑录。中庸在《中庸》中，才是重心，也才是孔子思想道德和方法的重心。因为《中庸》是中庸的专辑。《论语》中的孔子是在世者，《中庸》中的孔子是醒世者；《论语》中的孔子烟火缭绕，《中庸》中的孔子清素淡雅。孔子说，中庸作为道德标准，它是至高无上的。但中庸首先是作为方法，是至高无上的。中庸其次再作为道德标准，也是至高无上的。

【原文】

6.30 子贡曰："如有博施于民而能济众，何如？可谓仁乎？"子曰："何事于仁！必也圣乎！尧、舜其犹病诸！夫仁者，己欲立而立人，己欲达而达人。能近取譬，可谓仁之方也已。"

【译文】

子贡说："如果有人广泛地给百姓好处又能济困，怎么样？可以算是仁人吗？"孔子说："何止是仁人！一定是圣人呢！尧和舜还担心做不到呢！仁者，自己打算立身于世也帮助别人立身于世，自己打算通达也帮助别人通达。能够就近找到事例推己及人地去实践，可以说达到仁的方法了。"

【易惑词】

博，广泛。施，施予，给予。济，接济，救助。众，众人，百姓。何事，岂止，何止。圣，圣人。病，忧虑，担忧，难。夫，发语词。立，立足，立身。立人，使人立，使动用法。达，通达。达人，使人达，使动用法。近取譬，就近取例。方，方法，路径。

【论语人物】

尧，传说中我国原始社会末期中原地区部落联盟首领，姓伊祁，名放勋。舜，传说中我国原始社会末期中原地区部落联盟首领，姓姚，名重华。

【淮北佬曰】

既帮助自己，也帮助他人，再至于天下。

【论语内外】

仁是孔子思想体系的内核，仁既然广博包容，自然也涵括政治伦理。对执政者来说，其执政方针能够广泛地惠及大众，正是孔子宣倡的仁人、仁事、仁政。连尧和舜这样的圣贤都怕做不到，这还不是最高的政治标准吗？做这样的事，是没有他例的，仁者亦需自行设计，自我寻找；既帮助自己，也帮助他人，再至于天下。仁是自身的德行，仁者是他人的评价。

述而篇第七

（共38章）

【原文】

7.1 子曰："述而不作，信而好古，窃比于我老彭。"

【译文】

孔子说："陈述旧作而不新创，相信喜好古代文化，我背地里把自己和老彭相比。"

【易惑词】

述，传授，阐释。作，新创。古，或指古代文化。窃，私下。老彭，人名。

【淮北佬曰】

孔子不古板。

【论语内外】

仔细品味孔子言语，除智慧、哲理、深思，还常有暗幽默，让人把玩不已，玩味不已。孔子不古板。孔子不像想象中那么沉重。孔子常自寻乐趣。孔子内心里自有大快活。孔子过的是一种有目标的生活，因此孔子知道如何生活。孔子虽然物质不那么富奢，但至少我们现在看来，他生活得很有趣味，很有挑战，很有理想，很有意思，很有成就感。如果让我选择是追求孔子这样的人生，还是追求上大夫家族那样吃不完用不尽似乎很有地位的人生，那毫无疑问，我会选择孔子这样的人生。

老彭是谁？一个或两个神秘人物？或是当时、当地一个昙花一现的浮云？有说是彭祖，相传彭祖为商代守藏史、周代柱下史，寿长七八百岁，以寿长闻名。又有说为老子与彭祖两人。老子为周代守藏史，孔子或曾向他请教过。

【原文】

7.2 子曰："默而识之，学而不厌，诲人不倦，何有于我哉？"

【译文】

孔子说："所得知识默记于心，认真学习从不厌烦，教导别人不知疲倦，这些我做到多少了？"

【易惑词】

默，沉默，不说话。识，音 zhì 志，记，记住。诲，教导，教诲。何有于我，自问句，于我有何；何有，有什么。

【淮北佬曰】

愈是成熟的、发达的、开放的社会和文化，文化观和价值观就愈是多元、复合。

【论语内外】

本章最后一句，与子罕篇"出则事公卿，入则事父兄，丧事不敢不勉，不为酒困，何有于我哉"一样，至少有两种解读，一种解读是，"以上对我来说有什么困难"，表自信；又一种解读是，"以上这些我做到了多少呢"，表反省、谦逊；意思就完全不一样了。依据不同的社会观，这两种意思，应该都能够为后人分别接受，或同时接受。不说语言的研究，光说内容和思想，愈是成熟的、发达的、开放的社会和文化，文化观和价值观就愈是多元、复合。过于排他的文化观、价值观，在当今世界，很容易不被认可，也很容易走向极端。那些极端思想带来的极端行为，都与排他性的极端价值相重合。儒家文化的价值观特别不强调极端，"中庸之为德也，其至矣乎！"中庸至上，才是儒家文化的圭臬。在中庸的文化心理中，我们也才感觉舒服、安全、快乐、平和、悠然、理性、人道。

【原文】

7.3 子曰："德之不修，学之不讲，闻义不能徙，不善不能改，是吾忧也。"

【译文】

德性不修养，学问不钻研，听到义不能靠拢，不好的不能改正，这些都是我忧虑的。

【易惑词】

德，品德，德行。修，修习，培养。讲，研究，讲习。徙，迁，靠拢。改，更正，改正。是，代词，这，这些。

【淮北佬曰】

人世间所有的道理都是局部的道理。

【论语内外】

孔子的这段话，还可以这样套改：仁之不为，义之不守，闻礼不能徙，不善不信，是吾忧也。或这样套改：信之不诚，事之不敬，闻仁不能徙，不善不恕，是吾忧也。上面这些话，分别讲了一些正确的道理，但这所有的道理又都是局部的部分的道理，都不能概括道理的全部。由于它们都是局部的道理，因此所有这些道理都有局限性。但人世间又不可能有全面的道理，因此人世间所有的道理就都是局部的、或相对局部的了。所以人世间所有的道理都是局部的道理。

【原文】

7.4 子之燕居，申申如也，夭夭如也。

【译文】

孔子闲居在家，舒展放松，轻快自在。

【易惑词】

燕居，闲居在家；燕，通“宴”，闲。申申，整齐舒展，有条有理。如，形容词词尾，……的样子。夭夭，松弛，舒展，安详。

【淮北佬曰】

孔子知道放松，享受生活。

【论语内外】

孔子闲居在家，舒展放松，轻快自在。孔子知道放松，享受生活，他不是老古板，也不是那种看上去负重前行的人。他通过经验而确知天命。所以他的创造、建立、推行和发展，是一种自然而然的事情，是一种普通的生活，而不是刻意的作为。

【原文】

7.5 子曰：“甚矣吾衰也！久矣吾不复梦见周公。”

【译文】

孔子说：“我衰老得这样厉害呀！我很久没有梦到周公了。”

【易惑词】

衰，衰老，年老。

【论语人物】

周公，姓姬，名旦，周文王的儿子，武王弟弟，鲁国始祖，孔子最敬重的古代圣人之一。

【淮北佬曰】

狗以为人看它们是要给它们吃的前置信号，或是要给它们派任务。

【论语内外】

把梦境说出来，弟子们又把梦境记下来，在现下，也是很潮的一种玩法。《论语》真有烟火气，就像黄淮海平原以往常见的村庄一样，又见到炊烟了，村庄里

一股柴火在锅灶里噼噼啪啪燃烧的生动气。对这种生活，我们很习惯，我们很怀念，我们很向往，感觉很亲切，心里很踏实。冬天人们端着饭碗蹲在门口，晒着太阳，扒着饭，说着话，狗蹲在离人不远的地方，集中精力看着人，只要人一看它们，它们就会立刻非常捧场地使劲摇尾巴讨好；或立刻站起来，歪着头，使劲摇尾巴看着人，等待人给它们吃的，或等待人们给它派任务，它们以为人看它们是要给它们吃的前置信号，或是要给它们派任务。狗很有眼色，很聪明，侍奉主人无可挑剔。但梦境也因其特别的念想，日无所思，夜则无所梦。孔子所念，不外乎还是贤明圣人、克己复礼。这符合现代关于梦境的科学研究。

【原文】

7.6 子曰："志于道，据于德，依于仁，游于艺。"

【译文】

孔子说："志向在道，据守在德，依靠在仁，悠游在艺。"

【易惑词】

志，立志。据，守持，固守。依，依靠，依赖。游，悠游。艺，礼（礼节）、乐（音乐）、射（射箭）、御（驾车）、书（写字）、数（算术）六种技艺。

【淮北佬曰】

孔子的教化，是开放、灵活的。

【论语内外】

这让我们首先想到的就是品德优先，素质教育。这里的素质，实际指的是学问以外的知识和技能，也包括游乐，即寓教于乐。志向在人间的真理，核心或底线是德行，依凭的是仁本，品质方面就靠六艺了。道、德、仁、艺之间，并无明显的因果关系，也无显著的顺序因缘，只是孔子道德教化系统中的4个方面。孔子或只是随口拈来。但悠游在艺，却又一次表现了孔子思想的开放性、灵活性。游或还有游迹、游憩、游玩的意思。就像孔子与弟子游于舞雩，或仲春神游、浴乎沂、吹吹风一样，是一种休息，是一种放松，是一种寓教于乐的形式。孔子并不提倡死读书，也不倡导死守道。贞节牌坊式的德行，与孔子价值观，风马牛不相及。孔子的态度，是"无可，无不可"的。

【原文】

7.7 子曰："自行束脩以上，吾未尝无诲焉。"

【译文】

孔子说："即使只主动带点薄礼来找我，我从没有不教导的。"

【易惑词】

行，致达。束脩，十条干肉；脩，音 xiū 修，干肉，十条为一束。

【淮北佬曰】

只要主动带伴手礼来，我都教他们。

【论语内外】

这一章的译释也是多义的。

一种译释是：只要主动带点薄礼来找我，我就没有不教诲的。基本条件是要带着礼物，礼不在多，表示一种尊重和礼貌，但不能空着手。用台湾话说，伴手礼而已。

另一种译释是：只要主动带点薄礼来找我，我就没有不教诲的。强调的是主动，带不带礼并不重要，重要的是带礼的人才是愿意主动学习的，如果他并不想学习，他怎么可能主动带礼来找我呢?

又一种译释是：只要主动带着十条以上干肉来见我的，我都教他们。强调十条是礼品的起点，这是底线，不能再低了，不能再少了，再少就说不过去了。

再一种译释是：即使只主动带了点薄礼来找我，我就都教诲。强调的是教诲，淡化的是礼品，带不带礼品没有关系，只要愿意学习，我都会教他。

当下，食用加工肉制品有风险了。按照世界卫生组织的报告，任何一种经过腌制、发酵或熏制等工艺加工，以改善风味或长期保存的肉类，都是加工肉制品。食用加工肉制品可能导致人类罹患癌症。

也许，孔子收到的干肉，只是风干了的肉干呢，那就不算加工肉制品了。

怪不得孔子活到 70 多岁，很长寿。

【原文】

7.8 子曰："不愤不启，不悱不发。举一隅不以三隅反，则不复也。"

【译文】

孔子说："不到学生想弄明白却明白不了的时候不去开导，不到学生想说清楚却说不清楚的时候不去启发，举一隅的例子学生不能反推其余三隅，就不用同样的方法教他了。"

【易惑词】

愤，求通不通的样子。启，开导。悱，音 fěi 匪，想说说不出来的样子。发，启发。隅，角落。反，类推。

【淮北佬曰】

如果学生都是天才，那就不需要教师这一职业了呵。

【论语内外】

也有两种意思完全不同的解读：1. 举一隅之例学生不能反推其余三隅，我就换个方法教；2. 举一隅之例学生不能反推其余三隅，我就不再教他了。对当事人即孔子来说，他不再教也是能够理解的。但是对后人、他人及当代观念来说，这样的老师不是好老师，因为教师没有权力歧视学生和学生的智力，教师的职责就是因材施教，如果学生都是天才，那就不需要教师这一职业了呵。

【原文】

7.9 子食于有丧者之侧，未尝饱也。

【译文】

孔子在办丧事的人家吃饭，从没吃饱过。

【易惑词】

有丧者，有丧事的人家。饱，吃饱。

【淮北佬曰】

这肯定是孔子回家后总去厨房找吃的，别人见到后，才知道的。

【论语内外】

这上下两章记录了孔子的行止，有独特的生活内容，有特别的生活况味。翻译上或有略微的不同：孔子在办丧事的人家吃饭，从没吃饱过；孔子在有丧事的人旁边吃饭，从没吃饱过；都是相近的意思。在外面吃饭，总不如在家里感觉吃得饱，大家都有这样的经验。在家里吃一碗饭，吃点菜，就吃饱了，再吃，往往容易吃多。而在饭局上吃饭，时间长，吃得多，大鱼大肉，回家后却常常觉得没吃饱，要去厨房找点水果或零食吃。不知道这是什么道理。是酒席上说话多、喝酒多，消化快的缘故吗？孔子在有丧事的人旁边吃饭，或有丧事的人家吃饭，从没吃饱过，别人怎么知道呢？这肯定是孔子回家后或对弟子说，或总去厨房找吃的，别人见到后，才知道的。

【原文】

7.10 子于是日哭，则不歌。

【译文】

孔子如果在这一天哭过，他这一天就不唱歌。

【易惑词】

是日，这一日，指吊丧日；是，代词，这，此。哭，哭丧。歌，唱歌；有说指音乐。

【淮北佬曰】

经验需要次数的积累。

【论语内外】

或孔子情感转换慢，这一天因吊丧而哭过，一整天都会沉浸在哭的情境中，情绪低落，无精打采，不能自拔。或展现孔子的一种自制力，一种控制力：在歌与哭两件事上，他一天只做其中的一件，或歌而不哭，或哭而不歌。或为孔子癖好，他这一天若哭，即歌不出来；若歌，即哭不出来。或孔子资源有限，如哭，就没有气力再歌；如歌，就没有气力再哭。记下这样的细节，是弟子中的有心人，或是孔子身边人，不然不会知道得这么细，也不会得出这种规律来。经验需要次数的积累。

【原文】

7.11 子谓颜渊曰："用之则行，舍之则藏，惟我与尔有是夫!"子路曰："子行三军，则谁与?"子曰："暴虎冯河，死而无悔者，吾不与也。必也临事而惧，好谋而成者也。"

【译文】

孔子对颜渊说："用我呢，就施展自己的才能，不用呢，就敛藏起来，只有我和你能这样了!"子路说："如果由您率领军队作战，您想和谁共事?"孔子说："徒手和老虎搏斗，不用船而渡河，而且至死不悔的人，我不同他共事。我要共事的必定是临事小心谨慎、善于谋划成事的人。"

【易惑词】

行，行动，推行理想。藏，隐藏，隐退。是，代词，这个。行三军，统帅军队；行，统领，统帅；三军，大诸侯国的军队。则谁与，和谁共事；与，同行，共事。暴虎，徒手与老虎搏斗。冯河，徒足涉河，冯，音 píng 瓶。不与，不与共事。临事，遇事。惧，谨慎。好，音 hào 号，善于。

【淮北佬曰】

不争宠就不对了，因为他们是在争宠的年岁。

【论语内外】

又展示了孔子一种被动、怨怪的心态？用我呢，我就干；不用我呢，我就雪藏；就这样吧。如此而已。或因孔子赞扬颜渊，而使子路略有醋意？因此子路用新话题，引开原话题。这在学生和年轻人中，是一种普遍存在的心态，也是完全符合学生年龄的正常心态。不争宠就不对了。因为他们是在争宠的年岁。如果真是孔子、颜渊、子路，三人在一起说话，能得到长者或老师的赞扬、重视，那种鼓励无以复加，也无以言表。我小时跟父母去固镇新马桥干部学校，天天跟赶马车的郗叔在一起；后来，郗叔的妻子来了，我不能天天跟他在一起了，只好郁郁寡欢地住到

父亲的大通铺去。失宠的心情，都是一样的。孔子对子路的回答，却还是暗示了颜渊的胜出。子路个性直爽，思虑不深，出体力的活，他干得最好。孔子这样回答，也是因为子路的性格；说过就过去了，不太会往心里去。

【原文】

7.12 子曰："富而可求也，虽执鞭之士，吾亦为之。如不可求，从吾所好。"

【译文】

孔子说："如果财富可以求得，即使需要干下等活，我也愿意。如果不可求得，那么还是做我愿意做的事吧。"

【易惑词】

富，富贵。而，如果。可求，用正当手段得到。执鞭之士，执鞭维持秩序的人，干下等活的人。好，音 hào 号，爱好，兴趣。

【淮北佬曰】

文化心理的属性首先是虚拟。

【论语内外】

孔子对人生，持现实的态度。他能够放低身段，适应社会。这是不同的生存观。成了俘虏时，有些文化，首先要求战士自保；有些文化，却要求殉道。不同的观念，不同的时段，不同的环境，不同的心态，人会选择不同的行为方式，做出不同的策略决定。文化心理的属性首先是虚拟。也就是说，文化和心理，并不是实事存在，或并不存在，或只是一种虚拟存在。文化心理的存在，决定于人的即时感觉。当时感觉重要，过后无足轻重。当感觉对时，就会去做；当感觉错时，就会放弃；但时过境迁，可能又有相反的感觉，这就是人的后悔。文化心理，正是一种虚拟的空境。

【原文】

7.13 子之所慎：齐，战，疾。

【译文】

孔子慎重对待的事：斋戒，战争，疾病。

【易惑词】

慎，慎重，谨慎。齐，通"斋"，斋戒，古代祭祀前，须整肃洁身，以表庄重。

【淮北佬曰】

孔子做事真认真。

【论语内外】

孔子做事真认真。如果他年轻时这样，别人会认为他“做”，如果他年长时这样，别人就认为他一以贯之。

《论语》结集，最初由于孔子的过世，诸弟子唯恐四散各处后，老师的思想湮灭不存，因此在守丧期间，启动结集程序，将各自平常的见闻、记录，汇集一处，编集留存，这时期的主要编辑者，或为仲弓、闵子骞、子游、子夏等。若干年后，曾子学生子思在此基础上，进行了广泛的采集、选择、分类、加工等工作，将相关文字编辑成《论语》《孔子家语》等文本。这些文本由孔门弟子和再传弟子，以及孔子家族留存、传布，至汉代由汉儒进一步整理、定型，成为流传后世的基础文本。在这一较长期的过程中，可能有更多文化的细节和习俗的惯例，由于不直接表达思想与德行，而被删汰了。但也还是有一些生动的遗存的，例如孔子吃什么，怎么吃，怎么睡，怎么说等等。“子之所慎：齐，战，疾”，孔子慎重对待的事是斋戒，战争和疾病；既然是慎重对待，就可能包括言语和行事，对斋戒、战争、疾病，孔子不仅行事上慎重，在言语上也应该是慎重的。本篇第二十一章“子不语怪、力、乱、神”，内容也是有关谈话禁忌的。

【原文】

7.14 子在齐闻《韶》，三月不知肉味，曰：“不图为乐之至于斯也。”

【译文】

孔子在齐国听《韶》乐，很长时间感觉不到肉的美味，说：“没想到音乐能达到这种境界。”

【易惑词】

齐，齐国。《韶》，乐名，据传为歌颂舜太平盛世的乐曲。三月，很长时间。图，想到。斯，这，如此，这般。

【淮北佬曰】

人的兴趣有排他性，迷上一件事，就会忽略其他所有事。

【论语内外】

人的兴趣有排他性，迷上一件事，就会忽略其他所有事。除了记录孔子行止外，《论语》最大量的章段，是记录孔子言论。有人统计说，《论语》中记录行为的，有46章；记录言论的，高达405章；其余的章段，是记行和记言的杂糅。《论语》传达的情报、信息，都是公开的、固定的；但如何理解、分析、联想，却各有各的不同。《论语》的感性色彩，无处不在。以《韶》乐与肉味比，既说明孔子对音乐的痴迷，更透露出孔子对肉食的喜爱，也透露出他家庭不错的经济状况。肉食对人类智力的发展，有重要作用。孔子常吃肉，因而身体好，智慧高，能长寿，这

之间的关系链，或许是连得上的。

【原文】

7.15 冉有曰："夫子为卫君乎？"子贡曰："诺，吾将问之。"入，曰："伯夷、叔齐何人也？"曰："古之贤人也。"曰："怨乎？"曰："求仁而得仁，又何怨？"出，曰："夫子不为也。"

【译文】

冉有说："老师赞同卫君吗？"子贡说："好的，我问问老师。"子贡进去问孔子："伯夷、叔齐是怎样的人？"孔子说："古代的贤人。"子贡说："他们相互谦让最终都没当上国君怨悔吗？"孔子说："他们追求仁德并得到了，有什么怨悔？"子贡出来对冉有说："老师不赞同卫君。"

【易惑词】

为，音 wèi 卫，帮助，辅助，赞成。诺，表同意的应答声。不为，不会帮助卫出公。

【论语人物】

卫君，卫出公辄，卫灵公的孙子，继卫灵公位，曾与父亲蒯聩争夺君位，兵戎相见；出为谥号。

【淮北佬曰】

子贡胆大、自信、有理解力，因而敢于擅自做主。

【论语内外】

子贡胆大、自信、有理解力，因而敢于擅自做主。冉有在孔门十哲里，被归为政事类好学生，也是出类拔萃了。在长期从政生涯中，他的才能也显露出来，是孔门中政务类学生中很有成绩的一个。但孔子对冉有的态度，总是起伏不定，甚至还号召弟子们声讨他。但冉有对老师，却不离不弃，始终如一，也是十分难得了。在与老师关系中，子贡明显优于冉有，显然子贡更得到孔子信任，是能够随时接近孔子的学生。或又由于孔子对冉有表现出不亲近，因此冉有想问个问题，自己却不敢亲问，于是央求子贡代问。可见亲疏之分，在哪里都是有的。

【原文】

7.16 子曰："饭疏食饮水，曲肱而枕之，乐亦在其中矣。不义而富且贵，于我如浮云。"

【译文】

孔子说："吃粗粮，喝冷水，弯着胳膊当枕头，乐趣就在其中啊。不义的富和贵，对我来说就像天上的浮云。”

【易惑词】

疏食，粗粮，粗饭。水，与汤对言，汤，热水。肱，音 gōng 工，胳膊。

【淮北佬曰】

孔子不缺少平民思想。真了不起！

【论语内外】

这里的水，大概也是生水、冷水。杨伯峻先生说，古代常以汤与水对言，汤的意义是热水，水就是冷水。这里的水，更不可能是茶。因为先秦时期，茶虽然可能已经在中国巴蜀的少数地区饮用，但并没有文献或考古证据直接支撑这样一种结论。按照我们一般的推理，人类对茶的利用，首先是食用，然后是药用，其后才是饮用；或者先以食用为主，同时辅以药用及饮用，后来才逐渐演化为以饮用为主，食用和药用为辅的局面。在物质难获的年代，温饱是第一位的，舒适和享受只能在温饱的基础上才有可能被认可。

【原文】

7.17 子曰：“加我数年，五十以学《易》，可以无大过矣。”

【译文】

让我寿命长些，到五十岁时去学习《周易》，就可以没有大的过错了。

【易惑词】

加，增加。《易》，《易经》，《周易》，古代占卜用书，也是儒家经典之一。

【淮北佬曰】

这种生命的活力，这种向上精神，这种正面的态度，恐怕才是《论语》真正的活力所在，才是《论语》长寿的本源。

【论语内外】

看得出《易》在孔子道德体系中的重要性。孔子始终有向上精神，不得了！了不起！孔子的进取精神，未曾见消沉。这种生命的活力，这种向上精神，这种正面的态度，恐怕才是《论语》真正的活力所在，才是我们从《论语》中受到感染的潜质，也才是《论语》长寿的本源。所以朱熹说要活到老学到老，根子也是从这里来的吧。五十岁的人，在孔子时代很高寿了。在这个年岁，人们会尽量去放松，去休闲，去安享晚年了。但对孔子来说，他的学习计划早已规划到五十岁以后了；他用功时忘记吃饭，快乐时忘记忧愁，早已忘记衰老就要到来。但，对于有生活目标、学习兴趣的人来说，学习，难道就不是休闲？生活，难道就不是放松？游艺，难道就不是安享生活吗？真的要认真向孔子学习啊！

【原文】

7.18 子所雅言，《诗》《书》、执礼，皆雅言也。

【译文】

孔子有时用雅言，读《诗经》《尚书》、典礼时，都用雅言。

【易惑词】

雅言，当时的共同语，以陕西口音为标准，相当于后来的官话、国语、普通话。《诗》，《诗经》。《书》，《尚书》，《书经》，上古历史文件汇编，记录上古帝王言论。执礼，主持礼仪活动。

【淮北佬曰】

一个干净、利索、精神、有味的小老头形象。真是个榜样！

【论语内外】

子所雅言，有多种释义。一种释义是：孔子有时用雅言；一种释义是：孔子用雅言的场合；一种释义是：孔子会讲雅言。雅言大约相当于现在的普通话，或官话、国语。语言对所有有探索欲的人来说，都是神秘的，也是最容易引起好奇心的，还是具有无穷的持久的魅力的。因为我们怎么说，说什么，曾经怎么说，曾经说什么，都很重要，也都能引起人们的好奇心，这牵扯到我们的祖先、来源、与他人的区别。全球现存的语言大约有6000种（不知道这是一种什么样的语言划分标准），更具体的估计是6760种。现代中国的语言则被划分至五大语系之中，这五大语系是：汉藏语系、阿尔泰语系、南亚语系、印欧语系和马来·玻利尼西亚语系。汉藏语系包括了我们国家现在使用人口和范围最多最广的汉语。现代汉语又根据语音、词汇和语法等差别，被分为官话、吴语、赣语、客家话、湘语、闽语和粤语七种方言。在这七大现代汉语方言中，长江以北一般被认为是传统的官话区，这一地区使用的汉语是从古汉语直接发展而来，长江以南部分地区使用的方言，则是由北方汉语的不断迁徙逐渐形成的。

【原文】

7.19 叶公问孔子于子路，子路不对。子曰："女奚不曰：其为人也，发愤忘食，乐以忘忧，不知老之将至云尔。"

【译文】

叶公向子路打听孔子的为人，子路不回答。孔子对子路说："你为什么不说：他的为人，用功时忘记吃饭，快乐时忘记忧愁，不知道衰老就要到来，如此而已。"

【易惑词】

叶，音 shè 射。奚，为何，为什么。云尔，如此罢了，如此而已；云，如此；尔，通“耳”，罢了，而已。

【论语人物】

叶公，楚国大夫，芈姓，沈尹氏，名诸梁，字子高，因任叶城长官，所以称叶公。

【淮北佬曰】

通过叶公的询问、子路的不答、孔子的主动，构成了一个完整而有趣的故事链。

【论语内外】

《论语》记录了孔子生活的方方面面，就像当代的“爆料”、内幕，读来真有趣味！后世的笔记也有这种写法，用只言片语，记录人物言行、市井趣事、俚语风俗。可是，《论语》里记事、记言的内容，除了日用生活的方方面面，更增加了语言艺术、思想道德等等所谓高端的内容。本章爆料的内容，虽然是孔子自述，但通过叶公的询问、子路的不答、孔子的主动，也构成了一个完整而有趣的故事链。叶公对名人生活的状态是好奇的；子路的默然不答符合他情绪化的性格；通过孔子的主动回答，看得出孔子注重宣传，看得出孔子处事的自主性。他似乎不喜欢隐含自修，虽然他不是做给人看，但他也想让人们知道，他在想什么、做什么。他的仁义道德，要向每一个不会白费口舌的人宣讲。

【原文】

7.20 子曰：“我非生而知之者，好古，敏以求之者也。”

【译文】

孔子说：“我不是生下来就有学问的，是喜欢古代文化，勤敏学来的。”

【易惑词】

好，音 hào 号，喜欢，喜爱。古，传统文化。敏，勤奋。

【淮北佬曰】

这为大众的成长，提供了一个合理的口实。

【论语内外】

孔子真有冷幽默。他表面上正经，但说出话来则极显幽默。是冷幽默。冷的幽默。不过也是大实话。性相近也，习相远也，这说的不仅是人的天性，即先天生成，也说的是人的习性，即后天养成。孔子的意思，他与他人无异；他的知识、学养和思想，都只不过是勤敏习得的。正因为习，人与人才有相互的差距。所以，勤奋学习即为正道。如果都仰赖天性，那便不可预测，不可捉摸了。这也为大众的成

长，提供了一个合理的口实。

【原文】

7.21 子不语怪、力、乱、神。

【译文】

孔子不谈论怪异、蛮力、悖乱、鬼神。

【易惑词】

语，谈论。怪，怪异。乱，悖乱。

【淮北佬曰】

在孔子主导下，孔子的“群”一般不会谈怪、力、乱、神等负面、消极的话题，这大概也是这个群能够持久的重要原因。

【论语内外】

《论语》不现天堂、地狱和神怪，《论语》也排斥神秘色彩，排斥虚无和抽象。孔子的世俗观念强大无比，这使我们感觉亲切、亲近、俗常、轻快。《论语》从形式，到内容，都平易近人，都低门槛、无围墙。在形式上，是日常对话体，你说，我听，我问，你答，谁都能懂。在内容上，不外乎家长里短、社会人伦、生活经验、饮食男女，都是我们的寻常日子，天天生活。

当然，宏观地看，所有的事物，其长，即是其短，其短，也是其长；没有长，就无法存在；没有短，则不显特色。如果孔子把仁、义、礼、忠、信、恕、敬、孝、悌归为正面、积极和健康的因素的话，那么，怪、力、乱、神，就是他所不待见、所不愿见的内容，就是负面的、消极的、不健康的话题和因素。在当下的手机时代，存在着许多微信群和微博群，如果一个群里有几位群友总是发布消极的、负面的消息，这个群将没有凝聚力，很快就会衰败；当一个群里主要的信息和状态是积极的、向上的、正面的，这个群一般就使人留恋、能够持续。在孔子的主导下，孔子的“群”一般不会谈怪、力、乱、神等“负面、消极”的话题，这大概也是这个群能够持久的重要原因。

孔子不言怪、力、乱、神，既是孔子有意识的忘却，也是他的一种选择性失忆。排他性的记忆并非没有记忆，也不是真的失去了那种记忆，而是一种排斥性的记忆。在社会实践中，我们知道，排斥一种记忆，总是会增加相反的另一种记忆，增加另一种记忆时，又总是会产生相反的一种对比记忆。这就是说，当我们希望并且力促一种倡导，在这种倡导成长起来时，就总会伴生相反的一种不被倡导的思想和观点。在这种情况下，排斥一直在进行，而被排斥的总是要滋生。于是再排斥，再滋生；再滋生，再排斥。一直进行下去。

【原文】

7.22 子曰："三人行，必有我师焉。择其善者而从之，其不善者而改之。"

【译文】

孔子说："多人同行，其中一定有可以做我老师的人。学习他们的优点，他们的缺点如果我有就要改正。"

【易惑词】

行，行走。焉，于之，在其中，在这里面。善，优点，长处，好的。

【淮北佬曰】

孔子一直保持着低姿态。也一直保持着无年齿、等级的观念。这真是好的！

【论语内外】

孔子的这句话，与里仁篇中"见贤思齐焉，见不贤而内自省也"，意思是相似的。但两句话，各有其精彩，各有其细微，各有其滋味。相同，或相似的意思，能用完全不同的句式、不同的词语表达出来，就看得出孔子优异的文采、上佳的语言组织才华了。孔子一直保持着低姿态。也一直保持着无年齿、等级的观念。这真是好的！

【原文】

7.23 子曰："天生德于予，桓魋其如予何？"

【译文】

孔子说："老天给我这样的品德，桓魋又能怎么样我？"

【易惑词】

予，第一人称代词，我。德，品德。

【论语人物】

桓魋，姓向，名魋，宋国司马，魋，音 tuí 颓，他曾想谋害孔子。

【淮北佬曰】

孔子并不相信天命。

【论语内外】

孔子在子罕篇中，被囚禁在匡地时说，周文王死了以后，传承下来的文化不都在我这里？老天如果想灭绝这种文化，我就掌握不到这些文化了；老天如果不想灭绝这种文化，匡人又能把我怎么样？这是孔子的逆向天命观。古人对天命安排的看法，总与今人相仿吧，即宁可信其有，不可信其无。不信天命，是宗教观使然；尊重天意，是不解未知使然。孔子谈论天命，谈论仁德，但他相信的是人道，相信的

是努力，相信的是学习，相信的是品德。孔子谈天命，是尊重他人、他事、他物；孔子谈天命，也是因为他人谈天命、信天命、认天命，因而孔子需要用天命唬人，需要用天命来吓人，需要用天命来压人。孔子谈天命，只是一种政治手段。孔子并不相信天命。

【原文】

7.24 子曰："二三子以我为隐乎？吾无隐乎尔！吾无行而不与二三子者，是丘也。"

【译文】

孔子说："你们这些学生以为我有隐藏吗？我对你们没有隐藏！我没有什么事情不向你们公开，我就是这样的人。"

【易惑词】

二三子，诸人，几人，此指学生。隐，隐瞒，隐藏。乎尔，语气词。行，行为。是，代词，这。

【淮北佬曰】

没有对天地万物以及生活的即时感悟，学到的知识就会干枯，模仿的智慧总要露馅。

【论语内外】

本篇多见教与学主题，有多篇论及教学、学习、交流，或相关人文。孔子此番表白有对天发誓的气氛。学生们可能总以为没学到孔子的真经，没领会孔子的真谛，没听到孔子的真话；感觉孔子可能会有所保留，以便永远比弟子们高明一等。但根据《论语》中孔子的言论、作为，孔子没必要那样做。因为孔子的道德、知识和智慧，除了他常挂在嘴边的仁义道德以外，更多的，是生活中的点滴发现与提炼。孔子深知，才华并非只知学习，智慧也不都从简册中来；没有对天地万物以及生活的即时感悟，学到的知识就会干枯，模仿的智慧总要露馅。大树下的课堂是一种学习，每天的吃喝拉撒皆有道理。不是孔子隐而不授，而是弟子们的感悟仍有欠缺。

【原文】

7.25 子以四教：文，行，忠，信。

【译文】

孔子教学有四项内容：文献，实践，忠诚，信用。

【易惑词】

文，古籍，文献。行，实践。忠，忠诚。信，诚信，信用。

【淮北佬曰】

孔子的教学内容，用当下的学科划分来观察，不是自然科学，也多不是社会科学，而主要是人文科学。

【论语内外】

孔子的教学内容，用当下的学科划分来观察，不是自然科学，也多不是社会科学，而主要是人文科学。孔子说，兴于《诗》，《诗》是文学，文学是人文科学的基础，学语言，学其他，都要先从学文学开始。德行、忠诚、信用，都是道德范畴的内容，它们都可以用于社会，但更可以用于自身，用于天地，成为一种世界观。操守、忠诚、信用，在面对天地万物时，更须自觉遵从，更得自我约束，更要谨慎要求。文、行、忠、信，也是学习的顺序、学问的方法。就像兴于《诗》，立于礼，成于乐，不由浅及深、循序而进，就容易学乱、学浅、学得皮毛。底子打不好，学问也就做不深，品质也就上不去了。

【原文】

7.26 子曰："圣人，吾不得而见之矣；得见君子者，斯可矣。"

子曰："善人，吾不得而见之矣；得见有恒者，斯可矣。亡而为有，虚而为盈，约而为泰，难乎有恒乎。"

【译文】

孔子说："圣人，我见不到，能见到君子，就可以了。"

孔子又说："善人，我见不到，能见到有操守的人，就可以了。没有装作有，虚空装作充盈，穷困装成富足，这就很难有操守了。"

【易惑词】

得，能，能够。有恒者，有恒心的人，坚持操守的人。亡，音 wú 无，无，没有。虚，空虚。盈，满，充实。约，穷困。泰，富足，豪奢。

【淮北佬曰】

孔子针对大众需求，推出圣人和善人的简化版。

【论语内外】

孔子的不自我清寂，孔子的不自我清高，孔子的低身段，由此章得见一斑。就像子罕篇里，孔子不愿意有家臣一样，孔子不想玩那些虚的，他要的是实实在在；孔子不屑弄那些假的，他想的是真真正正；孔子不愿好高骛远，他要的是脚在实地。孔子深谙人的智力特点，并非所有人都有独到的理解力，也并非所有人都有独到的感受力，更非所有人都愿花力气去理解、去感受。圣人是存在的，但让所有人去追索则不现实；善人是真有的，但让所有人去接近是困难的。因而孔子针对大众需求，推出圣人、善人的简化版。圣人不可追，但君子可得见；善人不可遇，但恒

者这个有。既满足了大众需求，又建造了中间台阶。孔子的确是高明的。

【原文】

7.27 子钓而不纲，弋不射宿。

【译文】

孔子只用钩钓不用网捕，不射杀归宿之鸟。

【易惑词】

纲，多钩大绳，引为在河流上网捕。弋，音 yì 异，用带绳的箭射。宿，归宿的鸟。

【淮北佬曰】

悲悯情怀才是人类恒久的道德情怀。

【论语内外】

孔子有人道意识，由己及人、及物；或又是一种生态、环保意识；或又是一种悲悯情怀。孔子主张用一般方法、普通工具渔猎，数量则以够用、不过为准。鸟类归宿后最为脆弱、无助，又最为温馨，捕猎时就要尽量考虑情感因素。当下的生态、环保思想，由于过于具体、直接，而显得浅俗不已。悲悯情怀才是人类恒久的道德情怀。对生物的捕杀、利用，是由不得人的行为，人不得不钓，不得不射，也不得不吃。但如何钓，如何射，如何吃，才体现出人类的道德色彩。

【原文】

7.28 子曰："盖有不知而作之者，我无是也。多闻，择其善者而从之，多见而识之，知之次也。"

【译文】

孔子说："大约有不懂就贸然行事的人，我不是这样的。多听，选择优点而接受，多看，并记在心里，这是仅次于天然生成的获得知识的方法。"

【易惑词】

盖，大概，大约。作，作为，行事。识，音 zhì 质，记，记住。

【淮北佬曰】

孔子不但告之经验，更告之方法。

【论语内外】

作，多解成创作。钱穆先生说，此作字或解著作，但孔子时代，尚无私家著作之风；或解作为，但所指太泛，世上不知而作的，有很多人；因而他把这个作字，解为创制立言。孔子或认可天才的存在和可能。但孔子也认可后天的努力、后天的学习。这正是我们现在常说的，天才就是：先天加勤奋。此章是孔子的经验主义。经验有可能过时，但经验总是有效。这正是缄默知识的神奇精妙。孔子不但告之经验，更告之方法。可见他说没有什么向学生隐瞒、没有什么不与学生分享的话，是言行相一的。行事要慎重；行事的前提，就是要多听建议、多参观访问、多做筛选、多用心思考。虽然这些方法赶不上天才，但对凡人来说，则是最实用、最有效的方法。

【原文】

7.29 互乡难与言，童子见，门人惑。子曰："与其进也，不与其退也，唯何甚？人洁己以进，与其洁也，不保其往也。"

【译文】

互乡这地方的人不容易沟通，却有一个少年得到孔子接见，学生们很困惑。孔子说："我赞许他的进步，不赞许他的退步，何必太过分呢？人家改正缺点以求进，就要肯定他的洁身求进，不要总抓住过去不放。"

【易惑词】

互乡，地名。童子，少年。与，肯定，赞成，赞许，鼓励。进，进步。唯何甚，何必做得过分；唯，发语词；甚，过分。洁己，使自己干净，即改正缺点。保，守住，抓住。往，既往，过去。

【淮北佬曰】

经孔子这么一说，互乡这地方，就成为人们好奇的一个所在了。

【论语内外】

经孔子这么一说，互乡这地方，就成为人们好奇的一个所在了。如果在当下，人们肯定会因此蜂拥而至。这里也将成语言学家、人类学家、文化学家、社会学家、心理学家必到的地方。因为语言学家想去了解语言，人类学家想去考察进化，文化学家想去观察生活方式，社会学家想去研究社会结构，心理学家想去掌握心理特征。互乡这个地方的人，也许受到的是不争论的教育，他们看重的是私下沟通。而对孔子来说，政治、历史、道德、人品，是闲聊的好话题；争论和争辩，则是消遣的好方式。这些，都是文化的细节、习俗的惯例。本章的"与"，和子罕篇子罕言利，与命与仁，先进篇吾与点也的"与"，都是赞同、称许、肯定的意思。孔子总是与人为善、动态看人的。有说儒家固执保守，但在孔子这里，却难找到这些负面词。

【原文】

7.30 子曰："仁远乎哉？我欲仁，斯仁至矣。"

【译文】

孔子说："仁离我们很远吗？我追求仁，仁就来了。"

【易惑词】

欲，打算，想，追求。

【淮北佬曰】

只要主动，情就会来，爱就会到，仁就会至。

【论语内外】

仁者人也，仁者爱也，仁生于人，都是说仁生于人生、生于人情。仁是先天的，因为人生而有情，有情就有得仁的机会。但仁更是后天的，因为一个人不想仁，仁就不来；一个人不要仁，仁就远去；一个人反对仁，仁也反对他，他就不会成仁，甚至成为仁的对立面，继而成为社会的负能量。仁首先不选人，只要追求，仁都会依附。仁也没有名额限制，所有的人仁都能满足。仁的唯一条件是情，无情则无仁。但性相近，习相远，所有的人，生下来都有性情，这就为仁的普惠，提供了充分的先决条件。

【原文】

7.31 陈司败问："昭公知礼乎？"孔子曰："知礼。"孔子退，揖巫马期而进之，曰："吾闻君子不党，君子亦党乎？君取于吴，为同姓，谓之吴孟子。君而知礼，孰不知礼？"巫马期以告，子曰："丘也幸，苟有过，人必知之。"

【译文】

陈司败问："鲁昭公知礼吗？"孔子说："知礼。"孔子离开后，陈司败向巫马期作揖请他走近，说："我听说君子不偏袒，怎么孔子也偏袒呢？鲁国国君从吴国娶了位夫人，也姓姬，于是不叫她吴姬而叫她吴孟子。鲁君如果知礼，那还有谁不知礼？"巫马期把陈司败的话告诉孔子，孔子说："我幸运啊，假如有过错，别人一定会指出。"

【易惑词】

进，请人接近。党，袒护，偏向。取，娶。以告，应为以之告，省略了代词之。苟，如果。

【论语人物】

陈司败，人名。巫马期，姓巫马，名施，字子期，小孔子 30 岁，孔子学生。吴孟子，鲁昭公夫人。

【淮北佬曰】

孔子有包容心。

【论语内外】

这一章说到鲁国国君鲁昭公娶吴国女子为妻。按照当时规矩，国君夫人的称呼，一般是夫人所在国名加上夫人本人的姓，因此这位夫人就应称“吴姬”，吴是吴国，姬是姬姓。但由于周朝的礼法是同姓不婚，而鲁国和吴国又都是姬姓，为了避嫌，就改称吴孟子，吴是国名，孟子可能是这位夫人的字。那时人口少，脱离氏族部落社会的时间又似乎不长，族群间交流的范围也较有限，同姓的婚姻会影响人口质量，这本来是生物学规律的回避，久而久之则成为一种婚禁。婚禁是一种文化，一旦成为文化，就避免不了形式、仪式和虚拟。虽然这种文化的源头是非文化的，但文化的虚拟和形式则常常会掩盖非文化的真相。

【原文】

7.32 子与人歌而善，必使反之，而后和之。

【译文】

孔子与人一起唱歌，如果别人唱得好，他一定请人再唱，然后他跟着唱。

【易惑词】

反，重复。和，音 hè 贺，跟唱，附和，合唱。

【淮北佬曰】

如果那时有卡拉 OK，有 KTV，孔子或是一个麦霸。

【论语内外】

孔子的生活，也是丰富多彩的。孔子的兴趣、爱好，也多种多样，不仅喜欢唱歌，还喜欢吃肉，还喜欢听音乐，还喜欢游学，还喜欢春游，还喜欢学习，还喜欢当官，还喜欢教育人。孔子这一生可谓兴趣广泛、丰富多彩、起起伏伏、没白过。孔子的生活一贯是认真的，没有游玩、游戏的意思。即使听歌、唱歌，孔子要把它当一回事做。至少我们从《论语》中能够得到这种印象。西方文化或讲究人性释放，但孔子的人性释放也是很充分的。宣传和引导作用巨大：我们在后世难以见到孔子、儒家轻快愉悦的一面，我们看到的都是正儿八经、古板斯文、固执守旧。但孔子不是这样的。

【原文】

7.33 子曰：“文，莫吾犹人也。躬行君子，则吾未之有得。”

【译文】

孔子说：“若论学问知识，我大概和别人差不多；但身体力行做君子，我还达不到。”

【易惑词】

莫，大概，差不多，表示推测。犹，与……一样，如同。躬行，身体力行，亲身而为；躬，身体。有得，有所得。

【淮北佬曰】

学习是做君子的前提，或是做君子的工具。

【论语内外】

身体力行做君子，大概更难一些，因为孔子说他还做不到。学习是做君子的前提，或是做君子的工具。有了工具，就有了成事的前提条件，因为没有工具，就不可能成事。但有了工具，还不等于已经成事。《易经》说，形而上者谓之道，形而下者谓之器。这可以相对而言。君子为道，学习即谓器；学习谓道，识字即为器；识字为道，笔墨即为器。器是前提，道是顺然；器是前因，道是后果；器具体而微，道宽泛无象。

【原文】

7.34 子曰："若圣与仁，则吾岂敢！抑为之不厌，诲人不倦，则可谓云尔已矣。"公西华曰："正唯弟子不能学也。"

【译文】

孔子说："说到圣人和仁人，我哪里敢当！不过问学不知厌烦，教人不知疲倦，这些我还说得过去。"公西华说："这正是我们学不来的。"

【易惑词】

抑，转折词，只不过，只是。之，代词，指前面提到的圣、仁。厌，厌倦，厌烦。正唯，正是。

【淮北佬曰】

公西华却会讨好老师，好话送得真是时候。

【论语内外】

孔子在圣人及崇高面前，总是谦虚的。这一方面，大概是孔子认为的事实，即的确如此；另一方面，或是孔子的社会经验、人生积累。人外有人，天外有天，所有说得满的话，都容易下不来台；所有固执的绝对，都易于招致失败。话说得不满，就有进一步的空间；话说得过硬，就很难软得下来。但孔子并非世故者，而是个有话直说的人。在神圣与崇高面前，他低头而谦虚；但在他真做得好的方面，也不讳言自己的成就。问学和诲人，都是他躬行亲为的事情，他有体会，有成果，有心得，有远景，因此他就心安理得、言之无愧。公西华却会讨好老师，好话送得也是时候。

【原文】

7.35 子疾病，子路请祷。子曰："有诸?"子路对曰："有之。《诔》曰：'祷尔于上下神祇。'"子曰："丘之祷久矣。"

【译文】

孔子病重，子路请求为他祈祷。孔子说："有这样的事情吗?"子路回答："有。《诔》文上说：'替你向天神地神祈祷'。"孔子说："我早已祈祷过了。"

【易惑词】

疾病，两字连用，表示病重。祷，祷告。诸，之乎的合音。《诔》，音 lěi 垒，祈祷文。祇，音 qí 奇，地神。

【淮北佬曰】

老子谈论的天道，是万物和天地的规则；孔子看重的人道，是社会和人世的道理。

【论语内外】

孔子不谈怪异、蛮力、悖乱和鬼神，因而他对因病而祷的事，看去不那么热心。道和儒，同时或略先后，源起于中国东部平原地区，具有文明的同质性；又由于纬度带来的原产地差异，而具有差异性和竞争性。道略在南，只是相对的南；这相对的南则河湖遍地，雨水丰沛，气候稍暖热，物产较富足；人们思想亦较开放，自由驰想，产生天马行空的道论，有着环境的基础和便利。儒在北，只是相对的北，光热递减，冬季更长，人们需抱团取暖，讲究自制，维护集体，约束空想，产生护国持家的儒论，有着土壤和气候的条件。两者均未演变为有神论。老子谈论的天道，是万物和天地的规则；孔子看重的人道，是社会和人世的道理。

【原文】

7.36 子曰："奢则不孙，俭则固。与其不孙也，宁固。"

【译文】

孔子说："奢侈就会骄纵，俭朴则显得寒碜。与其骄纵，宁肯寒碜。"

【易惑词】

奢，奢侈。孙，音 xùn 逊，同"逊"，谦虚，谦逊。固，鄙陋，寒碜。

【淮北佬曰】

奢就是一种显摆和浪费。

【论语内外】

这是孔子一以贯之的价值观。雍也篇中孔子赞颜回，说颜回一箪饭，一瓢水，

住在简陋的巷子里，别人都受不了那份忧困，颜回却不改他的快乐，这真是贤德啊！这也是孔子的比较排除法。奢侈不好，寒酸也不好，都不好，甚至是同等的不好。但是如果非要选一个，那么不选奢侈，因为奢侈就会骄纵，就会盛气凌人，就会不知天高地厚，就会产生错觉，以为能够主导世界。奢已经是一个负面词，奢侈不是富贵，更不是富足；奢就是一种显摆和浪费。

【原文】

7.37 子曰："君子坦荡荡，小人长戚戚。"

【译文】

孔子说："君子坦坦荡荡，小人总是忧虑。"

【易惑词】

坦荡荡，宽坦，开阔。长，经常，时常。戚戚，忧愁，忧虑，不安，担心。

【淮北佬曰】

君子坦荡荡，小人长戚戚，应有前提在。

【论语内外】

君子坦荡荡，小人长戚戚，应有前提在。君子坦荡荡，是说君子在君子主导的社会里，心境坦荡，昂首挺胸，理直气壮；小人长戚戚，是说小人在君子主导的社会里，事事不顺，处处碰壁，心地不爽。如果是在小人主导的社会里，情况就要反过来，就会是君子长戚戚，小人坦荡荡了。

【原文】

7.38 子温而厉，威而不猛，恭而安。

【译文】

孔子温和又严厉，威严又适当，恭敬又安详。

【易惑词】

温，温和。厉，严厉，严肃。猛，暴烈。恭，庄重。安，安详。

【淮北佬曰】

《论语》里的孔子，是人生活法的一种生动榜样。

【论语内外】

《论语》里的孔子，坚守道德理想，信守生活节操，恪守社会秩序，追求人格独立，遵从人伦亲情，不违背社会规律，崇尚和乐人生，享受学习过程，是人生活法的一种生动榜样。

泰伯篇第八

（（共21章）

【原文】

8.1 子曰："泰伯，其可谓至德也已矣。三以天下让，民无得而称焉。"

【译文】

孔子说："泰伯的品德高尚极了。多次礼让大位，老百姓无法用语言来称颂他。"

【易惑词】

至，最高。三，多次。无得而称，无法用语言来称颂。

【论语人物】

泰伯，周朝先祖古公亶父的长子。

【淮北佬曰】

孔子崇圣尊道，他内心的这种感情，自来而庄重。

【论语内外】

孔子对人物的评价，用"至德"一词，是对人的德行没有办法再增加的最高评价。泰伯又作"太伯"，姬姓，是商朝末年生活在岐山附近的周部落首领古公亶父的长子。一说泰伯并非人名，而是氏族内部的排序，泰，位重，伯，长。古公亶父有三子，即泰伯、仲雍、季历，据说因古公亶父有意改立季历，泰伯为实现父愿，于是与仲雍托言采药，出走南方吴地，一去而不返。商朝末期的吴地，原始落后，泰伯和仲雍带来了较为先进的农耕文化，在当地开发荒地，兴修水利，造福人民。后又一再让位，终于南地。孔子崇圣尊道，他内心的这种感情，自来而庄重，无以复加。

【原文】

8.2 子曰："恭而无礼则劳，慎而无礼则葸，勇而无礼则乱，直而无礼则绞。君子笃于亲，则民兴于仁；故旧不遗，则民不偷。"

【译文】

孔子说："恭敬而无礼就会劳烦，谨慎而无礼就会畏缩，勇猛而无礼就会添乱，率直而无礼就会刻薄。治者厚情待亲，百姓就会趋向仁德；不忘记老友旧交，百姓就不会淡漠待人。"

【易惑词】

劳，劳苦，辛劳。葸，音 xǐ 洗，畏缩，胆怯。绞，尖刻，刻薄。笃，厚道，忠厚。故旧，老朋友。偷，淡薄，冷淡。

【淮北佬曰】

由此可见孔子一针见血的洞察力和表达力。

【论语内外】

这里说的，都是一个事物的两个方面；孔子强调的，还是以中为用，以中为宜。恭敬过了，就是无礼，就会使人烦恼；谨慎过了，也是无礼，就会使人退缩；勇猛过了，还是无礼，就会给人添乱；率直过了，又是无礼，就会让人觉得刻薄；治者厚情待亲，百姓就会有样学样，就会趋向仁德；不忘记老友旧交，百姓就会跟着学，就不会淡漠待人。这样的描述，难以通过书本习得，并归纳总结；而多由实践、感悟，提升而来。由此可见孔子一针见血的洞察力和表达力。但前人的点拨也不可小看。子张篇中周公对儿子鲁公说：君子不疏远自己的亲属，不让大臣抱怨不受重用，如果老臣旧友没有大的过错就不要抛弃，不要对人求全责备。这与孔子说有重叠之处，或正是孔子受周公话语启悟。但孔子的独在性是一目了然的；特别是前四句的洞察力和开创性，细细品察，才显其妙。

【原文】

8.3 曾子有疾，召门弟子曰："启予足，启予手。《诗》云：'战战兢兢，如临深渊，如履薄冰。'而今而后，吾知免夫，小子！"

【译文】

曾参病了，把他的学生召集来说："看看我的脚，看看我的手。《诗经》说：'战战兢兢，好像面临深渊，好像脚踩薄冰。'从今往后，我知道自己可以免于灾祸发生在我身上了，学生们！"

【易惑词】

启，看，视；或又指掀开被子。临，面对，面临。履，步行，踩，踏。免，避免。小子，弟子，学生。

【淮北佬曰】

古人重视身体，认为身体来自父母，来时完整，走时也要尽量不缺，这也是孝的一部分。

【论语内外】

曾子病了。杨伯峻先生在述而篇中释“子疾病”时说，疾病连言，是重病。这里写“曾子有疾”，因为不是疾病连言，所以无法从字面上判断是不是重病。曾子为什么让弟子们看他的手脚？很有些奇怪。古人重视身体，认为身体来自父母，来时完整，走时也要尽量不缺，这也是孝的一部分。《孝经》说，身体发肤，受之父母，不敢毁伤，孝之始。认为孝始于对身体的保护和爱惜。曾子又说从此可免灾祸了。这难道是曾子的悲观言论？是曾子要离开人世的预言？意思是：因为身体是完整的，因此走了也是可以的，可以尽孝道了？但更情通理顺的揣测是，曾子大病初稳，召弟子们来看，这里那里，不都好好的，不都在吗？不都还在动吗？这不就都放心了吗？又由于涉险过关，因此百感交集，许多事情好像都顿悟了，都明白了，都看深了，以前的事都反思一过了，要表达的东西一下子太多，因此说出一番意识流来。疾病不连言，或也不一定不是重病。

【原文】

8.4 曾子有疾，孟敬子问之。曾子言曰：“鸟之将死，其鸣也哀；人之将死，其言也善。君子所贵乎道者三：动容貌，斯远暴慢矣；正颜色，斯近信矣；出辞气，斯远鄙倍矣。笾豆之事，则有司存。”

【译文】

曾子生病，孟敬子探视他。曾子说：“鸟快要死时，鸣声也哀凄了；人快要死时，言语也良善了。君子看重三种准则：严正自己的容貌，就能够远离粗暴；端庄自己的脸色，就能够接近诚信；注意言辞语气，就可以避免粗鄙。至于礼仪方面的细节，由专门的官员负责。”

【易惑词】

问，探望，探视。暴慢，粗暴，怠慢。正颜色，端正表情。辞气，口气措辞。倍，通“背”，错误，不当。笾豆，笾，音 biān 边，古代一种竹制容器；豆，古代一种木制容器，笾豆，指具体的细节。有司，主管笾豆之事的小官。

【论语人物】

孟敬子，姓仲孙，名捷，鲁国大夫。

【淮北佬曰】

本篇多章将曾子言论放在生病背景下，或亦有打悲情牌的考虑。以防后人斥其傍而滥。

【论语内外】

《论语》的编辑，一般认为，孔子逝时，孔门弟子决定先汇编一个孔子文集类的东西，参与者主要是仲弓、闵子骞、子游、子夏、子张、有若等。后弟子四散，各据其本，因而这个文集就有多个版本。其后曾子或又率自己学生，对文集进行精编，并最终由孔孙子思定稿。曾门弟子将曾子言行插入文本，总体而言，是成功而不露痕迹的。这也与曾子才华区分不开。曾子在学而篇中说，吾日三省吾身，为人谋而不忠乎？与朋友交而不信乎？传不习乎？在学而篇中说，慎终追远，民德归厚矣；在泰伯篇里说，鸟之将死，其鸣也哀，人之将死，其言也善；在泰伯篇里说，可以托六尺之孤，可以寄百里之命，临大节而不可夺也，君子人也！在泰伯篇里说，士不可以不弘毅，任重而道远，仁以为己任，不亦重乎？死而后已，不亦远乎？在颜渊篇里说，君子以文会友，以友辅仁；都成为有深度的格言警句。又如本篇多章将曾子言论放在生病背景下，或亦有打悲情牌的考虑。以防后人斥其傍而滥。

【原文】

8.5 曾子曰："以能问于不能，以多问于寡，有若无，实若虚，犯而不校——昔者吾友尝从事于斯矣。"

【译文】

曾参说："有才能却向无才能的人请教，学问多的人却向学问少的人请教，有学识好像没有学识，知识丰富好像知识不够，被人冒犯却不计较——我以前的一位朋友就是这样做的。"

【易惑词】

能，能力。犯，冒犯，侵犯。校，音 jiào 轿，计较。吾友，有学者认为指颜渊。

【淮北佬曰】

再苦的人也有甜蜜事，再难的人也有开心时，再怂的人也有幸福日。

【论语内外】

孔子在述而篇中说："三人行，必有我师焉。择其善者而从之，其不善者而改之。"曾子这段话，与孔子的名言，有异曲同工之妙。学有专攻，也就不可能事事通、万般能、样样精；总有厚薄、总有弱项、总有不到。而才情再薄的人，几十年如一日，没有才华，也有积累；没有强项，也有体会；没有专攻，也有积累；没有大局，也有细节；没有经验，也有教训；没有感悟，也有感慨；过一生，一辈子，总能有别人观察不到的东西，有别人体验不足的事物；别人匆匆而过的境况，为他所观察，为他所体验，为他所驻足，为他所思、所想、所留。因此再苦的人也有甜蜜事，再难的人也有开心时，再怂的人也有幸福日；再无能的人也有闪光的时候，学问再少的人也有一片专精的天地；只要愿意，所有的人都能为师，所有的事都是镜子。

【原文】

8.6 曾子曰："可以托六尺之孤，可以寄百里之命，临大节而不可夺也，君子人与？君子人也！"

【译文】

曾子说："可以托付年幼的孤儿，可以寄托国家的命运，面临生死大事不动摇，这样的人是君子吗？当然是君子！"

【易惑词】

托，托付。尺，古代长度单位。寄，寄托。百里，指诸侯国。命，指国政。临，面对。大节，国家安危的紧急关口。不可夺，不屈服，不动摇。

【淮北佬曰】

道德楷模是人人明白的君子，行为标兵是人人知道的君子，而实力派人物则是更深层次的君子。

【论语内外】

君子可以是道德楷模，君子正气浩然，境界高阔。君子也可以是行为标兵，君子言出必行，诺而必守。君子还可以是实力派，君子须能临危受命、值得托付、临节不乱、定如磐石。道德楷模是人人明白的君子，行为标兵是人人知道的君子，而实力派人物则是更深层次的君子。一个人做点好事并不难，难的是把好事坚持做下去，这已经不容易了；一个人做个标兵并不难，难的是把标兵保持在自己身边，这就很难了；一个人做事认真、敬业并不难，难的是把认真和敬业的精神贯穿下去。

【原文】

8.7 曾子曰："士不可以不弘毅，任重而道远。仁以为己任，不亦重乎？死而后已，不亦远乎？"

【译文】

曾子说："读书人不可以不胸怀宽广、刚毅顽强，因为责任重大而路途遥远。以实行仁德为自己的责任，难道不重大吗？至死才放下这份责任，这不是路途遥

远吗?”

【易惑词】

弘，大。毅，坚定，顽强。仁以为己任，以仁为己任。已，停止。

【淮北佬曰】

曾子确不是空手套白狼的角色，他的工具箱里很有几种工具。

【论语内外】

孔子带了好学生曾子，曾子又带了孔子的孙子好学生子思，子思的学生又带了好学生孟子。从《论语》中关于曾子的这些章段里，颇见得一些名句。可见曾子确不是空手套白狼的角色，他的工具箱里很有几种工具。曾子在前面说，有才能却向无才能的人请教，学问多的人却向学问少的人请教，有学识好像没有学识，知识丰富好像知识不够，被人冒犯却不计较；曾子善于两面或多面地看问题，善于转换，轮替，颠倒地看事物；曾子的有些话，说得很有些像老子，富于哲理。曾子真是有几把刷子的。

【原文】

8.8 子曰：“兴于《诗》，立于礼，成于乐。”

【译文】

孔子说：“从《诗》开始，至礼有建树，到音乐圆满结束。”

【易惑词】

兴，开始，起始。立，建立。成，完成。乐，音 yuè 越，音乐。

【淮北佬曰】

这里说的是学习的顺序。就是要依序而学。

【论语内外】

这句话是说，一个人的修养，或学习，应该从学《诗》开始，学到礼始有建树，学到音乐就可圆满结束了。这里说的是学习的顺序。就是要依序而学，循序渐进，有先有后，才有所成。又有一种译法，《诗》使我振奋，礼使我立身，乐使我完善；这说的是修行的几个不同侧面，有了这些侧面，一个人的修养，就是完备的了。《诗》是文学，在孔子时代，是中文学习的文本，就像我们现在的中文系，或文学院，学习语言，不是凭空学习，也不能拿数理化的文本来学，只能拿文学作品来学；而学习外语，只能拿外国的文学作品来学，不能拿外国的航天学文本来学；都是一样的道理。礼和乐的重要，是由于当时的社会教化单一、初始，能够让人们认识到礼仪和礼义的必要，就是走上文明大道第一步的成功了，相对于习以为常的后世，是一种初期的、普及性的工作。礼乐相连，是因为音乐使人享受、音乐催情、音乐使人兴奋；以音乐负载礼仪和礼义，方便人们的接受。

【原文】

8.9 子曰："民可使由之，不可使知之。"

【译文】

孔子说："让老百姓照我们安排的去做（比较容易），让老百姓知道为什么要这样做（比较难）。"

【易惑词】

由之，顺着做，使照办；由，遵从。知之，知道这样做的道理。

【淮北佬曰】

如果语法上确定不能这么译，这样译了，就可能是媚俗；如果语法上不能确定不能这样译，这样译了，就是一种很好的尝试；如果语法上确定可以有多种译法，颠覆陈腐和负面价值的旧译，正是君子要用生命去做的事情。

【论语内外】

又有一种译法："可以让老百姓按照我们的道路去走，却不可以让老百姓知道为什么那样走。"还有一种译法："普通人应该按照其应当受到教育的方式而受到教育，而不应该问他们为什么这么做。"

另有一种读法。"民可，使由之，不可，使知之。"白话过来就是："可以做的事就让人民自由去做，不可以做的事要让人民知道为什么不可以做。"这样一来，意思很明白，也合乎当代观念，可是，杨伯峻先生说，古代没有这种语法。如果语法上确定不能这么译，这样译了，就可能是媚俗；如果语法上不能确定不能这样译，这样译了，就是一种很好的尝试；如果语法上确定可以有多种译法，颠覆陈腐和负面价值的旧译，正是君子要用生命去做的事情。

【原文】

8.10 子曰："好勇疾贫，乱也。人而不仁，疾之已甚，乱也。"

【译文】

孔子说："喜勇憎贫，是一种祸害。对不仁之人过于痛恨，也是一种祸害。"

【易惑词】

疾，痛恨，厌恶。乱，作乱，祸乱。已甚，太过分。

【淮北佬曰】

孔子式的中庸。

【论语内外】

还是一种孔子式的中庸。好勇憎贫，易于惹起社会的动荡。当下的欧洲，有这

样的例子。欧洲与中东非洲相近，中东的战乱，导致大批贫困的难民逃往欧洲，富裕又总想干预全球事务的西欧如果不接收，就会造成国内政局和整个欧洲的动荡，造成贫富间更大的对立。而接收的话，又是喜勇厌贫的西欧所不情愿的。对不仁之人过于痛恨，也会有负面效应。还是当下的西欧，总有些人在街头擅自惩罚那些不文明，或不遵守交通规则的移民；从富裕的西欧的角度看，那些行为不文明或不遵守交通规则的移民，的确是需要惩罚并使之改正的；但人们又无法不将这种惩罚行为，与贫国富国、穷人富人、种族歧视、移民政策联系起来。在孔子言下，不及，这是常见的现象，人们辨得出好坏对错；而过了，就是一种不当，人们还不容易辨别出来：这可能是孔子强调“过”的初衷和出发点。

【原文】

8.11 子曰：“如有周公之才之美，使骄且吝，其余不足观也已。”

【译文】

孔子说：“如果一个人的才能像周公一样完美，却骄傲并吝啬，那其他就不值得看了。”

【易惑词】

使，假如，假若。吝，吝啬，小气。足，值得。

【淮北佬曰】

孔子推崇的是一种内修文化。

【论语内外】

孔子推崇的是一种内修文化。周公倡导人的权利，人的主导性，人的能动性；他重视敬德保民，主张德治、德政、尚德、贵德；上至高层，下至百姓，人人都应该修身并进德。孔子在宪问篇里，回答子路关于君子的问题时说，所谓君子，就必须做到修身以敬，就是要修养身心，勤快工作。修身和认真做事，既可以并列，更应该递进：修身是为了更好地工作，也是为了让领导安心，让他人安乐，让百姓安乐，让整个社会都安乐。这样的做法，看起来容易，听起来不难，但做起来，却是连古贤尧舜都担心做不到呢。假设一个人的才华已经像周公一样完美了，却不能修身以敬、安人、安民，那对这个人，也就该一票否决了。

【原文】

8.12 子曰：“三年学，不至于谷，不易得也。”

【译文】

孔子说：“多年读书，不去想做官的事，这是很难得的。”

【易惑词】

至，通志，想到，想法。谷，俸禄，代指做官。

【淮北佬曰】

孔子的思想，是无可无不可。

【论语内外】

子夏在子张篇中说，仕而优则学，学而优则仕；做官还有精力就去学习，以便更好地做官；学习学好了就去做官，以便更好地推行仁政。孔子也认可学而为仕。孔子在子路篇中说，苟有用我者，期月而已可也，三年有成；假如有人用我主持政务，一年可见成效，三年见大成果；可见孔子梦寐以求的理想。孔子在卫灵公篇里又说，君子谋道不谋食，耕也馁在其中矣，学也禄在其中矣，君子忧道不忧贫；君子为道义用心而不为衣食尽力，种地的人有时还会挨饿，学习却能够得到俸禄，君子担心的是不得道，而不担心穷困。孔子看不起种地，认为种地的人反而有挨饿的可能，却把学而仕看得很重。但孔子又不是强求一律的，孔子的观念开放而多元，己所不欲，勿施于人。这正体现了孔子无可无不可的无为而为思想。孔子这句话，却又可释为，读了多年书，却不在乎做官不做官，这种人不容易找得到啊；这就不一定是肯定这种行为的意思了。当然也不完全是否定。

【原文】

8.13 子曰："笃信好学，守死善道。危邦不入，乱邦不居。天下有道则见，无道则隐。邦有道，贫且贱焉，耻也；邦无道，富且贵焉，耻也。"

【译文】

孔子说："坚定信念，努力学习，用生命守卫善道。不进入危险的国家，不住在混乱的国家。天下有道就展现自己的才华，天下无道就低调隐藏。国家清明而自己贫贱，就是耻辱；国家黑暗而自己富贵，也是耻辱。"

【易惑词】

笃，坚定。守死善道，用生命坚守理想。见，音 xiàn 现，指出仕做官，展现才华。

【淮北佬曰】

这是中国的耻文化，也是中国的富文化。

【论语内外】

整章都是为人的准则，做事的标准，两千年以后，中国人还是用这样的标准鼓励自己，要求别人。人生总要坚定信念，努力学习，并且坚守善道、矢志不渝。要远离混乱和危险的国家，听从相关部门的旅行警告，为自己和家人生命安全负责。政治生态晴朗时努力奋斗，政治环境昏昧时照顾好自己。能够施展抱负时却一事无

成，既贫且贱，要么是自己不努力，要么是自己才华不够；社会黑暗时却富贵有方，要么是出卖灵魂，要么是厚颜无耻。孔子的入世哲学清晰而分明，辩证且规整。这是中国的耻文化，也是中国的富文化。

【原文】

8.14 子曰："不在其位，不谋其政。"

【译文】

孔子说："不在那个职位上，就不去干预那个职位上的工作。"

【易惑词】

位，职位。谋，干预，谋划。

【淮北佬曰】

如果我们当下谈论《论语》，把《论语》全面负面化，或整体负面化，那就既没有再谈《论语》的必要，也不符合《论语》的总体精神。

【论语内外】

不在其位，不谋其政，正面理解，这是理性政治，意思是要墨守边界规则，不越界，不越位，不逾规，有分寸。负面理解，不是自己的工作，不去过问；不是自己的事情，不去多事；不见义勇为；不学雷锋做好事；不关心政治；事不关已，高高挂起；多一事不如少一事；言多必失。但《论语》本身是总体正面的。如果我们当下谈论《论语》，把《论语》全面负面化，或整体负面化，那就既没有再谈《论语》的必要，也不符合《论语》的总体精神。所以我们既然现在还在谈《论语》，就是要用现代意识，去挖掘、寻找、提炼《论语》的既有价值资源，从而古为今用。除了政治，做人处世也要不在其位，不谋其政，谋而有序。这都是内修并由己及人的重要内容。

【原文】

8.15 子曰："师挚之始，《关雎》之乱，洋洋乎盈耳哉！"

【译文】

孔子说："从太师挚开始演奏，到结尾合奏《关雎》之曲，美妙的音乐始终盈耳不绝。"

【易惑词】

师挚，鲁国的太师，名挚；师，乐师。始，乐的开端。乱，乐的结束。洋洋乎，丰富而美妙。

【淮北佬曰】

《论语》是通俗的经典，也是经典的通俗。《论语》是深入浅出的典范。

【论语内外】

读这样的内容，这样的文字，有时候不会相信这是《论语》，不相信就是传承两千多年、享誉整个世界的思想巨著。都是日常的内容，尽是普通的生活，既平凡，又一般。对乐事的一段感想，也能进入经典的殿堂？这些是我们每个人都能体验、感受的内容，却又足以让世代研习，奔走传诵。《论语》正因此而为通俗经典。是通俗的经典，也是经典的通俗。《论语》是深入浅出的典范。

【原文】

8.16 子曰："狂而不直，侗而不愿，悾悾而不信，吾不知之矣。"

【译文】

孔子说："狂放而不直率，无知而不老实，无能而不诚信，我不知道这种人怎么会这样。"

【易惑词】

狂，狂放。侗，音 tóng 同，无知，幼稚。愿，朴实，老实。悾，音 kōng 空，通"空"，无知，无能。

【淮北佬曰】

这是孔子的吐槽？

【论语内外】

这是孔子的困惑？这是孔子的无奈？这是孔子的吐槽？这是孔子的嗔怨？还是孔子受到了什么刺激？孔子说的这种德行，是这种人的悖论：既然狂放了，那就应该直率，却不直率；既然无知了那就应该老实，却不老实；既然无能了，那就应该诚信，却不诚信；都是有违常识、有悖常理的。但孔子无奈、困惑的这些人，现在还有，还很多，身边就有：把狂妄当直率，因无知而滑头，因无能忘诚信。孔子由于占据了道德和修养高地，因而居高临下，看人看得更清。但有这种德行的人，身在此山，浑然不觉，却反以无知的狂放为傲，以无能的失信为荣。这都是内修不足使然。

【原文】

8.17 子曰："学如不及，犹恐失之。"

【译文】

孔子说："做学问就像追赶什么似的，就怕赶不上，赶上了又生怕丢掉应该学

的东西。”

【易惑词】

如，好像。及，赶上。犹，还。

【淮北佬曰】

学是孔子反复强调的基础行为。

【论语内外】

孔子描画了一种如饥似渴貌，学习就像与时间赛跑，既要多学，又要记住，不漏下一点知识。又有说这是一种瞻前顾后状，既想着要赶着多学，又想着要记住已学；意思是这样学习，是不一定能学得好的。还有说这是一种学习方法，既要把没学到的纳入学习规划，又要巩固已经学习过的不要忘记。学是孔子反复强调的基础行为，也是弟子们编辑《论语》时列在首位的内容。学的重要性不言而喻。

【原文】

8.18 子曰：“巍巍乎！舜、禹之有天下也而不与焉。”

【译文】

孔子说：“崇高伟大啊！舜、禹拥有天下，却一点都不为自己。”

【易惑词】

巍巍，极其崇高，极其伟大。不与，不为自己考虑；与，音 yù 玉，参与，夺取，占有。

【淮北佬曰】

孔子要宣扬仁、义、礼、忠、信等道德理念，要塑造一个贤明当道的社会，需要找到一个政治上，或道德上的“英雄祖先”，需要树立一个“英雄祖先”创立的楷模社会。舜、禹以及他们的时代，正是孔子心目中的英雄祖先和英雄祖先的时代。

【论语内外】

孔子对舜、禹的贤明深信不已，也言必称舜、禹的历史功绩。孔子是舜、禹没有一丝犹豫的铁杆粉丝。这也是一种英雄祖先情结。所谓英雄祖先情结，就是所有的人，所有的家族，都需要一个英雄的（或名气很大或很正面或很有权或很勇猛或很智慧或很完美或高风亮节等等）的祖先，因为没有这样一个祖先，人们就会有来路不明感，无法在心理上将自己归为正统，也就无法扬眉吐气，就找不到在人类社会存在的必要和价值。但很多人，很多家族并没有英雄祖先，这时候人们会想方设法甚至造假，去归附于历史上的一个贤者，或者明君，或者英雄。孔子要宣扬仁、义、礼、忠、信等道德理念，要塑造一个贤明当道的社会，也需要找到一个政治上，或道德上的“英雄祖先”，也需要树立一个“英雄祖先”创立的楷模社会。

舜、禹以及他们的时代，正是孔子心目中的英雄祖先和英雄祖先的时代。

【原文】

8.19 子曰："大哉尧之为君也！巍巍乎！唯天为大，唯尧则之。荡荡乎，民无能名焉。巍巍乎，其有成功也；焕乎，其有文章！"

【译文】

孔子说："伟大啊，尧这样的君主！崇高啊！只有天最大，只有尧可以效法天。恩德浩大啊，百姓简直无法用言语称颂。他的功绩太伟大了；光彩啊，他的礼乐制度！"

【易惑词】

则，效法。荡荡，博大，浩大。名，言说，形容，称颂。焕，光明，光彩。文章，礼乐制度。

【淮北佬曰】

啊，伟大的祖国啊，您如松柏，如峻岭，您巍然屹立在世界的东方！

【论语内外】

这是典型的中国式的颂词吗？这种颂词的样式，影响了后世中国。啊，伟大的祖国啊，您如松柏，如峻岭，您巍然屹立在世界的东方！您如初升的朝霞，照亮了人类的前程！天大，地大，不如您的恩情大！河深，海深，不如您的恩情深！伟大啊！光明啊！还有一些歌颂式的朗诵诗，也就是颂诗，采用的也是这样一种极端深情的、发自内心深处的、仿佛简直无法用言语表达的形式。孔子的确是中国许多传统的开创者（这种形式在《尚书》里也多）、确立者，或至少是那种传统形式的弘扬者、光大者。

【原文】

8.20 舜有臣五人而天下治。武王曰："予有乱臣十人。"孔子曰："才难，不其然乎？唐虞之际，于斯为盛。有妇人焉，九人而已。三分天下有其二，以服事殷。周之德，其可谓至德也已矣。"

【译文】

舜有五位贤臣，天下即得到治理。周武王说："我有十位贤臣。"孔子说："人才难得，不是这样吗？唐尧和虞舜以及周武王时期，人才最盛；武王十位贤臣中还有一位妇女，实际上只有九位而已。周文王得了天下的三分之二，仍向商纣王称臣。周朝的道德，可以称为最高了。"

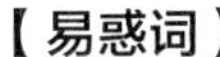

【易惑词】

乱臣，治乱之臣；乱，治，治理，是反训。才难，人才难得。妇人，指太姒，她是文王的妃，武王的母亲；或指周武王妻子邑姜。

【淮北佬曰】

西方国家的男女平等是观念，社会主义国家的男女平等是政策。

【论语内外】

人才中有一位女子，还得专门挑出来说，这不知是那时候对女性的重视，还是一种对女性的施舍，还是对女性的歧视。那时候，女子大约都是男子的附庸，即使当下，重男轻女的意识也不是一下子就能根除的。在这方面，西方国家和社会主义国家做得较好。西方国家的男女平等是观念，社会主义国家的男女平等是政策。西方的普通学者也会自然而然从这种价值观出发，去进行研究。美国的一本杂志曾评出历史上最富有的十大女人，俄罗斯的叶卡捷琳娜二世被评为历史上第三富有的女人，她的巅峰财富值当时全球 GDP 的约 20%。中国的武则天被评为历史上第一富有的女人，武则天的巅峰财富值当时 GDP 的约22.7%，在她执政的 15 年里，唐朝的边境远达现在的中亚地区，是当时世界上最大和实力最强大的帝国，与丝绸之路沿线及欧洲国家的贸易令国民经济欣欣向荣。这种评述采用的是以国为家的一种笼统的概念。但是把女人同男人等价齐观，现在其实已经是一种共识。

【原文】

8.21 子曰：“禹，吾无间然矣。菲饮食而致孝乎鬼神，恶衣服而致美乎黼冕，卑宫室而尽力乎沟洫。禹，吾无间然矣。”

【译文】

孔子说：“禹，我对他没有可非议的。他自己吃得很差，祭品却办得丰盛，他自己穿得不好，祭服却做得华美，他自己住得简朴，却大力兴修水利。禹，我对他没有可批评的。”

【易惑词】

间，音 jiàn 见，空隙。菲，薄。恶，音 è 饿，简陋，粗劣。黼，音 fú 服，祭祀时穿的礼服。卑，地势低下。

【淮北佬曰】

英国妇女直到 1929 年才获得投票权。

【论语内外】

接了上章的男女话题谈。自由市场，民主政治和男女平等，是西方的三大价值基础。在男女的两性交往中，我们意识中女人吃亏而男人占了便宜的价值观，在西方人的头脑中似乎并不存在，由于你情我愿，大家都参与了，也都享受了，并不存在仅仅单方面获得的问题。嫁汉嫁汉，家衣吃饭的生活观，在西方大约也被认为很奇怪，因为男女是平等的，没有谁养活谁这样的命题。

男女平等做得好和差，只是相对而言。没有绝对的平等，就像没有绝对的不平等；没有绝对的不平等，就像没有绝对的平等。没有绝对的公平，就像没有绝对的不公平，没有绝对的平均，就像没有绝对的不平均。西方的男女较平等，也只是近几百年才加速实现的事情。英国工业革命前的有闲妇女，只有休闲的条件，却大多没有工作的权利，借助中国的红茶，这些有闲的妇女把无聊的下午茶变成了对男女不平等规则的声讨，并因此而取得了更多的女性权益。英国妇女直到 1929 年才获得投票权。

子罕篇第九

（共31章）

【原文】

9.1 子罕言利，与命，与仁。

【译文】

孔子很少谈功利，他赞同天命、仁德。

【易惑词】

罕，少。与，赞同，肯定，称许。

【淮北佬曰】

孔子对天命和仁德，不仅认可，而且赞同。

【论语内外】

另有断法，“孔子不轻易谈论利益、命运和仁德”。这样断的意思是：孔子很少或不轻易、不主动谈利益、命运和仁德。这就不是一个意思了，或者说不完全是一个意思了，或者说完全不是一个意思了。又有人认为“罕”作“显”讲，那意思更完全不同。从语义上说，孔子不轻言功利，却称许天命和仁德，更符合我们对《论语》的印象。孔子也许不多谈天命，却开口闭口离不开仁义礼孝。孔子对天命和仁德，不仅认可，而且赞同。

【原文】

9.2 达巷党人曰：“大哉孔子！博学而无所成名。”子闻之，谓门弟子曰：“吾何执？执御乎？执射乎？吾执御矣。”

【译文】

达巷党人说：“了不起啊孔子！他博学却没有足以使他成名的专长。”孔子听说了，对学生说："我专什么呢？是驾车？是射箭？还是驾车吧。"

【易惑词】

达巷党人，一说达巷为地名；一说达为地名，巷党为里巷；一说达巷党即达巷乡，乡党即乡村；一说党人即乡党之人，党为州乡以下、闾里以上的行政单位。名，称颂，称赞。执，做，干，从事。御，驾车。射，射箭。

【淮北佬曰】

达巷党人不可能是街头黑帮，因为黑帮对学问不会感兴趣。

【论语内外】

达巷？达巷是一个什么所在？达巷的居民这么厉害？竟敢以讥讽的口气评论孔子！或者竟敢嘲讽孔子！这些人有些像小混混，可小混混与学校是两个群体，怎么会与孔子有过节？又有些像孔子的学术对立面，确实可能存在一个聚集在达巷的反孔的学术群体，但既然是同行，他们也不会自取其辱地苛求孔子多能又专。不过不可能是街头黑帮，因为黑帮对学问不会感兴趣。或者就是达巷当地的普通居民，假如从孔子标准看，他们虽然朴实，却懂得不多，也不知外面世界，他们只是随口说说，不必在意。或者就是一个厉害的人物，他好似有足够的资格和自信评价孔子，像孔子任意评说弟子和道德术语一样。或者就是一个所谓虚构的小孩，童言无忌，大人不敢说或不便说的话，小孩子脱口便出，且直击要害，用小孩子的话来削削孔子的名气和锐气。孔子说的话也不太搭茬，仿佛答非所问似的。或许里面有暗号机关？又或是一种自嘲？总之看不太明白。但也实在有趣得紧。

【原文】

9.3 子曰："麻冕，礼也；今也纯，俭，吾从众。拜下，礼也；今拜乎上，泰也。虽违众，吾从下。"

【译文】

孔子说："用麻布制作礼帽，是以前传统的礼，现在改用丝料制作，这样比较节俭，我随大流。臣子拜见君主，先在堂下磕头，再升堂磕头，这是以前的礼；现在只升堂磕头，这显得傲慢无礼。虽与大家看法不一致，我还是主张先在堂下磕头，升堂再磕头。"

【易惑词】

麻冕，麻布礼帽。纯，黑丝，指黑丝织成的礼帽，当时制作较简单，成本较低廉。拜下，臣见国君，先在堂下跪拜，上堂再跪拜。拜上，仅指堂上跪拜。泰，傲慢。

【淮北佬曰】

孔子总是温厚不已的。

【论语内外】

子罕篇的篇名子罕，完全是起首两字的复制，没有汉语的实际意义。这样起篇名，在《论语》里还有，例如学而篇、述而篇等。现在有些报纸或杂志，一篇文章的起首两字，或一字，不管是否有独立的意义，就放大字号，表示文章开始了，大概源起都在《论语》等先秦典籍。孔子罕言利。其实节俭也是利，孔子在这样的利面前，不违时，不对抗，从众而行，显示他的宽泛、不呆板。涉及礼仪、礼义，他却不容易妥协，还是要坚持一下自己的主张；但对待礼制道德方面的俭与奢，孔子宁奢勿俭。但他也不会在形式上博命抗争，因为三十而立，四十不惑，五十知天命，知道人世间根本的道理，以及无可无不可规则。孔子总是温厚不已的。

【原文】

9.4 子绝四：毋意，毋必，毋固，毋我。

【译文】

孔子断绝四种毛病：不凭空猜测，不武断专定，不固执己见，不自以为是。

【易惑词】

绝，杜绝，断绝。意，臆测，臆断。必，必须，一定。固，固执。我，以我为主。

【淮北佬曰】

正因为人类社会是文化社会，所以男女不平等是一种观念，而不是不可更改的现实，只要是观念，都可以更改，甚至调换。

【论语内外】

孔子这四绝，到现在仍有所谓现实意义。不凭空猜测，不武断专定，不固执己见，不自以为是，说的就是实事求是、面对现实、合乎时宜、随时调整；这在任何时候，都是一种运世处事的有益警醒。有人说，孔子开创的儒学，有一些先天的短板，一种是保守自固；一种是轻视妇女。孔子时代，保守自固、轻视妇女，这些价值观可能都是存在的，或正是孔子强化提倡的；但在当时，也可能是流行的。保守自固，是将一种价值观固化下来的一个必须过程。轻视妇女，是一个长期和复杂的社会结果；但既然能够出现长期的男权社会，生理性别的区别可能也一定是起作用的，这主要表现在男性的时间、精力、体力和外向型智力方面。由于男性不承担生儿育女及哺乳工作，所以男性普遍有更多的时间和精力用于其他活动。体力决定了男性肉体能够普遍支配女性肉体，这正是绝大部分家暴都由男性发起的原因。外向型智力，则决定了男性能够普遍比女性获得更多的社会信息和知识，因而具备主导女性的能力和条件。但正因为人类社会是文化社会，所以男女不平等是一种观念，而不是不可更改的现实，只要是观念，都可以更改，甚至调换。在女性的干预中，男性视角带来的社会观念，有可能逐渐增加女性视角带来的观念。例如与孔子的时代相比，女性早已更多地出现在各种文本中，女性也不会再像南子那样独自面对两性丑闻；女性参与着性别哲学对人类性别文化的定义和塑造；女性对科学的参与也会逐渐稀释男性观念下的硬科学面目。社会对文化性别重新建构的可能，为女性改变数千年来的性别歧视带来了全新的思路。

【原文】

9.5 子畏于匡，曰："文王既没，文不在兹乎？天之将丧斯文也，后死者不得与于斯文也；天之未丧斯文也，匡人其如予何？"

【译文】

孔子被囚禁在匡地，说："周文王死了以后，传承下来的文化不都在我这里？老天如果想灭绝这种文化，我就掌握不到这些文化了；老天如果不想灭绝这种文化，匡人又能把我怎么样？"

【易惑词】

畏，拘禁。匡，地名，在今河南省长垣县。没，音 mò 末，通"殁"，死亡。文，文化。兹，这里。丧，消失，消亡。后死者，周文王死后去世的人，孔子自称。与，举的通假字，掌握，了解。如予何，把我怎样。

【淮北佬曰】

上天怎么可能做没有预见的事！人的信念比事实更重要；人的信念也能创造事实、创造历史、创造体系。

【论语内外】

可见孔子的自信。孔子自认是上天认定的文化传承人。如果上天想让我灭亡，就没必要费时费工，把传承文化的重任加在我身上；如果老天已经把传承文化的重任加在我身上，那就不会让我半途而废，上天怎么可能做没有预见的事！这都是些命定的事，凡人怎么可能干预得了！孔子对凡人的不屑口气，赫然可见。人的信念比事实更重要；人的信念也能创造事实、创造历史、创造体系。孔子深谙此道。或又是孔子对匡人说此话，用这些很大的话来吓没见过世面的某个或某些匡人。

【原文】

9.6 太宰问于子贡曰："夫子圣者与？何其多能也？"子贡曰："固天纵之将圣，又多能也。"子闻之，曰："太宰知我乎？吾少也贱，故多能鄙事。君子多乎哉？不多也。"

【译文】

太宰问子贡："孔子是圣人吗？为什么如此多才多艺？"子贡说："这固然是上天让他成为圣人，并且让他多才多艺。"孔子听到这话，说："太宰了解我吗？我小时候贫困，因此学会了许多鄙俗的技艺。君子需要掌握这么多技艺吗？不需要这么多。"

【易惑词】

太宰，官名。多能，多才多艺。固，本来。纵，使，让。贱，地位低下。鄙，浅俗，卑微。

【淮北佬曰】

包括忠在内的所有概念，都是工具，工具如何用，并不取决于工具。

【论语内外】

孔子不虚伪，因为他不掩饰自己"不光彩"的过去。这是孔子让人认可的最重要的品德之一。上一章，孔子自认为是上天选定的文化传承人；这一章，子贡永远是帮忙的，以第三者的身份，传播孔子圣人说。而子贡人前、人后，孔在，孔不在，都这么维护他。这是子贡让人认可的最重要的品德之一。反对子贡的人则会说，子贡这是愚忠，不可取。又将联想"文革大革命"，认为愚忠有大危害。但包括忠在内的所有概念，都是工具，工具如何用，并不取决于工具。孔子在为政篇里说，君子不器，君子不能像器物那样，一器一用。孔子又在本章说，真正的君子，需要掌握这么多技艺吗？不需要；这至少与君子不器不相合。因此有人释义说，君子需要掌握这么多技艺吗？对君子来说，这些技艺不算多；真正的君子，是要多才多艺的；认为孔子看好复合型人才。又有说此章君子，指的是贵族，认为贵族不为生计愁，因而不需要多种技艺；这是孔子在拿自己比贵族，并且暗示自己与贵族生活方式的不同。

【原文】

9.7 牢曰："子云：'吾不试，故艺。'"

【译文】

牢说："老师说过：'我由于不被国家重用，因此而学了些技艺。'"

【易惑词】

试，用。艺，技艺，技能。

【论语人物】

牢，人名，或为孔子学生。

【淮北佬曰】

意图和能力，缺一不可；有意图而无能力，便是空谈、空想；有能力而无意图，则无方向，能力只能空耗。

【论语内外】

《论语》编者尽量把相关内容放在一起，可以互参、互鉴。孔子在这里又一次强调，他之所以学得一些技艺，都是由于上面不用自己，因而学有余力则技；如果说他是多才多艺的话，那么他的多才多艺，也是由于上面的不待见，才促成的；可见上层是多么不识人、不用才。似有些许怨言。孔子由于不被重用，因而成就了后世的厚名，成为后世的辉煌。这一方面说明，资源配置非此即彼的道理；另一方面也说明，意图和能力，缺一不可；有意图而无能力，便是空谈、空想；有能力而无意图，则无方向，能力只能空耗。

【原文】

9.8 子曰："吾有知乎哉？无知也。有鄙夫问于我，空空如也。我叩其两端而竭焉。"

【译文】

孔子说："我有知识吗？没有啊。有一位农人问我问题，我什么也回答不出来。我向他了解事情的起因结果后，尽量地回答他。"

【易惑词】

知，知识。鄙夫，农人，农夫，乡下人。空空如，一无所知。叩，认真地问。两端，正反，本末，始终，因果。竭，尽量，尽力。

【淮北佬曰】

孔子看轻的是事，看重的是人。

【论语内外】

孔子谦虚。但孔子也似乎前后矛盾。孔子在这里谦虚、放低身段对待一位农夫，却又在子路篇樊迟问后说，只要政策好，哪里用得着学种庄稼！表现出对种地的轻看。不过这也并不矛盾。孔子看轻的是事，看重的是人。具体的事情，无可无不可，可贬亦可扬；涉人的事情，就要认真对待，无论那人贵贱。《论语》的好，就在于对事不对人，轻事不轻人；亦不做臆测和主观评价，留给后人空间。又有说空空如也，是说农夫一无所知，是一种鄙农的态度；但如此释意，与后一句冲突，似乎显得孔子虚伪。孔子不像虚伪的人。

【原文】

9.9 子曰："凤鸟不至，河不出图，吾已矣夫！"

【译文】

孔子说："凤凰不来，黄河也不出图，我这辈子怕是没指望了。"

【易惑词】

凤鸟，传说中的神鸟凤凰，凤鸟出现预示着天下太平。河，黄河。图，传说中曾有龙马驮八卦图现身黄河，预示着圣王出现。已，完结，终了。

【淮北佬曰】

孔子不是天命论者，不认为自己的命运掌握在上天手里。

【论语内外】

孔子鲜谈利，却赞同命，赞同仁。凤凰不来，黄河也不出图，这辈子怕是没指望了，这就是孔子赞同的天命。通观《论语》，孔子不是天命论者，不认为自己的命运掌握在上天手里，他强调通过学习、坚守、努力，来改变个人的命运，来推行本不通行的仁德。推行本不流行、通行的仁德，就是一种不认命。但孔子的哲学，来自理想、感受、体验和生活，因而他重实世、轻虚世，重人世、轻鬼神。子不语怪、力、乱、神；孔子不信，却也不语，不抨击，不批评，这说明他对未知都施以尊重。但孔子一贯是自尊、自信的，他认天命，却不会不努力。

【原文】

9.10 子见齐衰者、冕衣裳者与瞽者，见之，虽少，必作；过之，必趋。

【译文】

孔子见到穿丧服的人、戴礼帽穿礼服的人和盲人，见到了，虽然他们可能年少，他必定会站起来以示礼貌；走过他们跟前时，也必定要加快脚步。

【易惑词】

齐衰，古代丧服；齐，音 zī 滋；衰，音 cuī 崔，通"缞"。冕衣裳，衣冠整洁；冕，礼帽；衣，上衣；裳，音 cháng 长，裤子。瞽，音 gǔ 古，瞎。作，起身，站起来。趋，小步快走。

【淮北佬曰】

孔子的爱是泛爱，也就是博爱。

【论语内外】

本篇多见孔子事迹展览。通过这些事迹的展示，使我们见得着一位温厚、智慧、立体、食人间烟火的长者。孔子的姿态一直是低下的。见到穿丧服的人，虽然年少，他也会站起来，以示敬重，这既是对生者的同情，也是对死者的哀悼。见到衣冠楚楚的人和盲人，他会快步走过，以免干扰，或给他们增加不必要的麻烦；盯着看更是不礼貌的。孔子的爱人观根深蒂固。他也是身体力行的。在仁者爱人的对象面前，他既爱普通凡人，也爱有身份的人；既爱正常人，也爱不幸的人。孔子的爱没有等级，或包括了所有等级。孔子的爱是泛爱，也就是博爱。

【原文】

9.11 颜渊喟然叹曰："仰之弥高，钻之弥坚，瞻之在前，忽焉在后。夫子循循然善诱人，博我以文，约我以礼，欲罢不能。既竭吾才，如有所立卓尔，虽欲从之，末由也已。"

【译文】

颜渊感叹说："老师的学问、境界和思想，越仰望越高大，越钻研越厚实，眼看在前面，忽而又到了后面。老师教人循循善诱，用广博的文献丰富我的知识，用相关的礼节约束我的言行，使我想停止学习都停不下来。我已经用上了全部能力，面前的仍然高不可企，虽然想再往前走，却还不知道怎么办。"

【易惑词】

喟然，叹气的样子。弥，愈，更加。钻，钻研。瞻，音 zhān 沾，仰望。循循然，有秩序的样子。诱，引导。博，广博。约，约束。卓尔，高耸。末，无，没有。由，路径，途径。

【淮北佬曰】

孔子既能在逆境中坚持，也能在日常中坚守；既不摧于重压，也不折于宽逸。

【论语内外】

颜渊是孔子最喜爱的学生，颜渊对孔子也是钦敬不已的。颜渊是孔子的铁杆粉丝。颜渊的才气和创造力，可能不如曾子、子贡、子夏，但他的忠诚度不容置疑。孔子的形象，或是复杂而单纯的，他开明大气，明察秋毫；既能在逆境中坚持，也能在日常中坚守；既不摧于重压，也不折于宽逸。一个人仅有才气，可能还是不够的，不能够使人顶礼膜拜；一个人如果既有才气，又恂恂如也，鞠躬如也，人格高亮，气质内在而外溢，一派君子风度，那就真正会成为人们心底里的雕像。

【原文】

9.12 子疾病，子路使门人为臣。病间，曰："久矣哉，由之行诈也！无臣而为有臣，吾谁欺？欺天乎？且予与其死于臣之手也，无宁死于二三子之手乎！且予纵不得大葬，予死于道路乎？"

【译文】

孔子病重，子路让孔子学生做家臣准备办理后事。孔子病情好转后说："仲由干弄虚作假的事已经很久了！我本来没有家臣，却要装成有家臣的样子，我欺骗哪个？欺骗上天吗？我与其死在这种家臣的手里，还不如死在你们这些学生手里！我

即使享受不到高官的葬礼，难道会死在路上没人管吗?”

【易惑词】

臣，家臣。间，间隙，此指病情好转。吾谁欺，即吾欺谁；欺，欺骗。无，发语词，无实际意思。二三子，学生们。大葬，君臣的葬礼。

【淮北佬曰】

能得到的他就依规而得，得不到的他就认天命。

【论语内外】

孔子似乎不想玩虚的。没有就是没有，不达就是不达，孔子对虚名，也是看得开了。但这都是孔子一时、一地的一言、一行。孔子认为该要的虚名，他一定会坚持；孔子认为一定要留的仪式，也不能荒废。本篇第三章说，臣子拜见君主，先在堂下磕头，再升堂磕头，这种礼，最好要；乡党篇中说，虽然是粗食菜汤，饭前也一定要祭祀，像斋戒时那样恭敬，这种礼，应该有；乡党篇中又说，乡饮酒礼后，等老年人都出去了，自己才出去，这种礼，最好留。孔子重物质、重名分、重地位、重权力、重尊重、重享受、重排场、重赞扬、重礼仪，却不重弄虚作假的物质、名分、地位、权力、尊重、享受、排场、称颂和礼仪。他对世事看得清、看得开，具备深透的实践理性，知道自己该得到什么、能得到什么。能得到的他就依规而得，得不到的他就认天命。

【原文】

9.13 子贡曰：“有美玉于斯，韫椟而藏诸？求善贾而沽诸?”子曰：“沽之哉！沽之哉！我待贾者也。”

【译文】

子贡说：“这里有块美玉，是藏在柜子里呢，还是找个识货的商人卖掉呢?”孔子说：“卖掉，卖掉！我在等待识货的商人。”

【易惑词】

韫，音 yùn 蕴，收藏。椟，音 dú 读，柜子。善贾，识货的商人；贾，商人。沽，卖，出售。

【淮北佬曰】

孔子也是有商业活动的。

【论语内外】

跟我们现在的寻常生活没有两样，有点小物件，也要拿出来说一说，看一看，让别人长长眼，既可以是显摆，也可以求得个心安，因为多一个人看，真假的事可能就多一份把握。或又是孔家有块美玉，家人告知有商业路子的子贡，子贡便来请示孔子，孔子早有打算，就一连声地说要卖掉。但后人总把这些寻常事省略，或刻意回避，为尊者讳。回避不回避，省略不省略，或各有道理。省略、回避的，是不登大雅之堂事，生者当时，这或许不可避免。但时过境迁，后人没必要、也不可能再隐瞒。在《论语》里，常见日常琐屑。又有许多意料之外的信息。从本章里我们看到，孔子也是有商业活动的。

【原文】

9.14 子欲居九夷。或曰："陋，如之何？"子曰："君子居之，何陋之有！"

【译文】

孔子打算到九夷去居住。有人说："那地方不开化，能居住吗？"孔子说："君子居住了，那地方就开化了。"

【易惑词】

九夷，中原以东东方民族居住的地方。陋，简陋，引申为不开化。

【淮北佬曰】

或是典型的自恋，不过更是高级的自信。君子去住了，那里就不简陋了；德者去住了，那里就开化了；名人去住了，那里就升值了；仁者去住了，那里就升格了。

【论语内外】

东夷、南蛮、西戎、北狄，这是古代对华夏以外民族的称谓。九夷就是九个东方的民族。有说孔子宣扬华夏优越论，但那个时代，人们的观念大概就是如此；即使如今，世界上也还有种族歧视。华夏的文明推进，总是与不断的"胡化"相关；中国历史北攻南扩的规律，倒成就了一种宽容接纳的文明品格；任何人加入华夏文明圈，都被视为当然，都受到欢迎，都不值得惊诧。君子居之，何陋之有？用现在的话说，或是典型的自恋，不过更是高级的自信。君子去住了，那里就不简陋了；德者去住了，那里就开化了；名人去住了，那里就升值了；仁者去住了，那里就升格了。套用孔子的话，我要说：我要在淮泗、淮濉、淮沱或淮浍地区找个地方住些时候，还可起个斋名，叫"君居阁"，或"君居铺"；那乡镇虽然朴陋，但我去住了，何陋之有？那里就不简陋、不简单，就要升值啦。

【原文】

9.15 子曰："吾自卫反鲁，然后乐正，《雅》《颂》各得其所。"

【译文】

孔子说："我从卫国回到鲁国，乐曲才得到整理订正，使《雅》和《颂》各归本来的位置。"

【易惑词】

反，通“返”，返回。正，订正。各得其所，各自得到合适的位置；所，处所。

【淮北佬曰】

周游列国是宣传队，是播种机，是广播站，是大游行。

【论语内外】

14年周游列国，不仅是孔子率众弟子推行政治理念的过程，也是孔子践行仁德的实际举措，又是孔子与众弟子用脚投票、弘扬礼制社会的壮举，还是孔子积累人生、扩展视野、学习社会的一段难得经历。周游是宣传队，是播种机，是广播站，是大游行。当孔子的政治规划、道德设想、从政理念，经过艰苦努力未能登上舞台之后，孔子将资源配置到音乐整理方面。孔子既满足了自己的兴趣，也从兴趣中获得了平静和抚慰。孔子还因此而收获了满满的成果。一举三得，何乐不为？

【原文】

9.16子曰：“出则事公卿，入则事父兄，丧事不敢不勉，不为酒困，何有于我哉？”

【译文】

孔子说：“出外侍奉公卿，回家服侍父兄，丧事不敢不尽礼节，不因酒而误事，这些我做到多少？”

【易惑词】

出，出仕，指出门做官。入，指在家中。勉，尽心尽力。为，音wéi围，因为。困，困扰，此指因酒误事，因酒失礼。

【淮北佬曰】

孔子由礼仪的坚守，演变为礼义的自觉；由德行的约束，演变为德行的自持。

【论语内外】

“这些我做到多少？”另有一说：“这些对我有什么难做到的？”意思并不相同。侍奉公卿，这是德敬；服侍父兄，这是孝悌；慎对丧事，这是礼节；不为酒困，这是节制。孔子由礼仪的坚守，演变为礼义的自觉；由德行的约束，演变为德行的自持。前三句都是抽象、高端和虚拟的，最后一句却是具体、低下和寻常的。为什么会是这样？为什么会这样排列和并行？或孔子这段话，针对具体某人、某事，以身作比，是一种劝诫。某人因酒误事，就此引出孔子这段训诫或劝诫的话来。

【原文】

9.17 子在川上曰："逝者如斯夫！不舍昼夜。"

【译文】

孔子在河边感叹说："时光流逝就像这河水！昼夜不停。"

【易惑词】

川，河流。逝者，流逝的河水，暗指时光。夫，音 fú 福，语气词。舍，音 shě，或音 shè 射，放弃，停留，停止。

【淮北佬曰】

以流水喻时光，以无情对有情。

【论语内外】

"逝者如斯夫，不舍昼夜"，以流水喻时光，以无情对有情，以淡然对厚意，以无生命物对有生命物，展现出孔子一派在世、言世、感世、慨世的绵绵情意。

河流给人们的印象，一是奔流不息，二是恒久不变。这似乎是一对相互矛盾、对立的现象。在哲学视野下，既然奔流不息，就一定在随时变化。亚欧大陆西边的古人说，人不能两次踏入同一条河流，说的就是河流奔腾不息、时刻变化的特性。但这对矛盾又是一个统一体。同样在哲学视野下，河流又是恒久不变的，数千年前的淮河数千年后仍在，数千年前的黄河数千年后仍存。变的是内容，不变的是形式；变的是形式，不变的是内容；变的是实体，不变的是概念；变的是概念，不变的是实体；变的是物质，不变的是时间；变的是时间，不变的是物质；变的是事物，不变的是空间；变的是空间，不变的是事物；变的是心理，不变的是天下万物；变的是天下万物，不变的是心理；变的是绝对，不变的是相对；变的是相对，不变的是绝对。

孔子重视的是社会伦理、社会规范、人性道德和政治治理。在他的眼中，天地万物等自然状况并不突出，但寥寥数语，却能活灵活现地表现出他的宇宙观和人生观；短短数句，也能展现他不拘泥不呆板的文学才华。

川：有人说是古泗水，有人说是源于尼山附近的古沂水（不是沂蒙山里的那个沂水）。这对人的心理暗示，是不同的。

【原文】

9.18 子曰："吾未见好德如好色者也。"

【译文】

孔子说："我没见过喜欢美德就像喜欢美色一样的人。"

【易惑词】

好，音 hào 号，喜欢，追求。德，德行，道德。色，女色。

【淮北佬曰】

好色是人的本性，好德是人的教化。

【论语内外】

性相近也，习相远也。好色是人的本性，好德是人的教化。本性就是本能，自然而然就出现了。教化就是学习和约束，不强调和加强，十分容易退回本能上去。孔子语言夸张，是敬事、敬责的表现。他自感责任重大，舍我其谁，价值实现成为他近乎本能的选择，即便牵涉女色都不自觉地与道德类比。但孔子以女色与美德互喻，恐也出于人类，特别是男性好色本能。女色话题最能引人注意。《诗经》里两情相悦的民歌最能长远；文学作品中爱情故事最为好看；影视作品没有男女最难拍摄；餐桌上荤话段子也最是流行。都是相同的根源。

【原文】

9.19 子曰："譬如为山，未成一篑，止，吾止也；譬如平地，虽覆一篑，进，吾往也。"

【译文】

孔子说："譬如堆土成山，仅差一筐土却没有堆成，这是自己决定放弃的；譬如填坑平地，虽然只倒了一筐土，这是自己决定坚持的。"

【易惑词】

为山，造山，堆土成山；为，音 wéi 围。篑，音，kuì 馈，竹筐。覆，倾倒，覆盖。往，前往，继续。

【淮北佬曰】

孔子这关注的是个人的自主性。

【论语内外】

孔子这关注的是个人的自主性。说儒家只关心集体，只关注君上，只紧盯社稷，不关注个人，至少这不是孔子的全部。就像用土堆山，那是难度极高的事情，虽只差一筐土没能堆成，但这是自己决定放弃的，尽力了，这就是一种成功；填坑平地，哪怕才刚倒下第一筐土，离成功还遥远无期，但这是自己决定要做的，或许不见结果，没有关系，也是一种成功。集体主义与个人主见，常显悖意；如何调节，各有不同。孔子不但强调国家和集体，也强调个人自主性。孔子是全面的。

【原文】

9.20 子曰："语之而不惰者，其回也与！"

【译文】

孔子说："听我说话不懈怠的，大概只有颜回了！"

【易惑词】

语，音 yù 玉，告诉，此指孔子讲课。惰，懈怠。其，大概，表示推测。与，语气词，相当于吧。

【淮北佬曰】

对一个人印象好，就不容易认为他不好；他的好一定是好；他的不好，也不一定不好。

【论语内外】

孔子对颜回的确好，对颜回的印象的确好。在为政篇里，说整日和颜回讲课，他从不提不同意见，好像愚蠢的人；课后观察他的言论，也很能发挥所学知识观点，可见颜回并不愚蠢。在公冶长篇里，说子贡或子贡和自己都不如颜回！在雍也篇里，说颜回的内心长久不离开仁德，其他人只是短时间想起来罢了。又说，颜回一箪饭，一瓢水，住在简陋的巷子里，别人都受不了那份忧困，颜回却不改他的快乐，颜回真贤德呀！也许颜回真如此好！也许颜回已经很好了，但比孔子夸他的好，或许会差那么一点点。这一点点真实与实际之间的差距，是由于人性：对一个人印象好，就不容易认为他不好；他的好一定是好；他的不好，也不一定不好，要么需要继续观察，要么强调他的特殊性，要么理解他的处境，要么忽略他的所为。人吃五谷杂粮，就一定会有七情六欲、正确错误。对一个人好，就很难忽视他的好，也很难见到他的不好。孔子大概也不例外。

【原文】

9.21 子谓颜渊，曰："惜乎！吾见其进也，未见其止也。"

【译文】

孔子谈到颜渊时说："可惜啊！我只见到他不断进步，没见到他止步不前。"

【易惑词】

止，停止。

【淮北佬曰】

孔子看人，虽然有喜欢的成分，不能抗拒人性喜好的控制，但他总是尽量讲原则的。

【论语内外】

孔子继续表扬颜渊，说只见到颜回不断努力、不停进步，就没见到他有停下来，或止步不前的时候。但孔子又是清醒的，他对颜回的那一点点不够好，那一点点差距，也明察秋毫。他在先进篇里说，颜回对我没有帮助，因为我讲的话他没有一句不喜欢的，这是说颜回因过于认同孔子，而对孔子没有助益。他在先进篇里又说，颜回的道德学问已经很不错了，却时常穷困；子贡不安于命运，去做生意，猜测行情常常猜对；拿颜回与子贡相比，认为虽然守贫而乐是一种美德，但贫穷的处境仍是一种缺憾、不足。可见孔子看人，虽然有喜欢的成分，不能抗拒人性喜好的控制，但他总是尽量讲原则的。

【原文】

9.22 子曰：“苗而不秀者有矣夫，秀而不实者有矣夫。”

【译文】

孔子说：“庄稼长苗却不抽穗开花的有啊，抽穗开花却不结果的也有啊。”

【易惑词】

苗，指幼苗成长。秀，作物抽穗开花。实，结果。

【淮北佬曰】

农耕文化，就爱用农业生产来比喻，打比方都要用锄耕现象。

【论语内外】

农业民族，或农耕文化，就爱用农业生产来比喻，打比方都要用锄耕现象。笼统而言，庄稼都是要长苗、拔节、秀穗、开花、结果的，因为不开花结果，夏天或秋天没有收成，没有果实，那为什么还要种庄稼？冬天、春天吃什么呢？但这只是笼统而言，是宏观描绘。具体到个体，不同的时间，不同的空间，或细致观察，就会发现，必然性中存在着偶然性，庄稼必须长苗、拔节、秀穗、开花、结果，满足人类需要，但长苗却不抽穗、不开花的也是有的，抽穗开花却不结果的也存在。这就是普遍性中的个别性，大范围中的小概率。在社会管理中，服务大多数固然重要，忽视少数人也有隐患；掌握普世规律固然应该，轻看了边缘存在也可能遭致失败。孔子这说的是事物的多面性。

【原文】

9.23 子曰：“后生可畏，焉知来者之不如今也？四十、五十而无闻焉，斯亦不足畏也已。”

【译文】

孔子说："年轻人值得敬畏，怎么知道后来的人不如今天的人？四五十岁还默默无闻，也就不值得敬畏了。"

【易惑词】

后生，年轻人，后来者。畏，敬畏。来者，后来者，未来之人。闻，名声。

【淮北佬曰】

榜样并非一定在事业上有所建树，如果能依礼而为，仁德名世，同样可以赢得后世的敬重和敬畏。

【论语内外】

现今人的预期寿命延长，四五十岁已经不属高寿，甚至刚入壮年。在街头见到60岁的人喊他老人家，他都不高兴。过了60岁的人，精力、体力各个方面，看上去只不过50岁出头。和孔子时代的年龄概念，完全不可同日而语。但欲仁的意义还是一样的。后生值得敬畏，因为他们潜力不可预测，怎么知道他们就做得不比前辈好？很可能他们都做得比前辈好！到了四五十岁还不为人知，就不值得敬畏了。这至少有两种意思。一种意思是，已近晚年还无建树，更无声名，说明年轻时未尽努力，因而"咎由自取"，自己要对自己的不努力、不作为负责，别人不敬畏，是有理由的。另一种意思是，已趋晚年还未能树立仁德的榜样，那叫后生怎么恭敬、敬畏得起来？这段话的前提和参照，是后生的出现与比较。在后生面前，我们要做一个什么样的人？要树一个什么样的形象？这至关重要。榜样并非一定在事业上有所建树，如果能依礼而为，仁德名世，同样可以赢得后世的敬重和敬畏。

【原文】

9.24 子曰："法语之言，能无从乎？改之为贵。巽与之言，能无说乎？绎之为贵。说而不绎，从而不改，吾末如之何也已矣。"

【译文】

孔子说："合于原则的话，能不接受吗？改正错误才是可贵的。顺从自己的话，能不高兴吗？分析一下才是可贵的。只高兴而不分析，只接受而不改正，我对这种人没有办法了。"

【易惑词】

法，原则。语，音 yù 玉，规劝，告诉。巽，音 xùn 训，谦恭，恭敬。与，称赞。说，音 yuè 悦，同"悦"，高兴。绎，音 yì 义，分析，鉴别。末如之何，没有办法；末，没有。

【淮北佬曰】

孔子的标准是高标准。

【论语内外】

听话听音，听其言观其行，都与孔子这些话相类，就是不仅仅看表面现象，更要看内里实质。有些人说一套，做一套，有些人喜欢听好听的，喜欢听顺耳的，喜欢看顺眼的，按照孔子的标准，这都不合格，或都是初级标准，还要再进一步。对自己，更要严要求，听了顺耳话，还要分析一下，听了批评语，就要去改正。听了顺耳话却不分析，就可能认错人、办错事；接受了批评语却不改正，离仁德会越来越远。孔子的标准是严格的；是高标准。

【原文】

9.25 子曰："主忠信。毋友不如己者。过，则勿惮改。"

【译文】

孔子说："以忠信为主。不和不如自己的人交朋友。犯了错，不要怕改正。"

【易惑词】

主，以动用法，以……为主。毋，通"无"。惮，畏难，害怕。

【淮北佬曰】

孔子无法给你开个证明。

【论语内外】

本章与学而篇8章部分内容相同。以忠信为主，或亲近忠信，都没有问题，都和当下价值观相合。犯了错不要怕改正，也没有歧义，因为也与当下价值观相合。有歧见的是"不和不如自己的人交朋友"。由于孔子有三人行必有我师的说法，所以人们会认为，不要和不如自己的人交朋友，与孔子的其他言论相悖；于是释"无友不如己者"，为"没有朋友不如自己的"，即"所有的朋友都有长处，都有值得自己学习的地方"。又有人释"如"字为"相类"，即"不和不同类的人交朋友"。这些都是在语言基础上的推论和猜测。孔子和他的弟子们说话，和他同时期的人说话，在什么心情下，在什么环境里，在什么语境中，在什么氛围间，都难以再现；因此，当年孔子的一句话，要做什么理解，都是后人自己的事，孔子无法给你开个证明。

【原文】

9.26 子曰："三军可夺帅也，匹夫不可夺志也。"

【译文】

孔子说："可以夺去军队的主帅，夺不去一个普通人坚持的志向。"

【易惑词】

三军，军队，大的诸侯国可以拥有三军。夺，夺取，或指活捉。帅，主帅。匹夫，普通男人。夺志，剥夺志向，强迫放弃理想信念。

【淮北佬曰】

将三军与匹夫对言，放在一起比较，即刻显出什么是大，何等为小；什么是重，何等为轻；什么是大杀器，何等为小玩意。

【论语内外】

夫妇匹配，因此丈夫为匹夫，妻子为匹妇。这是后世最励志的名言之一。三军，是军队，是武备，是强力，是镇压，是粉碎；匹夫，是宵小，是卑微，是无足轻重，是忽略不计。将这两者对言，放在一起比较，即刻显出什么是大，何等为小；什么是重，何等为轻；什么是大杀器，何等为小玩意；什么是昂首挺胸，何等为蝼蚁昆虫。但在精神、意志方面，小，可能胜大；弱，可能胜强。三军可夺帅也，重点强调的是三军，而非统领三军的帅；帅，只是一个人，在普通生活中甚至就是一个平凡人，在日常生活中，一个与匹夫没有太大差别的儿子、父亲、丈夫；但有三军做后盾，这个普通人才如三军般沉重；因此，重的是权力，是军队，是职位，而非具体的人。

【原文】

9.27 子曰："衣敝缊袍，与衣狐貉者立而不耻者，其由也与！'不忮不求，何用不臧？'"子路终身诵之。子曰："是道也，何足以臧？"

【译文】

孔子说："穿着破旧的衣服，和穿着狐貉皮衣的人站在一起而不觉得难堪，大概只有子路了！'不嫉妒不贪求，有什么不好？'"子路听到了，便总是念这两句诗。孔子又说："这确是做人准则，仅仅这样做，怎能算是好呢？"

【易惑词】

衣，音 yì 义，穿。敝，破旧。缊，音 yùn 蕴，旧丝绵，旧絮。由，子路。忮，音 zhì 质，嫉妒。臧，音 zāng 脏，善，好。道，道德。

【淮北佬曰】

从这里看，孔子还真不是上层阶级的代言人。他真正是上得了庙堂，进得了厅堂，下得了课堂的人。

【论语内外】

这体现的都是孔子的平民思想。子路是平民行为，孔子赞扬子路的这种行为，也就是认同这种平民价值观。从这里看，孔子还真不是上层阶级的代言人。当然，孔子在其他言论中，也认同上层阶级的价值观。难以断然把孔子价值观划分到哪个

阶级或阶层去。他在君主面前，小心翼翼，感觉饱满；他跟乡亲乡邻在一起，吃饭喝酒，也很自在；他周游列国，吃尽苦头，这罪他也受得了；他跟弟子们在一起，也欣赏吹吹风、浴乎沂。真正是上得了庙堂，进得了厅堂，下得了课堂。平民思想不容易，因为自己不穷困，也不歧视穷困难；贵族思想也不容易，因为自己不富贵、看得惯富贵难。孔子是立体人。

【原文】

9.28 子曰：“岁寒，然后知松柏之后凋也。”

【译文】

孔子说：“天冷了，这才知道松柏的叶子是最后落的。”

【易惑词】

岁寒，天气寒冷；岁，时令。松柏之后凋，松柏看似不落叶，但也更新换代，其实只是边落边生，因此看不出来凋零；凋，凋零，草木衰败。

【淮北佬曰】

孔子感慨起来，也不输于诗人啊！从这些句子看，才反知我们现在天天看到的大量句子，是多么的生糙！

【论语内外】

诗人啊！真是最好的诗句！或最好的散文诗句！既苍凉，又悲悯，感慨天地，无所偏爱，该热时热，该冷时冷。孔子感慨起来，也不输于诗人啊！从这些句子看，才反知我们现在天天看到的大量句子，是多么的生糙！但并非古人的就好。像这样的好的古人的句子，一万句，一千年，也不过就淘汰下来这么几句。今人的句子，一两千年以后，可能也会淘汰下来那么三句、五句。

【原文】

9.29 子曰：“知者不惑，仁者不忧，勇者不惧。”

【译文】

孔子说：“智慧的人不困惑，仁德的人不忧虑，勇敢的人不惧怕。”

【易惑词】

知，音 zhì 智，通“智”，智慧，聪明。忧，忧烦。

【淮北佬曰】

智是明白事理，仁是以德待物，勇是意志坚定。

【论语内外】

将智、仁、勇三者同言，或将其中的两者同言，在《论语》里，至少还有两处。一处是宪问篇第四章，孔子说有德的人必有好言好语，有好言好语的人不一定有德；仁者必定勇敢，勇敢的人则不一定仁。另一处是宪问篇第二十八章，孔子说君子遵循的三条标准，我一条都没做到：仁德的人不忧虑，智慧的人不困惑，勇敢的人不惧怕；子贡则说，这三条正是老人家自己的写照呢。智、仁、勇，是君子须遵循的三条标准，智是明白事理，仁是以德待物，勇是意志坚定，都是正面的价值观。对后人来说，这就是我们的行为准则。

【原文】

9.30 子曰："可与共学，未可与适道；可与适道，未可与立；可与立，未可与权。"

【译文】

孔子说："可以和他一起学习的人，不一定可以和他一起同志同道；可以和他同志同道的人，不一定可以和他坚定不移；可以和他坚定不移的人，不一定可以和他权衡变通。"

【易惑词】

共学，一起学习。适道，同道；适，往，引申为追求。立，确定不移。权，秤，权衡，衡量，灵活处理。

【淮北佬曰】

我们往往用全能标准要求身边的朋友，读过孔子的话以后，我们知道那是很难的。

【论语内外】

孔子用层层递进法，讲出人与人关系的多样性。通用全能型人物，在人间社会，总是少的；复合型的人才，总也是较难觅得的。我们常说，交了新朋友，忘了老朋友，这是说人们容易忘记老朋友，为什么？就因为朋友是有阶段性的。老朋友好是好，就是难以一以贯之；能够一以贯之的朋友，在我们一生中，总是少而又少的。即便在亲人中，虽然亲情能够维系我们一生的情感，但学习问题能谈得来的，工作问题不一定谈得来；工作问题谈得来的，理想志向不一定看法一致；理想志向看法一致的，不一定意志坚定能够全程陪同；意志坚定能够全程陪同的，不一定有足够灵活的变通性。我们往往用全能标准要求身边的朋友，读过孔子的话以后，我们知道那是很难的。

【原文】

9.31 "唐棣之华，偏其反而。岂不尔思？室是远尔。"子曰："未之思也，夫

何远之有?”

【译文】

“唐棣树的花，翩翩翻转。难道我不思念你？是我家离得太远。”孔子说：“没有思念啊，真思念了，怎么会遥远呢。”

【易惑词】

唐棣，一种植物；棣，音 dì 弟。华，音 huā 花，通“花”。偏，通“翩”。反，通“翻”。而，语气词。不尔思，不思尔的倒装。室，居处，家。

【淮北佬曰】

本是民间情歌，孔子从心理学角度读，这是心理学批评的一种。

【论语内外】

许多人说唐棣是蔷薇科的一种落叶灌木，我倒觉得可能是一种乔木，是一种长得较高大的果树。这种植物春天开白花，然后结出一种没有商品价值的小酸果。二十世纪六十年代末、七十年代初，我随父母到固镇县新马桥 104 干校，那里的沟渠边，就生长有这种未被驯化的野生果树，我还常爬到树上去玩，秋天果实成熟了，爬到树上摘果子吃，不过太酸了，实在不好吃。当地叫它为棠梨子树，可做砧木，嫁接苹果、梨什么的，树势旺，可以长得很好。起言谈植物，再引出要谈之物，这叫起兴。本是民间情歌，孔子从心理学角度读，这是心理学批评的一种。

乡党篇第十

（共27章）

【原文】

10.1 孔子于乡党，恂恂如也，似不能言者；其在宗庙朝廷，便便言，唯谨尔。

【译文】

孔子在家乡，恭顺谨慎，好像不会说话的样子；可他在宗庙朝廷，说话清楚流畅，只是十分慎重。

【易惑词】

乡党，乡里。恂恂，恭顺谨慎；恂，音 xún 循。便便，口才好，能说会道；便，音 pián 骈。

【淮北佬曰】

和现在的人太像了！两千多年了！在重要场合提神，在不重要的场合放松。看样子，这是人的本性。

【论语内外】

本章以及以下多章，描写孔子事行。记录者或修订者，要么有深邃的心理学功底，要么有练达的人生阅历，要么有宽厚的知识学养，要么有超凡的文学功底，要么有深刻的人性洞见；总之，这些章节，今天看来，依然具有普世的共性，依然一以贯之，鲜活如前。孔子在家乡，在亲朋面前，在乡亲们面前，恭顺拘谨，好像不怎么会说话，有些讷言，口才似乎并不好，这是因为乡亲、亲友和弟子不是孔子重点关注的舞台，孔子在他们面前总是处于放松和休闲的状态。如果说在某种意义上孔子轻视他们，也是有道理的，因为无论从年龄、辈分、资历、见闻、视野、对人生及社会理解和感悟的程度、职位或曾经的职位而言，孔子都高于他们。在孔子的内心里，他们不是孔子要振作对待的对象。在他们共处的环境里，更多的是亲情、乡情、友情的气氛。

【原文】

10.2 朝，与下大夫言，侃侃如也；与上大夫言，訚訚如也。君在，踧踖如也，与与如也。

【译文】

孔子上朝，同下大夫交谈时，和畅轻松；同上大夫交谈时，恭敬温和；在国君面前，恭顺不安而又仪态得体。

【易惑词】

朝，上朝。下大夫，职官名称；大夫是诸侯下面的一个层级，又分上大夫、中大夫、下大夫，当时孔子属于下大夫层级。侃侃，从容不迫的样子。訚訚，恭敬温和的样子；訚，音 yín 银。踧踖，音 cù 簇 jí 急，恭顺不安的样子。与与，仪态得体的样子。

【淮北佬曰】

孔子到了官场，如鱼得水。

【论语内外】

孔子到了官场，如鱼得水，仿佛能找到感觉。跟谁说话，怎样说话，说什么话，看来都了然于胸，心到话到。怪不得孔子总郁郁不得志，因为他是具备政治的感觉和管理国家的才能的，只是由于没有更大的政治舞台给他施展，他的政治才能因此没有办法发挥出来。在与自己平等的人交往或相处时神情自若，而在比自己大的大人物面前紧张、恭敬、提振、聚神，甚至出现某种程度的动作变形，这是所有人都会有的表现和心态。两千多年以后这种情况仍然全面存在。虽然没有更多的政治舞台给孔子，但孔子的才华是多方面的，智慧是复合型的，他能够在没能施展政治抱负的同时施展了思想和教育抱负，给后世留下了经久而不老化的道德价值资源，这是了不起的。

【原文】

10.3 君召使摈，色勃如也，足躩如也。揖所与立，左右手，衣前后，襜如也。趋进，翼如也。宾退，必复命曰："宾不顾矣。"

【译文】

鲁国国君召孔子接待贵宾，孔子神情庄重起来，脚步也快速轻盈起来。他向两边的人作揖，顾全左右，衣服随步前后摆动，却整齐不乱。快步行走时，就像鸟儿展开翅膀一样。贵宾辞别，他必向君主报告："贵宾不再回头了。"

【易惑词】

摈，通“傧”，迎宾。勃如，神情庄重起来。躩如，快走的样子；躩，音 jué 决。襜如，整齐的样子；襜，音 chān 搀。趋进，表示敬意的形态。

【淮北佬曰】

孔子有临政感。

【论语内外】

孔子在朝廷上的表现，虽然在形式上与后世不同，但在临政的心态上，都是一致的。孔子有临政感。在祭祀场合，或到了朝廷上，孔子行云流水，思路绵延，拿捏得准。该说些什么，说到什么分上，言语的轻重，似乎都能够掌控。说话是一种艺术，是一种管理的艺术，更是一种政治的艺术，能在这些方面做得好的人，都有如何说话的经验，当下依然如此，这不足为奇，也不足为怪。说话的才华也不在于能说会道、口若悬河、滔滔不绝，而在于有本事说在时间上，说在位置上，说在点子上，说在心坎里。

【原文】

10.4 入公门，鞠躬如也，如不容。立不中门，行不履阈。过位，色勃如也，足躩如也，其言似不足者。摄齐升堂，鞠躬如也，屏气似不息者。出，降一等，逞颜色，怡怡如也；没阶，趋进，翼如也；复其位，踧踖如也。

【译文】

孔子走进朝廷大门，恭敬谨慎，仿佛无处容身一样。不在门中间站立，走路不踩在门槛上。经过君主座位时，神色就庄重起来，脚步也加快了，说话也好像底气不足。提着衣服下摆上堂，恭敬谨慎，屏住气仿佛不再呼吸。出来时，走下一级台阶，脸色恢复原样，轻松和润；下完台阶，快步往前走，就像鸟儿张开翅膀一样；回到自己的位置，又显得恭顺而内心不安了。

【易惑词】

公门，朝廷大门。鞠躬，恭敬谨慎的样子。容，容纳。阈，门槛。过位，经过君主的座位。摄，提。齐，音 zī 滋，衣服下摆。怡怡，怡然的样子。没阶，走完台阶。

【淮北佬曰】

踩门槛，就是过不了这个槛的意思？

【论语内外】

走进朝廷大门，恭敬谨慎，仿佛无处容身一样。不在门中间站立，走路不踩在门槛上。在我们现在的生活中，这都是常识。稍长些的人，一般都认为这是需要遵守的。这不一定有人教导，或只是日常生活中的感受、感觉，觉得站在门中间不礼

貌，不得体，也不方便，会妨碍到别人；不踩门槛，更有世俗心态，因为踩门槛就不是一下子过去，不是迈过门槛，也就是过不了这个槛的意思。

【原文】

10.5 执圭，鞠躬如也，如不胜。上如揖，下如授。勃如战色，足蹜蹜如有循。享礼，有容色。私觌，愉愉如也。

【译文】

孔子出使他国时，拿着圭，恭敬谨慎，好像拿不动的样了。举起时好像作揖，放下来好像递东西给别人。脸色庄重战兢，脚步细碎，好像沿地面循物在走。献礼时，他就和颜悦色了。非正式会见场合，他就更轻松愉快了。

【易惑词】

圭，一种玉器。胜，音 shēng 升，能负担，能承担。战色，战战兢兢的神色。蹜蹜，紧凑促狭，迈不开的样子；蹜，音 sù 素。如有循，好像有所依循。享礼，向出访国进献礼物的仪式。觌，音 dí 敌，会见，相见。愉愉如，轻松愉快的样子。

【淮北佬曰】

权力让人拘谨。也使当事者沉醉。

【论语内外】

权力和等级带来的礼仪并不枯燥，大约也很有意思。权力和等级无处不在，大有大的等级，小有小的等级，大有大的权力，小有小的权力，在实际生活中随处可遇，无可回避，也不能有真空。旧的等级破除了，新的等级来替补；旧的权力打碎了，新的权力来填空。在这种规律下，人们不可能不要等级和权力，也不可能回避等级和权力，人们只能尽量去选择一个能接受的等级制度和权力队伍。权力让人拘谨。也使当事者沉醉——因为这显示了与他人的不同，也显示了和他人的差异，还显示了比他人的独特，更显示了他人的不能。

【原文】

10.6 君子不以绀緅饰，红紫不以为亵服。

当暑，袗絺绤，必表而出之。

缁衣，羔裘；素衣，麑裘；黄衣，狐裘。

亵裘长，短右袂。

必有寝衣，长一身有半。

狐貉之厚以居。

去丧，无所不佩。

非帷裳，必杀之。

羔裘玄冠不以吊。

吉月，必朝服而朝。

【译文】

君子不用天青色和铁青色的布做衣服的镶边，不用红色和紫色的布做平时穿的衣服。

夏天，穿葛布单衣，但一定要先穿上外套才外出。

黑色外衣配黑羔羊袍，白色外衣配白色鹿皮袍，黄色外衣配黄色狐皮袍。

平常在家穿的皮袄较长，右边袖子短一些。

睡觉一定有小被子，它长一身半。

用狐貉皮做坐垫厚些。

服丧期满后，可佩带各种装饰物。

不是正式场合穿的衣服，一定要裁去多余的布。

黑色羔羊皮袍和黑色礼冠都不穿戴去吊丧。

每月初一，必穿上朝的礼服去朝拜君主。

【易惑词】

绀，音 gàn 赣，深青透红。緅，音 zōu 邹，青多红少。亵服，家常便服。袗，音 zhěn 枕，单衣。絺，音 chī 痴，细葛布。绤，音 xì 细，粗葛布。缁，音 zī 资，黑色。羔裘，黑色羊毛皮衣。麑，音 ní 泥，小鹿。寝衣，被子。居，坐垫。帷裳，礼服。杀，音 shài 晒，减少。吊，吊丧。吉月，每月初一。

【淮北佬曰】

服装与饰物是礼仪的延伸。

【论语内外】

很烦琐，但也是礼节。由简而繁，终至弃用；再由简而繁，再始用终弃；这总是人类事物的运行规律。有权和有钱的人更喜欢。

服装与饰物是礼仪的延伸。我们现在在电视里经常看到，国际组织开会时领导人常排成一排，两膊交叉，两手分别握住两边人的手，面对媒体拍照，以这种仪式表示团结和合作。还有些会议按惯例会穿上主办国的传统服装，用这种方式，一方面表达对主办国的感谢，另一方面也表示对主办国文化的尊重和价值观的认同。

【原文】

10.7 齐，必有明衣，布。齐必变食，居必迁坐。

【译文】

斋戒沐浴时，一定要有浴衣，布料的。斋戒时，一定要改变饮食的内容和习惯，居处也一定要改变。

【易惑词】

齐，音 zhāi 斋，同“斋”。明衣，浴衣。变食，改变饮食。迁坐，由内室迁至外室，与妻妾分居。

【淮北佬曰】

孔子过一种有戒律的生活。这不是血气方刚的年轻人的生活，而是经过了岁月训练的生活。

【论语内外】

孔子既过的是一种有礼节的生活，也过的是一种有节制的生活，或过的是一种有节奏的生活。有礼节的生活，是指孔子以礼为生，或生活以礼，礼义或礼仪的规则已经融入他的身心，如此这般地生活，他才觉得自然而然，他才觉得舒服、安稳、安全、应该。有节制的生活，指的是在礼义或礼仪精神的指导规定下，人的生活必定是有节制的，是有控制的，是有边界的，是合适、适宜、适度的，是“正常”的，而不是无节制的、混乱的、无规律的。有节奏的生活，指的是有内在韵律的生活，生活表面上看起来杂乱无序、混乱无章、凌乱不堪，忙乱不已，但生活有无节奏，各人自知，各人自定；有了生活的原则，就能掌握住生活的节奏，就能把握住日常的节拍，就能与日月、天地、万物、人伦、春华、秋实齐眠同醒。

【原文】

10.8 食不厌精，脍不厌细。

食饐而餲，鱼馁而肉败，不食；色恶，不食；臭恶，不食；失饪，不食；不时，不食；割不正，不食；不得其酱，不食。

肉虽多，不使胜食气。

唯酒无量，不及乱。

沽酒市脯，不食。

不撤姜食，不多食。

【译文】

主食不嫌做得精，鱼肉不嫌切得细。

粮食久放变质，鱼腐烂肉腐败，不吃；食物颜色变坏，不吃；食物气味难闻，不吃；烹饪得不好，不吃；不在吃饭的时候，不吃；不按一定方法切割的食物，不吃；佐料放得不对，不吃。

席上肉虽多，但吃肉不超过吃主食。

只有酒不限制，但不要醉。

买的酒和肉干，不吃。

姜不从桌上撤除，但不要多吃。

【易惑词】

食不厌精，食，音 sì 四，主食。脍，音 kuài 快，切细的鱼、肉。饐餲，食物久放变质；饐，音 yì 义，餲，音 ài 爱。馁，音 něi，鱼腐烂。恶，音 è 饿，变坏。臭，音 xiù 秀，气味。食气，食料；食，音 sì 四，气，音 xì 戏。乱，神志昏乱。

【淮北佬曰】

重现过往的生活，还原消逝的时光。

【论语内外】

"不时，不食"，又有人理解成"粮食不成熟，水果不当季不食"。这种可能性值得商讨。当年的粮食长得不好，是有可能的；而水果蔬菜不当季，也就是反季节，在孔子的时代，可能也不常见。

【原文】

10.9 祭于公，不宿肉。祭肉不出三日。出三日，不食之矣。

【译文】

参加国君举行的祭祀，分到的祭肉不要存放到第二天。家祭用的祭肉存不超过三天，超过三天就不再吃了。

【易惑词】

公，国君。宿，第二天。祭肉，祭祀用的肉。

【淮北佬曰】

再好的东西，也不要等它腐烂才想起。

【论语内外】

孔子倒是很遵循科学规律。祭肉经过一整个祭祀的过程，已经有些时间了，再放个两天、三天，就很容易变质。虽然参与祭祀的祭品有某种神圣性，但违背了生活常识，就容易受到惩罚。孰轻孰重，自然是不言自明的。

【原文】

10.10 食不语，寝不言。

【译文】

吃饭不交谈，睡觉不讲话。

【易惑词】

食，音 shí 拾，吃饭。语，交谈。寝，睡觉时。

【淮北佬曰】

有老年人在时，你吃饭时说这么多话，肯定要挨训！

【论语内外】

吃饭的时候不交流，睡觉的时候不说话，这两条日常生活的准则，孔子可能是这样遵守的，当地当时的习俗可能也是这样遵循的，人们可能既会认为默默地吃饭符合礼节，也会认为默默地吃饭有助健康。

睡觉的时候不说话，应该指的不是夫妻之间而是兄弟或姐妹之间。一胎政策之前，中国家庭的孩子都比较多，除去大户人家，一般的中产阶层或草根百姓，家庭条件都不会太好，所以小孩子都睡在一起，稍大些的孩子才按性别分别睡在一起。孩子们的自制能力较差，睡在一起总免不了说个不停，越说越兴奋，早晨就要睡懒觉，影响一天的学习，因此睡觉就是睡觉，睡觉的时候，就不要叽叽喳喳说话了。

夫妻之间也许不存在这种情况？按照现代心理学家的观点，夫妻之间的温存是非常必要的，不仅在做爱之前，平常也要多加培护、留心滋养，如此这般，才能使爱情长久保鲜。语言交流是培护爱情最重要的工具，所以睡觉前多多交流，应该长期为之。

吃饭不交谈、睡觉不说话的行为准则，至少一直沿袭到我父亲那一辈。我小的时候，因为是母亲唯一的儿子，母亲特别疼爱我，上幼儿园之前我都是和父母亲同床的；后来稍大些，就和两个姐姐同床，睡在床的最里面，免得掉下来；再大些，家里住房并不是那么宽裕，就在堂屋里铺一张床给我睡。关灯就是睡觉，母亲也就不允许我们再说话了。

一家人在桌子上吃饭，吃饭就是吃饭，只做吃饭这一件事，父亲更不允许我们说话。因此在我的记忆里，小时候我们家吃饭，都是安安静静、全神贯注地吃饭，吃过饭以后，该干什么干什么，有的去洗碗，有的去扫地（吃过饭以后总要把桌子搬回原位，把吃饭的地方清扫一下），父亲去午睡或看文件，我则啥都不干，碗一推就跑出去找小伙伴玩去了。

当然姐弟们都大了以后，饭桌上就不可能不说话了，碰到上山下乡、招工上学等等重要的"大事"，怎么可能不在饭桌上交流、讨论呢。但这种准则变成了习惯，有意无意中就会成为家庭文化和传承的一部分，用孔子的提倡来看就是对礼仪的遵守。后来我的父亲母亲都不在了，但如果我有时候在吃饭时话说得多，妻子就会说我，要是有老年人在时，你吃饭时说这么多话，肯定要挨训！

日常生活中文化传承的活力，真是不得了的。

【原文】

10.11 虽疏食菜羹，必祭，必齐如也。

【译文】

虽然是粗食菜汤，饭前也一定要祭祀，像斋戒时那样恭敬。

【易惑词】

疏，粗。祭，饭前的祭祀。齐，音 zhāi 斋，同“斋”。

【淮北佬曰】

有神论者会采用一套形式表示自己的心情，无神论者会有一些习俗表示自己的态度。

【论语内外】

伙食无论好坏，饭前想到给我们食物的上天，祖先，我们都要用一定的礼仪，表示感恩，表示敬谢，表示心情，因为没有它们或他们，我们没有这些吃的，不会这样吃，我们可能早就不存在了，我们甚至本来就不存在。

关于上天，所有的文化都会认为，我们的一切，包括我们自身，都由一种力量或一种实体赐予，没有那种力量或那种实体，我们都不成为我们，我们更不会存在，所以我们要感谢。有神论者会采用一套有形的形式表示自己的心情，无神论者会有一些习俗表示自己的态度，虽然形式和内容不同，但本质也就是文化心理，都是一样的。

重大的文化礼仪和形式一般由男人制定和传承，比如古代的国家祭祀，因为女人没有参与国家大事的权利，所以男人掌握着祭祀的所有日程和议程，该怎么祭，有什么人参加，说些什么话，什么时候说什么话，都要有一套规则和程序，混乱不得。如果混乱了，就会失礼，表面上看是失礼，其实是权力的掌控和社会的势力发生了变化，会预示着权力序列将要发生变化，社会的等级制度将要发生更动，固有稳定可能会进行调整，在孔子看来，那是不在礼上的。

【原文】

10.12 席不正，不坐。

【译文】

坐席不放端正，不坐。

【易惑词】

席，坐席。不正，不合礼规。

【淮北佬曰】

按照传统，捧遗像的叫孝子，必须由长子担当。

【论语内外】

往年家里重大事项的规矩是由男人制定的，文化传承在旧时代也大都由男人说了算，比如丧礼、婚礼、祭祖等等，女人只要跟着做就可以了，她们大都是陪衬，

没有主角的地位。现在我们有时候还能接触和体验到这种遗风。

比如1999年，我父亲去世，丧事是在淮北宿州办的，按照传统，捧遗像的叫孝子，必须由长子担当。遗体告别的仪式，先要由家中男儿进行，女儿再长，哪怕是家中姐妹兄弟中的老大，也要排在男孩子的后面。丧事后答谢亲友的宴席上，都是男儿领先、出面，男儿不出面，人们会议论、怪罪、疑问，女儿不出面，一般并不会引起别人的注意。宴席的规程，也都由男人主持、制定。

席不正不坐，只是孔子的一种生活习惯，虽然事涉礼仪心态，但这样的家居"小事"，一般恐怕还是由家中的女性安排、摆放的。在官方活动中，摆坐席的事，都有圈内人摆放，就像我们现在摆席卡，一般不可能出现技术性错误。

席是古人的坐具，短的可坐一人，长的可坐数人。筵也是坐具，筵是铺在地上垫席用的，席是放在筵上供人坐的。后来筵席共用，代表聚众饮食。

【原文】

10.13 乡人饮酒，杖者出，斯出矣。

【译文】

乡饮酒礼后，等老年人都出去了，自己才出去。

【易惑词】

乡人饮酒，依礼规举行的乡饮酒礼。杖者，持拐杖的人，指老年人，长辈。

【淮北佬曰】

为什么非要在腊八这一天制作腊八菜，为什么只能放这几种食材，她没有必要去深究，去细探，因为这是祖祖辈辈的传承。

【论语内外】

旧时代家庭中的显规则由男人制定，家庭中日常生活的隐规则则常常由女人制定，或无意中由女人制定。而像"席不正不坐"这样细微的日常行为准则，如果男人愿意制定，就由男人制定，如果男人不制定，就遵守传统习惯，如果没有统一的传统习惯，就由女人在日常生活中根据具体情况，有意或无意地制定、形成。

男性之所以有权力制定大事规则，是由于人类分工进化过程中的惯性。在人类依赖食品即生存的时代，有力量能够带回猎物的男性，会按照长期狩猎的实际情境，主导并逐渐形成"大事"的仪式规则；而负责生儿育女的女性，则有权力在自己的主事范围，主要是食品制作、养育子女等事务上，制定或传承细微小事的标准、程式和规则。即使在当下的社会里，这些传承也没有完全消失。

例如我妻子制作腊八菜，一定要到每年的农历腊月初八这一天才去制作，不会在腊月初七，也不会在腊月初九。她制作的腊八菜的原料，只有胡萝卜、葱、蒜、盐这几种。有一次我提出问题，报纸上曾说过葱和蒜不宜同时食用，为什么要同时放在腊八菜里？虽然她回答不出来为什么，但负责家庭丈夫女儿衣食大事，一般宁信其有不信其无的她，最终并未采纳我的建议。

至于为什么非要在腊八这一天，为什么只能放这几种食材，有什么道理，她没有必要去深究，去细探，因为这是她从自己的母亲那里传承下来的，而且腊八菜之所以叫腊八菜，就是因为它是在腊八这天制作的。一般而言她可以不去增减原料，或改变腊八菜的制作工艺，因为她做腊八菜传承于她的母亲，她母亲做腊八菜传承于她母亲的母亲，她家祖祖辈辈都吃这样的腊八菜，她相信这不会有任何问题，也只有这样的食品，才是她小时候的味道。

【原文】

10.14 乡人傩，朝服而立于阼阶。

【译文】

乡人举办迎神驱鬼仪式，穿上朝服站立在东边的台阶上。

【易惑词】

傩，音 nuó 挪，迎神驱鬼的仪式。阼阶，东面的台阶，主人所在；阼，音 zuò 做。

【淮北佬曰】

两千多年以后，这种以傩驱鬼的仪式完全演化成了艺术表演。

【论语内外】

这是完全的文学描述了，也暗示了相关的礼仪规则。但是两千多年以后，这种以傩驱鬼的仪式完全演化成了艺术表演。皖南池州地区部分山乡有完备的傩戏表演，在那里，傩既代表表演者用于表演的面具，也指的是戴面具进行表演的戏中人，也指的是傩这种表演。傩戏的表演者传统上均由男性担任，但由于老一代傩戏表演者越来越少，男人又多外出打工，我们曾经在当地观看过由部分女性扮演角色的傩戏表演。

【原文】

10.15 问人于他邦，再拜而送之。

【译文】

托人向其他国家的友人问候，向受托人拜两次送行。

【易惑词】

问，问候。他邦，别国。再拜，拜两次，以示隆重；拜，拱手弯腰。

【淮北佬曰】

《论语》的文体看起来“小清新”。世界上本来没有这样的文体，有人这样用了，也就变成了一种文体。

【论语内外】

《论语》的文体看起来真是“小清新”。世界上本来没有这样的文体，有人这样用了，也就变成了一种文体。如果说《老子》的文体可以称作散文诗的话，那《论语》这样的文体，可以称作语录体，可以称为记事体，可以称作对话体，也可以称作备忘录体，某种意义上还可以称作箴言体、格言体、警句体、座右铭体。但由于《论语》记录的大都是日常生活的零星“素材”，这是作家为创作而常用的前期储备的方法，用这种方法储备、收集素材和断想，以备创作时回忆、启迪、使用或生发，所以《论语》记录者当时的心态应该是文学的，而不是学术的，应该是思想的，而不是道德和哲学的。

【原文】

10.16 康子馈药，拜而受之。曰：“丘未达，不敢尝。”

【译文】

季康子送药给孔子，孔子拜谢接受了。孔子说：“我对这药不了解，不敢尝用。”

【易惑词】

馈，赠。达，了解。

【淮北佬曰】

名人说出的日常话，也仿佛是有深意的名言。

【论语内外】

人食五谷杂粮，没有不生病的。当代研究认为，人的健康生活方式大概有 4 个基本特点：健康的饮食、适度的锻炼、健康的体重指数和不吸烟。在孔子时代，烟草尚未引入黄淮地区，因此不存在吸烟的问题。健康的饮食在一般的意义上指的是饥饱均衡、荤素均衡，但因为历史和文化原因而存在地区差异。适度的锻炼强调的是适度，这也是一种均衡，对长寿有益的就是适度，有害的就是过度或不达。体重指数主要指的是体脂的情况，当代的主要问题是体重超标，因为体重超标会带来一系列不正常的身体状况。

【原文】

10.17 厩焚，子退朝，曰：“伤人乎？”不问马。

【译文】

马棚失火了，孔子退朝回来，说："伤到人了吗？"不先问马的情况。

【易惑词】

厩，音 jiù 就，马棚。

【淮北佬曰】

孔子总是把眼光对准眼前的生命。

【论语内外】

《论语》总是这么具体，总是把眼光对准眼前的生命。在关爱方面，儒家爱人，道家以天地为爱。这正是儒家学说和道家学说的差异和不同。儒家爱的是人类本身，道家爱的是更大的天地，而人只是天地万物中的一个环节、一个链条。儒家学说和道家学说代表了中华文明的两个方面、两个侧面，它们不但互补，相互交织，更不可分割。孔代表了官方，老代表了在野；孔代表了政治，老代表了哲思；孔代表了正统，老代表了民间；孔代表了礼仪，老代表了不羁；孔代表了秩序，老代表了自由；孔代表了物质，老代表了精神；孔代表了一日三餐，老代表了山林修行；孔代表了日常生活，老代表了灵魂梦想；孔代表现实，老代表虚无。

【原文】

10.18 *君赐食，必正席先尝之。君赐腥，必熟而荐之。君赐生，必畜之。侍食于君，君祭，先饭。*

【译文】

国君赐给熟食，孔子必定摆正坐席先尝一尝；国君赐给生肉，孔子必定煮熟先供奉给祖先；国君赐给活物，孔子必定要养起来。陪国君吃饭，国君饭前祭祀时，自己先吃饭不吃菜。

【易惑词】

正席，摆正坐席。腥，生肉。荐，上贡祖先。生，活物。畜，音 xù 蓄，养。先饭，先吃饭，替国君品尝。

【淮北佬曰】

国君既是政治领导人，也是家庭掌门人。

【论语内外】

家国一体，在周王朝是理所当然的概念。因为各国都是天子对亲戚和贵族的分封，那些封地只不过是这些亲戚贵族自家生活和财富的来源地，那天上、地上、地下的所有物件也都是这些亲戚贵族的家产、私有。在这种情况下，君权与父权两权重叠，国君既是政治领导人，也是家庭掌门人；既是国君，也是国父；既权力大，也辈分高。当面或背后，对领导人或家长发自心底的敬重，已经根深蒂固了。

【原文】

10.19 疾，君视之，东首，加朝服，拖绅。

【译文】

孔子生病了，国君来看望他，孔子面朝东躺着，把朝服披在身上，拖着大带子。

【易惑词】

疾，生病。东首，面朝东；首，头。加朝服，朝服盖在身上。绅，系在腰间的大带子。

【淮北佬曰】

儒家思想影响了周边。

【论语内外】

孔子和儒家思想是日本传统思想文化的重要来源之一，日本中学的国语课程不仅教授现代日语、古代日语，还要教授中国古文，而《论语》是教材最常引用的内容。日本自江户幕府时期起，就建有很多孔庙，至今尚存十余座。

【原文】

10.20 君命召，不俟驾行矣。

【译文】

君主召见，孔子不等马车备好，就先步行前往了。

【易惑词】

不俟驾，来不及等候马车；俟，音 sì 四，等待。

【淮北佬曰】

孔子深知权力站在思想背后的重要性。

【论语内外】

西方人对孔子在家服从父母、在外服从上级、上级服从君主的观点并不赞同，但他们赞同仁者爱人，赞同自己不喜欢的东西不要强加给别人的观念。美国人将孔子视为东方智者的代表性人物。代表美国法律最高权力的联邦最高法院东门上方，有三个古代圣贤的浮雕：孔子、率领被奴役的希伯来人逃离古埃及的摩西和古代雅典政治家梭伦。美国的媒体也常引用孔子的话进行评论，一位中国学者曾用 7 年时间在美国 15 家报纸上找到近万篇提及孔子的文章。

【原文】

10.21 入太庙，每事问。

【译文】

孔子进入周公庙，每件事都问。

【易惑词】

太庙，开国君主庙，即周公庙。

【淮北佬曰】

这或是一种权力崇拜症。

【论语内外】

与领导相关的一切，都敏感而感兴趣。这或是一种权力崇拜症。但孔子知道，施行自己的抱负和理想，不能与权力结合，则将一事无成。这正是孔子最大的驱动力。

【原文】

10.22 朋友死，无所归，曰："于我殡。"

【译文】

朋友死了，没有人办理丧事，孔子说："丧事由我来办。"

【易惑词】

朋友，指与孔子志同道合的人。归，归宿。殡，音 bìn，办理丧事。

【淮北佬曰】

儒家影响了东亚。

【论语内外】

两千多年来，孔子开启的儒家学说影响逐渐深远。据媒体报道，孔子作为历史名人、古代思想家和教育家，在东亚，在北美，都有着广泛的影响。在韩国，以孔子哲学思想为主的学问被称为儒学，孔子强调的"忠孝仁爱""信义和平"的理念，已经成为韩国民族精神的基石。在古代，与韩国中央教育机构"成均馆"对应的乡校，是历代传承儒教、祭祀孔子与诸圣贤的地方教育机构，至今已有近 900 年的历史；如今，遍布全国的 234 所乡校在韩国仍发挥着社会教化的功效，提供以儒家思想为核心的"平生教育""人性教育"和"汉字教育"。儒家爱国守法、孝敬父母、注重礼仪、关心他人的传统至今仍在韩国人的生活中发挥着重要作用。韩国年纪稍大些的人在说理时引用"子曰"，也是常见的事。韩国千元纸币上的人物头像是韩国的儒学思想家李退溪，体现了韩国对儒家的重视。

【原文】

10.23 朋友之馈，虽车马，非祭肉，不拜。

【译文】

朋友的赠送，即使是车马，如果不是祭肉，孔子接受时都不行拜礼。

【易惑词】

馈，馈赠。车，车子。

【淮北佬曰】

没有自信不敢去制定原则，年岁较轻不便去制定原则，地位较低不能去制定原则，学养不够不知去制定原则，没有声誉不必去制定原则。

【论语内外】

这就是孔子的个人原则。制定和遵循自己的原则，是有一定条件的。一个条件是充分的自信，一个条件是较高的年岁，一个条件是较高的地位，一个条件是较高的学养，一个条件是较高的声誉。没有自信不敢去制定原则，年岁较轻不便去制定原则，地位较低不能去制定原则，学养不够不知去制定原则，没有声誉不必去制定原则。

【原文】

10.24 寝不尸，居不容。

【译文】

孔子睡觉的时候不像尸体那样僵躺着，在家里的时候也不过分讲究仪容。

【易惑词】

居，在家。

【淮北佬曰】

试着用方言说“寝不尸，居不容”这句话……

【论语内外】

很怀疑孔子和弟子们日常生活中说这句话时用的是鲁地方言，而不是京城雅言。弟子们想把活泼有表现力的方言用雅言的方式记下来，就成为现在这样怪异的内容和形态了。就像我们现在某种意义上的方言小说一样。

【原文】

10.25 见齐衰者，虽狎，必变。见冕者与瞽者，虽亵，必以貌。凶服者式之。

式负版者。有盛馔，必变色而作。迅雷风烈必变。

【译文】

见到穿丧服的人，虽然平时关系亲密，态度也必定变得严肃。见到戴礼帽的和盲人，即使经常相见，也必定讲究礼貌。在车上见到送殡的人，要身体前倾致意。遇见背负国家图籍的人，也要这样做。遇到盛大筵席，一定要神色严正以示敬意。迅雷烈风，一定改变神色，表示对天敬畏。

【易惑词】

齐衰，古代丧服；齐，音 zī 滋；衰，音 cuī 崔。狎，音 xiá 侠，亲近。亵，熟悉。凶服，死人衣服。式，通“轼”，车前扶手横木。

【淮北佬曰】

没有这些日常生活中的形式，或仪式、习俗、习惯，我们就不能说我们和另一种文化有什么不同。

【论语内外】

乡党篇二十七章都是我十分喜欢的，因为它们都是日常生活中的现象、规则、礼节和形式。不管我们喜欢不喜欢，我们认为它是正确还是错误，这些礼节都已经成为我们生活中与他者文化有区别的一部分了。没有这些日常生活中的形式，或仪式、习俗、习惯，我们就不能说我们和另一种文化有什么不同，我们也无法和其他的仪式、习俗、习惯有所比较，因而我们就看不见、也找不见我们的独特性。我们的生活需要独特性，因为这是我们正在进化的标志。

【原文】

10.26 升车，必正立，执绥。车中不内顾，不疾言，不亲指。

【译文】

孔子上车，必定先正立站好，再拉着车上的扶手带上车。他在车中不回头看，不很快地讲话，不用手指指点点。

【易惑词】

绥，上车用的扶手带。顾，左右看，此指张望。疾言，快速说话。亲指，用手指指点点。

【淮北佬曰】

孔子立下的规矩，凝固成一种社会认同。

【论语内外】

孔子立下的规矩，包括言行中的礼节，作为影响家族、家庭文化和个人行为的明约定，一代一代地传下去，成为一种集体的潜意识、潜约定，并不断与社会中的他人交互影响，凝固成一种社会认同。这些规矩不断补充、增删、提炼，代代相

习，传承久远，积淀成一种厚重的文化底质，在基质处默默地发挥着看不见，但又无所不在的作用。

【原文】

10.27 色斯举矣，翔而后集。曰："山梁雌雉，时哉时哉！"子路共之，三嗅而作。

【译文】

鸟见人脸色稍有改变，即飞向天空，飞翔一阵后又落在一起。孔子说："山梁上的野雌鸡，合时宜呀！合时宜呀！"子路向它们拱手行礼，野鸡张了张翅膀飞走了。

【易惑词】

色，脸色。举，鸟飞起来。集，共聚一起。雉，野鸡。共，通"拱"。嗅，或为狊，音 jù 具，张开翅膀的样子。

【淮北佬曰】

妙哇！妙至无言以对！

【论语内外】

更像一段叙事性的散文描写，有人物，有风景，有描述，还有感悟。鸟对人的观察、防范，细腻准确又到位。鸟飞而不走，显得理性有分寸。这里还有孔子与孔门弟子的一番天地观。西人强调的是预设、规划，而孔子及弟子喜好的更是自然规范和天地秩序，人无须屈服于天地，但也不必追求征服和强制。这里说的是人应与天地万物达致一种平等共居、和谐相处的人地关系：应该你中有我，我中有你；你走你的，我飞我的；你只需本能地防护我，我则应该恰当和由衷地敬重你；你只要对我有所防备，我就应该三思自省、对你心怀歉疚。在文学上，这也呈现出一派现代主义视角：到底野鸡是主体，还是人是主体？到底是野鸡看见人脸色变化，还是人想象野鸡看见人脸色变化？到底是野鸡在想，还是人在想？到底人是物，还是反过来物是人？到底是以人为中心，还是反过来以物为中心？到底是人在偷窥野鸡，还是野鸡在揣摩人心？

先进篇第十一

（共26章）

【原文】

11.1 子曰："先进于礼乐，野人也；后进于礼乐，君子也。如用之，则吾从先进。"

【译文】

孔子说："先学习礼乐而后获得官职的，是平民；先获得官职后学习礼乐的，是卿大夫的子弟。如果让我选拔人才，我选先学习礼乐的人。"

【易惑词】

先进于礼乐，先学习礼乐后当官。野人，平民，乡野平民。君子，此指贵族子弟。用，选用，使用。

【淮北佬曰】

平民是从原点启动的，成功靠的是自己的努力和坚持，因而最有生命力。

【论语内外】

孔子说："先学习礼乐而后获得官职的，是平民；先获得官职后学习礼乐的，是卿大夫的子弟。如果让我选拔人才，我选先学习礼乐的人。"这种解读有美化嫌疑，但"进一步"解读的方式，是后人的特殊权力，如果不从根本上违背古人原义的话，会更适合人们的当下理解。

又有一种释义，孔子说："先前人们所用的礼乐，就像村夫野民所用的礼乐；后来士大夫使用的礼乐，渐趋奢侈，背离了礼乐的本意。如果让我选择，我选择前者。"这看起来像本意解读，就事论事。

还有一种释义，孔子说："早期跟我学习礼乐，然后再当官的学生，是平民百姓。后来跟我学习礼乐的学生，大多是由于做官需要才来学的贵族子弟，如果让我选拔人才，我主张从早期的学生里面选。"

三者强调的都是事物的起点，是平民意识。平民是从原点启动的，成功靠的是自己的努力和坚持，因而最有生命力；礼乐也是原汁原味的好，上升的过程中最精彩，物极则衰。

【原文】

11.2 子曰："从我于陈、蔡者，皆不及门也。"

【译文】

孔子说："跟随我在陈国、蔡国受苦的人，现在都不在我这里了。"

【易惑词】

从，音 zòng 纵，跟随。陈、蔡，陈，陈国；蔡，蔡国；均在今河南省东部地区，均为当时的诸侯国。及门，及于师门，在身边受教；门，门下。

【淮北佬曰】

孔子这是对岁月的感慨吗？

【论语内外】

孔子这是对岁月的感慨吗？岁月如水，水逝而无踪；但，岁寒，始知松柏之后凋也。水，逝而无踪，人，却凋而有迹。人，或是生物界唯一既能创造生命的历史，又能记录生命的历史的生物。孔子与他的门徒都早已不在了，但他们的言行长久地留在《论语》和其他文献中。他们不仅创造了文化，而且记录、留存了文化；他们不仅记录了思想，他们也记录了生活、记录了人的音容面貌、记录了人的喜怒哀乐、记录了人的善恶美丑、记录了人的言语行止、记录了相关于人的天时人道。孔子也是多愁善感的？

【原文】

11.3 德行：颜渊，闵子骞，冉伯牛，仲弓。言语：宰我，子贡。政事：冉有，季路。文学：子游，子夏。

【译文】

孔子学生中德行好的有颜渊，闵子骞，冉伯牛，仲弓。擅长辞令的有宰我，子贡。善理政事的有冉有，季路。长于文献的有子游，子夏。

【易惑词】

德行，品德好；行，音 xìng 兴。言语，善于言辞。政事，政治事务，指通晓政治事务。文学，指熟知典章文献。

【淮北佬曰】

所谓十哲，指的是孔门中 10 位优秀的或有一定影响的学生。

【论语内外】

孔门十哲，就来源于本章的名录。所谓十哲，指的是孔门中10位优秀的或有一定影响的学生，他们各有所长，各有侧重，却同为孔子看重。但因为语前无“子曰”，因此也不能断定是否孔子语录。

颜回，字子渊，来自鲁国，学习勤奋，悟性很高，是中国最早的好学生；他家境贫寒，身居陋巷，却能知足常乐。闵子骞和冉伯牛均以德行流传，闵子骞的孝道事迹使他成为后世中国的孝文化楷模。冉雍，字仲弓，鲁国人，他出身卑微，为人忠厚老实，不长言辞；仲弓有行政才能，做鲁国执政大夫季桓子的家宰时因居敬行简深受好评。宰我，姓宰，名予，字子我，他口齿伶俐，能言善辩，能说会道，又思维敏捷、敢于挑战权威；他常质疑孔子的学说，并常受到孔子的批评。

子贡姓端木（沐），名赐，来自卫国，以辞令著称，是春秋后期最活跃的国际外交家，他又是中国最早的儒商之一；孔子逝后，弟子们守庐三年，子贡因未能及时赶回，深感愧疚，因此守庐6年，尽哀而去。冉有，名求，字子有，擅长行政，多才多艺，冉有长期担任季氏家宰，并积极帮助季氏聚敛钱财，孔子曾气愤地号召弟子们“鸣鼓而攻之”。但冉有对孔子十分忠诚，并帮助漂泊在外14年的孔子体面地返回鲁国。

仲由字子路，又字季路，鲁国人，他作风正直，敢作敢当，也是孔门弟子中少有的敢当面批评孔子的人。子游是孔门弟子中唯一的南方人，孔门弟子中，鲁人最多，卫人其次，宋人又次；子游以擅长文学著称，当时的文学，指的是礼乐典章制度；子游研习最深的是礼仪和音乐，对儒家最看重的礼仪中的丧礼有深厚的造诣。子夏的特长主要体现在《诗》《书》等古代典籍方面，他善于同贤于自己的人交朋友，孔子身后，子夏在自己门下聚集了一批有才华的弟子，他自己也因此而获得巨大的声名。

【原文】

11.4 子曰：“回也非助我者也，于吾言无所不说。”

【译文】

孔子说：“颜回对我没有帮助，我讲的话他没有一句不喜欢的。”

【易惑词】

助，有助益，有帮助。说，音 yuè 悦，喜欢，心悦诚服。

【淮北佬曰】

孔子说这话大概有语境。

【论语内外】

孔子说这话大概有语境。现在孤立看，这句话至少有两层意思。一层意思是批

评颜回，或指出颜回的美中不足：你看颜回真对我没有帮助，因为我讲的话他没有一句不喜欢的，不认同的，这是说颜回因过于认同孔子，而对孔子没有助益，使孔子没有外来的镜鉴。另一种意思是所谓明贬暗褒，表面上看是在批评颜回，其实心里对这位学生不要太过满意！或又有一层意思，是要平息他人或其他弟子，对自己过于宠爱颜回的怨怪：颜回并非十全十美，他至少不能使我有所镜鉴，这难道不就是他的不足吗？由此看来，孔子或也常有近忧、为琐事所困的。

【原文】

11.5 子曰："孝哉闵子骞！人不间于其父母昆弟之言。"

【译文】

孔子说："孝顺啊闵子骞！他父母兄弟对他的称赞别人没有不相信的。"

【易惑词】

间，音 jiàn 见，异议，批评，非议，挑剔。昆，兄长，哥哥。

【淮北佬曰】

西方人认为子女的独立是高尚的，而中国人认为与父母厮守是必需的。

【论语内外】

显然，西方人对人伦道德的观念与儒家文化圈是有不同的。西方人认为子女的独立是高尚的，而中国人认为与父母厮守是必需的；西方人认为自己的成长才是对父母最大的回报，而中国人认为个人并不重要，重要的是生死与共，在一起的时光愈久弥香。

有一则小故事很有代表性：一个小孩问父亲为什么要盖新房，父亲回答说盖好新房爷爷奶奶就可以搬进去了，因为爷爷奶奶不讲卫生，还爱生病，分开住就清静了；于是小孩说，那就盖结实点吧，等你们老了，也搬进去和我们分开住。

中国近代史显示，两千多年来已经进入极端状态的家庭伦理观已经僵硬，亟须新鲜文化的补充和重组。西方文化正是在这种大的背景下进入中国文化内部的。与"非优质"的父母长辈共同生活可能要承担不卫生和爱生病的后果，但不与家人同享生命的时光也不一定就能找到亲情人伦的快乐。重要的是观念，而不是原样套用，更不是扭曲解读之后的推行。《论语》只是提供了一些经典的范例和可能性。实用性的曲解，正是走向僵化的路标。

【原文】

11.6 南容三复白圭，孔子以其兄之子妻之。

【译文】

南容反复朗诵《诗经》中关于白圭的诗句，孔子便把哥哥的女儿嫁给了他。

【易惑词】

三复，多次重复，时常反复。白圭，白色的圭玉，指《诗经·大雅·抑》中，“白圭之玷，尚可磨也；斯言之玷，不可为也”四句诗，意思是假如白圭上有了污点，可以通过打磨来去除，但假如说出了错话，就难以挽回了，以此来要求自己言语谨慎。妻之，嫁给他做妻子；妻，音 qì 器。

【淮北佬曰】

怪不得大家都争着读书，因为读书有可能娶到孔子侄女那样的女子呀。

【论语内外】

书中自有颜如玉，孔子又开创了一种先例，怪不得大家都争着读书，因为读书有可能娶到孔子侄女那样的女子呀。当然，南容并不仅仅知道读书，他还有能力让孔子知道国家清明有道时，他不会被弃置不用，国家昏暗无道时，他无牢狱之灾。不过孔子也太包办了，不但把自家女儿的婚配权掌握在自己手里，还把兄长家女儿的婚配权掌握在自己手里。不过孔子的兄长可能是信任、听从孔子的，或是他委托孔子的也很可能，毕竟孔子的社会地位、社会威望，要远远大于家族的其他人，由孔子代为嫁女，或是他们求之不得的呢。从国家的宏观角度看，南容这样的人是大多数，他们是社会稳定的基石。社会的确需要不安分守己的创新人才，他们将开创全新的世界。但是没有南容这样的大多数人的稳定、消费和填补空隙，国家的基础还真不会那么牢。

【原文】

11.7 季康子问：“弟子孰为好学？”孔子对曰：“有颜回者好学，不幸短命死矣，今也则亡。”

【译文】

季康子问：“你的学生哪个最好学？”孔子回答说：“颜回最好学，可惜死得早，现在没有这样的人了。”

【易惑词】

好，音 hào 号，喜欢。亡，音 wú 无，通“无”，没有。

【淮北佬曰】

不在世的人，一般而言，他的历史已经凝固。

【论语内外】

就学习及汲取知识而言，颜回可能是最用功的，或最用功的之一。但孔子能够这样直截了当、肯定无误地回答，一个重要的原因，也是由于颜回已逝。不在世的

人，一般而言，他的历史已经凝固，因此不会再增加新的变数，也不会增加新的历史，也不会思想发生变化，也不会好恶发生新的转移，也不会由敌而友或由友而敌，也不会说出意料之外的话。不在世的人，某种意义上，是弱势群体，因为他们的思想，不得不任人评说；他们的言语，不得不任人阐释；他们的决定，不得不任人改变；他们的好恶，不得不任人增删；他们没说过的话，可能会在别人的回忆录里出现；他们没做过的事，可能会被野蛮地安在头上；他们的亲属，过些年可能会被人增减；甚至他们的年岁，都可能被生卒年不详。不过，我们已经适应了人类社会的这种常态。

【原文】

11.8 颜渊死，颜路请子之车以为之椁。子曰："才不才，亦各言其子也。鲤也死，有棺而无椁。吾不徒行以为之椁。以吾从大夫之后，不可徒行也。"

【译文】

颜渊死了，颜渊的父亲颜路请求孔子卖车给颜回的棺材买一个椁。孔子说："不管有才无才，总是我们各自的儿子。我的儿子孔鲤死了，也是有内棺无外椁的。我不能卖掉车子步行来为他买椁。我曾当过大夫，不能徒步出行啊。"

【易惑词】

之，用法同其。椁，音 guǒ 果，棺材的外层，即外棺；按照规矩，只有有一定地位的人才能用椁。才，才能，才华；才暗指颜渊，不才暗指孔鲤。鲤，孔子的儿子，名鲤，字伯鱼。徒行，步行；依当时礼制，居高位的人出行必须乘车，孔子其时担任相当于卿大夫一类的官职。从大夫之后，跟从在大夫行列之后，这是孔子谦虚的说法；另也有进入大夫行列的意思。

【论语人物】

颜路，名无繇（音 yóu 油），字路，小孔子 6 岁，颜渊的父亲，孔子学生。

【淮北佬曰】

所以道德水平和思想能力高的人，要有意识地不同道德水平和思想能力低的人"同等"见识或"一般"见识，也就是要能够体谅和理解各个层面的人。

【论语内外】

碰到这样的事，我一贯都处理不好，因为无法拒绝别人。但孔子能够拒绝，因此我觉得在这一点上，孔子不太像北方人。当然孔子这样做，不是错的，或是按当时的规矩办事，这样的事也可以不上升到道德是非层面。但在面对对错时，我或我们明明是知道的、明白的，却也开不了口拒绝。特别是年轻的时候。年轻的时候不知道自己的想法和别人的想法会有不同，因此遇到意见不同时，会觉得不可思议。年长以后逐渐明白，社会上的大部分人，道德水平和思想能力并不都能达到你认为应该达到的高度。所以道德水平和思想能力高的人，要有意识地不同道德水平和思想能力低的人“同等”见识或“一般”见识，也就是要能够体谅和理解各个层面的人，因为彼此之间的差距就表现在这里。这或正是你能赢得人心的原因。

【原文】

11.9 颜渊死。子曰：“噫！天丧予！天丧予！”

【译文】

颜渊死了。孔子说：“唉，天亡我啊！天亡我啊！”

【易惑词】

噫，音 yī 一，唉，表示痛心的声音。丧，音 sàng，死亡。

【淮北佬曰】

中国人亲人去世了，都仿孔子的哭法，号啕大哭，一边哭喊，一边哀嚎。原来出处在这里。

【论语内外】

颜渊死了，孔子哭得十分哀痛，号啕大哭道：“唉，上天要我的命啊！上天要我的命啊！”后来中国人亲人去世了，都仿孔子的哭法，号啕大哭，一边哭喊，一边哀嚎。原来出处在这里。这种痛哭法，在以前的乡村和小城镇，最为流行。农村的女人们也最会用这种方法哭丧。农村送葬时，人们披麻戴孝，在田间的乡道上，走成一线。一经过村庄、人家，妇女们的哭声就起来了，“俺的娘来，你咋走了呀，俺也不活啦，咋能丢下俺呀！”对真正心痛的人来说，这是表达痛意的最好方式；对一般的远亲、乡邻，这种哭喊，就是一种声援，造成一种声势，表示一种人缘，哭的人越多，自然越有人缘，越有人气。哭死人，是哭给活人看的。后来哭丧成为一种乡村的职业，有人家需要，就花钱请一批男人披麻戴孝，请一批妇女去哭天抢地。孔子对颜渊，看来是真正痛心的，不是假装的，更不是职业哭手。

【原文】

11.10 颜渊死，子哭之恸，从者曰：“子恸矣！”曰：“有恸乎？非夫人之为恸而谁为？”

【译文】

颜渊死了，孔子哭得十分哀痛，孔子身边人说：“您过于悲痛了！”孔子说：“过于悲痛了吗？不为这个人悲痛还为谁悲痛呢？”

【易惑词】

恸，非常悲痛，极度哀伤。从，音 zòng 粽，跟从。非夫人之为恸而谁为，非

为夫人恸而为谁的倒装；夫人，这个人，这样的人；夫，音 fú 福，代词，这样，这个，指颜渊。

【淮北佬曰】

孔子和儒家学说的影响力，比我们想象的大许多。

【论语内外】

真正的哭丧，十分了得，十分震撼心灵。以前在农村，有人父母去世了，女儿痛心，都扑倒在地，一边痛哭流涕地哭，泪流满面，装也装不出来，一边用手同时或分别拍打地面，手都拍得红肿，“俺的娘来，你咋走了来，俺也不能活了，俺跟你去了，老天爷你不讲理来，你咋叫俺娘走了来，俺没有娘来，你叫俺咋活来……”孔子和儒家学说的影响力，比我们想象的大许多。读书人可能想学孔子的思想，但更多的人却会去学孔子的实际做法；读书人想去钻研孔子的内心，更多的人却会模仿孔子的皮毛。社会文化的因袭，可能就是这样多路传承的。

【原文】

11.11 颜渊死，门人欲厚葬之，子曰：“不可。”门人厚葬之。子曰：“回也视予犹父也，予不得视犹子也。非我也，夫二三子也！”

【译文】

颜渊死了，孔子的学生打算厚葬他，孔子说：“不可。”学生们还是厚葬了他。孔子说：“颜回把我当作父亲，我却不能把他当儿子看待。不是我要做的，是那些学生要这样做的。”

【易惑词】

门人，指弟子。厚葬，依照有钱人的标准安葬。予，我。犹，像，好像。夫，语气词。二三子，学生们。

【淮北佬曰】

颜渊节俭惯了，富葬可能有违颜渊一贯的价值观念。

【论语内外】

颜渊节俭惯了，富葬可能有违颜渊一贯的价值观念，所以孔子撇清说这不是他的主意。颜渊家不富裕，丧葬过程中可能也有一些费用事要协调、解决。最近看到一些媒体报道，说有几位政治经济学教授研究出来，贫穷和富贵，与群体或个人基因有关。研究说基因多样性程度越高，就可能越贫穷，比如撒哈拉沙漠以南地区，那里的基因多样性程度很高，因此很贫穷。但基因多样性很低，也会很贫穷，比如南美的玻利维亚等国，基因多样性很低，因此也很贫穷。如果基因多样性适中，就会比较富裕，或至少是中等收入国家，比如欧洲、北美和亚洲。这听起来就像在实证孔子的中庸思想：不及为不及，过犹不及，怎么说还都是以中为用好，适宜为度好。但基因很难人为控制，至少在一百年前不能大规模控制，因此如果研究属实，那人们就只能干瞪眼了。也有学者批评这种研究结果，说人群的富裕、贫穷，远不是这么单一、简单，如果把欧亚效应等研究成果纳入研究范围，基因效应这种结果就很不一样了。所谓欧亚效应，是指欧亚大陆的经济优势主要源于两个因素，一个是利用可驯化动物的可能性，另一个是创新能够沿着东西而非南北轴线传播的地理环境，这两个特点有利于农业社会的发展。以上是颜渊去世引出来的话题，而非暗示颜渊家族的贫穷与基因的可能联系。

【原文】

11.12 季路问事鬼神，子曰："未能事人，焉能事鬼?"曰："敢问死。"曰："未知生，焉知死?"

【译文】

季路问怎样服侍鬼神，孔子说："人都服侍不好，怎么能服侍好鬼神?"季路又问："大胆问一下死是怎么回事?"孔子说："生的道理都没明白，怎么能懂死的道理?"

【易惑词】

事，侍奉。敢，谦敬词，大胆地，冒昧地。

【淮北佬曰】

人世间的格言警句，大都是不经意间说出来的绝对话。

【论语内外】

季路就是子路，季是排行。孔子的回答，似乎过于干脆、简洁、言简意赅，仿佛有点儿不耐烦，有点儿气呼呼的，有点儿不屑，有点儿不愿对话的意思。孔子对子路，或一直看不上他的才华，或认为他提出的多是小儿科问题，哪怕他提的问题，和别人提的一样，那分量也会显得轻许多；因而有意无意的，多少有些轻看他。不过，如果的确如此，那孔子的本事了得，不耐烦中就说出了天道和人事中的两大道理，后人因此而脑洞大开，佩服得五体投地。是的，人间的事都做不好，你还想做好鬼神的事？连生都不明白，还能理解死的事？其实，人世间的格言警句，大都是不经意间说出来的绝对话。说不经意，是说格言警句都是灵感一现，突然冒出来的，有时候情绪激动，甚至正在吵架，吵出来的话都是平常想不到编不出的；格言警句出现时，你只管用最快的速度，找到手边的东西记下来即可，不用问出处如何。说格言警句多为绝对话，是说格言警句必须揪住一点，不及其余，只有话讲得绝对，才能引起精神上的震撼。如果认真推敲起来，所有的格言警句，都禁不得推敲。三人行，必有我师，那些人就真的比我高明？不迁怒，不贰过，那天还看见颜回把一块坷垃头用脚踢出好远呐，他这不是迁怒于他物吗?

【原文】

11.13 闵子侍侧，訚訚如也；子路，行行如也；冉有、子贡，侃侃如也。子乐。“若由也，不得其死然。”

【译文】

学生们在孔子身边侍奉，闵子是恭敬温和的样子，子路是刚强勇敢的样子，冉有和子贡是从容快乐的样子。孔子高兴起来。却又说：“像子路这样的，怕不得好死。”

【局惑词】

訚訚如，恭敬和悦的样子；訚，音 yín 银；如，……的样子。行行如，正直勇武的样子；行，音 hàng。侃侃如，快乐和悦的样子。不得其死，不能善终，不得好死。

【淮北佬曰】

孔子常捏子路这软柿子，又软中带刺，笑间藏理，借玩笑时的轻松气氛，把平时不好说、不便说、不能说的感觉说出来，既是对子路的提醒，也是对子路的预测，更是对人生的点拨。

【论语内外】

孔子也有得意忘形的时候。这 4 人都是孔子某一方面的好学生，闵子骞德行好，冉有、子路行政好，子贡能言善辩，孔子或心中一时得意，满足感爆棚。不知孔子与闵子骞、子路、冉有、子贡说话，当时语境如何、时序如何、气温如何、天象如何、话题如何，但这样说子路，拿子路宣泄情绪，也伤人啊！闵子骞是著名的孝子，言谈举止都恭敬温和；冉有和子贡，都有行政才能，后来做官，也都做得好，因此他们的行止面貌，一定会相对大方得体、尊卑适度；子路开朗、直率、劲爆，弯弯绕不多，缺一些脑细胞，因此孔子常捏他这软柿子，又软中带刺，笑间藏理，借玩笑时的轻松气氛，把平时不好说、不便说、不能说的感觉说出来，既是对子路的提醒，也是对子路的预测，更是对人生的点拨。人们常说性格决定命运，反过来说，命运也能决定性格。拿子路来说，他的性格决定了他的命运，果然他后来因坚持得俸侍人的死理，而亡于卫国之乱。而子贡生来贫困，按说他应该守道持贫，节俭事人，但他却奋起与贫困的命运抗争，最终改变了人生面貌。不过，一个人，能否改变自己的性格或能否改变自己的命运，这本身也许就是命运的安排。事已至此，这就无法言说了。

【原文】

11.14 鲁人为长府。闵子骞曰：“仍旧贯，如之何？何必改作？”子曰：“夫人不言，言必有中。”

【译文】

鲁国改建名为长府的国库，闵子骞说：“保持老样子还能用，怎么样？为什么一定要改建？”孔子说：“闵子骞这人平时不怎么多话，一说话就切中要害。”

【易惑词】

鲁人，当时鲁国决策当政的人。为，指改造、修建。长府，鲁国国库名。仍旧贯，依照老规矩；贯，旧例，老例，惯例。夫人，这个人；夫，音 fú 扶，代词，这，这个。中，音 zhòng 仲，到位，中肯。

【淮北佬曰】

孔子的思想和倡导，在中国社会形成了一种超稳定的社会价值观，没有什么人，能够简单地、轻易地把这种价值观去除、取代。

【论语内外】

节俭和朴素，一直是孔子倡导的仁德观念之一。颜渊在公冶长篇里问治国事，孔子就告诉他，如果可能，要用夏朝那样的历法，要乘殷朝那样的车子，要戴周朝那样的礼帽，要听《韶》《武》那样的音乐，要远离夸夸其谈的人；因为上述的东西要么简朴，要么简单，要么不奢华，这些才是好的，值得提倡的。孔子的思想和倡导，在中国社会形成了一种超稳定的社会价值观，没有什么人，能够简单地、轻易地把这种价值观去除、取代。有说儒家文化产生于农业结构之中，又反过来巩固了传统的农业结构，这虽然十分有益中国社会的稳定，但也十分地妨碍了中国社会向工业文明的转变。可不是嘛，工业社会、市场经济能够大力提倡节俭和孝道吗？大力提倡节俭，还怎么以消费带动生产？大力提倡孝道，不远游还怎么开拓？父母如果反对还怎么创新？这的确是一些问题。

【原文】

11.15 子曰：“由之瑟奚为于丘之门？”门人不敬子路。子曰：“由也升堂矣，未入于室也。”

【译文】

孔子说：“子路弹琴，为什么要在我这里弹？”弟子们听了便不尊重子路。孔子说：“仲由学问已经很好了，但是还不够渊深。”

【易惑词】

由，子路。瑟，古代乐器。奚，疑问词，为什么，为何。升堂，指学问已经做得不错；堂，屋内的正厅。室，内室，经过堂才能入室；指学问精深。

【淮北佬曰】

一个人只工作而不多与家人待在一起，也是要损失支持率的。

【论语内外】

子路弹瑟，想必也和他的性格一样，刚烈刺耳。我们还是回到上一章讲到的话题，即节俭、孝道与开拓、创新的问题。可以想象，孔子是老师，你子路在他跟前乱弹琴，可能也没弹出什么艺术性来，你叫长辈怎么忍受？叫老师日子怎么过？这其实是礼节，或不是孝道。但长辈或老年人，多是喜欢安静的，而年轻人，又多是喜欢热烈、冲动的，长辈一般都看不惯。如此说来，还是西方的规矩好，儿女大了，就赶出去自食其力。或不赶出家门，一般他自己也不愿意或不好意思还留在家里。这或就是文化中的生活方式及价值观念：走出家门，是必需的；留在家里，是可耻的。如此这般，一般就不会有弹琴刺耳难听的问题了，因为你过你的，我过我的，各不相扰。但西方家庭观却还有另一面，即一个人只工作而不多与家人待在一起，也是要损失支持率的；当然这个家人，多为自己小家庭的家人。看来，我们的参照系的确很多，只强调一面，就太容易片面了。

【原文】

11.16 子贡问："师与商也孰贤？"子曰："师也过，商也不及。"曰："然则师愈与？"子曰："过犹不及。"

【译文】

子贡问："子张与子夏哪个更强些？"孔子说："子张有些过，子夏有些火候不到。"子贡说："那就是说子张更胜一筹？"孔子说："过和不到是一样的。"

【易惑词】

师，颛孙师，子张的名。商，卜商，子夏的名。然则，那么。愈，超过，胜过。犹，好像，如同，等同。

【淮北佬曰】

过犹不及，最是孔子中庸思想的注脚。

【论语内外】

这是论人评事。子贡与孔子交流，总让人感觉两人亦师亦友。孔子和子贡在一起舒服，子贡和孔子在一起温煦。过犹不及，从此章走向后世，走向世界，成为警言名句。子贡从老师这里，真学到不少东西，他这趟拜师求学，送上束脩之类，没有白送，价值超值，值！子贡聪慧、好学、有眼色，与时俱进，因此不惹人心烦。他采用步步紧逼法，将孔子逼入墙角，让孔子糊弄不过去，因此学到了孔子的真本事、真精髓。孔子有学问、有本事，不传给子贡这样的弟子，又传给谁？不过，通观《论语》，孔子在教学方面，他对所有学生，都是一视同仁的。谁来问学，他都认真作答，毫不保守。但怎样吸收、消化、汲取，那就是弟子们自己的事了。过犹不及，最是孔子中庸思想的注脚。过了头就等于不到位，不到位，也等于过了头，没有好坏、更好、更坏之分。

【原文】

11.17 季氏富于周公，而求也为之聚敛而附益之。子曰：“非吾徒也，小子鸣鼓而攻之，可也。”

【译文】

季氏比周公还富，冉求却还在替他收敛更多的财富。孔子说：“他不是我的学生了，弟子们可以大张旗鼓去讨伐他。”

【易惑词】

周公，代指周公后裔，即鲁国的国君。于，比。聚敛，搜刮。益，增加，扩大。徒，学生。小子，弟子，学生。攻，责难，声讨。

【淮北佬曰】

孔子大约是气坏了！

【论语内外】

对冉求做这样的事，孔子大约是气坏了。他对冉求总是气不打一处来，在季氏篇第十四章里，他也把冉求训了个透。政治领域有自己的环境、条件、气氛和信条，也有它固有的特性。西人哈伯德说：“若有人说，这是原则而不是钱的事，那其实就是钱的事。”孔子看出了季氏和冉求的那点儿原则，那点儿事，气自然不打一处来。西人路易斯·麦克亨利·豪说：“吃政治饭的人不可能正义凛然。”话虽说得绝对了些，但也不能说完全没说出事物的某种规律。西人雪莉·奇斯和姆说：“当道德和利益遭遇时，很少有利益失败的情况。”这又是事物的一种真相。西人罗伯特·皮尔说：“我们来这里是商讨利益的，不是来服从人民意志的。”这也许正是冉求在季氏那里做事的信条。

【原文】

11.18 柴也愚，参也鲁，师也辟，由也喭。

【译文】

高柴愚笨，曾参迟钝，颛孙师偏执，仲由鲁莽。

【易惑词】

愚，笨拙，刚直。鲁，迟缓、滞缓。辟，偏执，偏激。喭，音 yàn 艳，谚字的俗写，鲁莽。

【论语人物】

高柴，姓高，名柴，字子羔，小孔子 30 岁，孔子学生。

【淮北佬曰】

曾子真杀了猪给儿子吃了。

【论语内外】

这又是一番评人论事，但由于没有子曰，因此不能肯定是孔子对学生们的评说。曾参大约是那种迟缓、滞缓、不轻易改变固有观念的人。《韩非子》里有关于曾子的一则故事，说有一次曾妻要去赶集，儿子非闹着要跟去，曾妻就骗他说，如果你不去，回来就杀猪给你吃。曾妻赶集回来后，曾子就张罗着要杀猪，曾妻很是奇怪，说那句话只是随口说说而已；曾子却认真得很，说父母不能欺骗小孩，你欺骗了小孩，小孩就会跟父母学，以后就不再相信父母了。于是真杀了猪给儿子吃了。

【原文】

11.19 子曰："回也其庶乎，屡空。赐不受命，而货殖焉，亿则屡中。"

【译文】

孔子说："颜回的道德学问很不错了，却时常穷困。子贡不安于命运，去做生意，猜测行情常常猜对。"

【易惑词】

庶，庶几，差不多。屡，时常，常常。空，穷困。货殖，做买卖。亿，通"臆"，估计，猜测。中，音 zhòng 仲，猜对，猜到。

【淮北佬曰】

孔子并没有说，一个人四十岁左右还很穷困，这人一生也就完了。

【论语内外】

这是孔子的物质观、物质生活观吗？是，又不完全是。孔子言语中称赞的是子贡。子贡不愿听从命运的安排，不愿向命运低头，而是选择经商致富，以至达到富可敌国的地步，成为后世儒商之宗。但孔子也没有批评颜回的意思，言语中，或有叹息颜回美中不足的感慨，甚至有颜回非一般人穷志短的庸俗，而显现出人穷志不短的英气。孔子既称赞子贡的成功，也理解颜回在物质生活方面的不成功。这又一次显示人类文化的人情性。孔子在子罕篇中说，一个人四五十岁还默默无闻，也就不值得敬畏了；在阳货篇中说，一个人，到了四十岁还被人讨厌，这人一生也就完了。放出的话，都是蛮狠的，却并不批评颜回的穷困，并没有说，一个人，四十岁左右还很穷困，这人一生也就完了，也就不受别人尊敬了。可见圣人首先还是人，有人的性情和人性，而非事事讲原则，时时都严肃，件件都"公平"。

【原文】

11.20 子张问善人之道，子曰："不践迹，亦不入于室。"

【译文】

子张问关于善人的道理，孔子说："善人不踩着别人的脚印走，道德学问却也难以学成。"

【易惑词】

道，道理。践迹，踩着前人脚印走，指单纯模仿；践，踩。室，精深的，更进一层的。

【淮北佬曰】

这是模仿和创新的道理。

【论语内外】

这是模仿和创新的道理。一味模仿，就不能独树一帜，就不能有所创新，就不能独立自主，就不能开创新局面。但不汲取前人经验，不吸收他人智慧，不模仿学习，不踩着前人肩膀，就会绕弯路，就会事倍功半，道德学问也不可能精深。就像文学创作，一个作家，不可能生下来就会写作，想要成为作家，必须阅读前人或他人文学作品，必须从模仿他人语言、结构、形式、句式入手，才能进入文学创作。但要想成为真正的作家，又必须摆脱对他人作品的模仿，必须有自己的语言风格、独特意境、结构句式、思考和观念。这正是一件事物的两个方面，缺一而不可。

【原文】

11.21 子曰："论笃是与，君子者乎？色庄者乎？"

【译文】

孔子说："称赞言谈诚实的人，也要判断这种人是君子呢？还是装模作样的伪君子？"

【易惑词】

论笃，言论实在；笃，厚道，诚实。与，称许，称赞。色庄，脸色故作庄重。

【淮北佬曰】

装出来的君子，总有露馅的那一时、那一地。

【论语内外】

君子是社会的中坚，或者说应该是社会的中坚。君子具有和善社会的作用，是容民蓄众的人，具有高尚的人格。君子智慧而从容，淡泊又坚定。君子追求仁德，又崇尚正义。君子理性通达，又兼取并收。君子温厚持重，又磊落真诚。君子爱人

羡己，又勤勉前进。但看来，君子也能假装，君子也能模仿。不过假装和模仿，都是暂时的，只能一时、一地，不能永远、永久。装出来的君子，总有露馅的那一时、那一地。

【原文】

11.22 子路问："闻斯行诸？"子曰："有父兄在，如之何其闻斯行之？"冉有问："闻斯行诸？"子曰："闻斯行之。"公西华曰："由也问闻斯行诸，子曰'有父兄在'；求也问闻斯行诸，子曰'闻斯行之'。赤也惑，敢问。"子曰："求也退，故进之；由也兼人，故退之。"

【译文】

子路问："听到了就去做吗？"孔子说："有父兄在，为什么要听到了就去做呢？"冉有问："听到了就去做吗？"孔子说："听到了就去做。"公西华说："子路问听到了就去做吗，您说'有父兄在'；冉有问听到了就去做吗，您说'听到了就去做'。我很迷惑，请教老师这是为什么？"孔子说："冉求做事退缩，所以鼓励他；仲由敢于作为，所以压压他。"

【易惑词】

诸，之乎的合音。退，谦退，低调、畏缩，退后。兼人，一个顶两个，敢为，好胜。退之，使谦退，抑制他。

【淮北佬曰】

孔子灵活、练达着呢！

【论语内外】

孔子因材施教，手法高超。子路的智慧，的确就差那么一点点，所以孔子要稳着他点；冉有过稳，所以孔子要鼓动激励他。孔子找的理由，也十分恰当：把稳定子路，纳入孝道的道德规范之中，并非我要你收敛，而是你父兄在，不得远游。孔子有一点点顽固老书生的气味吗？从此章看，没有，完全没有！孔子灵活、练达着呢！孔子既有学问才能，又有行政手法，还有处世才华，更有育人天性。在这个意义上，说孔子多才多艺，不为过；说孔子是复合型人才，很恰当；说孔子天降斯人，没说错；说孔子大气象、大格局、大智慧、大才华，都是适宜的。

【原文】

11.23 子畏于匡，颜渊后。子曰："吾以女为死矣！"曰："子在，回何敢死！"

【译文】

孔子被困在匡地，颜渊最后才与大家相聚。孔子说："我以为你死了！"颜渊说："老师健在，我怎么敢先死！"

【易惑词】

畏，受困，拘困。匡，地名，在今河南省长垣县。后，最后到。女，音 rǔ 乳，你。

【淮北佬曰】

颜渊不是我们印象中的那种呆鸟、书虫？

【论语内外】

孔子对颜渊，没说的，满眼都是好处，满口都是赞扬，满心都是欢喜。颜渊早逝，孔子心痛得不能行，痛哭流涕地连声说，这是上天要我的命啊！上天要我的命啊！把颜渊的命，与自己的命连到一起。孔子和子贡、闵子骞、冉有、子路交谈时，说子路将不得好死，半开玩笑，半言道理；孔子对子路，说话不客气；子路对孔子，批评也直率，这种方式，两人都习惯了。因此，孔子这次对颜渊说，我以为你死了，应该不是与闵子骞、冉有、子贡、子路轻松交谈时，说子路将不得好死时的气氛，而是认真的，正规的，真正心里担心过的。但颜渊的回答，却有些奇怪，不合于颜渊一贯认真、庄重、严肃的表现。当下，说老师在我不敢先死，一个意思是反击，你以为我死了，我还要死在你后面呢！但颜渊肯定不可能用这种意思对孔子。另一种意思是油嘴滑舌的恭维，您老师健在，为了侍奉您，我也不能先死啊。如果如此，那颜渊也应该是会说话、会处世、会恭维人的，他不是我们印象中的那种呆鸟、书虫啊。总之似乎不合于颜渊在《论语》中的一贯形象。或春秋与当下，此义大不相同？存疑吧。

【原文】

11.24 季子然问："仲由、冉求可谓大臣与？"子曰："吾以子为异之问，曾由与求之问。所谓大臣者，以道事君，不可则止。今由与求也，可谓具臣矣。"曰："然则从之者与？"子曰："弑父与君，亦不从也。"

【译文】

季子然问："仲由和冉求可以称为大臣吗？"孔子说："我以为您问别人呢，竟然问的是仲由和冉求。我们所说的大臣，能用仁道去辅佐国君，如果行不通，宁愿辞职。如今仲由和冉求，只算得上备用的大臣。"季子然又说："那么他们会一切顺从吗？"孔子说："杀父杀君的事，他们也不会顺从的。"

【易惑词】

异，别的。曾，音 zēng 增，竟然，却。止，停止，此指辞职。具臣，备用的大臣，准大臣。之，指季孙氏，子路和冉求当时都在季孙氏家做家臣。

【论语人物】

季子然，鲁国执政大臣季孙氏的族人或弟子。

【淮北佬曰】

孔子对人的观察，入木三分。

【论语内外】

孔子对人的观察，入木三分。仲由和冉求，虽然许多方面不令孔子满意，但缺点归缺点，不足归不足，能力归能力，道德归道德，底线归底线。他们有缺点，有不足，能力不够，道德需完善，但底线他们还是有的，他们也不会突破底线，不会做得太过，不会过于出格。在这一章里，孔子对仲由和冉有，评价颇低，甚至有些不屑。孔子或有苦楚，或迫于内心的无奈，或不满积累，或想杀他二人威风。但这些话，还是有些狠的，可见孔子诸般印象，早已酝酿在心。但孔子话也不说过陡，而且留有余地，仍可见他的中庸准则。

【原文】

11.25 子路使子羔为费宰，子曰："贼夫人之子。"子路曰："有民人焉，有社稷焉，何必读书然后为学?"子曰："是故恶夫佞者。"

【译文】

子路让子羔去做费地长官，孔子说："这是害了别人的儿子。"子路说："那地方有百姓，有土地和五谷，难道一定要读书才算做学问吗?"孔子说："所以我讨厌强词夺理的人。"

【易惑词】

贼，害。夫，音 fú 福，那。社稷，社，土神；稷，谷神。恶，音 wù 务，讨厌。佞，巧言强辩，强词夺理。

【淮北佬曰】

成功与学问有关系，又没有必然关系；与知识有关联，又没有必然关联；与修养有牵扯，又不是必画等号。

【论语内外】

就事论事地看，子路说得似乎没有错。就像现在唯学历论，唯学问论，或是人们的认识误区。从人生实践来看，学问做得最好的，有许多是科班出身；行政做得最好的，有许多学问也十分了得；钱赚得很多的，有许多属专业专攻。但相反来看，学问做得最好的，有许多却非科班出身；行政做得最好的，有许多是半路出家；赚钱赚得很多的，有许多甚至没念过几天大学。因此成功与学问有关系，又没有必然关系；与知识有关联，又没有必然关联；与修养有牵扯，又不是必画等号。孔子是老师，嘴大，有话语权；从他嘴里说出的话，人们一般会相信；从子路嘴里讲出的话，人们一般都打问号。名人崇拜，世界大概就是这样组成的，尊卑大概就是这样形成的，粉丝大概就是这样炼就的。

【原文】

11.26 子路、曾皙、冉有、公西华侍坐。

子曰："以吾一日长乎尔，毋吾以也。居则曰：'不吾知也!'如或知尔，则何以哉?"

子路率尔而对曰："千乘之国，摄乎大国之间，加之以师旅，因之以饥馑，由也为之，比及三年，可使有勇，且知方也。"

夫子哂之。

"求，尔何如?"

对曰："方六七十，如五六十，求也为之，比及三年，可使足民。如其礼乐，以俟君子。"

"赤！尔何如?"

对曰："非曰能之，愿学焉。宗庙之事，如会同，端章甫，愿为小相焉。"

"点，尔何如?"

鼓瑟希，铿尔，舍瑟而作，对曰："异乎三子者之撰。"

子曰："何伤乎？亦各言其志也。"

曰："莫春者，春服既成，冠者五六人，童子六七人，浴乎沂，风乎舞雩，咏而归。"

夫子喟然叹曰："吾与点也!"

三子者出，曾皙后。曾皙曰："夫三子者之言何如?"

子曰："亦各言其志也已矣。"

曰："夫子何哂由也?"

曰："为国以礼，其言不让，是故哂之。"

"唯求则非邦也与?"

"安见方六七十如五六十而非邦也者?"

"唯赤则非邦也与?"

"宗庙会同，非诸侯而何？赤也为之小，孰能为之大?"

【译文】

子路、曾皙、冉有、公西华陪孔子坐。

孔子说："我比你们都年长，你们不要因此而不敢讲话。你们平时常说'没人了解我啊!'如果有人想了解并启用你们，那你们打算怎么办?"

子路不加考虑地回答："一千辆战车的国家夹在几个大国中间，外面有军队侵

犯，内部又有饥荒，我去治理它，只用三年时间，就可以使它恢复勇力，并且懂得道义。”

孔子微微一笑。

孔子又问：“冉求，你怎么办？”

冉求答道：“一个六七十里或五六十里见方的小国，我去治理，用三年时间，可以使百姓富足，至于礼乐文明，只有等待贤人君子了。”

孔子又问：“公西赤，你怎么样？”

公西赤答道：“我不敢说我能做好，愿意学着做。祭祀或者诸侯相会时，我愿意穿着礼服，戴上礼帽，做个小司仪。”

孔子又问：“曾点，你怎么样？”

曾皙弹瑟正近尾声，锵一声放下瑟，站起来回答：“我和他们三位不同。”

孔子说：“那有什么关系呢？就是各人谈谈自己的志向。”

曾皙说：“暮春三月，春天的衣服已经穿上身，五六个成年人，六七个小孩子，在沂水里洗澡，在舞雩台上吹吹风，一路唱着歌走回来。”

孔子长叹一声：“我赞成曾点啊！”

子路、冉有、公西华三人出来，曾皙最后走。曾皙说：“他们三个人讲的话怎么样？”

孔子说：“不过是各人说说自己的志向罢了。”

曾皙说：“您为什么对仲由笑？”

孔子说：“治国讲究礼让，他的话一点都不谦让，所以笑他。”

曾皙说：“那冉求讲的就不是国家吗？”

孔子说：“哪有六七十里或五六十里见方的土地还算不上国家的呢？”

曾皙说：“那公西赤讲的不是国家吗？”

孔子说：“有宗庙和诸侯间的相会，不是国家又是什么呢？公西赤如果只能当个小司仪，那又有谁能当大官呢？”

【易惑词】

侍坐，陪坐。居，平日。或，有人。率尔，直率，轻率，不假思索。比，音 bì 毕，等到。方，道理。哂，音 shěn 审，微笑，有轻蔑义。如，或者。会同，诸侯会盟。端章甫，礼服。作，站起来。撰，想法。莫，音 mù 暮，同“暮”。童子，少年。沂，沂水。舞雩，台名，鲁国祭天求雨的祭台。

【论语人物】

曾皙，姓曾，名点，字子皙，曾参的父亲，孔子学生。

【淮北佬曰】

在非汛期，孔子在当地的河流中，找不到催生他经典名句的感觉。

【论语内外】

这里谈论的不仅是休闲春游，还是人与天地万物和谐共存的人地关系；这里谈论的不仅是人类春暖时节生命的苏醒，还是人类应该依时作息的社会理念；这里谈论的不仅是人类对物质世界的依赖，还是人类应该对生态伦理的一种持守。万物四时，周转轮回，如何顺应天时、规划人文，成为文明世界定当深思长虑的必修课。在文学上，这也呈现了浓郁的中国文学的诗性特质：依托天地，背靠农耕，营造意境，提炼哲理。

“浴乎沂”，这里说的“沂”，似乎不是现流经沂蒙山及沂水、沂南、临沂、新沂等地的沂河。“浴乎沂”的“沂”据说源于现山东邹县东北地区，流经尼山脚下，西流至曲阜附近与洙水相合，再入于泗水，是淮水的三级支流。又有人说，“子在川上曰：逝者如斯夫，不舍昼夜”的“川”，就是“浴乎沂”的“沂”，也就是尼山脚下的“沂”；当下，孔子观景台的遗址还在。而在我看来，不管是“浴乎沂”的“沂”，还是“川上曰”的“川”，孔子发出“逝者如斯夫”的季节，都应该是在当地的汛期。因为无论是泗水，还是“浴乎沂”的沂水，都源于沂蒙山或沂蒙山边缘山区，季节泄洪道性质都十分明显。这些河流汛期河水滚滚，十分骇人；而非汛期则水流枯瘦，河床嶙峋。在非汛期，孔子在当地的河流中，找不到催生他经典名句的感觉。

颜渊篇第十二

（共24章）

【原文】

12.1 颜渊问仁，子曰："克己复礼为仁。一日克己复礼，天下归仁焉。为仁由己，而由人乎哉？"颜渊曰："请问其目？"子曰："非礼勿视，非礼勿听，非礼勿言，非礼勿动。"颜渊曰："回虽不敏，请事斯语矣。"

【译文】

颜渊问仁德事，孔子说："抑制自己，并使自己的言行符合礼，这就是仁。一旦做到克己复礼，天下人都会称赞你是仁人。践行仁德完全靠自己，还能靠别人吗？"颜渊说："请问具体内容是什么？"孔子说："不符合礼的不看，不符合礼的不听，不符合礼的不说，不符合礼的不做。"颜渊说："我虽然不聪慧，愿意照这些话去做。"

【易惑词】

克己复礼，克制自己，言行合礼；复，指践行，实行。一日，一旦。归仁，归，称赞；仁，仁人。目，条目。敏，聪明。事，做，从事，践行。

【淮北佬曰】

不一样的心理动力，会带来不一样的人生。

【论语内外】

归仁，又有说回归于仁，天下归仁焉，就是天下回归于仁了。不一样的心理动力，会带来不一样的人生。践行仁德完全靠自己，不能靠别人。述而篇说"仁远乎哉？我欲仁，斯仁至矣"；阳货篇说"性相近也，习相远也"；都是说后天才是人获取价值观的必要和充分的条件。人的主动性至关重要。人的主动性包括我欲仁、学习获得和克己复礼。没有获取的欲望，没有学习的打算，没有克己复礼的决心和动力，仁不会不请自来，社会难以平和谐调，人生也难以丰盈饱满。从礼的角度来说，仁是礼的内涵，礼是仁的外在；仁是动因，礼是符号；仁是里，礼为表。连礼仪、礼规、礼俗都听不进、说不入、做不好，就没有仁德可言了。但仁和礼，又都不是僵化的、令人厌恶的、陈腐的观念和思想。它爱人，存在于暮春“浴乎沂”的情感高扬之中；存在于“松柏之后凋”的感叹之中；存在于“学而时习之”的情趣之中；存在于厩焚不问马的关注之中；存在于日用生活的各个方面；存在于无所不在之中；只要我们去找它。

【原文】

12.2 仲弓问仁，子曰：“出门如见大宾，使民如承大祭。己所不欲，勿施于人。在邦无怨，在家无怨。”仲弓曰：“雍虽不敏，请事斯语矣。”

【译文】

仲弓问仁德事，孔子说：“出门做事要像去见贵宾一样，动员百姓就像举行大祭典一样郑重。自己不喜欢的，也不要强加给别人。在诸侯国当官不会招来怨恨，在大夫的封地里工作也不会招来怨恨。”仲弓说：“我虽然不聪慧，愿意照这些话去做。”

【易惑词】

大宾，贵宾。使民，役使民众。承，承办。邦，诸侯的封国，此指朝廷、官场。家，大夫封地。雍，仲弓名。

【淮北佬曰】

孔子在本章中所言，无非敬事、解人，即认真做事，体谅他人。

【论语内外】

仲弓姓冉，仲弓氏，名求，字子有。仲弓也是孔子的好学生，《论语》把他归于政事优异类。孔子认为他那样多才多艺，如果再用礼乐来增加些文采，就成为完美的人了；千户大小的县让他当县宰，百辆兵车的大夫封地让他当总管，他都能胜任；说明他在为政方面是有些才能的。仲弓为人谦逊，性情也较温和，倒是孔子有时倚老卖老，讥讽欺负他，甚至还鼓动弟子们鸣鼓而攻之。这可能是由于仲弓原则性不强，坚持一种庸俗的实用生活哲学，缺乏孔子倡导的仁义道德底线的缘故。所以孔子说，冉求有没有仁德，自己就不知道了，不愿意直接谈论仲弓的道德面貌，其实就是暗示仲弓的道德缺失，当然是以孔子的道德标准。但人无完人，由于仲弓性情温和，谦对师长，所以师生间的关系，虽然有些古怪，倒也相安无事。孔子在本章中所言，无非敬事、解人，即认真做事，体谅他人。孔子善于因人而言，他在这里对仲弓说的话，都是仲弓用得着的。仲弓成为孔门弟子从政最成功的学生之一，与孔子的针对性启蒙，或不是完全无关的。

【原文】

12.3 司马牛问仁，子曰：“仁者，其言也讱。”曰：“其言也讱，斯谓之仁已乎？”子曰：“为之难，言之得无讱乎？”

【译文】

司马牛问仁德事，孔子说：“仁者言语迟滞。”司马牛说：“言语迟滞，这就叫仁了吗？”孔子说：“仁做到不容易，说起来不应该谨慎些吗？”

【易惑词】

讱，音 rèn 认，难，钝，言语谨慎，不轻易开口。斯，就。得无，能不，表示揣摩。

【论语人物】

司马牛，姓司马，名耕，字子牛，宋国人，孔子学生。

【淮北佬曰】

有了仁，君是良君，臣是良臣，政是善政，人是好人。

【论语内外】

司马迁说：司马牛多言而躁。真言简意赅！孔子因人施教。因为司马牛说话不过脑子，所以孔子借他问仁的时机，暗示他诸事须过脑子，才有可能得到仁的真谛。仁是孔子思想的核心，有了仁，君是良君，臣是良臣，政是善政，人是好人。依照《论语》内容推测，可以说，凡是好的品德，都属仁的范畴，都是仁的组成部分。孔子智慧，他总是因人而异，因事而异，因境而异，说出仁的部分内容，而不试图徒劳地对仁下一个完整或准确的定义。他大概知道，所有的定义都不可能是完备的，所有试图对事物下完整定义的努力都达不到预期目的。孔子不傻，他不去做明显无用的事情。

【原文】

12.4 司马牛问君子，子曰：“君子不忧不惧。”曰：“不忧不惧，斯谓之君子已乎？”子曰：“内省不疚，夫何忧何惧？”

【译文】

司马牛问君子事，孔子说：“君子不忧愁，不恐惧。”司马牛说：“不忧愁，不恐惧，这就叫君子吗？”孔子说：“自我反省不内疚，还有什么忧愁和恐惧呢？”

【易惑词】

疚，忧苦，惭愧。

【淮北佬曰】

对不同的人说不同的话，显示一种有针对性的灵活。

【论语内外】

君子因有自省能力而不忧、不惧。这是一种自信。司马牛提出的问题似乎暗示着他人生的波折。司马牛姓司马，名耕，字子牛。从司马牛的姓名和字上，最能看出中国古代姓氏与字的规律。中国的少数民族多复姓，中国的汉族则是单姓多。但古代有以官职为姓的习惯，所以司马可能就曾是司马牛先人的官职。古人的名和字常有联系，在司马牛的名和字上观察得最清楚。司马牛的名和字，直接反映了中国农耕文化中最常见的劳动者和农作形式。司马一职是西周始设的官位，主管军政军务。有人说司马牛是宋人，兄弟中排行老三，他二哥桓魋为宋国司马，但桓魋为宋桓公后人，向姓，与司马不符。即便他二兄为宋司马，怕也与他的姓无关。

【原文】

12.5 司马牛忧曰："人皆有兄弟，我独亡。"子夏曰："商闻之矣：死生有命，富贵在天。君子敬而无失，与人恭而有礼，四海之内皆兄弟也。君子何患乎无兄弟也？"

【译文】

司马牛忧愁地说："人人都有兄弟，唯独我没有。"子夏说："我听说：死生由命决定，富贵上天安排。君子工作认真没有过失，对人恭敬而有礼节，四海之内到处都是兄弟。君子哪用忧愁没有兄弟呢？"

【易惑词】

亡，无。四海，普天之下。

【淮北佬曰】

子夏的安慰成为经典。

【论语内外】

《论语》因记录生活场景和语言对话，所以通篇都是生活实践、生活实践得来的智慧以及从生活实践中悟得的人性哲理和人生道理。上章说到司马牛或有二兄在宋国当司马，在宋国权势很大，后又起势叛乱，被镇压后兄弟四散而亡。司马牛虽不曾当官，但受到牵连，流奔四方，后来回到鲁国。司马牛或因此慨叹"人人都有兄弟，唯独我没有"，这并非真的说没有兄弟，而只是一种虚比，以表达心中的忧伤。司马牛忧愁没有兄弟，子夏的安慰成为经典。由子夏的对话，也可见得孔门弟子中的某种温煦气氛。

【原文】

12.6 子张问明，子曰："浸润之谮，肤受之愬，不行焉，可谓明也已矣；浸润之谮，肤受之愬，不行焉，可谓远也已矣。"

【译文】

子张问怎样才能明白事理，孔子说："如水润物的谗言，切肤之感的诬语，在你这里都行不通，这可以称作明白事理；如水润物的谗言，切肤之感的诬语，在你这里都行不通，你可算是有远见了。"

【易惑词】

明，明智，明白事理。谮，音 zèn，说坏话诬陷别人，谗言。愬，音 sù 诉，诬告。远，远见，明的更高境界。

【淮北佬曰】

孔子的这段话，听，似乎听明白了，看，也似乎看懂了，却似乎还不明白，还不太懂。

【论语内外】

孔子的这段话，听，似乎听明白了，看，也似乎看懂了，却似乎还不明白，还不太懂，还不太明白事理。这就像人们讲到人文主义，有时候就难以讲得明白、听得清楚。人文主义在 17 世纪是人文学科的意思，在 18 世纪是博爱和人道主义的意思，在 19 世纪变成人本哲学的意思，在 20 世纪则变成人类中心主义的负面意思。孔子这段话略显语言游戏意味。但语言除了表达意思外，本来就有游戏的功能。如果仅仅表达意思，走就是走，但因此而没有文采，没有艺术；如果人们说慌慌张张地跑了，快马加鞭地赶上，散步休闲，这就有游戏的意味了，就有文采了，就有趣味了，就有艺术了。孔子绕了许多弯子，大概还是想说，坏的在你这里行不通，你就明白事理、有远见之明了。

【原文】

12.7 子贡问政，子曰："足食，足兵，民信之矣。"子贡曰："必不得已而去，于斯三者何先？"曰："去兵。"子贡曰："必不得已而去，于斯二者何先？"曰："去食。自古皆有死，民无信不立。"

【译文】

子贡问政事，孔子说："粮食充足，军备强大，老百姓信任。"子贡说："迫不得已要减少，这三项中先减去哪一项？"孔子说："减少军备。"子贡又说："迫不得已减少，这两项中又先减去哪一项？"孔子说："减少开支。自古而今人总是要死的，如果缺少百姓的信任，国家难以存在下去。”

【易惑词】

政，政务，政事。足，充足，富足。兵，军备。信，信任。去食，省吃俭用，紧缩开支。立，站住。

【淮北佬曰】

这是一个政治视角，表明了理性政治中统治第一的特殊性。

【论语内外】

这里的政是仁在政治领域的表现形式、方式和手段，是以仁为统领的政治事务。作为孔子得意门生之一的子贡，他的问题都是有感而发、思考后再发的，十分有针对性，也是他打算今后付诸实践可能碰到的问题。从生理角度讲，吃的重要性最高，因此如果减少，先不能减少粮食，而是减少消费物资的军事系统。但粮食和人民的信任相比，人民的信任对统治者而言似乎更为重要。这两者是矛盾的统一体。人民吃得饱时可能就会信任执政者，人民饿肚子时就很难支持政府。但人民吃得饱时也可能怀疑执政者，人民饿肚子时也不一定会起而抗争。这可能就是孔子说这些话时对政治实践的透彻认识和细微把握。孔子说的去兵、去食，不是无兵、无食，而是少兵、少食。这是一个政治视角，表明了理性政治中统治第一的特殊性。

【原文】

12.8 棘子成曰：“君子质而已矣，何以文为？”子贡曰：“惜乎，夫子之说君子也！驷不及舌。文犹质也，质犹文也。虎豹之鞟犹犬羊之鞟。”

【译文】

棘子成说：“君子本质好就可以了，为什么还要礼仪等文采？”子贡说：“遗憾啊，您这样谈论君子！一言既出，驷马难追。文采和本质一样重要。去掉有文采的毛，虎豹的皮和犬羊的皮就没有区别了。”

【易惑词】

质，本质，质朴。文，文采，指礼仪礼节。驷，音 sì 四，四匹马拉的车。犹，等同，如同。鞟，音 kuò 阔，去了毛的兽皮，即革。

【论语人物】

棘子成，春秋时卫国大夫。

【淮北佬曰】

质朴和文采，既要相搭，也要相配，更要相和，这才是质与文互为存在的价值和前提。

【论语内外】

看起来，子贡在这里谈的是审美，是本色好一些，还是增加些文采更好些。但

子贡谈的又不是单纯的审美。我们往往容易把事物的两面割裂开来看，但子贡把内里与外表、本质与表象、内容与形式杂糅为一，互为表里。在子贡眼里，内容即是形式，形式也是内容；表面即是内部，内部也是表面；质朴即是文采，文采也是质朴；原型即是艺术，艺术也是原型。孔子在雍也篇里，曾表达过相近的意思。孔子说，质朴超过文采就显得粗野，文采超过质朴就显得虚浮；文采和质朴搭配相宜，才是君子。质朴和文采，既要相搭，也要相配，更要相和，这才是质与文互为存在的价值和前提。

【原文】

12.9 哀公问于有若曰："年饥，用不足，如之何？"有若对曰："盍彻乎？"曰："二，吾犹不足，如之何其彻也？"对曰："百姓足，君孰与不足？百姓不足，君孰与足？"

【译文】

鲁哀公问有若："遭遇荒年，国家财政困难，应该怎么办？"有若回答说："为什么不实行十分抽一的税制？"鲁哀公说："十抽二还觉得不够，怎么能十抽一呢？"有若回答："百姓够用了，您还有什么不够用？百姓不够用，您又怎么能够用？"

【易惑词】

年饥，年成不好，闹饥荒。用，财用。盍，疑问词，何不。彻，西周的一种田税制度，即十取一的田税。二，抽取收成的十分之二作为田税。孰与，哪里会，怎么会。

【淮北佬曰】

有子把年成与以民为本思想挂钩，见解也是深刻的。

【论语内外】

《论语》中说到孔子弟子，一般都称字，也呼名，只有曾参和有若称子，这或因他二人在继承孔子思想方面比较突出，得到众弟子肯定；或由于有若和曾参弟子参与甚至主导了《论语》编辑，因而称子。《论语》中记载有子言论的，多集中在学而篇里。在学而篇第二章里，有子说，孝敬父母，敬重兄长，而又喜欢冒犯上级，这样的人是很少的；不喜欢冒犯上级，而好造反作乱，这样的人是没有的；君子专注致力于根本，根本建立了，人与人之间相处的最高标准就生成了；孝敬父母，敬重兄长，这就是仁的根本啊！有子把孝悌提升到专政和稳定社会的高度，眼光非同一般。在学而篇第十二章里，有子又说，礼制的作用，贵在促和，过去圣主明君治理国家，这是优秀的传统，无论事小事大都按礼而行；如有行不通处，为和而和，不用礼规节制，也就行不通了。也颇有见地。在学而篇第十三章里，有子说，信守的诺言符合义，说的话就可承现；恭敬符合礼，才能远离耻辱；依靠亲近的人，也就心安了。也很精到。此章有子把年成与以民为本思想挂钩，见解也是深刻的。

【原文】

12.10 子张问崇德、辨惑，子曰："主忠信，徙义，崇德也。爱之欲其生，恶之欲其死；既欲其生又欲其死，是惑也。'诚不以富，亦只以异。'"

【译文】

子张问提高品德、辨别是非，孔子说："以忠信为主，追求正义，这样就可以提高品德。喜爱这个人时就希望他长寿，讨厌这个人时又希望他早死；既愿他长寿又想他早死，这就是迷惑。正如《诗经》里说的，'即使不是嫌贫爱富，也可说是喜新厌旧。'"

【易惑词】

崇德，提高道德修养水平；崇，增长，提高。辨惑，辨别迷惑。徙义，追求正义；徙，迁移，靠近。恶，音 wù 务，讨厌，不喜欢。诚不以富，亦只以异，这两句诗出自《诗经·小雅·我行其野》，意思是：即使不是嫌贫爱富，也是喜新厌旧；宋程颐认为此为错简，放在这里文意不符，应在季氏篇第十二章末句之前。

【淮北佬曰】

控制自己，既是社会的需要，也是个人的必须。

【论语内外】

此章的关键句，是爱之欲其生，恶之欲其死，或可译为："爱这个人时就希望他长生不老，恨这个人时又恨不得他早死；同是这一个人，既想他长寿，又想他早死，这就是迷惑。"孔子认为，只有以忠信为准则，追求诚义，才不会迷惑，才有原则。爱之欲其生，恶之欲其死，是人的常性。人有多种性情，一旦受挫，或一旦不能满足，即会迁怒于人。而有原则、有修养、有德行的人，能够控制自己，能够将情绪控制在社会约束的范围之内，如此才能长久。人类社会的道德化、规则化，是既为他人，也为自己的。没有他人的安稳、安全，就没有自己的安稳、安全；没有自己的安稳、安全，也不会有他人的安稳、安全。控制自己，既是社会的需要，也是个人的必须。章尾引用《诗》句，感觉意思不相勾连；或只能用意识流，去彼此攀附了。

【原文】

12.11 齐景公问政于孔子，孔子对曰："君君，臣臣，父父，子子。"公曰："善哉！信如君不君、臣不臣、父不父，子不子，虽有粟，吾得而食诸?"

【译文】

齐景公向孔子问政事，孔子回答说：“君要像君的样子，臣要像臣的样子，父要像父的样子，子要像子的样子。”齐景公说：“好极了啊！如果君不像君，臣不像臣，父不像父，子不像子，即便有许多粮食，我能吃得到吗？”

【易惑词】

君君，君行君道，第一个君是名词，第二个君为动词。信，果真，要是。得，能，能够。

【论语人物】

齐景公，齐国国君，姓姜，名杵臼。

【淮北佬曰】

用等级来规范人，用道德来约束人，不花一分钱，不用搞对立，就能达到稳定社会、维护政权的目的，这还不是最理想的吗？

【论语内外】

孔子说到了齐景公的心坎上。齐景公的领悟力也不弱，立刻就能联系到吃饭的大事。说吃饭，并不仅仅是说吃饭，而是指能稳定社会；说稳定社会，并不仅仅是说稳定，而是说能保住政权。齐景公是专职当领导、掌政权的，他日思夜想、时时忧虑的，还不是维护自己政权的稳定吗？维持政权的稳定，有各种各样的方法。可以像季康子说的那样，把坏人杀掉，来成就好人，这种方法，不见得高明。可以像鲁哀公那样，多抽点田税，把国家财政搞富一些，这种方法，也容易出问题。又有一种办法，就是孔子说的，君要像君的样子，臣要像臣的样子，父要像父的样子，子要像子的样子；各归其位，依序而生，和风细雨，不动筋骨，用等级来规范人，用道德来约束人，不花一分钱，不用搞对立，就能达到稳定社会、维护政权的目的，这还不是最理想的吗？齐景公为此叫好，的确是有理由的。

【原文】

12.12 子曰：“片言可以折狱者，其由也与？”子路无宿诺。

【译文】

孔子说：“仅凭单方面言辞即可办决案件的，大概只有仲由吧？”子路从不拖延承诺。

【易惑词】

片言，诉讼时单方面的言辞。折狱，定案，判案。其，大概，或许，也许。与，句尾语气词。宿诺，长时间不兑现的承诺；或诺不过夜；宿，留。

【淮北佬曰】

子路还有这方面的才华？

【论语内外】

子路还有这方面的才华？从《论语》中孔子对子路的言语中，还真得不出这样的印象。这可能是因为子路在孔子学生中才华不算突出，又可能是因为子路行事风格有些粗糙，又可能是子路在孔子身边常干的活是赶车之类的活计。但学生时代，讲究的多是学习能力，参加工作以后，学习不那么突出的学生，发挥了曾被压抑的特长，做出突出贡献，这也是常有的事。子路大概就是这种情况。再说子路毕竟也是孔门十哲中政事特长生之一，能做好诉讼事，该是他强项之一。但孔子赞扬的是子路办案不拖延，这符合子路的急性子。至于判案质量如何，孔子没有直说。孔子说子路仅凭一方之言就能断案，大概也有案子办得还不错的含义吧。

【原文】

12.13 子曰："听讼，吾犹人也。必也使无讼乎。"

【译文】

孔子说："审案子，我和别人差不多。一定要让人们没有诉讼才好。"

【易惑词】

听讼，审理诉讼案件。犹，如同。必，必然，一定。

【淮北佬曰】

总觉得我们说出来的分量，比孔子说出来的分量差一点。

【论语内外】

《论语》编者把关于办案的两章放到一起，也是一种合并同类项吧，这样能加深读者印象，使读者对同类内容有一个强化的印象。但与办案有关的两章，不一定是孔子的前后语，也不一定是孔子的同事而言，或是完全无关的两段话。孔子的这段话，表达了一种向好的愿望，即公平正义、不存冤情、社会稳定。但这一种愿望，我们每一个人都有；这一段话，我们每一个人都能说。比如我可以说，写作，我和别人差不多，一定要让人们读得下去才好；跑步，我和别人差不多，一定要量力而行才好；吃饭，我和别人差不多，一定要见饱就收才好；打球，我和别人差不多，一定要投进篮筐才好；听歌，我和别人差不多，一定要听到好歌才好，难听的我不听。但总觉得我们说出来的分量，比孔子说出来的分量差一点。孔子的这句话，还不是够平凡普通的吗？

【原文】

12.14 子张问政，子曰："居之无倦，行之以忠。"

【译文】

子张问政事，孔子说："在岗位上不要倦怠，执行政令要尽心尽忠。"

【易惑词】

居，在位，在职。行，执行政令，处理政务。

【淮北佬曰】

培养感情、热爱职业，是许多人必须要做的一件事，是许多人必须要过的一道关，是许多人必须要迈的一道槛，是许多人成败在此一举的关键。

【论语内外】

做工作、做事，如果不热爱，就很容易审美疲劳；事人、待物，如果不喜欢，就拿不出心底的热情来对待。做喜欢的事，才能做得最好；跟喜欢的人，才能跟得快活。但人世间的事，往往都不是这样的。学的，不一定用得上；专业，不一定是本职工作。因此培养感情、热爱职业，就是许多人必须要做的一件事，是许多人必须要过的一道关，是许多人必须要迈的一道槛，是许多人成败在此一举的关键。孔子说这段话，大概就是提醒子张这个问题的重要性。

【原文】

12.15 子曰："博学于文，约之以礼，亦可以弗畔矣夫。"

【译文】

孔子说："广泛地学习知识，以礼自律，也就不会背离大道了。"

【易惑词】

博，广泛。文，文献。约，约束，束缚。畔，通"叛"，背离。

【淮北佬曰】

都相关于社会的安定。

【论语内外】

还是学习、遵守规范。人是有智慧的社会性生物，不能依照社会秩序生活，社会会动荡，人生也无处安放。人人都是为自己，也都是为他人；他人都是为别人，也都是为自己；所谓相互成就。曾有说人类社会的一夫一妻制动因，是为了社会的安定。现在又有说一夫一妻制动因，是由于性病的泛滥，使人类不得不一夫一妻制，以免人类灭亡。一夫一妻制就是约之以礼，就是规制，就是约定，就是约束。能够遵守一夫一妻制，就不会背离大道了。能够遵循所有相关的礼制、礼仪、礼规，也就能够放心地在社会里生活了。

【原文】

12.16 子曰："君子成人之美，不成人之恶。小人反是。"

【译文】

孔子说："君子成全别人的好事，不促成别人的坏事；小人恰恰相反。"

【易惑词】

美，好，好事。恶，音è饿，坏，坏事。反是，与此相反。

【淮北佬曰】

为他人祝福！

【论语内外】

君子成人之美，是说君子心胸宽展，不计小嫌。小人不成人之美，是说小人心胸狭窄，总计恨在心。只有不计小嫌，心胸宽展，才有慈爱心，才有悲悯情，才乐于助人，才会以他人的美为美，以他人的乐为乐，以他人的幸福为幸福，才会衷心地为他人祝福！小人常计小嫌，心胸促狭低窄，因此没有慈爱心，缺少悲悯情，不乐于助人，不会以他人的美为美，不会以他人的乐为乐，不会以他人的幸福为幸福，才见不得他人的好，才不会衷心地为他人祝福！

【原文】

12.17 季康子问政于孔子，孔子对曰："政者，正也。子帅以正，孰敢不正？"

【译文】

季康子向孔子问政事，孔子回答："政的意思就是公平公正。您带头公平公正了，谁还敢不公平公正？"

【易惑词】

正，端正。帅，表率，带头。

【淮北佬曰】

这就是孔子的行为艺术。

【论语内外】

政者，正也，中国汉字充满了字面的意义。孔子这样回答季康子，也不怕得罪人。因为在政界时间长了，会对言语及言语背后的含义，十分敏感。听话听音，孔子既是对季康子问话的回答，也隐含着提醒或评价季康子过往政绩的话外音，季康子一定听得出来。但书面语和口语实际，常常会有很大不同。实际口语中的语气、顿挫、间断、手势、表情、眼神、坐姿、音量，等等，在书面语中有损无增，往往表现不出来，或表现不充分，这会影响到读者对实际情况的判断。所以，书面语就

是书面语，口头语就是口头语；用书面语记录的口头语，还是书面语，而不可能是原样原貌的口头语。

【原文】

12.18 季康子患盗，问于孔子。孔子对曰：“苟子之不欲，虽赏之不窃。”

【译文】

季康子忧虑盗贼多，向孔子请教。孔子回答说：“假如您不贪求太多的财货，就是鼓励盗窃，人家也不会干的。”

【易惑词】

患，忧虑，担心。苟，假如，如果。欲，贪欲。赏，鼓励。

【淮北佬曰】

人长言威，这或就是孔子说出了实话，别人只得不听也得听的缘故吧。

【论语内外】

季康子又请教孔子了，孔子又影射他的执政了。虽然说的大约是实际情况，孔子也不怕季康子往心里去？季康子是鲁国世袭正卿，他主持鲁国国政，长达24年，与鲁哀公在位时间大致重合。孔子学生冉有等在季康子手下做事，表现突出，因此孔子在季康子心目中，就有很重的分量。季康子喜欢用兵，当政期间社会动荡，在这种情况下，为了笼络人才，季康子请孔子回国，以便时时请益。其时孔子已近七旬，颇受敬重，所以他说的话，是长者之言，一般的人，难以反驳。人长言威，这或就是孔子说出了实话，别人只得不听也得听的缘故吧。

【原文】

12.19 季康子问政于孔子曰：“如杀无道，以就有道，何如？”孔子对曰：“子为政，焉用杀？子欲善而民善矣。君子之德风，小人之德草，草上之风，必偃。”

【译文】

季康子向孔子问政事：“假如杀掉坏人，来成就好人，怎么样？”孔子回答道：“您治理社会，还用得着杀？您政风清明，社会风气就清明。君子的德行像风，小人的德行像草，风往哪边吹，草就向哪边倒。”

【易惑词】

无道，没有道德的人。就，接近，靠拢。偃，音 yǎn 掩，倒伏。

【淮北佬曰】

道德教化，在权力面前，也常面临过不了关的考验。

【论语内外】

季康子真是粗陋不堪的，说起话来，毫无遮掩。他只知用武，而不知有文；只想得到杀人，而想不到教化。孔子却也多见不怪，稳得住，和他谈榜样的力量、德行的风尚。有耐心，有比喻，有文采。后来我们知道，老子的道，是天地之道，即天地运行的法则；佛家的道，是灵魂之道，讲的是慈悲归宿；西方的道，是天人之道，是科学探索，理性进取，人为中心，改造天地；孔子的道，则是社会之道，是人道，是人事，是社会运转的方针、方式和规律。但道德教化，在权力面前，也常面临过不了关的考验。

【原文】

12.20 子张问："士何如斯可谓之达矣?"子曰："何哉尔所谓达者?"子张对曰："在邦必闻，在家必闻。"子曰："是闻也，非达也。夫达也者，质直而好义，察言而观色，虑以下人。在邦必达，在家必达。夫闻也者，色取仁而行违，居之不疑。在邦必闻，在家必闻。"

【译文】

子张问："读书人怎样才能叫作达?"孔子说："你说的达是什么意思?"子张回答说："就是当官时一定有名声，在私人家工作时也一定有名声。"孔子说："你说的这叫闻，不叫达。所谓达，就是品质正直，喜爱道义，善于察言观色，愿意谦让别人。这种人当官时必定顺达，在私人家就职时也必定通达。所谓闻，就是表面仁道而行为不仁，还以仁人自居。这种人，当官时必定会骗取名望，居家时也必定会骗取名望。"

【易惑词】

士，此指读书人。达，通达，行得通。邦，朝廷，指做官。闻，名声。虑以下人，总想着对人谦让；下人，比人低。色取仁，表面装着有仁德样子。居之，以仁人自居。

【淮北佬曰】

孔子是包装大师。

【论语内外】

子张问的这个问题，有些模糊，格调也似乎不高，与孔子所思所想，有一定差距，让孔子一时困惑；孔子只好临时为达义做界定，为达义立边界，并搬出一个闻字来，做达的对立面，才算把达字讲清楚。子张或正在进化过程中，因此有些简单的道理，思想得颇有些纠结。孔子因为学生明智、好学、可造，而把女儿、侄女嫁过去，这是书中自有颜如玉的真实注脚。但读书当官有名声、在私人家就职时也有名声，则未作包装，人们就不一定一下子听得懂。孔子是包装大师，也懂得包装的

关键作用。好的道德，要有好的包装；不让人快乐和高兴的道德，更要有好的包装，才能为人接受。谁愿意守清持贫呢？给守清持贫包装上一顶君子贫而不谄的帽子，人们就乐而为之了。这就是孔子的行为艺术。

【原文】

12.21 樊迟从游于舞雩之下，曰："敢问崇德、修慝、辨惑。"子曰："善哉问！先事后得，非崇德与？攻其恶，无攻人之恶，非修慝与？一朝之忿，忘其身，以及其亲，非惑与？"

【译文】

樊迟陪孔子在舞雩台下游玩，樊迟说："请教如何提高品德、消除邪念、明辨是非？"孔子说："问得好！先努力，后获得，不就是提高品德了吗？批评自己的错误，不批评别人的错误，不就消除内心的邪念了吗？因一时之愤，忘记自己和亲人，不就是糊涂吗？"

【易惑词】

雩，音 yú 鱼。修，消除。慝，音 tè 特，邪恶，邪念。得，获得。其，代词，指代自身。攻，批判，苛责。一朝，一时。忿，愤怒。

【淮北佬曰】

樊迟不失时机，总想从老师那里得到一些点拨。

【论语内外】

樊迟在雍也篇里问了智、问了仁，在这里又连问了崇德、消邪、辨惑，他不失时机，总是想从老师那得到一些点拨，也是十分好学的。可能因为在天地里游玩，孔子这次兴致高，还赞扬樊迟问得好。他的回答却仍是浅显易懂的，可能是要因材施教，由浅入深，慢慢打磨这个学生。提高品德就是努力，批评自己原谅他人就是消除邪念，一时气愤忘记自己和亲人就是迷惑，这些因果关系的建立，或令樊迟更加糊涂。却也能提供新的思路。

【原文】

12.22 樊迟问仁，子曰："爱人。"问知，子曰："知人。"

樊迟未达，子曰："举直错诸枉，能使枉者直。"

樊迟退，见子夏，曰："乡也吾见于夫子而问知，子曰：'举直错诸枉，能使枉者直'，何谓也？"

子夏曰："富哉言乎！舜有天下，选于众，举皋陶，不仁者远矣。汤有天下，选于众，举伊尹，不仁者远矣。"

【译文】

樊迟问仁德事，孔子说：“爱人。”又问智，孔子说：“知人。”

樊迟没怎么明白，孔子说：“把正直的人提拔至邪恶的人之上，能使邪恶的人正直起来。”

樊迟退出，去找子夏，说：“刚才我见老师向他问智，老师说：‘把正直的人提拔至邪恶的人之上，能使邪恶的人正直起来。’这是什么意思呢?”

子夏说：“这段话的意思多么丰富啊！舜有了天下，在众人中挑选，把皋陶选拔出来，不仁的人就逐渐减少了。汤有了天下，在众人中挑选，把伊尹选拔出来，不仁的人就逐渐减少了。”

【易惑词】

知人，了解人。未达，不明白，不理解。错，通“措”，放置。枉，曲，不正直。乡，音 xiàng 向，同“向”，从前，过去，此指刚才。

【论语人物】

皋陶，传说中舜的贤臣，掌管刑法。伊尹，汤的贤臣。

【淮北佬曰】

“爱人”就是仁，多么简洁有力的回答，而且与两千五百年后的时代无缝匹配!

【论语内外】

“爱人”就是仁，多么简洁有力的回答，而且与两千五百年后的时代无缝匹配！这大概就是“仁爱”一词的起源。有消息说，伊朗媒体将刺杀英国作家萨尔曼·拉什迪的赏金提高到了 60 万美元。拉什迪撰写的影射伊斯兰教先知穆罕默德的《撒旦诗篇》在 1989 年出版，伊朗宗教领袖霍梅尼当即就下达了刺杀拉什迪的宗教法令，号召所有穆斯林追杀他，这迫使拉什迪此后开始了长达数十年的隐居生活。儒家的爱，是泛爱，因此它不是宗教。宗教的爱，是有先决条件的爱，因此它强调非此即彼，不可混淆，也不可调和。儒家文化、伊斯兰文化、基督教文化等各种文化提供了多种可能性，共同存在于人类社会之中，体现了人类文化的多样性现状。总体而言，《论语》的气氛还是一种和风细雨、与人为善的气氛。《论语》也是东亚日常文化的代表，温和、睿智、宽厚，与人为善是其本质基因。孔子说仁是爱人，爱人就是爱他人，爱他物，爱社会，爱生物圈。

【原文】

12.23 子贡问友，子曰：“忠告而善道之，不可则止，毋自辱焉。”

【译文】

子贡问朋友事，孔子说：“真诚劝告，好好引导，没有效果就算了，不要自取

侮辱。”

【易惑词】

友，交友。忠告，真诚劝告。善道，友善地开导；道，音 dǎo 导，同“导”，开导，引导。

【淮北佬曰】

生活的真谛！

【论语内外】

生活的真谛！没有生活实践，不可能得出这些细微到位的道理。正因为如此，《论语》总是引导我们从生活、从日常、从经验、从观察、从体会、从情感、从感觉入手；而不习惯于从虚空、从抽象、从思想、从逻辑、从归纳、从模型、从推理、从计算入手，创造出不曾有的东西。因此，《论语》是具备思想创造与创新的基础资源的。你不能要求《论语》和孔子全德全能，不能要求《论语》和孔子既感性、又理性；既具象、又抽象；既体会感悟、又逻辑归纳。从经验至上角度看，孔子真是大家！真是了不起的社会观察家、人性洞察者！

【原文】

12.24 曾子曰：“君子以文会友，以友辅仁。”

【译文】

曾子说：“君子用文章学问来交朋友，靠朋友帮助来培养仁德。”

【易惑词】

以文会友，借文章而聚。辅仁，辅助培养仁德。

【淮北佬曰】

仁就是爱，爱也是仁；仁能够友，友成就仁。

【论语内外】

曾子这句话，现在常用前半句来形容文友们的相聚、相交、采风、研讨。意思是以文章文学做桥梁、做纽带，来达到交流、联谊的目的。曾子的话却没有这么通俗、简单。曾子还是以道德做标杆，来衡量人们的行为。只有君子，才有以文会友的行为，而以文会友的，则是君子；既然以文会友的都是君子，那么递进一层，君子的相会，必能互增仁德、共赴至境。

子路篇第十三

（共30章）

【原文】

13.1 子路问政，子曰："先之，劳之。"请益，曰："无倦。"

【译文】

子路问政事，孔子说："自己带头，然后发动百姓。"子路请孔子多讲一些，孔子说："就是不要懈怠。"

【易惑词】

先，带头。之，指部下，百姓。劳，使……勤劳。益，增加，多。无倦，不倦怠，不松懈。

【淮北佬曰】

据专家研究发现，耐心不仅是一种美德，还能使人长寿。

【论语内外】

孔子很有耐心。《论语》的主色调是温和、敦厚、睿智、低调、谦逊、宽容、有耐心、与人为善、期冀和谐的。《论语》中的孔子也是温和、敦厚、睿智、低调、谦逊、宽容、有耐心、与人为善、期冀和谐的。据专家研究发现，耐心不仅是一种美德，还能使人长寿。没耐心爱着急的人容易未老先衰，加快节奏的欲求可能和他们的生命更快流逝有关。在基因方面，没耐心的人某种基因端粒较短。不过科学家们现在还不能彻底了解，到底是因为没耐心而使端粒缩短，还是由于端粒较短而导致没耐心。但不管怎么说，孔子的高寿，要么是孔子某种基因的端粒较长，要么就是由于孔子颇有耐心而使他某种基因的端粒变得较长。世间万物，都有千丝万缕的联系，也都可能是环环相扣的。

【原文】

13.2 仲弓为季氏宰，问政，子曰："先有司，赦小过，举贤才。"曰："焉知贤才而举之?"曰："举尔所知。尔所不知，人其舍诸?"

【译文】

仲弓当了季氏家的总管，问孔子政事，孔子说："给下属带头，宽容别人的小错，提拔贤才。"仲弓问："怎么识别贤才然后提拔呢?"孔子说："提拔你了解的人。你不了解的人，别人难道会埋没他们吗?"

【易惑词】

有司，下属。赦，宽容，不计较。举，提拔。诸，之乎的合音。

【淮北佬曰】

人似乎都有独裁心态，但有时这种心态对人，有时这种心态对物，有时这种心态无所作为。

【论语内外】

《论语》里的人都是当时在世或曾经在世的人，都是无神论者，都有生、老、病、痛、怨，都是现实。《论语》不谈不存在的，不谈未来，不务虚，不想象，不假设，不空远，很实在，很踏实。一般而言这对人生都是好的，是很好的，使人生活得普通而平凡，充实而平和，现实而满足，不易自我摧残、自我毁灭、自我作践、自我拔高或降低，能够长久，不会硬着陆和自我毁伤。年稍长的人大都喜欢这种生活的方式和生活的状态，并且通过控制权力及控制他人的过程感受到它的必要和好处。这也许也是一种独裁心态。人似乎都有独裁心态。但有时这种心态对人，有时这种心态对物，有时这种心态无所作为。

【原文】

13.3 子路曰："卫君待子而为政，子将奚先?"

子曰："必也正名乎!"

子路曰："有是哉，子之迂也!奚其正?"

子曰："野哉，由也!君子于其所不知，盖阙如也。名不正，则言不顺；言不顺，则事不成；事不成，则礼乐不兴；礼乐不兴，则刑罚不中；刑罚不中，则民无所错手足。故君子名之必可言也，言之必可行也。君子于其言，无所苟而已矣。"

【译文】

子路说："如果卫国国君等着您去主持政务，您先做什么?"

孔子说："必定要先正名分。"

子路说："您迂腐到这种地步了吗？为什么要去正这个名分？"

孔子说："仲由，你太粗莽了！君子对于自己不懂的，应该采取存疑态度。名分不正，说话就不顺；说话不顺，事就做不成；事做不成，礼乐就不兴盛；礼乐不兴盛，刑罚就难得当；刑罚不得当，百姓就无所适从。所以君子的名分一定能够说明白，说明白了一定能行得通。君子对于自己说的话，没有一点马马虎虎。"

【易惑词】

奚先，即先奚；奚，什么。正名，端正名分。迂，迂腐，不合时宜。野，粗野，粗俗。阙，空缺，存疑。中，音 zhòng 仲，得当，恰当，中肯。错，同"措"，安置，放置。名之，确认名分。苟，随便，马虎，苟且。

【淮北佬曰】

有了仁政的名分，就有了施政的抓手；有了仁政的名分，就有了话语的权力。

【论语内外】

子路的确直率，甚至到了鲁莽、说话不得体的地步。怪不得孔子听了他的话很恼火，要斥责他的粗陋，并放出杀手锏，暗示他不是君子。但孔子还是耐着性子，说出一段令后世深省的话。孔子所言正名，一方面是要施行仁政。孔子的思想即是以仁为核心的一套思想体系，在政治方面也是一套政治伦理。有了仁政的名分，就有了施政的抓手；有了仁政的名分，就有了话语的权力；有了仁政的名分，就有了做事的本钱；有了仁政的名分，就有了礼乐的推行；有了仁政的名分，就有了百姓的配合。正名或又是区分一种等级制度；没有等级上下，就没有威权，没有威权，政令则难以畅通。正名的前提是为政，是子路假设的待子而为政。对孔子而言，为政也是一种正名。没有这种名分，其他的名分，都是不存在的。此章的正名，或又是孔子对卫国国君名分有异的暗示。卫出公父亲蒯聩本为太子，却未能成为国君，郁郁而不得立。

【原文】

13.4 樊迟请学稼，子曰："吾不如老农。"请学为圃。曰："吾不如老圃。"樊迟出。子曰："小人哉，樊须也！上好礼，则民莫敢不敬；上好义，则民莫敢不服；上好信，则民莫敢不用情。夫如是，则四方之民襁负其子而至矣，焉用稼？"

【译文】

樊迟请教种庄稼事，孔子说："这方面我不如老农。"樊迟又请教种菜蔬的事，孔子说："我不如老菜农。"樊迟出去了，孔子说："小人啊，这个樊须！统治者讲礼仪，百姓就不敢不尊敬；统治者讲道义，百姓就不敢不服从；统治者讲诚信，百姓就不敢不讲真话。如果这样，那么四方百姓都会拖儿带女来投靠，还用得着自己学种庄稼？"

【易惑词】

稼，种五谷粮食。圃，菜园，果园，用作动词，种菜。小人，普通百姓。好，音 hào 号，喜欢。莫，没有人。用情，讲实情，讲真话。襁，音 qiǎng 抢，背小孩的布带。

【淮北佬曰】

同样的话，在一个背景里是对，在另一个背景里，可能就是错，在第三个背景里，却可能什么都不是，只是一番语言垃圾。

【论语内外】

樊迟在雍也篇里问了智、问了仁；在颜渊篇里问崇德、消邪、辨惑，又问了仁和智。樊迟仿佛还是少不更事的，孔子的回答却愈益精彩，把仁者爱人、智者知人的千古名言都抛出来了。现在，樊迟又问起种庄稼、种菜的事，这些都不是孔子强项和兴趣所在，因此孔子气他，说樊迟是小孩子把式。须是樊迟的名，称名除了长辈对晚辈的随和外，连姓带名一般总带点轻看。但从正面的话中，还是看得出，孔子对种庄稼和体力活是看不上的。有人批判“孔老二”，说他四体不勤、五谷不分，也算批得不错。所以，同样的话，说出来，错与不错，要看放在什么样的背景中。同样的话，在一个背景里是对，在另一个背景里，可能就是错，在第三个背景里，却可能什么都不是，只是一番语言垃圾。

【原文】

13.5 子曰：“诵《诗》三百，授之以政，不达；使于四方，不能专对；虽多，亦奚以为？”

【译文】

孔子说：“熟读《诗经》三百首，让他处理政务，却处理不了；让他出使他国，却不能独立应对；读书再多，又有什么用呢？”

【易惑词】

不达，办不通，行不通。使，出使。专，独。对，对答，应对。奚以为，以，用；为，语气词。

【淮北佬曰】

书呆子只知道吞书，不知道消化，更不能应用。

【论语内外】

不知道孔子这是说谁的，也许针对一种书呆子式的现象。或又是一种君子不器的说法，但两者也有明显的不同。书呆子只知道吞书，不知道消化，更不能应用；而君子不器，是对君子提出的更高要求。君子已有所专，但不应该仅有所专，应该能做更多的事情，能胜任更多的方面，能成为复合型的创造性人才。或者反过来说，只知道香书不知道消化的书呆子，成不了君子；既然是君子，就已经至少学有所专了。学有所专只是君子的起点。对君子，必有更高的标准和要求。

【原文】

13.6 子曰："其身正，不令而行；其身不正，虽令不从。"

【译文】

孔子说："统治者品行端正，不下命令政事也畅通；统治者品行不正，即便三令五申百姓也不听从。"

【易惑词】

正，正派。令，政令，命令，指发出政令、命令。

【淮北佬曰】

农业文明因为生活固定、作息有序、可以预期，因而特别讲究尊老爱幼、等级秩序、特权特供。

【论语内外】

以身作则；躬身而为；榜样的力量是无穷的；身正不怕影子斜；亲历亲为；宁愿站着生，不愿跪着死；领导带头，就有奔头；火车跑得快，全靠车头带；说的都是领导的带头作用，榜样的示范作用。农业文明因为生活固定、作息有序、可以预期，因而特别讲究尊老爱幼、等级秩序、特权特供。因为如果没有巨大的社会动荡的话，人们会一直生活在范围很小的环境中，父母每天都见得到，子女也远不到哪里去，土地永远是那块土地，粮食永远从那里长出来，家族永远是那些家族，四季永远会依时轮回。动荡、商贸和迁徙的社会有很大不同，人们会生活在范围很大的环境中，父母每天都见不到，子女也远在天涯海角，土地常常不是那块土地，粮食不知从哪里长出来，家族永远是些陌生的家族，四季存不存在还很难说；因而人们尽量或只得各食其力，等级观念不再存续，特权特供也不可能，凭借规则和实力，人们相安无事，达致新的平衡。在这种情况下，统治者能力第一，人气为王。

【原文】

13.7 子曰："鲁卫之政，兄弟也。"

【译文】

孔子说："鲁国和卫国政务相近，像兄弟一样。"

【易惑词】

兄弟，犹如兄弟。

【淮北佬曰】

西方探索自然，能够更好地把握自然；儒家探究社会，能够更好地把握人群。

【论语内外】

子路篇多政务政事的道理，孔子也热衷社会人事的探究。《论语》本来就是日常生活、社会生活的记录，孔子也多对人与人关系兴致盎然。子罕言利，与命，与仁；孔子很少谈钱财，谈得多并称许的，是人道和仁德。在西方文化参照下，中国文化或在探索天地方面，曾经显得捉襟见肘。但这并非孔子责任，也还未见分晓。并非孔子责任，是说热衷人事，只是孔子热爱；尽说人事，则是后世所用。不重要的事，连说三遍，有可能变成重要的事；不重要的话，连说三遍，也可能变成重要的话。后人所用，都是为己所用，不顾其余，也不顾孔子；是否孔子原意，甚至后人之间，都有许多争议。说未见分晓，是说不可中国强，就全以中国标准，西方强，又全用西方标准；这不合乎中庸之道。西方探索自然，能够更好地把握自然；儒家探究社会，能够更好地把握人群。举一而反三，把自然探索的道理应用于社会，或能更好地管理社会；将社会管理的道理应用于自然，也或能更好地探索自然。对立和割裂不同文化，不一定是个好的主意；朴素借鉴补充，才是不掉队落后的前提。

【原文】

13.8 子谓卫公子荆："善居室。始有，曰：'苟合矣。'少有，曰：'苟完矣。'富有，曰：'苟美矣。'"

【译文】

孔子谈到卫国的公子荆时说："他善于管家过日子。刚有一点，他就说：'差不多够用了。'稍微多一些，他又说：'几乎完备了。'富有一些时，他又说：'已经完美了。'"

【易惑词】

居室，治家。苟，将就着，凑合，差不多。合，够，足。少有，稍微有；少，音 shāo 烧。完，完备，齐全。美，善，好。

【论语人物】

卫公子荆，卫国的公子，名荆，字南楚，卫献公的儿子，春秋卫国公族大夫。

【淮北佬曰】

提倡节俭的孔子，或认为他合于道德要求。

【论语内外】

卫公子荆善打理钱财、居家过日子。贵为公子，这的确难能可贵。权贵阶层，怎么都是相对奢华的；摊到奢靡无度的时代，更会一泻千里。公子荆的满足、凑合、差不多，在多个视角看来，都是不合时宜的。同一阶层，会认为他不符身份；权力对手，会认为他虚伪、做作；有理想的人，会认为他容易满足、小富即安；观念开放者，会认为他不思进取。提倡节俭的孔子，或认为他合于道德要求。

【原文】

13.9 子适卫，冉有仆，子曰："庶矣哉！"冉有曰："既庶矣，又何加焉？"曰："富之。"曰："既富矣，又何加焉？"曰："教之。"

【译文】

孔子到卫国去，冉有替他驾车，孔子说："卫国人真多呀！"冉有说："人口已经这样多了，又要做什么呢？"孔子说："让他们富裕。"冉有又说："已经富裕了，还要做什么呢？"孔子说："教育他们。"

【易惑词】

适，到，往，到……去。仆，驾车。庶，众多。加，增加。

【淮北佬曰】

文明只产生于人口密集的地方，文明永远不会在人口稀疏的地方产生、成熟。

【论语内外】

只有人多的地方，才有冉有的这些问，才有孔子的这些答。文明只产生于人口密集的地方，文明永远不会在人口稀疏的地方产生、成熟。孔子的回答是选择性、排他性的，有先后之分。孔子或认为，只有先富足起来，才有教育的可能；如果先着力教育，恐怕还不足以成为教化的社会。孔子的回答，大约从宏观着眼，不能以微观对待。贫困的个人，能够通过教育，快速改变自身；但贫困的社会，难以通过教育，快速成为德性的社会。管子说，仓廪实而知礼节，衣食足而知荣辱，是大致相仿的道理。

【原文】

13.10 子曰："苟有用我者，期月而已可也，三年有成。"

【译文】

孔子说："假如有人用我主持政务，一年可见成效，三年见大成果。"

【易惑词】

苟，假如，如果。期月，一年；期，音 jī 积。可，可以，大约，过得去。

【淮北佬曰】

细密的、琐屑的、日常的、家居的、感性的生活易于带来长久、平和、温软的幸福感。

【论语内外】

孔子这样说，让人觉得孔子有幸福感，有自信心，因为他心中很清楚，有目标，也不急躁。人的幸福感更多包含在日常生活的伦理中，更多人的幸福也包含在日常生活的过程和实践中。所以《论语》倡导的世俗社会，是一种强调日常生活幸福感的社会，是一种强调世俗人生目标的社会。极端的观念和极端的体验，虽然有冲击性的高峰体验，但无法长久持续，也没有物质享用的支撑，因而容易大起大落、达于极致然后快速崩溃。反而细密的、琐屑的、日常的、家居的、感性的生活易于带来长久、平和、温软的幸福感。所有有形的和无形的棱角、尖锐、方正、坚硬都只带来短暂的快意，无法长久。所有有形的和无形的圆润、回环、绵软、冲和都能够持续、持久，都能带来安抚和慰藉。

【原文】

13.11 子曰："'善人为邦百年，亦可以胜残去杀矣。'诚哉是言也!"

【译文】

孔子说："'善人连续治国一百年，就可以化解残暴去除杀戮的刑罚了。'这话说得太对了!"

【易惑词】

为，治理。胜残，克制残暴；胜，音 shēng 生，克制，化解。去杀，消除杀戮的刑罚。诚，的确，确实。

【淮北佬曰】

人制的人，可能是依法制人的人；法制的法，可能是以人制法的法。

【论语内外】

孔子这谈的是精英治国，是人治，不是法治。孔子对人治感兴趣，对法治不感兴趣，一点都不感兴趣。这大概是他那个时代的治国特征：土地和权力都分封给个人和家庭了，要倒过来再重归国家，不进行一场大规模的文化革命，看样子思想是转变不过来的；土地和权力都分封给个人和家庭了，要倒过来重分给别的人、别的阶层，不进行几场起义和暴动，看样子也是移交不过去的。是人治即精英治理好，还是法治规则治理好，现在已经截然不可分。法治要用人来治，人治也要以法为则。这是动态变化、调整的循环过程。人制的人，可能是依法制人的人；法制的法，可能是以人制法的法。法制社会下可能有民粹主义的人；人治社会下可能有精英约束的法。

【原文】

13.12 子曰："如有王者，必世而后仁。"

【译文】

孔子说："假如有王者出现，一定要用三十年时间才能普施仁政。"

【易惑词】

王，音 wàng 旺，贤明君主。世，一世为三十年。

【淮北佬曰】

时间在成熟的农业文明范畴里，都是久远的、亘古永存的、全无止境的，不会急功近利。

【论语内外】

孔子寄望于明君仁政。他没有借鉴商贸文明的可能，他也没有海外游历的经验，他更不可能到牧场去体验生活，他的思想，就是从沙土地里长出来的，植根大地，这已经很了不起了。辉煌灿烂的文明就是在固定的、多人群的长期生活积累中萌芽、成长、成熟的，这些前提，缺一不可。居无定所，文明不会萌芽；没有相应的人群，文明无法成熟；没有长期连续的积累，文明就会中断、就不能成熟灿烂。在上章里，孔子说精英治国要一百年才见成效；在这一章里，孔子说王者出现，要 30 年才能普施仁政；都是长远的概念，都不是三天五天、三年五年的打算。时间在成熟的农业文明范畴里，都是久远的、亘古永存的、全无止境的，不会急功近利。

【原文】

13.13 子曰："苟正其身矣，于从政乎何有？不能正其身，如正人何？"

【译文】

孔子说："假如端正了自身的品行，那么治国理政还有什么问题？不能端正自身的品行，怎么去端正别人的品行？"

【易惑词】

苟，假如。何有，何难之有，有何困难。如……何，怎么，怎么能。

【淮北佬曰】

在明君仁政的体制下，人在政举、人去政息的隐忧，极易成为社会周期性崩溃的诱因。

【论语内外】

明君仁政的理念中，明君成为承载道德的核心。上梁不正下梁歪，没有明君，哪来的仁政？没有明君的以身作则，哪来的上行下效？在一个纯粹乡里乡亲的社会

里，等级、特权、人情、孝敬，难以消除；法治在乡亲圈里成为虚设，法治在乡亲圈外会遭遇抵制；因此在乡里乡亲的社会里，道德规范的推广，更靠上梁的端正作为示范，即所谓示范效应。但人在政举、人去政息的隐忧，极易成为社会周期性崩溃的诱因。

【原文】

13.14 冉子退朝，子曰："何晏也?"对曰："有政。"子曰："其事也。如有政，虽不吾以，吾其与闻之。"

【译文】

冉有退朝，孔子说："怎么回来这么晚?"冉有回答："有政务处理。"孔子说："是季氏家的私事吧。如果有国家政事，虽然当下不用我了，我也会听说的。"

【易惑词】

晏，迟，晚。政，政务。事，事务。吾以，以吾的倒装；以，用。与，音 yù 玉，参与。闻，听说，知道，了解。

【淮北佬曰】

这一章颇有家长子女气息。

【论语内外】

孔子和冉有这番话，像家长和子女的对答；又像是孔子对冉有的警惕，仿佛说：你不用瞒着我的，虽然我现在不在职，但我毕竟是在过体制的人，总会有一些关系、眼线、威望、影响的，瞒着我是没有用的，或暗示冉有与季氏有事瞒着他。冉有为何还住在孔子家里？冉有是带职学习吗？孔子这么不待见冉有为季氏家做事？又有解冉有其时在季孙氏家做家臣，此次退的是季孙氏家的私朝，因此孔子告诫冉有说，虽然自己已经不在体制，但国家真的有事，还是会咨询自己的，由此判断，此次冉有回来晚，不是忙于国家大事。这一章颇有家长子女气息。

【原文】

13.15 定公问："一言而可以兴邦，有诸?"

孔子对曰："言不可以若是其几也。人之言曰：'为君难，为臣不易。'如知为君之难也，不几乎一言而兴邦乎?"

曰："一言而丧邦，有诸?"

孔子对曰："言不可以若是其几也。人之言曰：'予无乐乎为君，唯其言而莫予违也。'如其善而莫之违也，不亦善乎？如不善而莫之违也，不几乎一言而丧邦乎?"

【译文】

鲁定公问："一句话就能够兴邦，有这样的事吗？"

孔子回答道："话不能这样简单地说。有人说：'当国君难，当臣子也不容易。'如果能理解国君的难处，不近于一句话兴邦吗？"

鲁定公又问："一句话能够亡国，有这样的事吗？"

孔子回答说："话不能这样简单地说。有人说：'我做国君不在于快乐，而在于我说的话没人敢违抗。'假如说得正确而没人敢违抗，不是很好吗？如果说得不正确而没人敢违抗，不近于一句话亡国吗？"

【易惑词】

一言，一句话。几，差不多，挨近，引申为简单，绝对。丧邦，亡国。莫，没有人。违，违抗。

【淮北佬曰】

兴邦亡国的道理，真不是一句话就能说清楚的。

【论语内外】

这仿佛是个童话。鲁定公大概想找到治国兴邦的捷径，也是蛮拼的。鲁定公还真是个理想主义者，也十分可爱，他想找到一句话，算是治邦秘籍，需要的时候，拿出来念一遍，国家就治理好了。他又想找到一句话，能够不会亡国，如果在哪里听到这句话，就知道要亡国，立刻制止或警惕，国于是就不会亡了。从国君以外的角度说，能够理解国君的难处，差不多这句话等于兴邦之言了；当然国君也要理解下属；这就是相互理解；只有相互理解，国家才能治理得好。但兴邦之言，并非只是相互理解，还有正确与错误。正确的话，就可以兴邦；错误的话，就会亡国；如果充耳不闻，或不能广开言路，正确的一句话，你听不到；错误的那句话，也没人给你指出。孔子绕了一圈，绕回来，把前面的问话再一次回答了。孔子这么说，就是说兴邦亡国的道理，真不是一句话就能说清楚的。

【原文】

13.16 叶公问政，子曰："近者说，远者来。"

【译文】

叶公问政事，孔子说："使周围的人高兴，让远处的人归附。"

【易惑词】

叶，音 shè 射。近者，国内民众。说，音 yuè 悦，同"悦"。远者，国外民众。

【淮北佬曰】

使本地的人愉快，让远方的人归附，这说的还是思想价值的软实力。

【论语内外】

在孔子眼里，以仁为本的社会，没有阶层的差别，没有贫富的门槛，没有界域的划分，没有人群的区分，仁对所有的人都适用，仁对所有的社会都有用。因此，采用了仁政的社会，本地的人，都生活得愉快；远方的人，也都会归附。仁为人所吸纳，人就与他人和顺；仁为社会采用，社会就能凝聚。仁不局限于一时、一地、一人。两千多年来，以仁为核心的中国社会，盘子越做越大，雪球越滚越厚，不能说不与仁的社会凝聚力相关。使本地的人愉快，让远方的人归附，这说的还是思想价值的软实力。

【原文】

13.17 子夏为莒父宰，问政。子曰："无欲速，无见小利。欲速，则不达，见小利，则大事不成。"

【译文】

子夏当了莒父地区的长官，向孔子请教政事，孔子说："不图速成，不贪小利。想快反而快不了，图小利就办不成大事。"

【易惑词】

莒父，地名；莒，音 jǔ 举；父，音 fǔ 斧。达，达到。

【淮北佬曰】

孔子针对子夏性格、才情和处世，告诫他欲速不达、因小失大的道理。这既是针对子夏的警示，也是人生的总结，还是事物普遍道理的归纳，因而具有丰厚的哲理意味和警醒价值。

【论语内外】

这是子夏向孔子的请教，也是孔子对子夏的提醒，或警示。孔子曾在雍也篇里提醒子夏，要为君子儒，无为小人儒，或表明孔子对弟子的品性，都有深切了解。子夏出身卑微，但有才华，学习出众，又由于他社会经历比较丰富，善于总结人生，因而能高人一头，这或正是他心气高昂的背景。孔子针对子夏性格、才情和处世，告诫他欲速不达、因小失大的道理。这既是针对子夏的警示，也是人生的总结，还是事物普遍道理的归纳，因而具有丰厚的哲理意味和警醒价值。

【原文】

13.18 叶公语孔子曰："吾党有直躬者，其父攘羊，而子证之。"孔子曰："吾党之直者异于是。父为子隐，子为父隐，直在其中矣。"

【译文】

叶公告诉孔子说："我家乡有个直率的人，他父亲偷人家的羊，他就举报。"孔子说："我家乡直率的人不是这样。父亲替儿子隐瞒，儿子为父亲隐瞒，正直就表现在其中。"

【易惑词】

语，音 yù 玉，告诉，告知。党，本乡，本地。直躬，直率，正直；躬，身。攘，音 rǎng 壤，偷，窃。证，举报，告发。隐，隐瞒。直在其中，孔子强调孝慈，或因此他认为父子互庇，有孝慈在其中。

【淮北佬曰】

孔子从来不缺少自信。

【论语内外】

孔子想怎么说，就可以怎么说，还可以理直气壮地说，还能够怎么说怎么有理，怎么说怎么理直气壮，因为大家都尊敬他，相信他的话，话语权在他手里，他讲的话一定更有道理。哪怕他在一个场合讲的是一种话，在另一种场合讲的是完全相反的一种话，我们也相信是有道理的，因为讲话的对象、讲话的环境、讲话的季节、讲话的口气、讲话的时间，都可能有所不同，所以他讲话就很任性，他想怎么讲，就怎么有理。真是怎么说怎么有理，是谓翻手为云，覆手为雨。但这又是没有办法的事，因为事物都是极其多面的，从这面说这面是黑的，从那面说那面是红的，从再一面说这面是黄的，都不错，但也都不能以此盖彼。还有时间和空间的因素，还有人间社会的因素，还有时尚潮流的因素，还有文化和观念的因素。不过，读他的话，似乎真的总是有道理的。

【原文】

13.19 樊迟问仁。子曰："居处恭，执事敬，与人忠。虽之夷狄，不可弃也。"

【译文】

樊迟问仁事，孔子说："日常端庄严正，做事认真恭敬，对人忠心诚意。即便到夷狄之地，也不丢弃这些品行。"

【易惑词】

居，居家，闲居。执事，办事。之，往，到，到某地去。

【淮北佬曰】

孔子关于仁的回答不能作为考试题使用，因为他没有标准答案，想到哪里，就答到哪里，还经常文不对题。

【论语内外】

樊迟在雍也篇里问了智、问了仁；在颜渊篇里问崇德、消邪、辨惑，又问了仁

和智；在本篇的前面还问种庄稼和种菜的事；现在樊迟又来问仁，孔子每次都能耐心回答他，也是有修养的。但孔子每次回答相同的问题，都有不同的答案，除却因人而异、因时而异外，似乎也有他多方面的丰富考虑。我把孔子这种任性回答的现象称为“任性话语”，或“霸权话语”“霸道话语”。名人，或者有权力、有知识、有思想的人，他们有任性话语的权利，也有霸权话语的能力；这一方面是因为别人愿意相信他，愿意听从他，愿意崇拜他；另一方面，名人，或者有权力、有知识、有思想的人，他们的确见多识广，他们的确拥有更大的权力、更多的知识、更细密的思想，这些资源大多数人得不到，而他们又渴望获得权威评点，他们只得“听之任之”。

【原文】

13.20 子贡问曰：“何如斯可谓之士矣？”子曰：“行己有耻，使于四方不辱君命，可谓士矣。”

曰：“敢问其次。”曰：“宗族称孝焉，乡党称弟焉。”

曰：“敢问其次。”曰：“言必信，行必果，硁硁然小人哉！抑亦可以为次矣。”

曰：“今之从政者何如？”子曰：“噫！斗筲之人，何足算也！”

【译文】

子贡问道：“怎样才能算做士？”孔子说：“要用羞耻之心约束自己的行为，到国外要很好地完成国君交办的任务，这就是士了。”

子贡又问：“差一等的士是什么样的？”孔子说：“宗亲称赞他孝顺父母，家乡人称赞他尊敬兄长。”

子贡又问：“再差一等的士是什么样的？”孔子说：“说话讲信用，做事很果断，这是一种固执己见的普通人！但也算再差一等的士了。”

子贡又说：“当今从政的人怎么样？”孔子说：“嗨！气量促狭之辈，不值一提！”

【易惑词】

行己，约束自己；行，约束。弟，音 tì 替，尊敬兄长。果，果断，果敢。硁硁然，固执浅显；硁，音 kēng 坑。抑，还是。斗筲，指肚量小，气量浅；斗，量具；筲，音 shāo 梢，量具。

【淮北佬曰】

在《论语》里，处处充斥着孔子的任性话语或霸道话语？

【论语内外】

在《论语》里，处处充斥着任性话语或霸道话语。孔子可以任性地解释仁的内容和意思，可以霸道地今天评论他的弟子好、明天又评论他的这位同一个弟子不好，可以任性地随时调整君子的内涵和要素，也可以随口臧否生活习俗的好坏。他想怎么想就怎么想，他想怎么讲就怎么讲，他想怎么说就怎么说，他的话就是圣旨，他的话就是真理，他的话一句顶一万句，他的话不容我们置评，一定有道理。

在我们看来，孔子似乎是由口说来：如果孤立地、单独地看这些话，可能会觉得一头雾水，或无所适从。但在一定的时空下看，设身处地地看，转身思忖后看，又会觉得有些道理，甚至很有道理。并且两千多年来他的话还似乎很有道理，很有价值，很有嚼头，这就说明，想得多的人，他的话必然金贵；行得远的人，他的路必然久长；持之以恒的人，他的心必然坚强。在这种情况下，他的任性话语，或霸道话语、霸权话语，也必会有相应的道理。

【原文】

13.21 子曰："不得中行而与之，必也狂狷乎！狂者进取，狷者有所不为也。"

【译文】

孔子说："结交不到合乎中庸的人，降一格也一定要结交狂放激进的人啊！狂放的人有进取心，激进的人不去做坏事。"

【易惑词】

中行，行为合于中庸之道。与，交往。狂，志向高远，行为激进、急躁。狷，音 juàn 倦，耿直，激进，胸襟狭窄，洁身自好。有所不为，指不做坏事。

【淮北佬曰】

我们从《论语》里看到的是一片男人的世界。

【论语内外】

任性话语或霸道话语也有性别和年龄的差异。在孔子的时代，男尊女卑是正统的价值观。我们从《论语》里看到的是一片男人的世界。女人的出现，要么是声名不佳的南子，要么是被权威长辈指派"妻之"的晚辈，要么是与小人同类的女子；在孔子的学生里，不可能见到女弟子。甚至在耕作的农人、闲话的友邻中，也难得一见女人的踪影。

【原文】

13.22 子曰："南人有言曰：'人而无恒，不可以作巫医。'善夫！""不恒其德，或承之羞。"子曰："不占而已矣。"

【译文】

孔子说："南方人有句话说：'人假如没有恒心，连巫医都做不了。'说得好啊！"《易经》说："不能坚守德操，总会招来羞辱。"孔子说："这是说不能坚守德

操的人，不用去占卦了。”

【易惑词】

南人，南方人，指吴国人和楚国人。恒，恒心。巫医，用卜筮的方法给人治病的人。不恒其德，或承之羞，《周易·恒卦》的爻词。占，占卦。

【淮北佬曰】

任性话语有性别之分。

【论语内外】

任性话语有性别之分。男人和女人，在话语的内容，关注的对象，语音、词汇、语法的运用，两性角色和社会角色的分配，价值判断取向方面，都有明显的不同。男性说话更直截了当，更注重说理，更有宏观视野，更唯我独尊。孔子可以说：“由！诲女知之乎！知之为知之，不知为不知，是知也。”“由！我教你求知的正确态度吧！知道就是知道，不知道就是不知道，这才是智慧。”如果由女性来说，语气和态度会温婉得多，也会用商量的口吻，而不会用教训的口气，甚至会以昵称相呼，同时伴有和善、亲近、协商的肢体语言。这是传承协作分工习惯的信号。

【原文】

13.23 子曰：“君子和而不同，小人同而不和。”

【译文】

孔子说：“君子和谐相处却不盲目附和，小人盲目附和却无法和谐相处。”

【易惑词】

和，不同而和谐。同，无原则盲目跟从附和。

【淮北佬曰】

女人习惯于控制家庭话题，男人习惯于控制社会话题。

【论语内外】

女性在性别角色、社会角色和文化角色分工方面，长期浸染在生儿育女、操持家园和配合男人的氛围中，因而不得不变得更加“女性化”。她们需要更多的耐心以便应对无休无止的家事，需要更好的合作以便养儿育女，需要更加温柔贤淑以衬托男人的勇猛刚强。所以在语言上，她们会更多地使用语气词，以便缓和语气；她们在发音时会更多地选用婴幼儿学语过程中出现的萌萌音，以便显得可爱；她们在语法上尽量规范，不给人以出格不羁的印象；她们在说话时尽量礼貌，不给人以坏女人的差评，这是符合她们的文化角色的。

女人习惯于控制家庭话题，而男人习惯于控制社会话题。《论语》只是一本男人书，所有与女性息息相关的要素，在这本书里，都不存在。

【原文】

13.24 子贡问曰："乡人皆好之，何如？"子曰："未可也。""乡人皆恶之，何如？"子曰："未可也。不如乡人之善者好之，其不善者恶之。"

【译文】

子贡问道："全乡人都喜欢他，这个人怎么样？"孔子说："还不能完全肯定。"子贡又说："全乡人都讨厌他，这个人怎么样？"孔子说："还不能完全肯定。最好是全乡的好人都喜欢他，全乡的坏人都讨厌他。"

【易惑词】

好，音 hào 号。未可，还不可下结论。恶，音 wù 务，厌恶，讨厌。

【淮北佬曰】

孔子肯定是勤奋的。

【论语内外】

子贡请益的问题多视角独到、抓住根本，展示了他为商从政的潜质和才华。孔子则极具洞察力，善于找到事物的关节处、关键点、要害门，一击而中，一语中的。子贡之问笼统、全括；孔子的回答则细化、精准。没有平时大量的细察、总结和积累，一个人无法脱口而出这样精彩的言语。没有平时大量的阅读、思考和归纳，一个人也无法提炼出这样精辟的思想。孔子肯定是勤奋的。

【原文】

13.25 子曰："君子易事而难说也，说之不以道，不说也，及其使人也，器之；小人难事而易说也，说之虽不以道，说也，及其使人也，求备焉。"

【译文】

孔子说："在君子手下做事是容易的，但让君子喜欢却难，不走正道让他喜欢，他不会喜欢，到用人的时候，他会重视人才量才而用；在小人手下做事是不容易的，讨他欢喜却容易，用不正当的方法去讨他欢喜，他会欢喜，到用人的时候，他会挑剔苛责。"

【易惑词】

事，共事。说，音 yuè 悦，同"悦"，喜欢，高兴。器之，按器物的用途使用。备，完备。

【淮北佬曰】

将事物分层次，对人物分类型。

【论语内外】

年龄的因素也在任性话语或霸道话语中起到重要作用。《论语》中的孔子具备多重身份，他既年长于弟子们，同时又是他们的老师，所以他说话的词汇选择、口吻、语法选择，总是直接或间接带有直呼、教育、训斥、规定、规范、设定的意味。在他的弟子们面前，他一般不需要控制、掩饰、虚假、做作。而到了官方场合，孔子就变得谦逊、周到、明礼、细致、符合官场身分和规矩。孔子对社会生活的丰富经验，也使他有资格教育那些没有生活体验的人。

【原文】

13.26 子曰："君子泰而不骄，小人骄而不泰。"

【译文】

孔子说："君子安详而不傲慢，小人傲慢而不安详。"

【易惑词】

泰，安详，安宁，泰然。骄，傲慢，自大。

【淮北佬曰】

君子言简，小人话杂；君子安详，小人躁烦；君子沉着，小人慌乱；君子稳如泰山，小人脚下无根。

【论语内外】

孔子的任性话语或霸权话语或霸道话语，还体现在他不遗余力地推行他提倡的道德观、价值观和社会模式、行为模式方面。《论语》通篇布满了仁、义、礼、忠、信、恕、孝、悌的推广和宣扬，以及为君子和小人树立的标准，夸张一点儿，可以说孔子会随时随处宣传他的制度观、道德观、价值观和生活观。孔子总是毫不迟疑地推广他的仁义道德，毫不迟疑地为自己的仁义道德辩护，毫不迟疑地推行他崇尚的礼制社会，毫不迟疑地维护他心目中的治理模式。他的仁义道德，从国君到百姓，从君子到小人，从礼制到家常，从人品到农耕，无所不包。

【原文】

13.27 子曰："刚、毅、木、讷近仁。"

【译文】

孔子说："刚强、坚毅、质朴、言语慎重，这四种品德都接近仁。"

【易惑词】

木，质朴，朴实。讷，不善言辞。

【淮北佬曰】

孔子对话语权的掌控意识，无与伦比；对为自己深信不疑的体制和观念辩护的意识，常抓不懈；对推行自己的意识形态，不遗余力。

【论语内外】

对孔子而言，他虽然无法了解两千多年后的政治理论和社会术语，但他对话语权的掌控意识，无与伦比；对为自己深信不疑的体制和观念辩护的意识，常抓不懈；对推行自己的意识形态，不遗余力。他用自己制作的一套价值和道德模式去衡量所有人和事，能够穿上这双鞋的脚将是符合规范的，不能穿上这双鞋的脚，将是异类。他的儒家学说创始人的名分，是名副其实的。

【原文】

13.28 子路问曰："何如斯可谓之士矣?"子曰："切切偲偲，怡怡如也，可谓士矣。朋友切切偲偲，兄弟怡怡。"

【译文】

子路问道："怎样才可以叫作士呢?"孔子说："互相批评，和睦相处，可以称为士。朋友之间批评互勉，兄弟之间和顺相处。"

【易惑词】

切切偲偲，互相批评勉励，和睦相处；偲，音 sī 思。怡怡，和顺的样子。

【淮北佬曰】

也许不能实现，但必会有所行为。

【论语内外】

为自己推崇的价值观、社会治理模式和行为道德标准辩护，既是个人的社会本能，也是社会的生存本能，因为没有独特的形状、面貌、色彩、品质和内涵，这个人，或这个社会，将不能吸引他人，也没有存在的必要，更没有发展的空间。我们常说的标新立异，就是对一种生存本能的形象概括。所有的人，都会在某种范围，或某种可能下，有意或无意地试图成为掌控者、"立法"人。也许不能实现，但必会有所行为。

【原文】

13.29 子曰："善人教民七年，亦可以即戎矣。"

【译文】

孔子说："善人教导人民七年时间，也能够让他们去打仗了。"

【易惑词】

即，就位，往，靠拢。戎，军队，武器。

【淮北佬曰】

自信源于光荣的祖先、自在的当下、强大的内心、优质的智慧、过人的思考、超人的感知、独立的心境。

【论语内外】

想怎么说，就怎么说；怎么说，就怎么有理；说七年，有七年的道理；不说五年，有不说五年的理由。这样的自信与傲慢，来源于至少以下几个条件之一：光荣的祖先，自在的当下，强大的内心，优质的智慧，过人的思考，超人的感知，独立的心境。光荣的祖先，这并非真的一定要有一个或多个光荣的祖先，祖先都一定会有所长，因而也就具备一定的光荣和荣耀，这是一种心理的因素，心理越强大，祖先越"光荣"，心理不强大，即使有光荣的祖先，也无法成为自信的源泉；没有光荣的祖先，也可以用各种方式"想象"或"制造"出来一个光荣的祖先。

【原文】

13.30 子曰："以不教民战，是谓弃之。"

【译文】

孔子说："让没经过训练的民众去打仗，这等于抛弃了他们。"

【易惑词】

以，用。教，教育，此指军事训练。弃，抛弃。

【淮北佬曰】

优质的智慧，就是总能理芜杂为顺畅，调混乱为有序，并散乱为完整，破邪僻为合理，化腐朽为神奇，催愚钝为灵敏，变附庸为独创，点平凡为辉煌。

【论语内外】

自在的当下，就是不管当下的物质条件如何，都感觉自在、快意。再少的物质，也觉得丰富，再缺的财富，都觉得财富满满，再差的环境，都怡然自乐，再苦的条件，都转化成一种适应，再困难的处境，都知道有过去的那天。

强大的内心，就是可以不考虑或不更多地考虑外部的干扰因素，立足自身，最大化地调动、搭配、使用已有资源。心理越强大，就越有光荣的祖先、光辉的历史、光彩的过去和未来，就越有资源，就越有精力，就越有智慧，就越有点子，就越有干劲，就越有前景，就越有动力。

优质的智慧，就是总能理芜杂为顺畅，调混乱为有序，并散乱为完整，破邪僻为合理，化腐朽为神奇，催愚钝为灵敏，变附庸为独创，点平凡为辉煌。

宪问篇第十四

（共44章）

【原文】

14.1 宪问耻，子曰："邦有道，谷；邦无道，谷，耻也。"

"克、伐、怨、欲不行焉，可以为仁矣？"子曰："可以为难矣，仁则吾不知也。"

【译文】

原宪问关于耻的事情，孔子说："国家清明，做官领取薪俸；国家昏暗，还去做官领取薪俸，这就是可耻。"

原宪又问："好胜、自夸、怨恨、贪欲这四种缺点都没有的人，可以算是仁人吗？"孔子说："可算得上难得了，但是不是仁，我就说不准了。"

【易惑词】

谷，做官得薪俸；谷，小米，俸米。克，好胜。伐，夸耀。不行，没有，不曾表现出来。难，难得。

【论语人物】

原宪，姓原，名宪，字子思，孔子学生，孔子任鲁国司寇时，原宪为孔子家臣。

【淮北佬曰】

孔子在这里说的是道德问题，而不是政治实践的具体把握。

【论语内外】

《论语》中，类似的表述，还出现在公冶长篇第五章中，孔子说："宁武子这人，国家平和时，他就聪明，国家昏昧时，他就装笨。他的聪明别人能赶上，他的装笨，别人就赶不上了。"泰伯篇第八章中，孔子说："坚定信念，努力学习，用生命守卫善道。不进入危险的国家，不住在混乱的国家。天下有道就展现自己的才

华，天下无道就低调隐藏。国家清明而自己贫贱，就是耻辱；国家黑暗而自己富贵，也是耻辱。”卫灵公篇第十五章中，孔子说：“刚直啊史鱼！国家清明他就像箭一样正直，国家昏暗他也像箭一样正直。君子啊蘧伯玉！国家清明他出来做事，国家昏暗他把才华收藏起来。”可见孔子对人在不同社会状况中的表现，尤其在意，认为是检验人品的重要标准。但孔子这样的回答，涵盖不了主动积极参与并改造社会的选择。实践中另会出现的一个问题是：什么样的社会才是清明的，什么样的社会才能定义为昏暗。这只是我们的延伸思维，孔子在这里说的是道德问题，而不是政治实践的具体把握。

【原文】

14.2 子曰：“士而怀居，不足以为士矣。”

【译文】

孔子说：“读书人贪恋安逸的居家生活，就不足以称为士。”

【易惑词】

怀居，贪恋安逸舒适；怀，怀念、留恋。

【淮北佬曰】

孔子这是告诫读书人，不要不胸怀世界。

【论语内外】

孔子这是告诫读书人，不要变成书呆子，不要变成书虫，不要两耳不闻天下事、一心只读圣贤书，不要浪费自己的多方面才能，不要弱不禁风，不要不知世故，不要学不致用，不要小瞧了自己，不要不胸怀世界。孔子自己，也是身体力行的。孔子书读得多，学问做得好，学生教得多，却也会做官，还周游列国，宣传自己的主张，寻找自己的机会，尝试实现自己的梦想，尝试实现自己的野心，尝试做更大的事情，尝试改造社会。孔子以身作则，是我们学习的好榜样！

【原文】

14.3 子曰：“邦有道，危言危行；邦无道，危行言孙。”

【译文】

孔子说：“国家清明，言语正直，行为端正；国家昏暗，行为端正，言语慎重。”

【易惑词】

危，正，端正，正直。孙，音 xùn 逊，通“逊”，谦逊。

【淮北佬曰】

这或是孔子明哲保身的人生大智慧。

【论语内外】

这或是孔子明哲保身的人生大智慧，所谓留得青山在，不怕没柴烧。但也是被后世一些人批评的保守退缩的老人经验观。国家清明，人们都能够做到行为端正、畅所欲言；国家昏暗，人们或也能做到行为端正，言语谨慎。这是因外而内的，是外因压迫内因，内因不得不调整的结果。有些观点认为，如果国家清明，人们能够言语正直、行为端正，国家昏暗，人们也能行为端正、敢于直言，这才是不保守、风气正的现象，才是社会应该保持的情境。孔子或言处世之道，理想不是孔子关注的重点。

【原文】

14.4 子曰："有德者必有言，有言者不必有德。仁者必有勇，勇者不必有仁。"

【译文】

孔子说："有德的人必有好言好语，有好言好语的人不一定有德。仁者必定勇敢，勇敢的人不一定仁。"

【易惑词】

言，好言好语。

【淮北佬曰】

这是孔子的条件论。

【论语内外】

这就像说一件事或一个标准的必要条件和充分条件。有了必要条件，只是门槛，还不一定能行，还要有充分条件，才能把可能的漏洞堵死。有德的人，必定有好的言语；但无德的人，也可能有假装的好言语；因此只有好的言语，还不足以证明这人有德，还要看他的其他条件。仁者必定勇敢；但不仁之人，也可能为利益铤而走险、显得很勇敢；所以判断一个人是否仁德，光看他是否勇敢还不足以判断。这是孔子的条件论。条件论就是摆出判断一件事或一个人的条件，把判断对象装进去比对即可。好的言语、勇敢果决，都不是辨别仁德的决定性条件。仁与德的具备，还有更多、更紧要的条件。又有说"有德者必有言"的"有言"，指的是著述，即有道德的人必定有所著述，有著述的人不一定有道德。又有说此"言"为口才好，即有道德的人必定口才好，口才好的人不一定有道德。这些解读，似乎都不令人满意。

【原文】

14.5 南宫适问于孔子曰："羿善射，奡荡舟，俱不得其死然；禹、稷躬稼而有天下。"夫子不答。南宫适出，子曰："君子哉若人！尚德哉若人！"

【译文】

南宫适问孔子："羿善长射箭，奡善长水战，都不得好死；禹、稷亲自下地种庄稼，却得到天下。"孔子不回应。南宫适出来，孔子说："这个人是个君子啊！这个人崇尚道德啊！"

【易惑词】

适，音 kuò 阔。荡舟，指水战。躬，亲身。尚，崇尚，推崇。若人，这人，这个人；若，代词，这。

【论语人物】

羿，音 yì 异，传说中夏朝有穷国国君，善于射箭，他夺走夏太康的王位，后为寒浞杀死。奡，音 ào 傲，传说中寒浞的儿子，后被夏少康杀死。禹，传说中夏朝开国君主，重视农耕。稷，后稷，传说中尧的农官，周的祖先。

【淮北佬曰】

孔子赞赏南宫适，大概认为南宫适是反战阵营的人？认为南宫适倡导的，是非暴力主义，是以农治国？

【论语内外】

淹死的都是会水的，或是"羿善长射箭，奡善长水战，因此都不得好死"的现代翻版。但南宫适这段话，至少有三个意思：一个意思是说善于战争、善于舞刀弄枪的，最后都会死于战争、死于舞刀弄枪；另一个意思是说，善于战争、善于舞刀弄枪的，最后都得不了天下，而得天下的，恰恰是那些不进行战争、不舞刀弄枪的庄稼汉；再过度解读的话，南宫适或认为农耕文化强于狩猎文化和渔猎文化，暗示农业文明更能久长。孔子赞赏南宫适，大概认为南宫适是反战阵营的人；认为南宫适倡导的，是非暴力主义，是以文治国，是以农治国，是和平主义，是以柔克刚。孔子对南宫适当面不表态，或由于某种原因，不想当他、当众表扬他；或并不完全同意南宫适关于武力自灭的观点。

【原文】

14.6 子曰："君子而不仁者有矣夫，未有小人而仁者也。"

【译文】

孔子说："君子可能有不仁行为，小人却从来不会有仁德。"

【易惑词】

不仁，有时不仁，有时未做到仁。

【淮北佬曰】

孔子的道德管理方法，是将人群划为数类，然后为每一类贴上道德标签、排定等级。

【论语内外】

圣人第一，仁者次之，君子第三，小人居末。孔子的道德管理方法，是将人群划为数类，然后为每一类贴上道德标签、排定等级。圣人承接了人类所有最美好的品德，仁者具备了人类优质的道德标准，君子是社会的中坚与楷模，普通人是大众中不好不差的生活者，小人则最无品无德。君子可能有不仁不当的行为，但由于已经归于君子类，所以犯点小错误，总归还是君子。小人可能不更小人，但由于已经归为小人类，所以小人可能不会更小人，但终归还是小人。在这里，孔子谈的是君子、小人标签下的行为，并未谈及君子与小人互换与互变，因而不涉及两者的转化。这倒是需要注意的。

【原文】

14.7 子曰："爱之，能勿劳乎？忠焉，能勿诲乎？"

【译文】

孔子说："爱他，能不让他勤奋劳苦吗？忠于他，能不劝导他吗？"

【易惑词】

劳，劳苦。忠焉，忠于他；焉，于之。诲，教导，劝导。

【淮北佬曰】

孔子谈论事物，总会谈论到事物的多个方面，或相反的方面，或普通人意料不到的方面。

【论语内外】

孔子谈论事物，总会谈论事物的多个方面，或相反的方面，或普通人意料不到的方面。这已经成为他谈话的一种惯例，也就是我们常说的习惯。这是他的谈话方式，当然也就是他的思维方式，他这样想，这样思考，才会这样说。这也是他的价值判断导向决定的。他无法在思考时只考虑到事物的一个方面。他习惯于在思考时考虑到事物的两个方面，或几个方面，或多个方面。因此他在谈话时，才能犀利地说出事物的另一个方面，才能脱口说出事物的几个方面，才能出人意料，才能把事物说得更全面。爱一个人，毋庸置疑，我们会为他好，但是爱一个人，我们知道让他勤奋努力才是对他真好吗？同样，忠于一个人，毋庸置疑，我们会无条件地忠于他，但是忠于一个人，我们能指出他的不足吗？爱与忠，在这里可以互文、互换，

说的，却都是同一个道理。

【原文】

14.8 子曰："为命，裨谌草创之，世叔讨论之，行人子羽修饰之，东里子产润色之。"

【译文】

孔子说："郑国制定的外交文件，由裨谌起草，世叔提意见，外交官子羽修改，东里子产润色。"

【易惑词】

命，外交上用的辞令。裨谌，郑国大夫；裨，音 bì 毕，谌，音 chén 陈。草创，草稿，写出初稿。世叔，郑国大夫，名游吉。讨论，研究后提出意见建议。子羽，郑国大夫。行人，官名，即外交官。东里，地名，子产住地。子产，郑国国卿。

【淮北佬曰】

《论语》中的丰富信息，可以说是无为而得。

【论语内外】

孔子这说的是郑国外交文件出台的流水线，是郑国外交文件的出台流程，也是郑国外交文件起草的工作程序。《论语》中的丰富信息，可以说是无为而得。不刻意作为，反而无意获得；刻意而为，反而容易囿于一事、一物、一思、一见。就像我们现在打除草剂，我们的本意是清除杂草，但我们无法预料我们对生物链有如何的破坏。就像我们现在大力推广毛白杨的种植，我们的本意是快速绿化，但我们无法预料单一的树种对多生物的寄居有何破坏。就像我们现在推广转基因，我们的本意是高产抗病虫，但我们无法预料我们对病虫害的单向杀伤会否带来灾难性后果。孔子关注郑国政府的工作程序，大约还有赞赏郑国政府班子集思广益、集体负责、子产把关的意思。郑国的这套制度，孔子大概认为是好使的，是值得推广、效法的。我举的例子，只是举例子，并不表明那是好使的、值得推广的。

【原文】

14.9 或问子产，子曰："惠人也。"问子西，曰："彼哉，彼哉！"问管仲，曰："人也。夺伯氏骈邑三百，饭疏食，没齿无怨言。"

【译文】

有人问子产是怎样的人，孔子说："他是个宽厚惠和的人。"又问子西是怎样的人，孔子说："那个人呀，那个人呀！"又问管仲是怎样的人，孔子说："人才啊。他剥夺了伯氏在骈邑的三百户的封地，伯氏只能吃粗粮，但至死对管仲也没有怨言。”

【易惑词】

惠，宽厚慈惠，爱民如子。人也，对人的赞扬。骈邑，地名，大夫伯氏的封地。没齿，终生；没，音 mò 末；齿，年。

【论语人物】

子西，名夏，字子西，郑国大夫。伯氏，齐国大夫。

【淮北佬曰】

人们对他人的评价，不是一成不变的，而很可能会因时、因地、因事、因言，而随时调整、变化。

【论语内外】

孔子在公冶长篇里，已经对郑国大夫子产有上好的评价。在孔子眼里，子产有四个重要的方面，是符合君子标准的：他行为谦逊，他对国君恭敬，他对百姓恩惠，他处理政务合理。但孔子说话，一般总留有余地，他并不直接命名君子。君子或与仁者一样，是孔子心目中绝不轻易许人的桂冠。在本章中，孔子也只说子产惠人也。对子西，孔子不愿意说了，可见子西不入孔子视野，或为孔子内心不尊。对管仲，孔子在八佾篇中，表达了负面评价，说管仲气量小，不节俭，不懂礼节；但在这里，孔子又隐晦地承认，管仲还是有才华、有能力、有手段的。可见人们包括孔子对他人的评价，不是一成不变的，而很可能会因时、因地、因事、因言，而随时调整、变化。

【原文】

14.10 子曰：“贫而无怨难，富而无骄易。”

【译文】

孔子说：“贫穷却没有怨言很难，富贵却不骄傲容易。”

【易惑词】

骄，骄傲，骄奢。

【淮北佬曰】

这两句话，文字上对得十分工整：贫对富，而对而，无怨对无骄，难对易。在内涵上，也深刻丰富，以贫富相比，以难易相衬，以怨骄相映。

【论语内外】

这两句话，文字上对得十分工整：贫对富，而对而，无怨对无骄，难对易。在内涵上，也深刻丰富，以贫富相比，以难易相衬，以怨骄相映。但为何说贫而无怨难、富而无骄易，不说贫而无怨易、富而无骄难？历史上，也有过太多太多贫而无怨、贫而无恨、贫而奋起、贫而坚持、贫而有志的例子；也有过太多太多富而骄、

富而奢、富而残、富而暴的例子的呀。因此我想，孔子说贫而无怨难、富而无骄易，大概是说，贫而有怨，只是一种情绪的发泄，没有人能完全控制得住；而富而骄奢，是一种具体的行为，比开口说说，门槛高多了，除了继承的富即富二代容易骄以外，多数人的富，都是辛苦打拼得来，他们知道过程的艰辛，获得的不易，因此富而无骄，是许多富人的常态。富二代毕竟是少数，富二代也不是都骄。因此而言，贫而无怨难，富而无骄易。

【原文】

14.11 子曰："孟公绰为赵魏老则优，不可以为滕、薛大夫。"

【译文】

孔子说："鲁国大夫孟公绰做晋国大夫赵氏、魏氏的家臣，才力有余，但他没有能力做滕和薛这样的小国的大夫。"

【易惑词】

老，大夫的家臣，又称室老。优，胜任有余。滕，薛，春秋时的两个小国。

【论语人物】

孟公绰（音 chuò），鲁国大夫。赵，魏，赵氏，魏氏，均为晋国贵族。

【淮北佬曰】

政务能力是一种才华、才能，而清心寡欲、清正廉洁是一种品行。有好的德行，不一定有出众的能力；有出众的能力，不一定不是贪官。

【论语内外】

孔子这段话，脱离了语言环境，看起来像是说孟公绰没有政务能力似的。在下一章里，孔子又赞扬孟公绰，说如果有孟公绰等人的聪慧、勇敢、清心寡欲、多才多艺，那一个人就是完美的了。这似乎有些矛盾。《论语》编者或只是原文照录，原貌备询。孔子或将孟公绰的清心寡欲、清正廉洁，与政务能力分开来谈了。政务能力是一种才华、才能，而清心寡欲、清正廉洁是一种品行。有好的德行，不一定有出众的能力；有出众的能力，不一定不是贪官。但有时这两者也是相互关联、相辅相成的：有能力自信满满的人，才敢于去贪善于去贪；无能力不自信的人，才不敢去贪、不自信去贪、甚至没机会去贪。正如本篇第五章所言，淹死的都是会水的，贪死的也都是有能力或自信有能力的。有才能与不胜任、自信与自卑，真正是两对欢喜冤家。

【原文】

14.12 子路问成人，子曰："若臧武仲之知、公绰之不欲、卞庄子之勇、冉求之艺，文之以礼乐，亦可以为成人矣。”曰：“今之成人者何必然？见利思义，见危授命，久要不忘平生之言，亦可以为成人矣。”

【译文】

子路问怎样才是完美的人，孔子说：“像臧武仲那样聪慧，像孟公绰那样清心寡欲，像卞庄子那样勇敢，像冉求那样多才多艺，再用礼乐来增加文采，就成为完美的人了。”又说：“现在的完美之人何必一定如此？见到利益时想一想道义，见到危险时能为使命奋不顾身，长期生活在贫困中仍不忘记人生的诺言，这样也可以称为完美的人了。”

【易惑词】

成，人格完美。文，文饰，修饰。授命，献身，为使命奋不顾身。要，音 yāo 腰，通“约”，穷困。言，理想，信念，承诺。

【论语人物】

臧武仲，鲁国大夫。卞庄子，鲁国大夫，封地在卞邑，以勇气著称。

【淮北佬曰】

孔子智慧的灵活，体现在无时无地之中。

【论语内外】

孔子的观念还都是与时俱进的。像臧武仲那样聪慧，像孟公绰那样清心寡欲，像卞庄子那样勇敢，像冉求那样多才多艺，再用礼乐来增加文采，在孔子眼里，这些是过去时的完美人格；见到利益时想到道义，见到危险时能为使命奋不顾身，长期生活在贫困中仍不忘人生诺言，这些是现在时的完美人格。孔子智慧的灵活，体现在无时无地之中。但孔子或并非要说聪慧、勇敢、清心寡欲、多才多艺和礼乐文采，已经不是美好人格的组成部分了，而是强调观念演变的轻重不同。

【原文】

14.13 子问公叔文子于公明贾曰：“信乎，夫子不言，不笑，不取乎？”公明贾对曰：“以告者过也。夫子时然后言，人不厌其言；乐然后笑，人不厌其笑；义然后取，人不厌其取。”子曰：“其然？岂其然乎？”

【译文】

孔子向公明贾问公叔文子：“他老先生不说话，不笑，不索取，真是这样吗？”公明贾回答说：“传话的人传错了。老先生该说的时候说，因此别人不讨厌他的话；快乐的时候笑，因此别人不讨厌他的笑；该取的时候取，因此别人不讨厌他的取。”孔子说：“真是这样吗？难道真是这样吗？”

【易惑词】

信，确实。夫子，指公叔文子。以，这，此，代词。过，错。时，适时，合乎

时宜。然，这样，如此。

【论语人物】

公叔文子，名发（拔），谥号贞慧文子，卫献公儿子，卫灵公时的卫国大夫。公明贾，姓公明，名贾，卫国大夫，与孔子、公叔文子同时期人。

【淮北佬曰】

孔子对传闻传言，或要当面核实，或找机会核对。这或又是孔子热衷人事的又一个证据。

【论语内外】

孔子对传闻传言，或要当面核实，或找机会核对。这或又是孔了热衷人事的又一个证据。关于公叔文子，或有许多传言，这说明关于公叔文子，是有言可传的，是有一定名声的，人们是想得到他的信息的，是有值得人们津津乐道的内容的。传言中的公叔文子不说笑，不索取，孔子想得到实证，于是有机会见到与公叔文子共事的公明贾，就来问个清楚。公叔文子为人宽厚、持重老成、为国忠诚。而公明贾说的，却是公叔文子的练达：他知道什么时候说，因此别人不讨厌他的话；他知道什么时候笑，因此别人不讨厌他的笑；他知道怎样取，因此别人不讨厌他的取。公明贾为君子讳，把公叔文子的富可敌国，描绘成一种高尚的聚敛。但公叔文子也知道该什么时候舍，国家有饥荒的时候，他就支起锅来，为民煮粥。孔子对这些，显然都是极其好奇的，听了公明贾的话，竟一连声地表示惊讶。

【原文】

14.14 子曰："臧武仲以防求为后于鲁，虽曰不要君，吾不信也。"

【译文】

孔子说："臧武仲凭借自己的封地防城请求鲁君立自己的后代为大夫，虽然有人说这不是要挟国君，我不相信。"

【易惑词】

防，地名，臧武仲的封邑。要，音 yāo 腰，要挟。

【淮北佬曰】

政治必须回应利益需求。

【论语内外】

这些篇章谈历史、政治人物并评价，并且是以君子的政治标准。道德、道义和利益需求、生存空间发生矛盾，政治必须回应利益需求；但利益也是多种多样的，如何选择，就是艺术。臧武仲大概感觉到了时机的成熟。这是一种对势的感觉和把握。势，最重要，有那种势，人心就会倾向，势头就很难抵挡，或至少在那段时间如此。如无势，人心就暂时不能倾向，或不倾向，或永远不倾向，就永远没有机会。这都是一些变化的、动态的、过程的甚至是转瞬即逝的东西。

【原文】

14.15 子曰："晋文公谲而不正，齐桓公正而不谲。"

【译文】

孔子说："晋文公欺诈而不正派，齐桓公正派而不欺诈。"

【易惑词】

谲，音 jué 决，欺诈，玩弄手段。

【论语人物】

晋文公，晋国国君，姓姬，名重耳，春秋五霸之一。齐桓公，齐国国君，姓姜，名小白，春秋五霸之一。

【淮北佬曰】

固有的君子标准并非一直是、必然是、永远是社会的高端标准，有时候低端标准被认可后，也就成了高端标准。

【论语内外】

晋文公欺诈而不正派，齐桓公正派而不欺诈。换言之，齐桓公是君子，晋文公非君子；齐桓公比较符合君子的标准，晋文公比较不符合君子的标准。如果他们都是君子，或都不是君子，那就没有多少可比性了，或者只好比较他们一个比一个君子，或一个比一个非君子了。

2016 年 5 月，美国总统大选正在紧锣密鼓地进行，但美国选民对两党领先竞选人都不满意。美国《纽约时报》说，民意调查显示，53% 的美国人对民主党竞选人希拉里持负面评价，而对共和党竞选人特朗普持负面评价的人则多达 63%。有些选民怀疑希拉里的基本价值观，认为希拉里没有道德支柱。另一些选民则认为特朗普太粗俗，特朗普的小丑姿态很丢脸，对特朗普的厌恶感甚至强烈到连考虑支持他都需要经历彻底的人格改变。人们认为，这两人之间的竞争，将会是一场丑陋、无情的恶战。根据对竞选人演讲过程中使用的词汇和语法表达的统计，这些竞选人的水平大都只与初中一二年级的水平相当。

这是一个让人困惑的状况。如果美国的选举制度经过历史的选择被认为是合适的和有效的话，那么这次为什么没能挑选出一位符合美国人标准的治国"君子"？假如真如美国许多人评价的那样，这两人要么是粗俗丢脸的小丑，要么没有道德支柱，那他们的支持率为何能在党内遥遥领先？难道这真是一场非君子的选举？当然，美国的总统选举并非道德模范选举，也非一场公益事业。但这种现象说明，固有的君子标准并非一直是、必然是、永远是社会的高端标准，有时候低端标准被认可后，也就成了高端标准。

【原文】

14.16 子路曰："桓公杀公子纠，召忽死之，管仲不死。"曰："未仁乎?"子曰："桓公九合诸侯，不以兵车，管仲之力也。如其仁，如其仁。"

【译文】

子路说："齐桓公杀了自己的哥哥纠，纠的家臣召忽因此自杀，管仲却没死。"子路接着又说："管仲不仁吧?"孔子说："齐桓公多次主持诸侯盟会，不用武力解决问题，这都是管仲的功劳。这就是仁，这就是仁!"

【易惑词】

死之，自杀殉主。九，泛指，多。不以兵车，不靠武力；以，凭借；兵车，战车；如其仁，这就是他的仁德；如，就是。

【论语人物】

纠，齐桓公的哥哥。召忽，公子纠的家臣。

【淮北佬曰】

汉字的趋势永远是简化，器物的趋势永远是轻薄短小，事物的趋势永远是由繁而简。

【论语内外】

对同一个人，孔子也有时有双重标准，例如对管子。不知道孔子为什么有时候极捧管子，如本篇第九章、第十七章及本章；有时候又说他不好，如在八佾篇中，孔子说管仲气量小，不节俭，不懂礼节。由此再知，君子的标准并非一直是、必然是、永远是社会的高端标准，有时候低端标准被认可后，也就成了高端标准。这样的例子到处都是。汉字的趋势永远是简化，器物的趋势永远是轻薄短小，事物的趋势永远是由繁而简。道理很简单：繁化要么是初始，要么是庙堂；而简化要么是成熟，要么是大众。相对于繁化，简化永远是趋势，因为人人都愿意省心省事省力；相对于简化，繁化永远是方向，因为人人都希望高端大气华丽。于是简与繁就永无止境地循环不已。

【原文】

14.17 子贡曰："管仲非仁者与？桓公杀公子纠，不能死，又相之。"子曰："管仲相桓公霸诸侯，一匡天下，民到于今受其赐。微管仲，吾其被发左衽矣。岂若匹夫匹妇之为谅也，自经于沟渎而莫之知也?"

【译文】

子贡说："管仲不是仁者吧？齐桓公杀了公子纠，管仲不但不殉死，却又去辅佐齐桓公。”孔子说：“管仲辅佐齐桓公称霸诸侯，使天下得到匡正，人民到现在还享受着好处。假如没有管仲，我们都要沦为披散着头发、穿着向左开襟的衣服的野蛮人。难道他要像普通百姓一样信守小节，自杀在没有人知道的小沟小渠里吗?”

【易惑词】

与，表猜测的语气词。死，自杀。相，宰相，用作动词，辅佐。一匡，一切都得以匡正；匡，正，救，助。微，没有，假若没有。被发，披头散发，与衣襟左开同为当时偏远少数民族装束；被，音 pī 披，同“披”。左衽，衣襟向左开；衽，音 rèn 任。谅，信诺，诚信。自经，自缢。渎，水沟，小渠。

【淮北佬曰】

这大概就是事物的灵活性原则。

【论语内外】

看来，不少学生对管仲事困惑，子路问过了，子贡又问。这确是孔子对管仲的双重标准。普通的人，碰到这样的事情，将会受到指责、批评、批判、降级、开除，甚至死刑，立即执行！但对管子，这些招却不灵，人家不但不对管子指责、批评、批判、降级、开除、死刑、立即执行，反而奉为上宾，授以实权；连孔子都不得不说他的好话。这难道不是典型的双重标准？这又怎么能体现人人平等？这不正会产生法外之人？道德的标准在管仲等人身上不也失灵？管仲他们为什么就有特权？这或正是利益考虑将凌驾于道德、法律准则之上的显例。所谓利益考虑，是齐桓公需要管仲的智慧和辅佐，在这样的大事面前，所有的事都不再是大事，所有的事都只是小事；而管仲的智慧，又是唯一的，是其他任何人都无法替代的；如果有人能够替代，管仲将在抢位事件中非死即伤。这大概就是事物的灵活性原则。不要过于呆板地看待人类社会中所有的事物，因为这些事物都是因人而制的。西方也有许多此类例子。譬如在西方，不那么重要的罪，当事人可以选择做义工或交钱抵罪，而非一定要入监服刑；一般情况下，诈骗钱财或赌博是犯罪，但如果法律允许设立赌场、明确规则，于是化犯罪为游戏、化严肃为娱乐，事物也是合法的。当然，在春秋时期人治社会里，一个人就可以做出决定；而在当下的法制社会里，则需要符合法律的形式。不过，灵活性原则，将永远是需要，也是适用的。

【原文】

14.18 公叔文子之臣大夫僎与文子同升诸公，子闻之，曰：“可以为‘文’矣。”

【译文】

公叔文子的家臣僎，因为公叔文子的推荐和公叔文子一道做了卫国大臣，孔子

听到这件事，说："公叔文子配得上'文'的谥号了。"

【易惑词】

臣，家臣。升，提升。诸，于。公，公朝，诸侯的朝廷。文，公叔文子谥号。

【论语人物】

僎，音 zhuàn 转，卫国大夫，原为公叔文子的家臣。

【淮北佬曰】

古代的谥号，虽然常有谥实不符的情况，但也多有谥实相符的情况。

【论语内外】

这或是古代版的举贤不避"亲"，虽然家臣并非亲人，但家臣总是自己的人，类于亲人；举荐自己家里的人，也是一种举贤不避亲吧。看来孔子也是认可公叔文子的这一举动的。因为古代的谥号，虽然常有谥实不符的情况，但也多有谥实相符的情况。谥号中的文、武、昭、平等字，都是褒扬的。孔子说公叔文子可以得到文的谥号，似看不出来嘲讽的意味。孔子大概说的是真实的心里话。

【原文】

14.19 子言卫灵公之无道也，康子曰："夫如是，奚而不丧？"孔子曰："仲叔圉治宾客，祝鮀治宗庙，王孙贾治军旅，夫如是，奚其丧？"

【译文】

孔子谈到卫灵公的昏乱，季康子说："既然如此，为什么卫国还没有败亡？"孔子说："他有仲叔圉接待宾客，有祝鮀管理祭祀，有王孙贾统率军队，这种情况下，怎么会败亡呢？"

【易惑词】

丧，音 sàng，败亡。

【论语人物】

仲叔圉（音 yǔ 雨），即孔文子，卫国大夫。王孙贾，卫国大夫。

【淮北佬曰】

这的确是让人困惑的现象。

【论语内外】

这的确是让人困惑的现象：大家都认为败坏的人和事，却久久都不崩溃败亡；大家一致认为腐朽倒退的政权、社会、时代，也常能一直维持下去。这或有至少四种可能。一种可能就是孔子说的这种可能，有一些有能力的人辅佐着，因此没有败亡；问题是既然他那么败，为何还能吸引不少有能力的人辅佐？再一种可能就是，卫灵公的所谓败象，根本不像外界传说的那样，已经朽烂到根底了，那个社会依旧是稳定的、有活力的。另一种可能，就是既有的所谓对错、是非、道德与不道德、应该与不应该、价值判断标准，并不完全与真正的人道匹配；也就是说，当时人们认为正确的某些道德标准，并不是正确的道德标准，或并不完全是正确的道德标准；因而用这些道德标准去看事、看人，自然是看不准的。最后一种可能，就是所谓的道德标准，并不能左右社会上的其他事物，例如权力、利益、人的才华、社会运转的内在规律以及其他未知因素。

【原文】

14.20 子曰："其言之不怍，则为之也难。"

【译文】

孔子说："一个人说话大言不惭，兑现起来就很不容易了。"

【易惑词】

怍，音 zuò 坐，惭愧。

【淮北佬曰】

酒越旧越浓，醋越陈越香，话越远越圣，人越远越尊。

【论语内外】

孔子吃过听其言信其行的亏，所以从此知道听其言观其行的好。孔子大概也见识过夸夸其谈、却难以兑现的人，因此说一个人说话大言不惭，做起来就很不容易了。因此中国人不尚论辩，或也由《论语》来？但战国或是例外，因为战国离春秋近，近而不尊，人们还不知道刚过的时代，有些什么好，有些什么不好。酒越旧越浓，醋越陈越香，话越远越圣，人越远越尊。最重要的不是怎么说，而是怎么做；不是说什么，而是做什么；不是说了多少，而是做了多少。

【原文】

14.21 陈成子弑简公。孔子沐浴而朝，告于哀公曰："陈恒弑其君，请讨之。"公曰："告夫三子。"

孔子曰："以吾从大夫之后，不敢不告也，君曰'告夫三子'者！"

之三子告，不可。孔子曰："以吾从大夫之后，不敢不告也。"

【译文】

陈成子杀了齐简公。孔子斋戒沐浴后上朝，向鲁哀公报告说："陈恒杀了他的君主，请出兵讨伐他。"鲁哀公说："你去向三位大夫报告吧。"

孔子退出来说："因为我曾经做过大夫，不敢隐瞒不报，国君却说出'去向三位大夫报告'的话来！"

孔子到三位大夫那里报告，他们都不同意出兵讨伐。孔子说："因为我曾经做

过大夫，所以不敢隐瞒不报。”

【易惑词】

哀公，鲁哀公。讨，讨伐。三子，指当时鲁国掌权的孟孙、叔孙、季孙三大家族。从大夫之后，孔子的谦词，孔子做过鲁国大夫，此时已经赋闲。之，去，往，到……去。

【论语人物】

陈成子，名恒，春秋末年齐国大夫。齐简公，春秋末年齐国国君。

【淮北佬曰】

有时候，成功就是在迂和难堪中实现的。

【论语内外】

孔子好迂啊！但又不失可爱。他似乎也是在为自己的难堪找台阶下。他又想说出自己的观点，并且像曾经那样参与决策，但又不便直说，更不能态度鲜明地建议，因为有可能下不来台。孔子在此事上的处境十分艰难。遇到这样的事，轻率的好事者往往会夸张其事，大呼小叫，非此即彼，并由此酿为事端；而多虑者，多一事不如少一事，则可能多思而终不行。但迂也有迂的好处。迂有迂的失败，或也有意料之外的成功。事件最新的信息传递也十分紧要。信息传递过去了，虽当时未起作用，但不代表以后不起作用；虽短时期未起作用，但不代表长远不起作用。有时候，成功就是在迂和难堪中实现的。

【原文】

14.22 子路问事君，子曰：“勿欺也，而犯之。”

【译文】

子路问侍奉君主事，孔子说：“不要欺骗君主，但可以当面说出不同看法。”

【易惑词】

犯，冒犯，当面直谏。

【淮北佬曰】

可以当面说出看法，意思就是不要背后说。

【论语内外】

宪问篇的这些章段，都是孔子践事后的心得、心迹、心思、心想和智论。虽内容简洁，但蕴含高深；虽然只是大白话，但充满了对生活的真感悟；虽语言朴实，但回味无穷。不要欺骗君主，但可以当面说出不同看法，等同于君子和而不同、小人同而不和。君子之间是和谐的、但各人仍有各人观点，小人之间没有原则、遇事就唯利翻脸走人。因为君主有权有势，姑且认定君主都是君子。与君主相处，如果一味相投，等于多了个附庸；如果一味批评，君主也抹不下面子；如果背后议论，就有毁谤嫌疑；如果当面说出，就是光明磊落。

【原文】

14.23 子曰："君子上达，小人下达。"

【译文】

孔子说："君子向上通达仁义，小人向下通达财利。"

【易惑词】

上，指仁义。下，指财利。

【淮北佬曰】

君子追求仁德，因而是向上的；小人追求物质，因而是向下的。

【论语内外】

又可说，君子追求仁德，因而是向上的；小人追求物质，因而是向下的。或可说，君子追求高远的境界，因而天天向上；小人追求富贵享受，因而沉沦向下。这正是孔子的占领道德高地策略，或是孔子的污名化策略。先划出道德界限，是非标准，追求仁德的，就是光明大道；追求享受的，就是沮丧沉沦。再污你的名，你已经被划入小人范畴，还能有什么好品质？即使有，也是小人的标准，是小人中的上等，是鄙俗中的高雅，是小人中的君子；但小人还分什么上中下等？鄙俗中还有什么高雅低俗？小人中怎么可能有君子？

【原文】

14.24 子曰："古之学者为己，今之学者为人。"

【译文】

孔子说："古人为充实自己而学，今人为炫耀自己而学。"

【易惑词】

为己，提高自己，充实自己。为人，为炫耀自己，做给别人看。

【淮北佬曰】

为学习留出时间，为美德留出空间。

【论语内外】

我想出了一句有哲理的话，叫作：为学习留出时间，为美德留出空间。这实在是受《论语》的影响，不由自主就想说出一句有道理或有哲理的格言警句来，或说出类似古人为充实自己而学，今人为炫耀自己而学的话来。《论语》内容，既多是对话体，也多见格言体；既多是语录体，也多见言行录；既记言，也记行；既有思想火花，也有叙事述人。《论语》中孔子的话，多有真知灼见。古人为充实自己

而学，今人为炫耀自己而学，虽然厚古薄今，但对比强烈，明白易懂。格言警句体只存在于书面语中，孔子这些精辟的话，与弟子们的编辑加工，或是分不开的。

【原文】

14.25 蘧伯玉使人于孔子，孔子与之坐而问焉，曰："夫子何为？"对曰："夫子欲寡其过而未能也。"使者出，子曰："使乎！使乎！"

【译文】

蘧伯玉派人拜访孔子，孔子请来人坐下，问道："他老人家在做什么呢？"来人回答："他老人家想减少自己的过错，但还没能做到。"来人出去后，孔子说："真是好使者！真是好使者！"

【易惑词】

蘧，音 qú 渠。夫子，指蘧伯玉。寡，减少。使乎，好使者，赞美义。

【论语人物】

蘧伯玉，名瑗，卫国大夫，孔子周游列国时，曾居其家。

【淮北佬曰】

这记录的不是思想，而是史料。

【论语内外】

这记录的不是思想，而是史料。问题和对话都十分高雅，悠闲，都是衣食足而知荣辱的话题，令人向往。想想那种场景。来人坐下后，谈的不是早饭吃过了吗？卫国收成如何？天气可顺心？身体还好吗？工作很忙吧？而是这么雅致的话题。但这个雅致的话题，并非孔子问出，而是使者的引导，这的确是使者的雅致和高超。使者想必早已修己达人，因而言出必惊四座。他不说蘧伯玉的俗事，只谈蘧伯玉的高雅；但他又不全说蘧伯玉的高雅，而是留有分寸、余地。这使者才是真正的高人，怪不得连见多识广的孔子，都被他惊住了。

【原文】

14.26 子曰："不在其位，不谋其政。"曾子曰："君子思不出其位。"

【译文】

孔子说："不在那个职位上，就不去考虑那个职位上的工作。"曾子说："君子考虑问题不超过自己的职权范围。"

【易惑词】

位，职位。谋，谋划，考虑，此指越位干预。思，考虑。出，超出。

【淮北佬曰】

按规则出牌，是常态；不按规则出牌，是例外。

【论语内外】

本章与泰伯篇第十四章一部分同。泰伯篇第十四章孔子说，不在其位，不谋其政。本章后段加了曾子说。曾子说君子考虑问题不超出职权范围，是对孔子说的解释。不越权，不越位，是在职者的基本守则，因为越权、越职、越位，将会带来人、权、事的变化和碰撞，不是按规则出牌的行为。事事都有例外。不按规则出牌，有时还就出其不意；不按范围行事，有时还就改造了社会；不按职位操作，有时还就破了旧立了新。就像现在美国总统竞选人特朗普，完全不按规则出牌，他的支持率还就是出人意料的高。就像高速公路收费，本来理所当然，而百姓呼吁节假日小车免费通行，还就真的部分节假日免费了。但相反的例子一样多。基地组织越了西方规则的位，因而被西方穷追猛打；许多官员越了位，贪腐奢靡，被送进了监狱。孔子是从当局视角考虑问题的，为政为事，一般均不可越位而为。越位与不越位、位在哪里、从何而越，都因人、因时、因地、因事而异。

【原文】

14.27 子曰："君子耻其言而过其行。"

【译文】

孔子说："君子以说得多做得少为耻。"

【易惑词】

耻，以……为耻。过，超过。

【淮北佬曰】

孔子的这类话，在各个时代，总有相似的人境。

【论语内外】

邓小平在改革开放之初说不争论。他对所谓大是大非、改革不改革、开放不开放，都不想争论。有权力的人觉得争论是浪费时间，该怎么做，就怎么做，争论起来，没完没了，时间都在争论中过去了，所以有权力的人都不想争论，都想少说多做。有时候不得不说，不得不争论，是制度使然，这是另外的话题。摸着石头过河，也是不争论，只说不做，永远过不了河，先做起来再说，很快就过了河。其实有才华的掌权者，心里知道河在哪里，要往哪里过河，要怎样过河，要过河往哪里去。但这也有个过程。一些朦胧的想法不可漏气，气漏了，事也就不成了，事不成了，说得再多，辩得再明，也没有意义了。说得多做得少，当然不完全指的争论，或完全不是指的争论，而是说一个人说多做少，不兑现诺言。孔子的这类话，在各个时代，总有相似的人境。

【原文】

14.28 子曰："君子道者三，我无能焉：仁者不忧，知者不惑，勇者不惧。"子贡曰："夫子自道也。"

【译文】

孔子说："君子遵循的三条标准，我一条都没做到：仁德的人不忧虑，智慧的人不困惑，勇敢的人不惧怕。"子贡说："这三条正是老人家自己的写照呢。"

【易惑词】

道，道德修养。知，音 zhì 智，同"智"。自道，自己说自己，自述。

【淮北佬曰】

子贡会哄老爷子高兴，怪不得孔子喜欢他。

【论语内外】

子贡会哄老爷子高兴，怪不得孔子喜欢他。孔子像所有人一样，喜欢人是有前提的。对孔子来说，他喜欢人的前提，是有德，或有德有才。有德居首，像颜渊，德行好，他就喜欢得不得了。有才少德，或他觉得有才少德，他会骂，像冉求。弱德少才，他就像普通人那样对待，不用高标准要求，像樊须。有德又有才，不用说，他会十分喜欢，像子贡。子贡不为命运所困，有奋斗精神，思维灵活敏捷，有智慧，重感情，又会说话，话大都能说到点子上，让人听了开心，却无语言受贿的不安。察言观色，言到手到，中国职场的用人要求，或许多来自子贡的示范。

【原文】

14.29 子贡方人，子曰："赐也贤乎哉？夫我则不暇。"

【译文】

子贡议论别人，孔子说："赐呀，你足够好了吗？我可没有那个闲工夫。"

【易惑词】

方人，议论他人短长；方，通"谤"。暇，闲暇，空闲。

【淮北佬曰】

虽然是批评，但语气中却满是焦虑。

【论语内外】

这是《论语》中孔子对子贡唯一的批评。就好比说，子贡你论人短长，你自己又怎么样？该我可没这份闲心！虽然是批评，但语气中却满是焦虑，甚至把自己拿出来作比，内心里还是担忧自己看好又谈得来的好学生学坏了，那不但是自己看走了眼，也可惜了一个人才、自己的一番心血。看来，子贡也有个成长过程。

【原文】

14.30 子曰："不患人之不己知，患其不能也。"

【译文】

孔子说："不怕别人不了解自己，就怕自己没有能力。"

【易惑词】

患，忧虑，担心。不能，没有能力。

【淮北佬曰】

都有为他人着想的意思。

【论语内外】

学而篇里有类似的句式：孔子说，不患人之不己知，患不知人也；本章说，不患人之不己知，患其不能也；都有相近的意思。都是说别人不了解自己不重要，重要的是要有让人了解的能力、要先去了解别人，要善解人意，要为他人着想，打铁先得自身硬，己所不欲，勿施于人，连自己都不了解，还能去了解别人？也就是孔子在先进篇中对子路说的，人都服侍不好，怎么能服侍好鬼神？生的道理都没明白，怎么能懂死的道理？大都是相同或相近的意思。

【原文】

14.31 子曰："不逆诈，不亿不信，抑亦先觉者，是贤乎！"

【译文】

孔子说："不预先怀疑别人欺诈，不预先推测别人不诚信，却能及时察觉欺诈和不信，这是贤人啊！"

【易惑词】

逆，预先。亿，通"臆"，臆测，猜测。先觉，及早发觉。

【淮北佬曰】

孔子的意思，是用事实说话。但也要有预知能力。

【论语内外】

这就像现在我们从西方学习，不预设坏人是坏人，不预设嫌犯是罪犯。在没有定案前，先假设他们不是坏人，不是罪犯。等定了案，真相大白了，是罪犯就是罪犯，不是罪犯就是普通人。是坏人就是坏人，不是坏人就是正常人。孔子的意思，是用事实说话。但用事实说话，也不是无所作为，不是沉默等待，而是有所预知，有所预设，有所预感，有所预料。要发觉坏人坏事于萌芽之中，不可坏人坏事大爆发了，再去预防和制止。这就很费功夫了。西人曾有说，说话要和气，但手里要有

大棒。说的大约是同一层意思，都是不预设，但又要预防；不预测，但又要预知；不预言，但又要预感；不冤枉一个好人，但也不放过一个坏人；不预先怀疑别人欺诈，但也能及时制止欺诈；不预先推测别人失信，但也能及时觉察失信的发生。这样的人，才是真正厉害的！

【原文】

14.32 微生亩谓孔子曰："丘何为是栖栖者与？无乃为佞乎？"孔子曰："非敢为佞也，疾固也。"

【译文】

微生亩对孔子说："你为什么总是这样忙忙碌碌呢？不是为了显示你的好口才吧？"孔子说："我不敢显示口才啊，而是讨厌那些顽固不化的人。"

【易惑词】

栖栖，音 xīxī 西西，匆匆不定、忙碌不安的样子。佞，口才好，或巧言能辩。疾，讨厌，恨。固，顽固，固执。

【论语人物】

微生亩，姓微生，名亩，鲁国隐士。

【淮北佬曰】

微生亩直呼孔子其名，显得非同一般，这表明他或年长于孔子或德尊于孔子，或自认为德尊于孔子。

【论语内外】

本章或至少有两种释义。一种释义是，微生亩对孔子说，你为何总是如此忙忙碌碌，不是为了显示你的口才好吧？孔子回答说，我不敢显示我的口才啊，只是讨厌那些顽固不化的人啊。孔子的意思是，我并非要显示我的口才，而是为了压倒那些顽固不化的人，我只好多说几句也就显得像是在展示我的口才了。另一种释义是，微生亩对孔子说，你为何总是如此忙忙碌碌，不是为了显示你的口才好吧？孔子回答说，我怎敢逞强能辩，只是痛恨这个世道的固陋罢了。意思是由于这个社会有许多问题，我不得不时常大声疾呼，把多说的原因，转移到社会问题上去了。孔子的回答，多少有些说明、辩解的意思，这不是孔子的常态。微生亩直呼孔子其名丘，显得非同一般，这表明他或年长于孔子或德尊于孔子或自认为德尊于孔子。

【原文】

14.33 子曰："骥不称其力，称其德也。"

【译文】

孔子说："千里马值得称道的不是它的力气，而是它善跑的品质。"

【易惑词】

骥，音jì记，千里马。称，称赞，称许。德，品格，品德。

【淮北佬曰】

孔子常见别人看不见的道理，说出别人表达不出来的意思。

【论语内外】

孔子常见别人看不见的道理，说出别人表达不出来的意思。在一般人的概念中，千里马不就是有劲儿的马吗？没有劲，没有力气，跑几步就倒了，怎能称为千里马？却不能分辨有力气和善跑的区别。善跑必须有力气，因为没有力气，怎么跑也跑不了好远。但有力气却不一定善跑，因为善跑变成了一种智慧，至少变成了一种技术活，变成了一种需要技巧的事。练长跑的人都说，长跑有一个艰难期，就那么半小时，那是最困难的时期，过去了，就有劲了，跑得再远点也没有问题。喝酒的人也有这种体会，说喝酒有一个困难期，在困难期里，酒一滴都喝不下去，浑身难受，支撑不了；但过了那个困难期，浑身畅快，酒力大增，喝得再多一些，也没有问题。这就不是跑步了，而是跑技术了；这就不是单纯的拼酒了，而是拼技巧了。

【原文】

14.34 或曰："以德报怨，何如？"子曰："何以报德？以直报怨，以德报德。"

【译文】

有人说："用恩惠来回报怨恨，怎么样？"孔子说："那用什么来回报恩惠呢？要用公平正直来回报怨恨，用恩惠来回报恩惠。"

【易惑词】

怨，怨恨。直，公平，无私，正直。

【淮北佬曰】

单纯的以德报怨，并不足取，或者并不足够。

【论语内外】

《老子》第六十三章说，大小多少，报怨以德，即大生于小，多生于小，以恩德回报怨恨。但在第七十九章又说，和大怨，必有余怨，报怨以德，安可以为善？即调和深巨的怨恨，必然会留有余怨；用德来回报怨恨，哪里能认为是好的办法呢？可见老子谈以德报怨，是有条件的；以恩德来回报怨恨，也是大生于小和多生于少，也是有着累积的关系的。孔子细化了人道里的恩怨观，认为不仅要以德报怨，同等的，也要以公平回答怨恨，还要以德行回报德行。对人世的恩怨观而言，这就比较丰富、全面了。单纯的以德报怨，并不足取，或者并不足够。这或也是一

种社会公平观、是法制的观念吧？

【原文】

14.35 子曰："莫我知也夫！"子贡曰："何为其莫知子也？"子曰："不怨天，不尤人，下学而上达。知我者其天乎！"

【译文】

孔子说："没有人了解我啊！"子贡说："为什么没有人了解您呢？"孔子说："不埋怨天，不怪罪人，我下学人事上达天命。了解我的，大约只有老天啊！"

【易惑词】

莫，没有，没有人。怨，埋怨，怪罪。尤，怨恨，怪罪，责怪。下学，指学习人世知识。上达，知晓天命；上，上天；达，通达。

【淮北佬曰】

老子常谈天道，孔子多论人道。孔子还真不相信天命，他相信的是人运。

【论语内外】

这一章有《论语》里不多的孔子言天命的内容。孔子少谈利，但他称许天命，更称许仁德。天命或可说是天道的一部分，也就是天地万物规律的一部分。老子常谈天道，孔子多论人道。两人关注的重点和内容不同，因此谈论的焦点和重点，也不一样。如果孔子真去请教过老子，那么这或是《论语》里少见的孔子的天道论。但孔子的天道，和老子的天道，其实也完全不是一回事。老子谈天道，谈的是天地万物的运行、天地万物的秩序、天地万物的规则、天地万物的运转。而孔子这里谈的天道、天命，其实还是人的命运。由于孔子在这里感叹的是没有人了解他、没有人知人善任，所以他只是借天而言未知，慨叹上天对人的命运为何如此安排。他还真不相信天命。他相信的是人运。

【原文】

14.36 公伯寮愬子路于季孙。子服景伯以告，曰："夫子固有惑志于公伯寮，吾力犹能肆诸市朝。"子曰："道之将行也与，命也；道之将废也与，命也。公伯寮其如命何？"

【译文】

公伯寮在季孙面前诬告子路。子服景伯把这事告诉孔子，并且说："季孙老先生已经被公伯寮迷惑了，我有能力治公伯寮罪，把他杀了在街头示众。"孔子说："大道也许能实现，这是天命；大道也许实现不了，这也是天命。公伯寮能抗拒天命吗？"

【易惑词】

愬，音 sù 素，同“诉”，诬告，诽谤。夫子，此指季孙氏。惑，迷惑。肆，杀人陈尸。市朝，将罪人尸体示众，在朝廷或市集。道，主张，学说。命，天命。

【论语人物】

公伯寮，名寮，字子周，或为孔子学生。子服景伯，名何，谥号景。鲁国世袭大夫。

【淮北佬曰】

碰到需要推脱的事情，孔子就搬出天命来说事。

【论语内外】

碰到需要推脱的事情，孔子就搬出天命来说事，这一方面说明孔子不脱离社会实际，不是那种不知世事的人，另一方面，也说明天命并非孔子坚守不逾的观念，他此时只是拿天命来说事，来摆脱对子服景伯的正面回答。从这一章里，我们看得出子服景伯与孔子有很好的关系，甚至要为孔子出头。但孔子却息事宁人，顾左右而言他，打起了太极。大概孔子觉得杀人治罪，严重了，因而进行了消极处理。

【原文】

14.37 子曰：“贤者辟世，其次辟地，其次辟色，其次辟言。”

子曰：“作者七人矣。”

【译文】

孔子说：“贤者的最佳选择是避开乱世，次一等的选择是避开乱地，再次一等的选择是避开别人的脸色，再次一等的选择是避开恶言乱语。”

孔子说：“这样做的人已经有七位了。”

【易惑词】

辟，音 bì 避，同“避”，逃避。色，脸色。言，难听话。作者，这样做的人；作，起身，离开。七人，指伯夷、叔齐、虞仲、夷逸、朱张、柳下惠、少连。

【淮北佬曰】

对个人而言，这是可供选择的一些选项。

【论语内外】

孔子列出了值得借鉴的多种选择。这些选择又分 4 个等级，依次是避世、避地、避人、避言。对个人而言，这是可供选择的一些选项。之所以给出这些选择，大概也是一种弱者的武器。就是当反抗有可能风险过大时，或反抗的组织工作尚未完成时，或反对的力量尚未能够凝聚时，或有些人根本就不想反抗时，这些选择的存在，能够为人们的人生选择提供各种可能。这些也是被后世指为消极的一些观念。

【原文】

14.38 子路宿于石门。晨门曰："奚自?"子路曰："自孔氏。"曰："是知其不可而为之者与?"

【译文】

子路在石门住了一夜，第二天早晨进城时守门人问："从哪里来?"子路说："从孔家来。"守门人说："是那个明知做不到偏要去做的人吗?"

【易惑词】

石门，地名，鲁国都城的外门。晨门，负责早上打开城门的人。孔氏，孔子家。与，带疑问的语气词。

【淮北佬曰】

《论语》是展示性的，即将生活的场景或一言一语展示出来，由读者自己去从中发现思想和深刻。《论语》是颠覆经典的经典。

【论语内外】

地地道道中国白话小说的句法。《论语》里有不少这样的素材，说的都是生活小故事，这使《论语》不像一部面色严正的思想经典。但或正是我常说的，从普通生活中提炼出精深的思想。《论语》是展示性的，即将生活的场景或一言一语展示出来，由读者自己去从中发现思想和深刻。《论语》是颠覆经典的经典。貌似经典的往往不是经典，不似经典的却往往最经典；像经典的可能恰恰不是经典，不像经典的冷不丁儿成了经典；正儿八经的经典常常是正儿八经的冒牌，世俗平淡的却常常是精粹高深的经典。不以貌取人，才是最安全的。

【原文】

14.39 子击磬于卫，有荷蒉而过孔氏之门者，曰："有心哉，击磬乎!"既而曰："鄙哉，硁硁乎!莫己知也，斯己而已矣。深则厉，浅则揭。"子曰："果哉!末之难矣。"

【译文】

孔子在卫国敲着磬，一个背草筐的人从门前走过，说："这样敲磬是有用意的啊!"过一会又说："硁硁声很是粗陋啊!好像说没人了解自己，没人了解就没人了解罢了。就像过河，水深了干脆就连衣服走过去，水浅了就提着衣服过去。"孔子说："说得真坚决!这就没法争辩了。"

【易惑词】

磬，音 qìng 庆，石制的敲击乐器。荷，肩背，背负。蒉，音 kuì 溃，草筐。

鄙，鄙陋，不文雅。硁硁，形容磬声刚硬；硁，音 kēng。厉，连着衣服趟水过河；暗言审时度势，知深知浅。揭，撩起衣服趟水过河；暗言审时度势，知深知浅。果，坚决，固执。末，没有，无。难，责难，争辩。

【淮北佬曰】

总之孔子说出了莫名其妙的话。

【论语内外】

这好像有点站着说话不腰疼。民间常有一些文化高人，或自认为是文化高人的人，或感觉像文化高人的人，十分可爱，就像这位背草筐路过的人一样。这些民间的文化高人十分自信，也十分用功，又比较聪明，甚至还有不少智慧，他们模仿古人，自认为隐于民间，说出的都是高见，天将降大任于己，钟情于古代典籍，注重文字道德。但他们常有重大缺陷，就是总囿于古文古义、固有道德，眼界不够宽展，思想不能更新，没有经过全面训练，不能与时俱进，时常抱残守缺。对背草筐的高人，孔子不知是认可他的话呢，还是不认他的话。总之孔子说出了莫名其妙的话。

【原文】

14.40 子张曰："《书》云，'高宗谅阴，三年不言。'何谓也？"子曰："何必高宗，古之人皆然。君薨，百官总己以听于冢宰三年。"

【译文】

子张说："《尚书》说，'殷高宗住在守丧的房子里，三年不理政务。'这是什么意思？"孔子说："不仅高宗这样，古人都是这样。国君死了，百官做好本职工作，三年内都听命于宰相。"

【易惑词】

谅阴，守丧时住的房子，此指守孝。不言，不说话，指发号施令。薨，音 hōng 轰，诸侯或大官死。总己，总管自己的工作，做好本职工作。冢宰，官名，相当于宰相。

【论语人物】

高宗，殷高宗武丁。

【淮北佬曰】

读书人是历史的学习者、总结者和传播者。

【论语内外】

中华文明重视历史的总结，重视以史为鉴的价值，重视以古师今的作用，也重视古为今用的功能。但世界上有不重视历史的总结，不重视以史为鉴的价值，不重视以古师今的作用，不重视古为今用的功能的民族吗？如果有，那种文明就很难那

么深厚，很难那么丰富，很难那么凝重了。读书人是历史的学习者、总结者和传播者。学而优则仕，在孔子时代，饱读诗书的臣属们有责任、有义务提供历史的经验和教训，供统治者斟酌、选择。孔子正在做和准备做的，正是这样的工作。

【原文】

14.41 子曰："上好礼，则民易使也。"

【译文】

孔子说："位高的人如果能遵循礼制，那么百姓就好指挥了。"

【易惑词】

上，在上位的人，统治者。

【淮北佬曰】

孔子是一个普通人，一个生存者，一个追求者，一个享受者，一个爱国者，一个慈祥的老者。

【论语内外】

《论语》里的孔子说，大都是孔子回答弟子，或他人的请教和问话，也有少部分，是孔子自己主动说的，或孔子诱导别人问，然后自己点评的。《论语》里的对话双方，一般看起来似乎不平等，因为一般都是一个是老师，一个是学生；或一个是开导者，一个是咨询者；或一个高高在上，一个甘心在下；或一个胸有成竹，一个懵懂无知。因而《论语》给我们一种印象，就是孔子的精彩、高大、无敌。但这只是我们的一般印象。如果细细阅读、仔细分析、慢慢品味，我们就知道，《论语》是平民的，孔子是世俗的，孔子也是优劣互生的，孔子的言论也是多样的。但总体而言，我们还能知道，孔子是睿智的，他的眼光是独到的，他的观察是高明的，他的思想是精深的，他是了不起的。同时，他又是一个普通人，一个生存者，一个追求者，一个享受者，一个爱国者，一个慈祥的老者。

【原文】

14.42 子路问君子。子曰："修己以敬。"

曰："如斯而已乎？"曰："修己以安人。"

曰："如斯而已乎？"曰："修己以安百姓。修己以安百姓，尧、舜其犹病诸！"

【译文】

子路问君子事，孔子说："修身养性，认真工作。"

子路说："这样就可以了吗？"孔子说："修身养性，让上层人物安心。"

子路说："这样就可以了吗？"孔子说："修身养性，让老百姓安乐。修身养性，让老百姓安乐，这是连尧、舜都担心做不到的呢！”

【易惑词】

安人，让上层安心，人与百姓是两个人群；或安人又指让朋友及亲属安定、安乐。病，难，难以做到，担心做不到。

【淮北佬曰】

从个人生态出发，完成、强化一个内修文化的生态链。

【论语内外】

修己既是为了安己，或更是为了安人，再进一步安百姓，安社会。修己的功能，总要用于社会和他人的；即便不是为了安人、安民，也会无意中透过个人的行为、操守、气场，感染影响他人，感染影响周边；感染影响社会。君子要胸襟博大，君子要尊重现有社会规范，君子要兼容并蓄，君子要忠事领导、造福百姓、形成和谐的政治局面，前提就是修养自己，再由己及人、推己及人。从个人生态出发，完成、强化一个内修文化的生态链。只有如此，整个社会的场景，才可能是晴日和风、温润宜人的。

【原文】

14.43 原壤夷俟，子曰：“幼而不孙弟，长而无述焉，老而不死，是为贼。”以杖叩其胫。

【译文】

原壤两腿八叉坐等孔子，孔子说：“你小时候不懂礼节，大了一无所成，老而不死，真是个祸害！”说着用拐杖敲打他的小腿。

【易惑词】

夷，箕踞。俟，等待。孙弟，音 xùn tì 逊悌，同“逊悌”，敬重兄长。无述，没有成就，没有让人称道的。贼，伤害，此指害人的人。胫，小腿。

【论语内外】

原壤，人名，孔子老友。

【淮北佬曰】

孔子对这样的老友，似乎十分无奈，骂又不好骂，打又打不得，甩又不忍甩，用又不堪用。

【论语内外】

当代西方有礼仪学，学生一般都要学习些基本的礼仪知识，当代中国也慢慢有了。礼仪是一项专门的知识，各行各业的人，都要了解，或感悟，这样才能更好地与人相处，才能不招人厌恶。叉开腿坐，这的确是不礼貌的。即使到现在。女士不用说，叉开腿坐是不应该出现的禁忌；即使男士，在正式场合，也要注意适当。两

腿叉得过开，显得霸道，不文明，不礼貌。但两腿并得过拢，也显得拘谨。说话时看着说话的人，显得专注；不看说话的人，显得涣散。原壤十分不堪，也不是什么坏人，就是不上路子的那种人，不讲礼仪，大大咧咧，倚老卖老，自以为高。甚至口沫乱迸，生活邋遢，不讲卫生都说不定。孔子对这样的老友，似乎十分无奈，骂又不好骂，打又打不得，甩又不忍甩，用又不堪用。但愈到孔子的高寿，愈不会抛弃老友。因为老友是用时间堆砌起来的，是内心的一份安全，一份温暖。新交的朋友，大多没有那么长的时间去磨合、考验、锤炼了。

【原文】

14.44 阙党童子将命。或问之曰："益者与?"子曰："吾见其居于位也，见其与先生并行也。非求益者也，欲速成者也。"

【译文】

阙党的一个童子来向孔子传话。有人问孔子："这孩子要求上进吗?"孔子说："我看见他坐在长辈的位子上，看见他和长辈并排行走。他不是要求上进的人，而是一个急于求成的人。"

【易惑词】

阙党，即阙里，孔子在曲阜的居处。将命，传话。益者，上进的人；益，增加。居于位，坐在位子上，此指坐在长辈的位子上。先生，长辈。并行，并肩同行。速成，急于求成。

【淮北佬曰】

看人用人的事，实在像孔子那样，常是一眼看过去的结果。

【论语内外】

孔子善于察言观色，眼光类于文学家。但他的视角，是人与人性的。当然，文学家关注的也是人与人性。通过一般行为或肢体语言，就能看出一个人的内在，孔子已经历练到化境了。对人的判断，仅依靠理性，有可能过于空洞，过于宏观，不注重细节，不注意感情；而仅依靠经验，则可能过于微观，先入为主，过于片面，过于强调感情和个人好恶。好的观察者，就是能尽可能将感性判断和理性判断协调为用的人。被判断的人，相信运气就好了。有人用感情来评判你，会提升你为主管；有人用感情来评判你，也会降你为员工。有人用理性来评判你，会让你接班；有人用理性来评判你，竟断定你卖国。看人用人的事，实在像孔子那样，常是一眼看过去的结果。

卫灵公篇第十五

（共42章）

【原文】

15.1 卫灵公问陈于孔子。孔子对曰："俎豆之事，则尝闻之矣；军旅之事，未之学也。"明日遂行。

【译文】

卫灵公向孔子请教军队列阵法，孔子回答说："礼仪方面的事，我曾经听说过；军旅方面的事，我没学过。"孔子第二天就离开了卫国。

【易惑词】

陈，音zhèn阵，通"阵"，行兵布阵。俎豆，均为祭祀用礼器，此指礼仪；俎，音zǔ组。

【淮北佬曰】

孔子是个文科生，不是军事家。是思想家和道德家，不是战略家。

【论语内外】

俎是一块小板，长方形，多为木制，肉煮熟后放在俎上，用刀割着吃。豆多为木制，类似今天的高脚盘。孔子也是实事求是的，对军旅之事，他说不出来，也就不说，不强说，因为容易露拙。孔子是个文科生，不是军事家。是思想家和道德家，不是战略家。许多文科生是战略家，比如毛泽东。但孔子不是。孔子是很纯粹的思想家、道德家、教育家。没见过孔子谈战略、军事和谋划。具体的政治操作、宏观战略谋划，可能不是孔子的强项。就这点，孔子不是战略家，而是一位社会思想家、文化学者、人性洞察者、人与人关系的理论和实践大师。

【原文】

15.2 在陈绝粮，从者病，莫能兴。子路愠见曰：“君子亦有穷乎？”子曰：“君子固穷，小人穷斯滥矣。”

【译文】

孔子在陈没有吃的了，跟从的人都饿得爬不起来。子路满肚子怨气来对孔子说：“君子也有穷困不堪的时候吗？”孔子说：“君子能够安守穷困，小人一穷就没有底线了。”

【易惑词】

病，此指饿倒。兴，起，站起。愠，恼怒，怪怨。固，安守，固守，坚持。斯，就。滥，乱来，无所不为，没有底线。

【淮北佬曰】

君子穷时还顾及一张遮羞纸（文明道德规范），小人一穷就直接遵从生物本能了。我不知这是对，还是错。

【论语内外】

子路在极端环境下对孔子关于君子的提倡产生怀疑，孔子给了他不卑不亢的回答，又把具体的事情（饿），拉回到道德底线上来了，这是孔子惯用的技法。据清华大学教授胡鞍钢研究，在经济指标上，中国将比计划提前实现小康目标，到2020年，中国的国内生产总值（GDP）将达到1.2万亿至1.3万亿美元，届时，中国将成为世界上最大的中产社会；另外，中国的城镇化率已经接近60%，城镇常住人口接近8亿人，农业就业人口降至30%以下。君子的标准不是一个经济的标准，但君子的标准更应该是一个以经济标准为基础的道德标准。在一个缺衣少食的社会里，大多数人的确很难坚持道德的操守、抵御物质的诱惑，毕竟对大多数人来说，精神战胜不了肉体，意志战胜不了睡眠和食欲。中产社会也应该是一个君子占支配地位的社会。很难想象，收入增加了、生活更富裕了的这批人，道德水准会更低，行为会愈败坏，他们会更不讲礼节。

【原文】

15.3子曰：“赐也，女以予为多学而识之者与？”对曰：“然，非与？”曰：“非也，予一以贯之。”

【译文】

孔子说：“子贡呀，你以为我是学得很多又都能记住的吗？”子贡回答说：“是呀，难道不是这样？”孔子说：“不是的，我用一条基本思想贯穿始终。”

【易惑词】

识，音 zhì 志，通“志”，记，记住。一以贯之，贯穿始终，从头至尾。

【淮北佬曰】

这好像是孔子主动找子贡挑话。

【论语内外】

这好像是孔子主动找子贡挑话。说明孔子与子贡有共同语言，能够对话，对话时舒心达意。有意无意，孔子在感情上，似乎对子贡有所偏向；有意无意，孔子在精神上，似乎对子贡也有所信赖。长者对年轻一辈，大概都有这种感情：希望自己的晚辈、弟子、亲近的人，能够才华横溢、出类拔萃，并希望自己有机会把积累的知识、经验，无保留地全盘交给他们。自己未能实现的，他们能够实现；自己未能超越的，他们能够超越；自己未能表现的，他们能够表现；自己未能达到的，他们来达到。这是对自己未能成功或未尽成功的补偿。或是对自己的价值，有一个再利用的期待。孔子所言，既可以理解为一种世界观：用一个唯一的基本的思想来观照天地、社会；也是一种方法论：用围绕主线的方式来看待世界、对待工作和学习。

【原文】

15.4 子曰：“由，知德者鲜矣。”

【译文】

孔子说：“仲由，懂得德的人太少了呀。”

【易惑词】

鲜，音 xǎin 显，少。

【淮北佬曰】

反复读两遍，就能发现：名人嘴里说出来的话，分量似乎要重些。

【论语内外】

仲由，懂得德的人太少了呀。子路，懂得德的人太少了呀！阿惠，菜里的油太少了呀！阿康，今天天气太热了呀！小夏，你今天睡得有点多呀。小文，你走路腰不直呀！第一节课上《论语》，整个人就不好了呀。吃颗冰糖压压惊，去睡了呀。长得不好看，半夜晒张沧桑照吓吓人，去睡了呀。冰冰，下雨了，街上人都不见了呀。反复读两遍，就能发现：名人嘴里说出来的话，分量似乎要重些。

【原文】

15.5 子曰：“无为而治者其舜也与？夫何为哉？恭己正南面而已矣。”

【译文】

孔子说："能够无所作为就使天下太平的人可能只有舜了？他做了些什么呢？端庄地坐在大位上罢了。"

【易惑词】

无为而治，弱作为，不乱为，不妄为。夫，代词，他。己，自己。正，端庄，端正。南面，地位高的人坐北面南，面对南门而坐。

【淮北佬曰】

无为就是一种为，而且是一种最中庸的作为。《老子》的背景晴空般蔚蓝，《论语》的背景闹市般喧嚣。

【论语内外】

孔子的无为和老子的无为意义相近，或者相同。孔子的无为是不为而治，老子的无为是无为而无不治。其实都大约是一样的意思：无为就是弱作为、少作为、不乱为、不妄为、不胡作非为。无为就是一种为，而且是一种最中庸的作为。不同的是学科、背景和方法。《老子》的无为是哲学的；《论语》的无为是政治学、社会学的；《老子》的方法是抽象的，《论语》的方法是具体的；《老子》的背景晴空般蔚蓝，《论语》的背景闹市般喧嚣。

【原文】

15.6 子张问行。子曰："言忠信，行笃敬，虽蛮貊之邦，行矣。言不忠信，行不笃敬，虽州里，行乎哉？立则见其参于前也，在舆则见其倚于衡也。夫然后行。"子张书诸绅。

【译文】

子张问怎样才能使自己的主张到处行得通，孔子说："说话忠实诚信，行为厚道恭敬，即使到了野国蛮地也行得通；说话不忠实诚信，行为不厚道恭敬，即使在本乡本地，能行得通吗？站立的时候，就好像看见'忠信笃敬'几个字在眼前，在车上就好像看见'忠信笃敬'几个字在横木上。这样才能处处行得通。"子张把这些话写在衣服的大带上。

【易惑词】

行，行为可通，行为通达。笃，忠厚。敬，恭敬，慎重。蛮貊，均为蔑称；蛮，南方的少数民族；貊，音 mò 末，北方的少数民族。州里，户籍编制单位，此指家乡。参，陈列，显示。舆，车厢。衡，通"横"，车辕前方的横木。绅，束衣的大带子。

【淮北佬曰】

子张问行，实际上问的是为人、处世。

【论语内外】

子张问行，实际上问的是为人、处世。忠实、诚信、厚道、恭敬，到哪里都行得通，反之，则寸步难行。子张听到孔子这么说，或许受到孔子站立时能看见，在车上也能看见的启示，把这些话记在衣服的大带子上，以便时时研读、温习。绅，是古人用来束衣的丝织大带。绅又特指束衣之后，余下来下垂的那部分大带。子张把孔子的话写在绅上，大概就是把字写在束衣后余垂下来的那部分大带上吧。如此这般，才能够时时捧读。

【原文】

15.7 子曰："直哉史鱼！邦有道如矢，邦无道如矢。君子哉蘧伯玉！邦有道则仕，邦无道则可卷而怀之。"

【译文】

孔子说："刚直啊史鱼！国家清明他就像箭一样正直，国家昏暗他也像箭一样正直。君子啊蘧伯玉！国家清明他出来做事，国家昏暗他把才华收藏起来。"

【易惑词】

如矢，像箭杆一样直。卷而怀之，把才华收藏起来，指不出仕为官；卷，收；怀，藏。

【论语人物】

史鱼，卫国大夫，临终仍直言谏君。

【淮北佬曰】

到底哪个是君子呢？

【论语内外】

到底哪个是君子呢？国家清明他像箭一样正直，国家昏暗他也像箭一样正直，这说的是始终如一；国家清明他出来做事，国家昏暗他把才华收藏起来，这说的是随机应变。或者两个都是？像陶渊明的桃花源一样，君子的世界也是一个理想的概念世界，是一种终极的境界，是一种难以实现的化境。孔子关于君子的言论告诉我们，人类审美的变化常常难以捉摸，好和坏、美和丑、对和错，也不是截然一律、永远不变的。

【原文】

15.8 子曰："可与言而不与言，失人；不可与言而与之言，失言。知者不失人，亦不失言。"

【译文】

孔子说："可以和他交流而不和他交流，会错失人才；不能够和他交流却非要同他交流，白费口舌。聪明人不错失人才，也不白费口舌。"

【易惑词】

失人，错过人才。知，音 zhì 智，同"智"，聪明，明白。

【淮北佬曰】

这大概都是不同时空下的即时之言。或各有所指。

【论语内外】

又可以说："可以和他交流而不和他交流，就失了交友的机会；不能够和他交流却非要和他交流，是浪费口舌。智者既不错失交友的机会也不浪费口舌。"孔子的爱人不是无区分地爱人，而是区别地对待人。能够交流的人，都要尽量交流，因为可以多学。能够发现的人才，都要发现、教育、扶持、打磨、扶上马再送一程。而发现对方不可交流时，就不用白费时间了，那不是我的菜，他也不好我这一口，因此当断即断，不必优柔寡断。孔子这说的，大概仍是一种感受性的经验，因为感受性的经验总针对一人一事，而非宏观性把握。述而篇"自行束脩以上，吾未尝无诲焉"，与本章有所冲突，不同的只是"自行束脩以上"，这大概是前提和条件。本篇内又有"有教无类"的表态，也与本章异义。这大概都是不同时空下的即时之言。或各有所指。

【原文】

15.9 子曰："志士仁人无求生以害仁，有杀身以成仁。"

【译文】

孔子说："志士仁人不会为活着而损害仁，只会牺牲自己来成就仁。"

【易惑词】

志士，有志之士。仁人，仁德之人。求生，贪生。杀身以成仁，牺牲自己去成全仁德。

【淮北佬曰】

"拍婚纱的一群人正向着枯苇的深处跋涉，我不知道他们是去拍照还是要共赴人生的明天。"

【论语内外】

孔子的这些话，哲理丰富，意趣深远，节奏感强，虽然可能经过弟子或再传弟子的编辑、整理，但还是很好地体现了某种强烈的语言风格。印度诗人泰戈尔的许多散文诗翻译过来，除却更诗化外，有相似之处："黑暗向光明旅行，但是盲者却向死亡旅行。""静静地坐吧，我的心，不要扬起你的尘土。让世界自己寻路向你走来。”黎巴嫩诗人纪伯伦的散文诗也有相仿的形式，“我们的一切字句，都是从心思的筵席上散落下来的残屑。”“连那最高超的心灵，也逃不出物质的需要。”许辉的散文诗亦有类似的哲思，“拍婚纱的一群人正向着枯苇的深处跋涉，我不知道他们是去拍照还是要共赴人生的明天。”“夕阳眼看要落于枯苇之下，寒风却转瞬止于干软的草梢。”“再寒冷的冬天也有青草，再饱满的阳光也难免照不到。”

【原文】

15.10 子贡问为仁，子曰：“工欲善其事，必先利其器。居是邦也，事其大夫之贤者，友其士之仁者。”

【译文】

子贡问怎样才能做到仁，孔子说：“工匠要做好自己的工作，一定先使工具得心应手。住在一个国家里，要敬奉大夫中的贤者，和士人中的仁者交朋友。”

【易惑词】

工，匠人，工匠。利，使……锋利。器，工具。友，结交，与其友。

【淮北佬曰】

上层总是易于让人诟病的，但上层中的贤者值得期待；中层总是良莠不齐的，但中层中的仁者能志同道合。

【论语内外】

子贡向孔子请教过仁，请教过为政，请教过君子，现在又请教怎样才能做到仁。仁的主旨是爱人，在以仁修身的前提下，如何处世为仁，就成为方法论中的一个重要问题。孔子具体地指出了为人处世的为仁之道，就是要敬奉上层中的贤者，与上层与底层之间阶层中的仁者交朋友。上层总是易于让人诟病的，但上层中的贤者值得期待；中层总是良莠不齐的，但中层中的仁者能志同道合。孔子如此说，也是承认了人与人的不同，物与物的差异，事与事的区别。因为是具体处世的指南，孔子的话既直言不讳，也简洁实用。

【原文】

15.11 颜渊问为邦，子曰：“行夏之时，乘殷之辂，服周之冕，乐则《韶》《舞》。放郑声，远佞人。郑声淫，佞人殆。”

【译文】

颜渊问治国事，孔子说：“用夏朝的历法，乘殷朝的车子，戴周朝的礼帽，音乐就用《韶》《武》。放弃郑国的乐曲，远离夸夸其谈的人。郑国乐曲淫靡，夸夸其谈的人危险。”

【易惑词】

为邦，治国。夏之时，夏代的历法；时，历法，适合四季农业生产。辂，音 lù 路，车，殷车较朴实。周之冕，周朝的礼帽不奢华，冕，指周朝贵族戴的帽子。《韶》，上古舜时的舞乐。《舞》，即《武》，周武王时音乐。放，放弃，弃用。佞，夸夸其谈。郑声，郑国民间的流行音乐。淫，淫靡。殆，危险。

【淮北佬曰】

用一部分孔子思想，用一部分西方文化，再用一部分其他文化，掺和着用，或许能创造出一种更有用的新文化来。

【论语内外】

颜渊问的是大事，可惜他去世早，见不到他真正的作为。孔子的回答，就是要实事求是，因地制宜，不要教条。另外，孔子的意思也是用最好的，远离不好的。近朱者赤，近墨者黑；跟什么人，学什么样；与上位的人在一起，自己的起点就高了；跟下位的人在一起，不知不觉眼界就窄了，品位就差了，标准就低了。拿孔子这些话来教导当下的晚辈，不用改词，即可畅通无阻。要打倒孔家店，不是那么容易的事。看样子，要想改造、发展、完善儒家，只能用世界上较有活力的文化，例如西方文化，与儒家文化来个中庸对分。用一部分孔子思想，用一部分西方文化，再用一部分其他文化，掺和着用，或许能创造出一种更有用的新文化来。

【原文】

15.12 子曰："人无远虑，必有近忧。"

【译文】

孔子说："人没有长远的考虑，必定有眼前的忧患。"

【易惑词】

虑，考虑。忧，忧患。

【淮北佬曰】

孔子的这句话，是一句惊世箴言。但这又是一句难以推敲的话。

【论语内外】

又有说，"一个人如果没有长远的计划和考虑，就必定有近期的忧患"。辜鸿铭先生则意译说："如果对未来毫无概念，则不到日落黄昏就会感到后悔莫及了。"让人对他的译言慨叹不已。孔子的这句话，是一句惊世箴言。但这又是一句难以推敲的话。如果进行选择式读解，就不容易说通，因为人有无长远的考虑，与眼前的忧患有何必然联系？但如果进行联想式读解，则山穷水现，因为没有长远的考虑，长远总是要成为眼前的。这样怕就讲得通了。再如果从空间上读解，更加易解，因为忧患到处都是，即使没有远方的忧患，眼前也不会省心；不作宏观考虑，就得有微观的方案。

【原文】

15.13 子曰："已矣乎！吾未见好德如好色者也。"

【译文】

孔子说："完了！我从没见过喜欢美德像喜欢美色一样的人。"

【易惑词】

已矣乎，完了；已，止，结束。好，音 hào 号，喜欢。德，德行，道德。色，女色。

【淮北佬曰】

把要说的主旨，与情色捆绑在一起，不是《论语》和孔子开的头，其实在《诗经》里就有，显然这是一种自然的人性。

【论语内外】

子罕篇中也有"吾未见好德如好色者也"句，但语气没有此句肯定、鲜明，可能孔子在不同的场合，说过相同的，或相似的话，表达过相同的，或相似的意思。说话时，把要说的主旨，与情色捆绑在一起，不是《论语》和孔子开的头，其实在《诗经》里都有，显然这是一种自然的人性。正经、严肃的道理，人们都不爱听，所以要借助人人爱听的色情，使之传播久远。现在打开网络，总是看到半裸或全裸的女人体；或打开微信，文章标题上总有一幅貌似情色的女人体，其实与内容，往往不相干。大家都沿着孔子参与的道路或孔子那个时代开创的道路在走。

【原文】

15.14 子曰："臧文仲其窃位者与！知柳下惠之贤而不与立也。"

【译文】

孔子说："臧文仲大概是个窃居官位的人吧！他明知柳下惠贤能却不给他官职。"

【易惑词】

窃，不称职，职位好像是窃取来的。立，通"位"；或立于朝，喻同班共朝。

【论语人物】

柳下惠，姓展，名获，又名禽，鲁国大夫；柳下是封地，惠，是谥号（私谥）。

【淮北佬曰】

不要轻易得罪有名的文人。

【论语内外】

孔子说的，大概就是典型的人治。因人治邦，因人治人。那这个治人之人如果贤，就会有贤明政治；如果恶，就会有恶人政治。人治或又容易滋生所谓威权主义，看起来这是一种政治生态链。但臧文仲并不是人治的适例。因为无论人治还是法治，都会有懒政、怠政、弃政、不作为、乱作为、以权谋私、假公济私、压制贤明、私仇公报的情况。孔子对臧文仲，看来印象不好。历史文献中的臧文仲，总体形象还是正面的，他热爱祖国、发展农业、思想开明、关注民生，为鲁国的发展，做了许多事。由此看来，不要轻易得罪有名的文人，因为他可能会让你遗臭千年，这是一条历史的经验。但孔子比臧文仲晚约百年，他们之间应该没有直接的个人恩怨。

【原文】

15.15 子曰："躬自厚而薄责于人，则远怨矣。"

【译文】

孔子说："多责备自己，少责备别人，就能够远离怨恨。"

【易惑词】

躬自，自己；躬，自身。厚，责己厚。薄，少。

【淮北佬曰】

修习内功，做好自己，就是要无我无他、重回自在。

【论语内外】

孔子强调的是修好内功，做好自己，也就是修身养性，再推及他人。修习内功，做好自己，就是要以此为基础，强化一种自强不息的人文精神，摒除消极和颓废，提升价值引力。修习内功，做好自己，就是要秉持和谐理念，与社会和谐，与他人和谐，与自己和谐，与天地和谐。修习内功，做好自己，就是要有理想，理想不一定高大、完美，理想可能就是平平安安、与人为善、与天地和谐、与他人方便，但总要有善意的理想，有可操作的梦境，有可实现的目的。修习内功，做好自己，就是要融入天地，就是要感念万物，就是要放松心态，就是要解脱重压、重回自在，就是要行走天地，就是要无我无他，就是要善待他人、做好自己。

【原文】

15.16 子曰："不曰'如之何，如之何'者，吾末如之何也已矣。"

【译文】

孔子说："从不考虑做事'怎么办，怎么办'的人，我也不知道对他怎么办了。"

【易惑词】

如之何，怎么办。末，不，不知道，没有。

【淮北佬曰】

有目标的学习和读书，还是一种极佳的休闲、放松、享受的过程。

【论语内外】

孔子这是要人们在生活中多动脑筋，多加考虑，不要只过一种不知所以然的、无目标的生活。这也与孔子一贯提倡的读书、学习、提高有直接的关联。有目标的学习和读书，是快速提高生活质量、提高感悟能力、扩展生活视野、提升创造力、增强同情心、加深修养的最有效途径，甚至还是一种极佳的休闲、放松、享受的过程。读书和学习能够使我们确定自己在人群中的位置、在人类长河中的位置；还能使我们跳出当下杂乱纷繁的生活、暂时进入一个超清静、无人打扰的至境、使我们有一种向往的目标；还能使我们思考人生、使我们得到人生的道理、使我们总结出人生的价值和不值，留给我们的后人。有了这些内容以后，我们的人生就变得智慧、丰富和精彩了，我们的人生，也就是有目标的了。

【原文】

15.17 子曰："群居终日，言不及义，好行小慧，难矣哉！"

【译文】

孔子说："整天聚集在一起，说话从不涉及道义，喜欢耍点小聪明，这样的人难有长进了！"

【易惑词】

群居，众人在一起。言不及义，谈论不涉及理义。好，音 hào 号，喜欢，喜爱。小慧，小智慧，小聪明。难，混不好了。

【淮北佬曰】

我们的祖先应该一直是通俗易懂地像我们一样生活着的。

【论语内外】

这叫作物以类聚，人以群分。从孔子时代起，人们就知道与什么人在一起，就会有什么样的色彩，就会有什么样的长进。读《论语》，总有一个十分强烈的印象，就是在孔子之前，似乎是一个非寻常、非百姓的社会。因为孔子之前的社会，没有《论语》这样的文本，只有《尚书》《易经》《诗经》提供的社会信息，这让我们认为那些岁月，都像这些文本一样难以理解、难以生活、难以解读甚至难以卒读。读了《论语》之后，我们才突然发现，《论语》记载的社会生活，与我们当下的生活，实在是大同小异的，人们的心态、情感、习性、好恶，都是一样的。这就仿佛《论语》记载的时代是突然跳出来的一样。但想必孔子之前，人们也是这样

说话、这样交往、这样对人、这样猜测、这样吃饭睡觉、这样生活的，只不过没有记载罢了。我们的祖先应该一直是通俗易懂地像我们一样生活着的。

【原文】

15.18 子曰："君子义以为质，礼以行之，孙以出之，信以成之。君子哉！"

【译文】

孔子说："君子把义当作本质，用礼节实行它，用谦逊的言语谈论它，用诚实的态度完成它。这才是君子啊！"

【易惑词】

质，实质，本质。出，表达。

【淮北佬曰】

君子承上启下。

【论语内外】

君子大量存在的好处，是由于君子总是中产的、中层的。在控制社会财富方面，君子比上不足，比下有余；在掌握社会权力方面，君子对上俯首称臣，对下加强管理；在掌握知识资源上，君子掌握的资源为上所用，对下可教；在联络社会方面，君子承上启下，既是桥梁，也是纽带，还是调解人；在为国分担方面，君子时时为国家着想，为社稷分忧，为人民操心。

【原文】

15.19 子曰："君子病无能焉，不病人之不己知也。"

【译文】

孔子说："君子就怕自己能力不够，不怕别人不了解自己。"

【易惑词】

病，忧虑，担忧。

【淮北佬曰】

君子的概念与西方绅士的概念，或有相同相似之处。

【论语内外】

君子的概念与西方绅士的概念，或有相同、相似之处。君了或在某种意义上，等同于绅士。首先，君子或绅士都是知礼的；这里的礼，既是礼仪，表面上的形式都做得很好，想得都很细致、周到，都能为他人着想，也能照顾到别人使别人方便，即使饿得爬不起来，都要有守困的气质；也是礼质，在精神和内涵层面，在礼的内在层面，能够符合礼的本质，能够善待他人，能够从内心里为他人着想，能够严于律己、宽以待人，能够施政为民，能够掌控社会、响应民意，能够遵循事理、听天知命，能够淡泊若水、心阔无形。

当然，当我现在谈及这一概念时，并没有涉及妥协和运筹，妥协和运筹主要不是道德的意义，而是技术的概念。

【原文】

15.20 子曰："君子疾没世而名不称焉。"

【译文】

孔子说："君子最忧虑的是至死都未扬名。"

【易惑词】

疾，担忧，担心。没世，终身，一辈子；没，音 mò 末，终，尽。称，称道，称颂。

【淮北佬曰】

我要赶紧成名去！

【论语内外】

看来，一生不成名既是一种失败，也是一种错误，更是一种不当。可能会有人试图把这里的"名不称"解读为"德不彰"，但我愿意就把它理解为名未扬。从《论语》里，我们能看出来孔子并不是那种古板的老先生！他机灵着呢！他有自己的生活趣味，有自己的生活品味，有原则也有灵活，有底线还有眼光，有坚守更有机智。

【原文】

15.21 子曰："君子求诸己，小人求诸人。"

【译文】

孔子说："君子严格要求自己，小人严格要求别人。"

【易惑词】

求，要求。

【淮北佬曰】

君子事事靠自己，小人处处靠别人，这样翻译也有道理。

【论语内外】

这个翻译里的"求"是"要求"的意思，这谈的是道德。钱穆先生把这个"求"，看成"求助"，觉得也有道理。"君子一切求之于己，小人一切求之于人"，这谈的就是素养了。

【原文】

15.22 子曰："君子矜而不争，群而不党。"

【译文】

孔子说："君子庄重而与世无争，合群而不结党拉派。"

【易惑词】

矜，音 jīn 今，庄重，端庄，矜持。群，合群。党，党派，指结党营私，或闹党派。

【淮北佬曰】

君子是可以吹吹风浴于沂的。

【论语内外】

君子一定是与众不同的，不然就分不出君子和非君子的区别了。君子是庄重的，是像水那样与世无争的，是善利万物的，是合群却不结党拉派的，是光明磊落的，是不会从自我去看问题的，是与人为善的而不是与人为恶的，是不会固执不化的，是与时俱进的，是为公忘我的，是努力发奋的，是洁身自好的，是不以自我为中心的，是学而时习之的，是知孝知悌的，是仁义道德的，是忠信诚实的，是以礼为贵的，是为政以德的，是言出必行的，是朝闻道夕死可矣的，是讷于言而敏于行的，是明白义而不看重利的，是胸怀天下的，是可当官执政的，是以中庸为德的，是不谈论怪力乱神的，是大智大勇的，是席不正不坐的，是可以吹吹风浴于沂的，是和而不同的，是不失大节不拘小节的，是万古长青的。

【原文】

15.23 子曰："君子不以言举人，不以人废言。"

【译文】

孔子说："君子不仅仅因为一个人言论动听而举荐他，也不因为一个人人品差而否定他有道理的话。"

【易惑词】

以，因。举，推荐，提拔。废，废弃，否定。

【淮北佬曰】

那个时代的心理痕迹。

【论语内外】

君子的标准会因心境和环境而变。10 多年前我在北京写书，有一次去看国际棒球赛。进了赛场，观众不是太多，我就绕着观众席找一个最佳座位。转了一圈，看到几个老外，穿着大裤衩、拖鞋，把脚蹬在前排椅背上。我心里很惊讶！因为在那个时期，我们还正在全方位地以西方为目标，全力以赴地赶超，西方的礼仪文明在我们的心目中都是好的，没有坏的，都是我们学习的榜样。但走遍全场，中国观众都很本分，没有一个举止不“文明”的。但老外的行为又不可能是不文明的。这怎么解释呢？只能认为老外心态放松、个性张扬、以人为本、充满自信了？

所有的道德和文化标准都会随着心理状态的变化而调整、而修正、而变化。现在，这样的事已经不会成为人们留心注意的事情了。这是那个时代的心理痕迹。

【原文】

15.24 子贡问曰：“有一言而可以终身行之者乎？”子曰：“其恕乎！己所不欲，勿施于人。”

【译文】

子贡问孔子：“有没有可以奉行终身的一句话？”孔子说：“那就是恕！自己不喜欢的，也不要强加给他人。”

【易惑词】

一言，一句话。恕，宽恕，宽容，包容。行，奉行，遵行。施，施加。

【淮北佬曰】

这一篇里，流芳后世的智言慧语太多，必须退而诵之了。

【论语内外】

己所不欲，勿施于人，在《论语》中出现两次，第一次出现在颜渊篇里，谈的是敬事、解人，即认真做事，理解他人。第二次出现在此章中，就是解人，即揣度、理解他人，这是恕。孔子和曾子对话，告诉曾子自己有一个一以贯之的中心思想，曾子理解这个思想、这个中心，就是忠和恕。自己不喜欢的，也不要强加给他人。或，自己不喜欢别人强加给自己，因此也不要强加给别人。恕是孔子看重的伦理思想，恕，就是宽容，就是包容。在其后的解释里，孔子说恕就是不要强加于人，也就是为他人设身处地着想，为他人而换位思考。只有理解他人，才能更好面对自己；只有尊重他人，才是尊重自己。孔子与子贡的对谈，正是师生间的教与学。

这一篇里，流芳后世的智言慧语太多，必须退而诵之了。

【原文】

15.25 子曰：“吾之于人也，谁毁谁誉？如有所誉者，其有所试矣。斯民也，三代之所以直道而行也。”

【译文】

孔子说："我对于别人，诋毁过谁？赞誉过谁？假如有所赞誉，那一定是经过考察的。夏商周三代的人都是这样做的，所以可以直道而行。"

【易惑词】

毁，诋毁。誉，赞誉。试，试验，检验。三代，指夏、商、周。

【淮北佬曰】

要么不言，言必有据。

【论语内外】

孔子说的是做事要有根据吗？是言而有据吗？孔子奉行讷于言的戒条，或认为要么不言，言必有据。君子讷于言而敏于行，就是要坚持言必信、行必果的理念。说得少而做得多，就是诚信；说得多而做得少，就是耻辱。说得少而做得多，就能够据实而作；说得多而做得少，说的水分就会很大。

【原文】

15.26 子曰："吾犹及史之阙文也，有马者借人乘之。今亡矣夫！"

【译文】

孔子说："我还能见到史书上史官把疑问和空缺告知，就像有马的人把马借给别人使用。现在这样为他人着想的人都没有了。"

【易惑词】

史，史书。阙文，文章里记事存疑而空缺；阙，通"缺"，空缺。乘，音 chéng 诚。亡，音 wú 无，通"无"，没有。

【淮北佬曰】

尽职尽责，也就是一种忠了。

【论语内外】

尽职尽责，也就是一种忠了，是一种诚心诚意，现在叫作职业道德。职业道德，不一定是发自内心、发自感情的一种德行，但一定是一种约束，或是一种训练。发自内心的感情能够持久，但自我的约束却容易遵从。孔子的时代，如果文本附着在物质上，就是一种高级的形式了，成为当时、也是两千年来文本留存的唯一主导形式（不管是竹、木，还是丝、纸）。两千五百年后，人类社会在某种程度上成为一种"连线"的形式，文本的物质化留存，部分地变成了有线留存；思想和内容通过一条电线，就能够传送、保存、扩展、宣传。但也许很快，人类又会进入一个"无线"的时代，所有文本的保存、传递、扩展、流传，都可以用无线的形式进行。有线至无线的进化节奏，无疑要远远快于纸本向有线的过渡。

【原文】

15.27 子曰："巧言乱德；小不忍，则乱大谋。"

【译文】

孔子说："轻言率语会败坏道德；小处不忍耐，就会扰乱大局的谋划。"

【易惑词】

巧言，轻言率语。小，细节，局部；忍，或有两义，一义忍耐，即当代人普遍理解的小处不忍耐就会扰乱大局；一义忍心，有仁慈义，即小处不忍心（仁慈），就会扰乱大局，或小小的不仁慈，就会扰乱大局。大，大局，全局。

【淮北佬曰】

到底该怎样句读？

【论语内外】

或可将孔子这两句话理解为一句话，"巧言乱德，小不忍，则乱大谋"，这就直接把巧言视为小了：正由于巧言乱了德，不管是败坏，还是扰乱，因此花言巧语这种小，扰乱了大局的谋划；但如此却难看出巧言乱德与大谋之间的因果关系。这倒不如说"巧言乱心"好。如果《论语》原文是"巧言乱心"就好了。又如果把这句话理解为两句话，即"巧言乱德。小不忍，则乱大谋"那为何《论语》编者要把它们放在同一个子曰之中？弟子们记录的是孔子口语，孔子讲话时意识流动，这确也能读懂；但毕竟容易引发歧义。我或认为中间可加分号，"巧言乱德；小不忍，则乱大谋"，将巧言乱德与小不忍则乱大谋并列，即巧言乱德，就相当于小不忍则乱大谋，还是厌恶巧言的意思，这好像也是一种说得通的读释。加冒号也是相同的意思，"巧言乱德：小不忍，则乱大谋"。

【原文】

15.28 子曰："众恶之，必察焉；众好之，必察焉。"

【译文】

孔子说："大家讨厌的人，一定要认真考察；大家喜欢的人，也一定要认真考察。"

【易惑词】

恶，音 wù 务，讨厌。察，审察。

【淮北佬曰】

语言的重复或叠加，能带来意想不到的意味和韵味。

【论语内外】

就像鲁迅先生的名句，窗外有两棵树，一棵是枣树，另一棵还是枣树。语言的重复或叠加，能带来意想不到的意味和韵味。这并非一般意义上的重复，或一定要一句话变成两句话说，而是以前一句引出后一句，并隆重推出后一句，又用后一句提醒前一句，加深前一句。大家不喜欢的人，我不替他点赞；大家喜欢的人，我也不替他点赞；因为没有时间替大家点赞。都是这样的笔法。

【原文】

15.29 子曰："人能弘道，非道弘人。"

【译文】

孔子说："人能够弘扬大道，而不是大道来弘扬人。"

【易惑词】

弘，光大。

【淮北佬曰】

这样的好处是这是一些极大丰富的话题，这样的不好处是这些话语憾无定论。

【论语内外】

人能够弘扬大道，而不是大道来弘扬人。就是只有发自内心，才能真正做事；如果借大道唬人，那就颠倒了事物的道理了。此处上下多章都言简意赅，用尽可能少的文字，表达尽可能多的意思。这样的好处是可以用最简单的话语表达出最丰富的内容。这样的不好处是容易模糊事物和道理之间的界线。这样的好处是这是一些言简意赅的高级思维，这样的不好处是我们现在不得不用许多新的道理来激活这些古老的智慧。这样的好处是这是一些极大丰富的话题，这样的不好处是这些话语憾无定论。

【原文】

15.30 子曰："过而不改，是谓过矣。"

【译文】

孔子说："有过错却不改正，这本身就是过错。"

【易惑词】

过，错误，过失。是，代词。

【淮北佬曰】

把文言文翻译成现代汉语，就是要让当代掌握现代汉语的读者能够读懂古代的文言文，因此不得不翻译。

【论语内外】

本章有几种译法：有了错误而不改正，这才是真的错误；有了错误而不改正，这本身就是错误；有了错误而不改正，那个错误就真叫错误了；有了错误而不改正，这是最大的过错。翻译有些差异，意思有些不同。把文言文翻译成现代汉语，就是要让当代掌握现代汉语的读者能够读懂古代的文言文，因此不得不翻译。而一旦翻译，就"道可道，非常道"了，就不会完全是原文的意思了，甚至完全不是原文的意思了。但又不得不翻译，因为翻译会永远有需求，以便为当时的"当代人"提供阅读和学习的文本。因此如何翻译，就成为永远要讨论的问题了。

【原文】

15.31 子曰："吾尝终日不食、终夜不寝以思，无益，不如学也。"

【译文】

孔子说："我曾经整天不吃饭、整夜不睡觉地思考，没有收获，不如踏实地去学习。"

【易惑词】

尝，曾经。以，用。益，增加，有好处。

【淮北佬曰】

《论语》有烟火气，衣食住行都靠得上，用得着。

【论语内外】

《论语》的这些文本在语言上都是简单的、容易的。《老子》在语言上稍难些，而更难的是对它思想和内涵的把握。《老子》从形式到内容都是思想的、哲学的、无烟尘的，因此《老子》难以面向大众，缺少群众基础，不好把握，不便"操作"，因而难以直接治理社会，管理国家。《论语》是通俗的形式，哲思的内涵。《论语》有烟火气，衣食住行都靠得上，用得着。

【原文】

15.32 子曰："君子谋道不谋食。耕也馁在其中矣，学也禄在其中矣。君子忧道不忧贫。"

【译文】

孔子说："君子为道义用心而不为衣食尽力。种地的人有时还会挨饿，学习能够得到俸禄。君子担心的是不得道，而不担心穷困。"

【易惑词】

馁，饥饿。禄，俸禄。

【淮北佬曰】

人们总是习惯于提出更高的要求，开出更高的价码，以使自己的生活变得更美好。

【论语内外】

无法将《论语》及儒家学说归于永恒不变的真理或终极道德模式，就像孔子对君子的多重定义一样；就像我们现在不可能将西方的体制归于永恒和不变的社会模式，也不可能将中国现行的社会模式归于永恒不变的社会模式一样。人们总是习惯于提出更高的要求，提出更高的标准，说出更多的理由，开出更高的价码，以使自己的生活变得更美好、环境变得更悦目、物质变得更丰裕、精神变得更充实、规则变得更利己。社会体制和道德体制不得不无止境地顺应人们这种不断提升的高标准和严要求，这正是人类中心主义的特点。

【原文】

15.33 子曰："知及之，仁不能守之，虽得之，必失之；知及之，仁能守之，不庄以莅之，则民不敬；知及之，仁能守之，庄以莅之，动之不以礼，未善也。"

【译文】

孔子说："用聪明才智得到的，如果不能用仁德守持，虽然得到了，也必然会失去；用聪明才智得到的，如果能用仁德守持，却不能严肃认真地施加，百姓也不会敬重；用聪明才智得到的，也能用仁德来守持，并严肃认真地施加，却不能用礼节来行动，也还是不能达到完善。"

【易惑词】

知，音 zhì 至，通"智"，聪明才智。之，或指官职，或指道德，或指其他。庄，庄重。莅之，对待百姓；莅，到，临。动，教化，动员。

【淮北佬曰】

孔子这谈的是扩展效应。

【论语内外】

孔子这谈的是扩展效应。用聪明才智得到的，如果不能用仁德来守持，那么就必然会失去；但仅仅用仁德来守持，也不能保证长久，还要施加于百姓，以期久长。用聪明才智得到的，也能用仁德来守持，还能施加于百姓，但不能以礼节的形式来完善，那也是不能久长的。在这条因果链中，聪明才智是基层的，在此之上，才有仁德和礼节。

【原文】

15.34 子曰："君子不可小知而可大受也，小人不可大受而可小知也。"

【译文】

孔子说："君子可担当大任而没必要用小事考验他，小人不可以担当大任而可以去做只需要小智慧就能胜任的事。"

【易惑词】

小知，小智慧即可搞定的小事情。大受，大使命，大任。

【淮北佬曰】

《论语》中似乎总有一个主持者的存在，由他来安排大人和小人，去判断大人和小人。

【论语内外】

这谈的或许就是知人善任，是如何对待君子和小人。而延伸了说，君子也不能老把目光聚焦在只需小智慧就能搞定的事情上，小人（没有大智慧的人）则应该专注把具体的事情做好，把细节处理好，把小事做到精细，把局部做到完美。《论语》中似乎总有一个主持者的存在，由他来安排大人和小人，去判断大人和小人，去安排大人和小人去做他们各自胜任的事。而中国人似乎每个人都是"好高骛远"的，都像是大人，或都有大人之志。这里的根源，一定是由于中国的民族，是农牧杂糅的；中国的文化，是农牧融合的；中国的观念，是农牧整合的；中国人的性格，是内外兼容的；中国人的心性，是志向高远的。

【原文】

15.35 子曰："民之于仁也，甚于水火。水火，吾见蹈而死者矣，未见蹈仁而死者也。"

【译文】

孔子说："老百姓需要仁德，应该比需要水火更迫切。我见过踩踏水火而死的，没见过亲近仁德而死的。"

【易惑词】

甚，严重，胜过。蹈，踩，践踏，实践。

【淮北佬曰】

孔子不遗余力地推崇的这种文化和道德标准，正是中华民族共同的特质和文化符号，是中华民族区别于他民族的民族精神，也是我们当下日常生活中的常规、常情、常理与常态。

【论语内外】

相同或相似的道德观、制度观、生活观和语言，成为一种共同的文化认同，成为一种民族精神。这种民族精神管理和指导着在同一时空下生活着的同一群人。国与家的观念在孔子的时代无疑就存在着。天下包括了各国，各国里包括了大大小小的家。各国都要尽力地凝聚人才和人口，人们也都渴望着为某国或某家出谋献力。只有孔子等少数人在为国为家出谋献力的同时，想得更深、更远一些。他推崇的是一种天下范围的普世价值和普世观念。仁、义、礼、忠、信、恕、敬、贤、孝、悌的道德观，将不仅适用于鲁，也适用于卫，适用于齐、郑、晋、吴、楚等所有国和家。现在我们知道，孔子不遗余力地推崇的这种文化和道德标准，正是中华民族共同的特质和文化符号，是中华民族区别于他民族的民族精神，也是我们当下日常生活中的常规、常情、常理与常态。

【原文】

15.36 子曰："当仁，不让于师。"

【译文】

孔子说："面对仁德，不必向老师谦让。"

【易惑词】

当，面对。让，谦让。师，指老师，师长。

【淮北佬曰】

德行难得，有遇即留。

【论语内外】

又有说："如果牵涉道德问题，没必要向老师妥协。"还有说："面对仁德之事，老师在场也抢着去做。"总之都是说德行难得，有遇即留。德行的事，也是原则大事，不能因人而异，不予坚持。因为德行不是物质、钱财，并非人人想要，人人愿得；有时候大力推销，还推销不出去。所以抢财物耻，抢德行荣；得钱财俗，留德行雅。

【原文】

15.37 子曰："君子贞而不谅。"

【译文】

孔子说："君子坚守大道而不拘守小信诺。"

【易惑词】

贞，坚定，有节操。谅，信实，此指拘泥是非不分的小信诺。

【淮北佬曰】

谁又不觉得孔子说得确有道理呢？

【论语内外】

就像子路篇里父子的互庇。孔子想怎么说就怎么说，怎么说怎么有理，解释权完全在我，是谓翻手为云，覆手为雨。但这又是没有办法的事，因为事物都是极其多面的，从这面说这面是黑的，从那面说那面是红的，从再一面说这面是黄的，都不错，但也都不能以此盖彼。还有时间和空间的因素，还有人间社会的因素，还有时尚潮流的因素，还有文化和观念的因素。因此，谁都没法说孔子说得没有道理。而且，谁又不觉得孔子说得确有道理呢？

【原文】

15.38 子曰："事君，敬其事而后其食。"

【译文】

孔子说："侍奉君主，先认真做事，后再说俸禄。"

【易惑词】

食，享禄，代指俸禄。

【淮北佬曰】

这是人性善的出发点。

【论语内外】

为君主做事，先把事情做好，再考虑俸禄的事。这是孔子为人做事的理想原则。但现代社会却有不同的观念：有言在先，则可以少纠纷；亲兄弟，明算账，也是经验之谈。孔子从人性善起点出发，认为人本质上首先是善的，所以要先做好事，再言回报。如果从人性利起点出发，认为人首先是自利的，那就得事先言明，照章办理，这样才有章法。如果从人性恶起点出发，认为人首先是恶的，那更得来回防范，害人之心没有，防人之心常备。看起来，还是孔子的人性善温暖。但照章办事，仍在必须。

【原文】

15.39 子曰："有教无类。"

【译文】

孔子说："每个人我都会施教，没有任何的区别对待。"

【易惑词】

教，教育。类，类别，层次。

【淮北佬曰】

孔子教育面前人人平等的守持，合乎当代社会公平正义的理念。

【论语内外】

或说：所有学生都在我教育范围内，不分他的阶层、背景、贵贱和贫富。这或正是儒家必做的工作，也是儒家的职业道德。孔子教育面前人人平等的守持，合乎当代社会公平正义的理念。

【原文】

15.40 子曰："道不同，不相为谋。"

【译文】

孔子说："主张不同，不必同商共谋。"

【易惑词】

道，主张，抱负，志向，理想。相，与，同，和。谋，谈论，议论，商量。

【淮北佬曰】

孔子这话说的，相当断然，相当肯定，相当决绝。

【论语内外】

既然志向不同、意见不合，就没有必要同商共谋，也不可能齐心协力了。孔子这话说的，相当断然，相当肯定，相当决绝。他又说，君子和而不同，小人同而不和，即君子之间和谐而保留不同看法，小人之间看似认同却遇事不和；或者另有意义：君子虽有不同却能和睦共处，小人常见相同却遇事即崩。这两章言语不同，意思互延。既然大道不同，就不必同商共谋，各走各路，互不相交。孔子提倡的是，处事要果决，不必优柔寡断。这大概也是孔子的一种君子之道。

【原文】

15.41 子曰："辞达而已矣。"

【译文】

孔子说："言辞能够表达清楚意思就可以了。"

【易惑词】

辞，言辞，指不重修饰的言辞。

【淮北佬曰】

这只是一种概约性的通用评价标准，它只是学术的命题或起点，还不是学术本身。

【论语内外】

这可能是孔子最简洁的语言心得，也是他对人们使用书面语或口头语提出的最通用标准。据说马克思的老师在谈到语言表达的问题时对马克思说，秘诀是你怎么想就怎么说，怎么说就怎么写。现在有人说，表达的最高技巧就是无技巧。这大约说的都是同一个意思。就是语言是交流用的，只要说清楚了，就达到使用语言的目的，或最高目的了，其他都是次要的或不要的。当然，如何才能知道已经表达得清楚了？是一个延伸话题，这牵扯评估的问题。标准定得高了，就是还没有表达清楚；标准定得低些，就是表达得非常清楚。因此，辞达而已矣，只是一种概约性的通用评价标准，它只是学术的命题或起点，还不是学术本身。

【原文】

15.42 师冕见，及阶，子曰："阶也。"及席，子曰："席也。"皆坐，子告之曰："某在斯，某在斯。"

师冕出。子张问曰："与师言之道与？"子曰："然，固相师之道也。"

【译文】

师冕来见孔子，走到台阶前，孔子提醒说："台阶。"走到坐席旁，孔子说："坐席。"都坐下了，孔子告诉师冕："某人坐在这里，某人坐在那里。"

师冕离去。子张问孔子："这就是和盲人说话的方式方法吗？"孔子说："是的，这本来就是帮助盲人的方式方法。"

【易惑词】

师冕，师，乐师，冕，人名；当时的乐师多由盲人担任。及，接近。阶，台阶。某在斯，某人在某处；某，虚指的人；斯，代词，这里，此处。道，方式，方法。固，本来，原有。相，帮助，照顾。

【淮北佬曰】

细节引导目标。

【论语内外】

《论语》中孔子的日用式言行，包括为人处世的细节，现在看起来，已融为一体了，你中有我，我中有你，环环相扣，不可拆分、拆解。仁里含孝，孝里蕴义，义里藏礼，礼里容忠，忠里有信，信里喻恕，恕里包悌，悌里生孝，孝里出仁，仁里含贤；仁就是义，义就是礼，礼就是忠，忠就是信，信就是恕，恕就是贤，贤就是孝，孝就是悌，悌也是仁，仁也是义、礼、忠、信、恕、贤、孝、悌；它们相互作用，相互包容，相互参照，相互映衬，相互补充。没有办法单独说仁，没有办法单纯解义，没有办法独自释礼，也没有办法孤立地阐述忠、信、恕、贤、孝、悌。

季氏篇第十六

（共14章）

【原文】

16.1 季氏将伐颛臾，冉有、季路见于孔子，曰："季氏将有事于颛臾。"

孔子曰："求，无乃尔是过与？夫颛臾，昔者先王以为东蒙主，且在邦域之中矣，是社稷之臣也。何以伐为？"

冉有曰："夫子欲之，吾二臣者皆不欲也。"

孔子曰："求，周任有言曰：'陈力就列，不能者止。'危而不持，颠而不扶，则将焉用彼相矣？且尔言过矣，虎兕出于柙，龟玉毁于椟中，是谁之过与？"

冉有曰："今夫颛臾，固而近于费，今不取，后世必为子孙忧。"

孔子曰："求，君子疾夫舍曰欲之而必为之辞。丘也闻，有国有家者，不患寡而患不均，不患贫而患不安。盖均无贫，和无寡，安无倾。夫如是，故远人不服则修文德以来之，既来之，则安之。今由与求也相夫子，远人不服而不能来也，邦分崩离析而不能守也，而谋动干戈于邦内。吾恐季孙之忧不在颛臾，而在萧墙之内也。"

【译文】

季氏准备攻打颛臾，冉有、季路去见孔子，说："季氏打算对颛臾动武了。"

孔子说："冉求，这难道不是你的错吗？颛臾，上代君王曾授权他主持东蒙山祭祀，而且它在鲁国境内，是鲁国的一部分，为什么要去攻打它呢？"

冉有说："这是季孙的想法，本来我们俩都不想打。"

孔子说："冉求，周任曾经说过，能够奉献自己的力量，就去任职，不能这样的话就辞去职务。面对危险而不帮助，就要跌倒却不扶持，那要助手有什么用呢？而且你的话错了，老虎犀牛跑出了笼子，龟甲美玉毁坏在匣子里，这是谁的过错呢？"

冉有说："现在颛臾城墙坚固，而且离费地很近，现在不打下来，必定会成为后代的祸患。"

孔子说："冉求，君子痛恨那种不说自己打算这样却另找借口辩解的人。我听说，国君或者大夫，不担心少而担心不平均，不担心贫而担心不安定。平均了就没有贫困，和睦了就不会人口少，安定了就没有危险。这样的话，远方的人还不归顺，就整修礼乐仁德招引他们来，他们来了，就让他们安定。现在仲由、冉求两人辅助季氏，远方的人不归服却无法招他们来，国家分崩离析却不能保全，反而谋划在国内动武。我担心季孙的忧虑不在颛臾，而在鲁君啊。"

【易惑词】

颛臾，鲁国的附庸国。有事，用兵。孔子曰，因不称子曰，所以一般认为本篇多不是孔子弟子记录，但也有较高的史料价值。东蒙，即蒙山。陈，陈列。力，才能。就，居于，就任。列，位次。相，辅佐，辅助。费，音 bì 壁，鲁国季氏采邑。舍曰，回避不谈。远，音 yuàn 怨。

【淮北佬曰】

孔子虽然生气，但他未必不知道，想改变有权势的人的想法，是很难办到的。

【论语内外】

西人小阿德莱·尤因·史蒂文说：谎言是上帝所憎恶的事情，却有助于及时摆脱困境。看样子冉求就是这么干的，因此孔子更加生气。西人乔西·比林斯说：尽管真理很少，却总是供过于求。因为需要真理和真相的人很少很少；而且也很不容易知道什么是真理和真相。西人察尔蒙特伯爵一世说：让政治家放下伪装，比让骆驼穿过针眼，富人进入天堂更难。孔子虽然生气，但他未必不知道，想改变有权势的人的想法，是很难办到的。

【原文】

16.2 孔子曰："天下有道，则礼乐征伐自天子出；天下无道，则礼乐征伐自诸侯出。自诸侯出，盖十世希不失矣；自大夫出，五世希不失矣；陪臣执国命，三世希不失矣。天下有道，则政不在大夫；天下有道，则庶人不议。"

【译文】

孔子说："天下太平，那么礼乐制定和出兵征伐都由天子决定；天下昏乱，礼乐的制定和出兵征伐就由诸侯决定。由诸侯决定，大约能传十代就传不下去了；由大夫决定，大约五代就传不下去了；由大夫的家臣执掌国家权力，大约三世就传不下去了。天下太平，权力不在大夫手里；天下太平，普通民众不会议论。"

【易惑词】

世，一世三十年。希，通"稀"，稀少。陪臣，卿、大夫的家臣。庶人，百

姓，平民。

【淮北佬曰】

高位不能保证高品位，高官也并非都是高人。

【论语内外】

在任何国家和族群里，管理者，或者说统治者，都应该成为社会效仿的标尺，都应该成为当地社会的“君子”。但实践告诉我们，高位不能保证高品位，高官也并非都是高人。能否真正成为那种高标准的道德模范，是有着各种可能的。君子的概念是人境的高端指标，它只是一个标杆，一种海拔，不一定能够达标，更不一定能够尽早达标。这正是权势经二世或五世、最多十世就传不下去的原因。能够经久不变、历久弥新的权势，一定是开诚、开放的。

【原文】

16.3 孔子曰：“禄之去公室五世矣，政逮于大夫四世矣，故夫三桓之子孙微矣。”

【译文】

孔子说：“政权离开鲁公已经五代了，权力落到大夫手里已经四代了，所以鲁桓公的三房子孙也衰微了。”

【易惑词】

禄，代指政权。去，离开，脱离。五世，鲁国宣公、成公、襄公、昭公、定公五代国君。政，政治权力。逮，到，及。四世，季孙氏文子、武子、平子、桓子四代家主。三桓，鲁桓公的三房子孙孟孙氏、叔孙氏、季孙氏。微，衰落，衰微。

【淮北佬曰】

这说的是所有人事都有盛极必衰的道理。

【论语内外】

这说的是所有人事都有盛极必衰的道理。政权离开鲁公已经五代了，这是说君主的衰落；权力落到大夫手里已经四代了，所以鲁桓公的三房子孙也衰微了，这是说大夫的衰落。人事和物事的盛衰，总是循环不已的。盛极必衰，但衰并非真正的物质灭亡，而是物质的转变；也非概念的灭亡，而是概念的转变。核物质不在了，但电能在；电能消耗了，但做熟了饭菜；饭菜不在了，但变成了能量；能量用尽了，但变成了高楼大厦、理论知识、文学艺术。

【原文】

16.4 孔子曰：“益者三友，损者三友。友直，友谅，友多闻，益矣。友便辟，友善柔，友便佞，损矣。”

【译文】

孔子说：“有益的朋友有三种，有害的朋友也有三种。和正直的人交朋友，和诚信的人交朋友，和见多识广的人交朋友，是有益的；和谄媚奉承的人交朋友，和当面恭维背后诋毁的人交朋友，和花言巧语的人交朋友，是有害的。”

【易惑词】

损，损害。谅，诚信。便辟，善于讨好奉承，便，音 piān。善柔，当面一套背后一套。便佞，夸夸其谈。

【淮北佬曰】

讲三条，好记，特别是脱稿时。

【论语内外】

这里的三，都是实指，因为益者三友，实指友直、友谅、友多闻；损者三友，实指便辟、善柔、便佞。这里的三，当然是确数，就是三种的意思，而不可能是多种的意思。当然，本章有可能不是孔子学生们的记录，因此在用三的时候，或与前面的用法有所不同。

用三很方便，也很有意义，我们现在发言、讲话，常常说，我讲三点，我讲三条意见，我提三条建议，这是有一定道理的。讲三条，好记，特别是脱稿时，如果说四条，或五条，不容易记得下来，可能会有所遗忘。讲三点，不多，也不少；讲一点、两点，显得少了些，有草率的嫌疑；讲四条、五条，显得多了，拖沓，又有话唠嫌疑；不如三点言简意赅。讲三条，可多发挥，也可早收场，进退有余，随时打住，很是灵活方便。这说的是三的实践意义。

【原文】

16.5 孔子曰：“益者三乐，损者三乐。乐节礼乐，乐道人之善，乐多贤友，益矣；乐骄乐，乐佚游，乐宴乐，损矣。”

【译文】

孔子说：“有益的喜好有三种，有害的喜好也有三种。喜好用礼乐调节自己，喜好夸赞别人的优点，喜好广结贤友，是有益的；喜好骄纵寻乐，喜好闲游散逛，喜好大吃大喝，是有害的。”

【易惑词】

乐，喜好，爱好。节，调节。骄乐，不知节制地骄纵。佚游，游荡无度；佚，同“逸”，过分。宴乐，沉溺于宴饮吃喝享乐。

【淮北佬曰】

有一位微友私信留言，说我常给别人点赞，因此感觉我阳光、诚信、可交。看

来，到现在为止，喜好夸赞别人的优点、长处，仍然是一种被肯定的美德。

【论语内外】

有一位微友私信留言，说我常给别人点赞，因此感觉我阳光、诚信、可交。看来，到现在为止，喜好夸赞别人的优点、长处，仍然是一种被肯定的美德。用三句式来套用孔子曰，我们还可以如下发挥：有益的喜好有三种，喜好种菜，喜好步行，喜好读闲书；有害的喜好也有三种，喜好随地吐痰，喜好乱扔垃圾，喜好看街头美女；有益的喜好还有三种，喜好植竹，喜好画梅，喜好书古诗；有害的喜好还有三种，喜好埋怨，喜好道听途说，喜好传播负能量消息。

【原文】

16.6 孔子曰："侍于君子有三愆：言未及之而言，谓之躁；言及之而不言，谓之隐；未见颜色而言，谓之瞽。"

【译文】

孔子说："侍奉君子容易犯三种过失：不该说时说了，叫作轻躁；该说时不说，叫作隐瞒；不看人脸色说话，叫作瞎说。"

【易惑词】

侍，陪侍。君子，此指有地位的人。愆，音 qiān 千，过失，罪过。隐，隐瞒，隐晦。瞽，音 gǔ 鼓，瞎，盲。

【淮北佬曰】

不看人脸色说话，叫没有眼色。

【论语内外】

孔子的这些话都已经浸入生活之中，流传到今天。瞎说，这样的词是淮北人的日常用语；不看人脸色说话，叫没有眼色，就是瞎着眼说。是对人基本社交能力的否定。前面我们说到三这个数字在发言讲话时的心理妙用。但这些数字，在文化中真有不可替代的作用或真有不可替代的心理作用吗？我们常说中国文化中，三和九好，因为三除了上面说的讲话时的用处，还与许多吉祥与正面事物相连，比如桃园三结义，而不是四结义；岁寒三友，而不是岁寒七友。当然，三的倍数六也好，六六大顺，《诗》有六义，风、雅、颂、赋、比、兴，而不是五义，或八义；书有六书，象形、指事、会意、假借、转注、形声，而不是八书，或九书；婚有六礼，纳采（媒人提亲）、问名（问清女方名字以便占卜吉凶）、纳吉（把占卜得到的吉兆报告女方）、纳征（向女方家送较重的彩礼表示订婚）、请期（两家商定婚期）、亲迎（迎娶新娘），而不是四礼，或八礼；改成四礼，或八礼，在技术和内容上不会有问题，把六礼合并合并，就可成四礼；把六礼分解分解，也可成八礼。

【原文】

16.7 孔子曰：“君子有三戒：少之时，血气未定，戒之在色；及其壮也，血气方刚，戒之在斗；及其老也，血气既衰，戒之在得。”

【译文】

孔子说：“君子要有三种戒备：年少时，血气未定，戒备女色；壮年时，血气方刚，戒备争斗；年老时，血气衰减，戒备贪婪。”

【易惑词】

戒，警惕，戒备。老，有说五十岁以上。得，贪多，贪婪。

【淮北佬曰】

难道真凑不出来七大或八大民间故事？

【论语内外】

接着说数字。八自然是很好的，四面八方，极言其多，心态开放；八珍，原指古代八种烹饪方法，后来演变成珍贵食品的代用词；八旗制度，而不是九旗制度，虽然满族有特色文化，但受汉文化影响更深；唐宋非要组成八大家，而不组成六大家、七大家。四完全不是想象中那么不好，四季来财，这是好的；四大名著，而不是五大名著，或三大名著，名著又没有具体量化标准，更无名额限制，却定下来叫四大名著；四大古典名园，颐和园、承德避暑山庄、拙政园和留园；四大民间故事，牛郎织女、孟姜女、梁山伯与祝英台、白蛇传，却不是八大民间故事，或七大民间故事，难道真凑不出来七大或八大民间故事？

【原文】

16.8 孔子曰：“君子有三畏：畏天命，畏大人，畏圣人之言。小人不知天命而不畏也，狎大人，侮圣人之言。”

【译文】

孔子说：“君子要有三种敬畏：敬畏天命，敬畏位高的人，敬畏圣人的话。小人因为不知天命而不敬畏，轻慢地对待位高的人，轻侮圣人的言语。”

【易惑词】

畏，敬畏。天命，人不能控制的规律。大人，地位高的人，地位尊贵的人。圣人，具有最高智慧和最高境界的人。狎，音 xiá 狭，轻慢，轻视。侮，轻侮，轻慢。

【淮北佬曰】

所谓吉祥，或不吉祥的数字，本身没有价值和道德区分，有区分的是我们的观念。

【论语内外】

仍接着说数字。三有三牲，即祭祀用的三种祭品牛、羊、猪；《易》有三义，易简、变易、不易；五有五菜，即葵、韭、藿、薤、葱；还有五音，即宫、商、角、徵、羽；还有五谷，一般指稷、黍、麦、菽、麻。十三似乎受外来文化影响，成为不好数字，但古代也有十三经之说，都是经典：《易经》《尚书》《诗经》《周礼》《仪礼》《礼记》《春秋左传》《春秋公羊传》《春秋穀梁传》《论语》《孝经》《尔雅》《孟子》。由此可知，所谓吉祥，或不吉祥的数字，本身没有价值和道德区分，有区分的是我们的观念。同一个数字，我们的观念里认为它好，它就是好的；我们观念里认为它不好，它就是不好的。观念才会影响我们的判断，才会影响结果、结局，才会主导我们的心态和心情，才会塑造我们的未来。

【原文】

16.9 孔子曰："生而知之者，上也；学而知之者，次也；困而学之，又其次也；困而不学，民斯为下矣。"

【译文】

孔子说："生来就知道的人，是上等的；学习以后知道的人，稍次一些；遇到困惑才学习的人，又次一些；遇到困惑都不学习，这就是最下等的了。"

【易惑词】

困，惑。

【淮北佬曰】

制度化地维护某种形式和程度的等级制度，对人类社会而言，就像维护一种温差；温差是风产生的必需条件；而风又是社会不断进化的必备条件。

【论语内外】

等级制度、人分贵贱，也是后人诟病孔子或儒家的一个证据。分贵贱在当下的选举制国家，或面临两大问题，一大问题是可能造成贵贱对立，贵者藐视贱者，贱者对贵者充满仇恨，社会由此动荡不安；另一大问题是选票问题，分贵贱可能面临贵者少、贱者多的尴尬局面，不利于选票制度下的竞争，过于倾向贵者集团，会受到大众惩罚，而过于倾向贱者集团，又无法体现社会贵雅的理想追求。制度化地维护某种形式和程度的等级制度，对人类社会而言，就像维护一种温差；温差是风产生的必需条件；而风又是社会不断进化的必备条件。

【原文】

16.10 孔子曰："君子有九思：视思明，听思聪，色思温，貌思恭，言思忠，事思敬，疑思问，忿思难，见得思义。”

【译文】

孔子说：“君子要有九种思考：看的时候想一想是否看明白了，听的时候想一想是否听清楚了，脸上的颜色想一想是否温和了，容貌神态想一想是否恭敬了，说话的时候想一想是否诚恳了，做事的时候想一想是否尽力了，疑惑的时候想一想是否请教了，愤怒的时候想一想是否有后患，遇到好处想一想是否符合道义了。”

【易惑词】

思，思考。明，明白。聪，听得清。色，脸色。温，温和。忿，愤怒。难，音nàn，后患，祸患。义，合宜，合理，合适。

【淮北佬曰】

九要满未满，合乎中庸思想。

【论语内外】

三的倍数九也是好的，吉利的。九要满未满，合乎中庸思想；中国最初分为九州，而不是三州、四州、六州；古代官分九品，而不官分五品。君子要有九种思考，因为下文列出了九种具体思考，所以这里的数字九，也就很难做其他解读了。这似乎是孔子为君子定下的又一种行为准则，做不到这九条的，肯定不是君子；做了这九条，才有可能是君子。

【原文】

16.11 孔子曰：“见善如不及，见不善如探汤。吾见其人矣，吾闻其语矣。隐居以求其志，行义以达其道。吾闻其语矣，未见其人也。”

【译文】

孔子说：“见到好的就怕赶不上似的去学，见到不好的就像要把手伸到沸水里一样赶紧避开。我见过这样的人，我听过这样的话。隐居起来以便保全志向，施行道义来实现自己的主张。我听过这样的话，却没见过这样的人。”

【易惑词】

不及，赶不上。探汤，手伸进热水里；汤，沸水。道，主张。

【淮北佬曰】

总觉得自己年轻，自己果然就年轻了；总觉得自己老态，自己也就苍老不堪了。

【论语内外】

我们看到，或者感受到的《论语》中的孔子，是一个稳定、成熟、周到、细致、看不太清楚年龄的孔子。他的言行似乎是始终如一的，也是浑然一体的。他的自然年龄和心理年龄，想必是反向而行的，自然年龄越长，心理年龄却越年轻；心

理年龄越年轻，自然年龄也就显得不那么老了。这样的人，在我们的生活中是能够见到的。有的人70多岁去竞选总统，一言一行都还像50岁的人；有的人只有50岁，心态却老得像70多岁的人。自然年龄是生理性的，无法完全改变；心理年龄是后天的重构，可以老而不老、朝气蓬勃。自然年龄自会影响心理年龄，心理年龄也能干预自然年龄。总觉得自己年轻，自己果然就年轻了；总觉得自己老态，自己也就苍老不堪了。心理暗示和主观介入能够改变人的自然面貌，自然面貌也在影响着人的心理活态。

【原文】

16.12 齐景公有马千驷，死之日，民无德而称焉；伯夷、叔齐饿于首阳之下，民到于今称之。其斯之谓与？

【译文】

齐景公有四千匹马，死的时候，百姓认为他没有什么功德值得称颂；伯夷、叔齐饿死在首阳山下，百姓到现在还称颂他们。大概就是这个意思吧？

【易惑词】

千驷，四千匹马。称，称道，赞扬。首阳，山名，在今山西省永济县。

【淮北佬曰】

道德与财富无关，幸福与金钱无涉，大概就是这个意思吧。

【论语内外】

古代较多用四匹马拉一辆车，因此一驷就是四匹马，千驷是四千匹马。战国以前，因为人骑马尚未流行，人一般不单独骑马，马一般做驾车用，没有无车的马，也没有无马的车，所以车与马一般相提并论，驾马就是驾车，驾车也就是驾马。一车两马称骈，骈即两物并列成双；一车三马为骖；一车四马为驷。另外还有牛车，牛车较大、较重，速度慢，一般用来运输，称为大车。

20世纪70年代，马车和牛车都还存在，至少在淮河流域都还存在。那时候马车比牛车金贵，马也比牛值钱，马车速度快，运输量也不小，如果生产队里有一辆马车，那就是队里的主要财产了，队里送公粮、卖余粮、运肥料、收小麦，都用得上它。

两千多年后的马车，没有了战争的用途，主要就是运输。马车的车轮都换成了轮胎；驾车的马也都固定为三匹：后面一匹驾辕子，叫辕马，它的工作最重、最累，因为它既要负责马车的稳定，关键的时候还要有力气把车拉上坡。前面两匹马叫梢马，或哨马，它们只负责往前拉，不用负重，所以轻松多了。

两千多年后的牛车还叫大车，还是又慢又笨。牛车有四个车轮，车轮由结实的实木制成，外面打上铁钉和铁箍，一个男人都不容易把一个轮子搬起来。牛车上有两排横木，人可坐在上面，但牛车太颠，如果是空载，坐在上面，屁股几乎受不了；重载时屁股好受些，但重载时很少有人还坐在上面。

因为牛车速度太慢，一般没法进城上集，除非城市集镇离得不远；所以牛车几乎只在生产队里干农活，比如运肥下地，运收获的庄稼回村等等。拉大车的牛都是两头，有黄牛，也有水牛，水牛的力气更大些；用一头牛拉，力气不够，重载了拉不动，用三头牛拉，不好安排它们各自的位置，所以都用两头牛并排拉。

【原文】

16.13 陈亢问于伯鱼曰："子亦有异闻乎?"

对曰："未也。尝独立，鲤趋而过庭，曰：'学《诗》乎?'对曰：'未也。''不学《诗》，无以言。'鲤退而学《诗》。他日，又独立，鲤趋而过庭，曰：'学《礼》乎?'对曰：'未也。''不学《礼》，无以立。'鲤退而学《礼》。闻斯二者。"

陈亢退而喜曰："问一得三，闻《诗》，闻《礼》，又闻君子之远其子也。"

【译文】

陈亢问孔子的儿子伯鱼："你从老师那里得到一些特别的知识吗?"

伯鱼回答说："没有。有一次父亲独自站在庭中，我恭敬地走过，父亲问我：'学《诗》了吗?'我说：'没有。'父亲说：'不学《诗》，不会说话。'我退下后就学《诗》。又一天，父亲又独自站在庭中，我恭敬地走过，父亲说：'学《礼》了吗？我回答说：'没有。'父亲说：'不学《礼》，没有办法立足社会。'我退下后就学《礼》。我听到的就这两次。"

陈亢回去后高兴地说："问一件事知道了三件事，知道要学《诗》，知道要学《礼》，也知道君子对儿子没有偏爱。"

【易惑词】

异闻，特别的教育。趋，快步走。无以，没有什么可以用来，没有办法。立，立足社会。远，音 yuàn 怨，疏远，不偏爱。

【论语人物】

陈亢，姓陈，名亢，字子禽，齐国大夫。伯鱼，姓孔，名鲤，字伯鱼，孔子的儿子。

【淮北佬曰】

工科生治国，特别注重工程和工期。

【论语内外】

中国古代治理国家的大都是文科生，从天子、国君、皇帝开始，他们少数以武功立业，多数从小就学习语言、文艺和历史；文官则都是学习文史后，竞争考试上岗的，与理工科没有关系。这样的治理，有利有弊。利是学社会人文学科的，思维

活跃，擅长感性，有利于对社会的治理，其实是对人的治理。因为人都是有七情六欲的，有情趣的，各有特色的，不依规而行的，不掌握人的特点，就难以掌握人、治理人、控制人。弊是文科生规范性不够，尺度感不强，多凭感觉办事，如果感觉不佳，则容易把事办坏。

近代以来，更多的理工生分享治国大权，给中国的政治管理带来新思维、新面貌。工科生理政的一般特点是强调标准性、可量化、规范化、可视化，并且特别注重眼睛里看得见的实物，轻视眼睛里看不见的虚物，注重眼前的工作，忽视视野外的事物；特别注重工作的经济性、功利性和工期。因为工程思维的特点，就是要一是一，二是二，如果一不是一，二不是二，那就成为工程质量问题，就可能导致大楼垮塌，桥梁断裂，战机坠毁，轮船倾覆。另外，保证工期对于工科生来说也很重要，在一个规定的时间内不完成，就是误了工期，就算是违约。

而再长的工期，在人文概念里，也都是短暂的一瞬，并且恰恰是人文概念认为比较差劲的标准。文艺作品越长久才越看得出生命力、越卖得上高价；历史事件越长久，才越辨得明是非；心理因素越长久，才越看得出坚守；天地万物越长久，也才越看得清面目。工程思维治理社会带来的优势是经济领域的快速发展，带来的弊端可能是人文环境的极大缺失。在当代社会中，缺少工程思维可能导致整个社会理性不足、规范不够、松弛散漫、慵懒虚幻、缺乏硬实力和战斗力；而缺少人文思维，则可能导致整个社会枯燥乏味、冷漠无情、烽烟四起、道德低下、亲情无续、怪异乱生、众叛亲离。

所以，正如古话所说，分久必合，合久必分，文科生与工科生对国家的管理，最好因时而异，依时治理。社会需要工科生时，工科生应运而生，社会需要文科生时，文科生又能生适其时。可如果真有这样乖巧的机制，那真是人类社会的大幸了！不过这是一般而言，在政治实践中，理工科生通畅人文社科的大有人在，文科生熟稔理性规则的也为数颇丰。最重要的还是个人天赋，是对政治把握的艺术感觉。

【原文】

16.14 邦君之妻，君称之曰夫人，夫人自称曰小童；邦人称之曰君夫人，称诸异邦曰寡小君；异邦人称之亦曰君夫人。

【译文】

国君的妻子，国君称她为夫人，夫人自称为小童；国人称她为君夫人，在外国人面前称她为寡小君；外国人也称她为君夫人。

【易惑词】

邦君，国君。异邦，别的国家。

【淮北佬曰】

所谓称谓，就是称呼，也就是人与人之间特定关系的表述。

【论语内外】

因为此章不见子曰，因而不知道这一段是孔子说，还是单纯的记录、记事。这一章谈的是称谓，可见《论语》记录的广泛。所谓称谓，就是称呼，也就是人与人之间特定关系的表述。一个人与他人的关系，是复杂而多样的。比如一个小女孩，刚刚生下来，甚至还未出生，她的称谓，有一些就被确定了：她是父母的女儿，是爷爷奶奶的孙女，是外婆外公的外孙女，是叔叔的侄女，是姨的外甥女，是堂兄的堂妹，是表姐的表妹；后来，还可能是他人的同学、同事、妻子、母亲、外婆、奶奶；可能是总统、厅长、老师、教授、首席经济师。爸爸妈妈等是亲属称谓；老张老王是社会称谓；总理科长等是职务称谓。据说春秋时期，人们都可以自称朕，朕仅是我的意思；但是到了秦朝，朕演变为皇帝的自称，别的人就不能用了。本章的称谓，是一段正规、鲜活的称谓教科书，它是春秋时期称谓的精彩展示。

阳货篇第十七

（共26章）

【原文】

17.1 阳货欲见孔子，孔子不见，归孔子豚。

孔子时其亡也，而往拜之，遇诸涂。

谓孔子曰："来，予与尔言。"曰："怀其宝而迷其邦，可谓仁乎？曰：不可。好从事而亟失时，可谓知乎？曰：不可。日月逝矣，岁不我与！"

孔子曰："诺，吾将仕矣。"

【译文】

阳货想要孔子拜见他，孔子不见他，于是他送了孔子一只熟小猪。

孔子打听到阳货不在家，就去回谢阳货，不巧两人在路上碰到了。

阳货对孔子说："来，我有话对你说。"阳货说："怀揣本事却听任国家迷乱，这能叫仁吗？可以说：不能。想从政却屡屡失去时机，这能叫明智吗？可以说：不明智！时光流逝，岁月不回头啊！"

孔子说："好的，我打算出来做官了。"

【易惑词】

欲见，想让……拜见；见，音 xiàn 现。归，音 kùi 馈，通"馈"，赠送。豚，小猪，这里指熟小猪。时，通"伺"，打听，等候。亡，音 wú 无，不在，外出；当时礼节，接受馈赠后，必须登门拜谢。涂，通"途"，道路。宝，才华，才能，本事。亟，音 qì 器，屡次。时，时机，机会。岁，时光，年月。与，等待的意思。

【论语内外】

阳货（阳虎），姬姓，阳氏，名虎，季氏的家臣。

【淮北佬曰】

黄淮地区有"洋货"或"洋乎"一词，这是否由"阳货"或"阳虎"人与事演变发展而来？

【论语内外】

阳货对孔子说的话，不能说不切中孔子要害，这话的意思也是孔子说过的，从政的事也是孔子想做的。孔子做过的最大的“官”，是鲁国的大司寇，实际上也是季桓子的“臣”。鲁国当时由三桓专权，三桓即“孟孙氏、叔孙氏、季孙氏”三大家族。三桓中，季桓子势力最大。鲁定公五年六月，季平子卒，季桓子成为季氏宗主，七月，季桓子就被家臣阳虎（阳货）拘禁起来，阳虎还驱杀季氏其他家臣。此后，阳虎权势更大，而三桓子孙微矣。鲁定公八年九月，阳虎试图借宴飨的机会杀掉季桓子，季桓子在孟孙氏家族帮助下逃脱，后来阳虎兵败亡齐。

黄淮地区有“洋货”或“洋乎”一词，意思是“傲慢、眼中无人、不平易近人、带理不睬”等意思，说一个人眼中无人、傲慢，就说那个人“洋货”、真“洋乎”！这是否由“阳货”或“阳虎”人与事演变发展而来？

【原文】

17.2 子曰：“性相近也，习相远也。”

【译文】

孔子说：“人的本性都是相近的，人的习惯却差别很远。”

【易惑词】

性，本能，本性。习，习惯，习俗。远，距离远，差距大。

【淮北佬曰】

“习”正是教育、规则、礼仪、理性和道德守则能够施展的空间。

【论语内外】

本性相近，习性相远，这正是人类生理和文化的真谛式概括。但相近的本性是什么样的？孔子没有直接谈人性善恶，但通过他的言谈观察，他不放弃每一个人，他或是性平论者。荀子或是性恶论者，他认为人性本恶，或人性趋恶，但通过教育可以改变。西方文化认为人是利己主义者，人首先要利己，然后才能照顾到他人，这在20世纪之前应该被中国人认为是性恶论。西方著名的分蛋糕设计告诉我们，当没有规则时，小孩都会把最大块的蛋糕留给自己，当制定了规则后，小孩才会把蛋糕切得公平；这倒与荀子的性恶论观点相似。“习”正是教育、规则、礼仪、理性和道德守则能够施展的空间。通过教育，通过规则的约束，通过礼仪的规范，通过理性的把握，通过道德的驯化，人才能控制欲望，限制本能，体谅对方，照顾他人。进而形成一个相拥和谐的社会大家庭。

【原文】

17.3 子曰："唯上知与下愚不移。"

【译文】

只有上等聪明的人和下等愚笨的人不可改变。

【易惑词】

知，音 zhì 智。愚，愚蠢，愚笨。移，改变。

【淮北佬曰】

只要能够改变，能够顺时而进，就能由愚而明，由笨而聪。达到足够聪明时，就不用随他人起舞了。

【论语内外】

孔子说：只有上等聪明的人和下等愚笨的人不可改变，这句话倒不如这样说：只有上等人的聪明和下等人的愚笨不可改变；或：只有上等的聪明和下等的愚笨不可改变。这里的意思大概是，既然已经足够聪明了，聪明总会带来自信，因此他会自以为是；而既然已经足够愚笨了，这正是由于不能因缘改变而导致的最厉害的愚笨，所以不可能再成为聪明。这样的理解，就给愚笨和聪明的相互转变，留下了足够的空间。人，只要能够改变，能够顺时而进，就能由愚而明，由笨而聪。达到足够聪明时，就不用随他人起舞了。

【原文】

17.4 子之武城，闻弦歌之声。夫子莞尔而笑，曰："割鸡焉用牛刀？"子游对曰："昔者偃也闻诸夫子曰：'君子学道则爱人，小人学道则易使也。'"子曰："二三子，偃之言是也！前言戏之耳。"

【译文】

孔子到武城去，听到弹琴歌唱声。孔子微微一笑，说："杀鸡哪里用得着牛刀？"子游回答说："以前我听老师说过：'君子学道就会爱护百姓，小人学道就容易顺从。'"孔子说："弟子们，子游的话是对的！我刚才说的是玩笑话啊。"

【易惑词】

之，往，到，来到，到……去。武城，鲁国邑名。莞尔，微笑样；莞，音 wǎn 挽。割，宰，杀。偃，子游自称。道，道理，道德，这里狭指礼乐。小人，此指普通百姓。戏，非正式，开玩笑。

【淮北佬曰】

孔子可以享受弟子们带给他的红利了，随亲友团，开心而放松。

【论语内外】

武城，鲁国的一个小城，子游时任武城宰。孔子可以享受弟子们带给他的红利了，开心而放松。但道理和道德也是无处不在的。孔子起初认为治理这样的小地方，哪里用得着那么正规、用力，包括正儿八经的礼乐，但这显然是对子游努力为政的不尊重，也容易为当地人或当地的反对派引用，作为攻击的话柄，这是在任的子游所不能不严正肃清，以免造成负面影响的。但既不能与言不得体的老师直接翻脸，或让老师难堪，又要借力引力坏话变好。子游不愧为职场中人，他先把老师树起来。于是，该说的话，也就说了，该表达的意思，也明白表达了。孔子也总是“合其时也”的，犯了错误，改正得快，因为为弟子捧场站台，毋需端着架子。孔子这点轻重，总是分得清的。

【原文】

17.5 公山弗扰以费畔，召，子欲往。子路不说，曰：“末之也已，何必公山氏之之也?”子曰：“夫召我者，而岂徒哉？如有用我者，吾其为东周乎!”

【译文】

公山弗扰占据费邑发动叛乱，他召孔子，孔子也打算去。子路不高兴了，说：“没地方去就算了，为什么要到他那里去?”孔子说：“那个来召我的人，难道会白白召我去吗？如果有人启用我，我也许能够复兴东周王朝啊!”

【易惑词】

费，音 bì 壁，地名。畔，音 pàn 叛，通“叛”，叛乱，谋反。末之，无处去；末，无，没有；之，往。已，止。之之，第一个之，结构助词，帮助倒装用；第二个之，动词，往，去，到某地去。徒，徒然。为，振兴，复兴。

【论语人物】

公山弗扰，人名，季氏的家臣。

【淮北佬曰】

孔子这才叫能言善辩，巧言善辩。

【论语内外】

公山弗扰以费畔事，多有争议。但通过这一记载，我们进一步看清了子路眼里不揉沙子的性格。而孔子也渴望政治舞台。孔子既坚守理想，也生活于现实。形势比人强，现实也比人强，道理往往强不过现实，现实常常扭曲理想。道理是人为的，现实也是人为的，但现实却是个人所不可为的，个人没有掌控权，因而总是充满了未知、不确定，使孔子这样的人都犹豫起来。从后人的道德视角来看，这或叫当事者迷，旁观者清。还好，有惊无险，孔子和子路的争执，还只是动议中的事，并未实施，这使孔子远离了我们后人担心的人生的“污点”。

【原文】

17.6 子张问仁于孔子，孔子曰："能行五者于天下为仁矣。""请问之。"曰："恭、宽、信、敏、惠。恭则不侮，宽则得众，信则人任焉，敏则有功，惠则足以使人。"

【译文】

子张问孔子仁德事，孔子说："能在天下施行五种德行就是仁了。"子张问："哪五种？"孔了说："恭、宽、信、敏、惠。庄重就不会受到侮慢，宽厚就能得到大家拥护，诚信能够得到信任，勤敏就能取得成功，慈惠就能让人顺从。"

【易惑词】

恭，恭敬，端庄，慎重。宽，宽厚。信，诚实、守信。敏，勤敏。惠，慈惠。侮，轻慢。人任，受到人们信任。使人，使用别人。

【淮北佬曰】

后世的吉利词、吉祥词，都可由仁包容，由德包括，由仁德统领。

【论语内外】

仁的内涵，在这里又加宽、丰厚了。恭、宽、信、敏、惠，在孔子当时，应该都是正面的道德描述；在后世，由于孔子的言论和提倡，更成为后世的吉祥、吉利词。恭，就是恭敬、端庄、做事认真、谨慎、敬业、忠诚。宽，就是宽容、宽厚、包容、宽阔。信，就是信用、诚信、言行同一、不违承诺。敏，就是敏慧、敏捷、机敏、勤敏。惠，就是温润、和惠、与人为善、心惠及人。仁广而普惠。后世的吉利词、吉祥词，都可由仁包容，由德包括，由仁德统领。仁宽概无边。仁既是爱人，也是义、礼、智、忠、敬、孝、悌、恕、贤，也是恭、宽、信、敏、惠，是所有正面的内容和概念。虽然这是泛仁论，但似符合孔子的原意。

【原文】

17.7 佛肸召，子欲往。子路曰："昔者由也闻诸夫子曰：'亲于其身为不善者，君子不入也。'佛肸以中牟畔，子之往也，如之何？"子曰："然，有是言也。不曰坚乎，磨而不磷；不曰白乎，涅而不缁。吾岂匏瓜也哉？焉能系而不食？"

【译文】

佛肸召孔子，孔子打算前往。子路说："以前我听您说过：'亲自做了坏事的人那里，君子是不去的。'佛肸占据中牟叛乱，您却要去，怎么解释呢？"孔子说："是的，我说过这话。可我也说过真正坚硬的东西磨也磨不薄；真正洁白的东西染也染不黑。我哪能是个匏瓜？怎么能只挂在那里而不能食用？"

【易惑词】

佛，音 bì 壁，肸，音 xī 西。亲，亲自，亲身。磷，音 lìn 吝，薄。涅，矿物，用作染料。缁，黑色，指变黑。匏瓜，葫芦科植物，苦的不能吃，匏，音 páo 咆。系，音 jì 寄，拴系，悬挂。

【论语人物】

佛肸，人名，晋国大夫范中行的家臣，任中牟宰。

【淮北佬曰】

道德的修正权在孔子，现实的参与权在他人。

【论语内外】

又是一次对孔子人品的考验，与公山弗扰事一样，有惊无险，孔子只是再一次面对了子路的指责，而没有具体实施。学，就要仕；学，等于仕；依照孔子的正统观念，担任一份“公职”，哪怕只是大夫城邑中一个管理岗位，也能够部分检验或实施自己的仁礼提倡。小事循礼制，大事看现实，不知孔子是否如是看待理念和现实之间的关系。孔子这是机会主义？现实主义？墙头草？可能是，因为孔子已近花甲，或感时光不在；也可能不是，因为理想和现实可能就是一对互相参照、影响、修正、改变的关系。还是关涉权力的运作：道德的修正权在孔子，现实的参与权在他人。当手中没有权力的时候，或只有道德修正权的时候，连孔子也不得不低头、服输。

【原文】

17.8 子曰：“由也，女闻六言六蔽矣乎？”对曰：“未也。”“居！吾语女。好仁不好学，其蔽也愚；好知不好学，其蔽也荡；好信不好学，其蔽也贼；好直不好学，其蔽也绞；好勇不好学，其蔽也乱；好刚不好学，其蔽也狂。”

【译文】

孔子说：“仲由，你听说过有六种品德就有六种弊病吗？”子路回答说：“没有。”孔子说：“坐下！我告诉你。喜好仁德却不好学，它的弊病就是愚蠢；喜好聪明却不好学，它的弊病就是放纵；喜好诚信却不好学，它的弊病就是害了自己；喜好正直却不好学，它的弊病就是刻薄；喜好勇敢却不好学，它的弊病就是惹事；喜好刚强却不好学，它的弊病就是狂妄。”

【易惑词】

言，指品德。蔽，弊病。居，坐。语女，语，音 yù 玉，告诉；女，音 rǔ 汝，你。知，同“智”，聪明。荡，无根，或指好高骛远。贼，害，受伤害。绞，刻薄，尖刻。乱，捣乱，惹事。狂，狂妄，妄为。

【淮北佬曰】

这是规则的公平。

【论语内外】

在机会的公平和规则的公平中，孔子告诉仲由的，是道德社会中，规则的公平。在已经道德了的社会中，不学习、不严格要求自己，就会愚蠢，就会放纵，就会害了自己，就会刻薄，就会惹是生非，就会狂妄。如果愚蠢了，放纵了，狂妄了，惹是生非了，刻薄了，那就害了自己，就不会有机会公平，甚至就鲜有机会，再甚至就没有机会，或没有大机会了。没有了机会，那还不是真正的愚蠢、放纵、惹是生非、刻薄、狂妄并害了自己？孔子的话是厉害的。所有的美德，都与学习、修养有关。要怎样做，全在于个人了。

【原文】

17.9 子曰："小子何莫学夫《诗》？《诗》，可以兴，可以观，可以群，可以怨。迩之事父，远之事君，多识于鸟兽草木之名。"

【译文】

孔子说："弟子们为什么不研究《诗》呢？《诗》可以启发想象力，可以提高观察力，可以培养群体意识，可以抒发不满情绪。近可以诗理侍奉父母，远可以诗理侍奉君主，还可以多认识鸟兽草木的名称。"

【易惑词】

小子，学生。兴，起兴，联想，想象。观，观察。群，合群。怨，发泄情绪。迩，音 ěr 而，近。识，音 zhì 志，记，认识。

【淮北佬曰】

没有文学作品，就达不成文化共识。

【论语内外】

孔子对《诗》顶礼膜拜。因为在孔子眼里，《诗》是文学作品，而文学作品既有审美作用，也有认识作用，还有教化作用。《诗》又并不仅仅是文学作品，《诗》还有社会作用。《诗》可以启发我们做事的想象力，《诗》可以提高我们观察事物的能力，《诗》可以培养我们的群体意识、集体主义观念，《诗》还能影射批评社会，《诗》里还有侍奉父母、君主的作用。《诗》即便再没有用处，也还能教我们多认识一些鸟兽草木的名称吧，这不也是收获吗？这不比什么都不学强吗？说《诗》首先就是说文学。文学的作用，被孔子强调得无以复加。文学的作用，说大，不大，说小，也不小：说小，不学文学，人们似乎照样生活，甚至生活得更好；说大，识字断文，难道不都要通过文学作品？没有文学作品，就达不成文化共识；没有文化共识，就不是同一个民族、同一个文化可能也不是同一个国家；不是同一个民族、同一种文化、同一个国家，就可能发生利益的冲突、文化的矛盾、国与国之间的战争。如此这般，你还能说文学不大？文学不重？文学弃之可也？

【原文】

17.10 子谓伯鱼曰："女为《周南》《召南》矣乎？人而不为《周南》、《召南》，其犹正墙面而立也与！"

【译文】

孔子对伯鱼说："你读过《周南》《召南》了吗？一个人如果不读《周南》和《召南》，就好像面对墙壁站立着！"

【易惑词】

为，音 wéi 围，研读。《周南》《召南》，均为《诗经》篇名。正墙面而立，正面对着墙站立，意思是无法前进，什么都看不见，寸步难行。

【淮北佬曰】

孔子时代的华北平原，能够用竹子做简，说明那时候的泗水地区，还是比较温暖的，气温或比现在高。

【论语内外】

这就说明，孔子的时代，《诗》等，都有物质文本，因为没有物质文本，伯鱼没法去自己学习。那时的物质文本，大概多是简册，就是用竹片刻成的"册页"。由于气候的变化，自然界竹子生长的北界后来已经退缩至淮河秦岭以南了。孔子时代的华北平原，能够用竹子做简，说明那时候的泗水地区，还是比较温暖的，气温或比现在高，能够生长竹子。如果当时竹子不能生长于中原地区，那么文字和文化的发展，就无法建立在相应的物质基础之上，这样的本末关系，是无法颠倒过来的。

【原文】

17.11 子曰："礼云礼云，玉帛云乎哉？乐云乐云，钟鼓云乎哉？"

【译文】

孔子说："礼啊礼啊，难道只是指玉帛等礼器说的吗？乐啊乐啊，难道只是指钟鼓等乐器说的吗？"

【易惑词】

云，语气词。玉，玉器。帛，锦帛。

【淮北佬曰】

定义权也是定价权。孔子把仁的规格定得最高，仁就最有价值。

【论语内外】

孔子提出这样的问题，是要将表面的事物，拉回到虚拟的抽象道德里去。因为具体的事物大家都看得见，都说得清；而抽象的道理，人们都看不见，也说不清。

道德的修正权在孔子，现实的参与权在他人。在道德的标准、规范、准则方面，孔子无疑具有定义的权威，有定义权。定义权也是定价权。他把仁的规格定得最高，仁就最有价值，仁就最有可见而不可攀、可追而不可达的价值。人人都有定价权：家有家的价值观，单位有单位的价值观，团体有团体的价值观。但获得全社会的定价权并非易事，不用一生的坚守，不经粗粝的磨炼，没有超常的智慧，缺乏阔达的胸怀，放弃点滴的积累，都不可能有接近的希望。

【原文】

17.12 子曰：“色厉而内荏，譬诸小人，其犹穿窬之盗也与！”

【译文】

孔子说：“表面严厉内心却怯懦的人，如果用小人来比喻，就像穿墙挖洞的小偷吧！”

【易惑词】

色厉，脸色威严。内荏，内心怯懦，内心虚弱，胆小；荏，音 rěn 忍，柔弱。穿窬之盗，穿墙和爬墙的贼；窬，音 yú 鱼，门边小洞。

【淮北佬曰】

看来，表里如一是古今中外伟人的同德，或概莫能外。

【论语内外】

孔子对小人，深恶痛绝。当然，我们理解，这里所说的小人，是装模作样的虚妄之人。孔子言行一致，想到的，就说出来，说出来，就做出来。有些行为或有违常规，他就公开制定标准和规则，将其正义化。孔子不赞同的是言行不一，是表面威严却内心虚弱怯懦。孔子和马克思有得一拼。马克思遵循的是怎么想就怎么说，怎么说就怎么写；孔子遵循的是表里如一、言行一致、内外相同。看来，表里如一是古今中外伟人的同德，或概莫能外。

【原文】

17.13 子曰：“乡愿，德之贼也。”

【译文】

孔子说：“不得罪人的老好人，是败坏道德的小人。”

【易惑词】

愿，老实，忠厚。贼，指世风败坏者。

【淮北佬曰】

孔子很强势啊！

【论语内外】

孔子在雍也篇中说，“中庸之为德也，其至矣乎”！中庸作为道德标准，是至高无上的！虽然提倡中庸之道，但孔子“乡愿，德之贼也”这番表态，说明孔子不但不认可好好先生这种为人的准则，孔子本人身体力行的，也绝非老好人的标准。老好人不是中庸选项，老好人已经偏于一端了。在孔子的眼光中，是非不分的老好人虽然老实、忠厚，却非等同于忠诚、守职、尽责和积极、向上、活力。因而他认为这样的人，虽然看上去不得罪人，反而恰恰是有违道德操守、有违公序良俗的。由此也可看出，中庸之道并非不守原则的庸俗之道，而是道德感很强的行为方式、行为准则。

【原文】

17.14 子曰：“道听而涂说，德之弃也。”

【译文】

孔子说：“在路上听到了就到处传播，有德行的人不会这么做。”

【易惑词】

涂说，在路上说，就是四处传播；涂，通“途”。弃，背弃。

【淮北佬曰】

他们用这种方式过瘾，获得心理的享受、生理的满足。

【论语内外】

在道路上听说点什么，就忙不迭地四处传播，这样的人，在哪个时代都有，在哪个地方都有。他们是信息的最佳中介，也是各种观点、思想、理念的忠实宣传员、免费传播者。他们为有心人所利用。他们也必须用这种方式过瘾，获得心理的享受、生理的满足。由于道听并途说属于小道消息，因而必须有耸人听闻、夸大其词的内容，才能吸引听众。所以道听并途说的内容，就很容易变形、变质、变色，甚至变得畸形。孔子从德行的角度，指责这种有违操守的行为，也是有道理的。

【原文】

17.15 子曰：“鄙夫可与事君也与哉？其未得之也，患得之；既得之，患失之。苟患失之，无所不至矣。”

【译文】

孔子说：“能够和鄙陋的小人一起侍奉君主吗？这样的人没得到职位时，担心得不到；已经得到了，又担心失去。一旦害怕失去，就什么事都能做得出来。”

【易惑词】

鄙夫，指没有道德的人。患得之，为得到而担心，或为患不得之。患失之，为失去而担心。无所不至，什么事都能做出来。

【淮北佬曰】

孔子总能把感觉和体会表述清楚，这正是孔子的过人之处。

【论语内外】

孔子总能把感觉和体会表述清楚，这正是孔子的过人之处。有些事，我们感受到了，却说不清；有些人，我们体会到了，却说不明；有些话，到了嘴边，却组织不好；有些现象，心知肚明，却不知如何表达。说不愿和卑劣小人共事，这谁都会想，谁都会说；但说小人为了得到、不愿失去，因而什么事都做得出来，却想到了说不出。君子谋事，依规而为，遵循的是过程；小人谋事，依事而为，达到的是目的。君子谋事，天经地义；小人谋事，不择手段。但何为天经地义，何为不择手段？何为依规而为，何为依事而为？这就见仁见智了。

【原文】

17.16 子曰："古者民有三疾，今也或是之亡也。古之狂也肆，今之狂也荡；古之矜也廉，今之矜也忿戾；古之愚也直，今之愚也诈而已矣。"

【译文】

孔子说："古人有三种毛病，现在也许没有这样的毛病了。古代的狂人肆意直言，现在的狂人放荡不羁；古代矜持的人方正有威，现在矜持的人蛮不讲理；古代愚钝的人率真性直，现在愚钝的人只是欺诈刁滑罢了。"

【易惑词】

疾，缺点，不足，毛病。亡，音 wú 无，同"无"。肆，肆意直言。荡，放荡不羁。矜，矜持。廉，本义指器物棱角，此指行为方正。矜，骄。忿戾，好争，不讲理。直，直率。诈，诡诈。

【淮北佬曰】

没有前世的榜样，孔子不能为人们画饼充饥；有了前世的榜样，人们就看见了参照的系统。

【论语内外】

总之是说今不如昔。和当代人的怀旧，并无二致。人们怀旧的情绪，似乎永远都存在。遗存下来的记忆，大都美好；而当时的困难、不堪、艰辛，多被屏蔽去了。屏蔽不良记忆，是身体的自我保护。孔子说古代的东西好，或既有记忆的选择，也有现实的需要。记忆的选择，是美好的东西留了下来；现实的需要，是孔子要推行仁义道德，需要前世的榜样。没有前世的榜样，孔子不能为人们画饼充饥；

有了前世的榜样，人们就看见了参照的系统。

【原文】

17.17 子曰："巧言令色，鲜矣仁。"

【译文】

孔子说："满嘴花言巧语，满脸虚饰的面容，这样的人，仁德就很少了。"

【易惑词】

巧言，虚伪动听。令色，脸色善变。

【淮北佬曰】

缺少了这些难以言说的东西，作品就会缺少灵魂。

【论语内外】

花言巧语，满脸虚饰，到底是一种什么样的形象？只好用不可量化的文学标准去勉为其难地解读它了。如果我们把《论语》当作文学作品的箴言文、智语体、对话篇来读的话，我们就得知道，我们仅熟知了文学创作的语言运用、结构把握、句式调理、文体特征，还不足以使我们创作出最好的文学作品，因为最好的文学作品还包含了气质、意境、气量、格局等等缄默知识，缺少了这些难以言说的东西，作品就总会缺少灵魂。

【原文】

17.18 子曰："恶紫之夺朱也，恶郑声之乱雅乐也，恶利口之覆邦家者。"

【译文】

孔子说："我厌恶紫色夺占红色的地位，厌恶郑国的音乐扰乱正统雅乐，厌恶妖言巧语颠覆国家。"

【易惑词】

恶，音 wù 务，讨厌，不喜欢。紫，春秋时一些诸侯喜欢穿紫衣，而之前朱红是正色；朱，大红色。郑声，郑国的音乐。雅乐，周朝京城庙堂上演奏的音乐，指正统音乐。利口，犟嘴利舌。覆，颠覆。

【淮北佬曰】

阳货篇里，集中了孔子的许多厌恶。

【论语内外】

此阳货篇里，集中了孔子的许多厌恶。孔子厌恶满嘴花言巧语，满脸虚饰的面容的人；孔子不喜欢放荡不羁、蛮不讲理、欺诈刁滑；孔子讨厌和鄙陋的小人一起侍奉君主，因为这样的人没得到职位时，担心得不到，已经得到了，又担心失去，

一旦害怕失去，就什么事都能做得出来；孔子鄙视在路上听到了就到处传播的行为，认为有德行的人不会这么做；孔子还厌恶宣扬别人缺点的人，厌恶身居下位却毁谤身居上位的人，厌恶蛮勇不讲礼仪的人，厌恶果断却顽固不化的人。孔子当年的厌恶，绝大多数就是我们今天的厌恶；孔子当年的不喜欢，绝大多数就是我们今天的不喜欢；孔子当年的讨厌，绝大多数就是我们今天的讨厌。两千多年来，人性大致相仿，好恶基本相袭，观念大约相承，社会大概如斯。说世界有翻天覆地的变化，没有错，因为从吃的，到穿的，到用的，到行的，到玩的，差不多都换了个遍；但人间不过如此，也没有错，因为从人性，到好恶，从观念，到价值，并没有实质性的改变。

【原文】

17.19 子曰："予欲无言。"子贡曰："子如不言，则小子何述焉？"子曰："天何言哉？四时行焉，百物生焉，天何言哉？"

【译文】

孔子说："我不想说话了。"子贡说："您如果不说话，那我们传述什么呢？"孔子说："天说过什么吗？四季照样运行，百物照样生长，天说过什么吗？"

【易惑词】

予，音 yú 鱼，我。述，传述。四时，春夏秋冬四个季节。

【淮北佬曰】

二十世纪八十年代以后出生的人，不再以季节、朝暮、阴晴作为生产、生活的主要参照标尺。

【论语内外】

《论语》是亚欧大陆东部农业文明结晶，既然是农业文明，因而所有的生产、生活方式以及典籍、文献，就必然都带有明显的农耕文明的印记。《论语》里的年岁、季节、晨夕等自然、时间观念，都和农业文明息息相关，同时也给我们以亲切感、家园感。对中国大陆而言，二十世纪八十年代以后生人对天地万物、季节晨昏、乡野庄稼的自然和文化感受大大降低，因为他们比较缺少对农业环境的体验和记忆，他们不再以季节、朝暮、阴晴作为生产、生活的主要参照标尺。这正是时代的发展和变化。

【原文】

17.20 孺悲欲见孔子，孔子辞以疾。将命者出户，取瑟而歌，使之闻之。

【译文】

孺悲想见孔子，孔子用生病的借口不见他。传话的人刚出门，孔子就拿瑟弹唱，故意让孺悲听到。

【易惑词】

辞，推辞。疾，病，生病。将命者，传话人；将，传达。

【论语人物】

孺悲，人名。

【淮北佬曰】

但这不就违背孔子“有教无类”的公开表态了吗？

【论语内外】

不知缘由，读此章更有文学感。因为可以猜测，需要感受，不可知的气氛浓郁起来，人的感觉就能得到抚摸，人的好奇心才能获得满足。此章的缘由有多种解读。一说是孔子对孺悲这位读书人并不看好，或看不上，或不喜欢，因此不愿见他，不想教他，于是叫他知道，我并非生病，而只是不想见你。但这不也违背了孔子“有教无类”的公开表态了吗？另一说是鲁哀公安排孺悲向孔子学习丧礼，孺悲是士人，孔子是从大夫，依礼不得直接相见；孺悲未按时礼约见，因此孔子不见他，并瑟歌提醒。后来鲁哀公亲自介绍，孺悲又勤奋好学，终于学有所成。

【原文】

17.21 宰我问：“三年之丧，期已久矣！君子三年不为礼，礼必坏；三年不为乐，乐必崩。旧谷既没，新谷既升，钻燧改火，期可已矣。”

子曰：“食夫稻，衣夫锦，于女安乎？”

曰：“安！”

“女安则为之！夫君子之居丧，食旨不甘，闻乐不乐，居处不安，故不为也。今女安，则为之！”

宰我出，子曰：“予之不仁也！子生三年，然后免于父母之怀。夫三年之丧，天下之通丧也，予也有三年之爱于其父母乎！”

【译文】

宰我问：“三年的守丧期太长了！君子三年不习礼，礼必定要荒废；三年不习乐，乐必定要毁掉。陈谷已经吃完，新谷已经长出，钻木取火的木头都轮过一遍了，一年就够了。”

孔子说：“吃米饭，穿锦衣，你心安吗？”

宰我说：“我心安。”

孔子说：“你如果心安就这样做吧！君子守丧，吃美食不香，听音乐不快乐，

住在平常住的地方不觉得安适，所以不那样做。现在你觉得那样做安心，你就那样做吧。”

宰我走后，孔子说：“宰我真不仁德！小孩出生三年后，才能离开父母怀抱。用三年的时间守丧，是天下通行的丧期，宰我难道没有从父母那里得到三年的爱抚！”

【易惑词】

期，日期。崩，崩溃，引为荒疏。升，登，指熟谷登场。燧，取火用具。改火，古代取火，四季所用木料不同。期，音jī积，一年。食夫稻，吃米，指珍稀食品，先秦北方或少种稻，大米难得。居丧，守丧。旨，美食，美味。闻乐不乐，前一乐指音乐，后一乐为快乐、愉快。居处，住处。怀，怀抱。通丧，通行的丧期。

【淮北佬曰】

宰我和孔子一说话，就充满了火药味。

【论语内外】

宰我和孔子一说话，就充满了火药味。由于宰我常提出一些不合常规的问题，而又看起来是具有建设性的，也不能说就没有道理，因而弄得孔子无法回答，内心对立。孔子却又不得不回答，因此一回答就有些变形，让孔子心中很不爽。宰我在雍也篇里曾有问，有仁德的人，如果告诉他有仁者掉井下去了，他会跟着跳下去吗？孔子只好说，为什么要这样做呢，可以让君子赶去救人，却不可以让他陷入井中，可以欺骗他，却不可以愚弄他。这或确是宰我在故意为难孔子，如果旁边有人，孔子就难下得来台。在孔子心目中，宰我的这些言论本身，代表的，也许就是某种意义上的礼坏乐崩。两千多年后来看孔子与宰我的较劲，至少我们从字面上，看到的是孔子睿智、宏观、广阔；而宰我的问题，都微小、不智甚至狭隘。因此，孔子能成智者，宰我则流于一般。三年的守丧，今天看的确过长；但一年的守丧，今天看又是短的吗？宰我如果提出革命性的创意，今天才看得出他的了得。挑战权威，自己须建立权威。宰我未能建立权威，因而他挑战不了权威。

【原文】

17.22 子曰：“饱食终日，无所用心，难矣哉！不有博弈者乎？为之，犹贤乎已。”

【译文】

孔子说：“整天吃得饱饱的，什么事都不做，是不行的呀！不是有棋类游戏吗？去下下棋，也比什么都不做好。”

【易惑词】

难，指日子难过。博弈，六博与围棋，泛指下棋；六博，古代一种棋类游戏。

贤，好过，胜过。

【淮北佬曰】

孔子这是说谁呢？看在眼里急在心里的样子。

【论语内外】

孔子这是说谁呢？看在眼里急在心里的样子。不会是颜渊，不会是子贡，大概也不会是子夏。有可能是宰予，因为孔子已经骂过他了，但宰予不是自甘堕落的人；也有可能是子路，因为子路不是那种一根筋的文人，他直率任性，说话做事常不过脑子，但人好能干，孔子和子路说话就随便些。孔子也是看不得别人闲的。整天吃得饱饱的，什么事都不做，看见这样的人，孔子就觉得胀肠子，气就不打一处来，哪怕去下下棋，也是一种很好的智力游戏呢！说到闲，这里的闲并非休息，而是不上进、无理想、非人类。人类因为有文化，所以都提倡进化、上进、进步和进取。西人以人为中心，强调对自然界最大化的支配和利用；老子强调天人合一，人是天地万物中的一部分，天地与人，顺然即可；孔子强调以德育人，人生要进取，社会要和谐，人生而有用、生而必用、不可荒废。但也可能孔子是对自己说话，或那几日孔子闲而无聊，于是责备自己吃饱了无事，有内疚感；说出来好像是说给听者听的，其实是告诉自己，是责备自己，哪怕去下下棋，也是有益的呢。

【原文】

17.23 子路曰："君子尚勇乎？"子曰："君子义以为上。君子有勇而无义为乱，小人有勇而无义为盗。"

【译文】

子路说："君子崇尚勇敢吗？"孔子说："君子把义奉为至上。君子有勇无义就会作乱，小人有勇无义就会成为强盗。"

【易惑词】

义以，以义的倒装；义，道义。上，最高品德。

【淮北佬曰】

只有子路才会对这样的问题感兴趣，这倒也给了孔子一个谈论这一话题的机会。

【论语内外】

这是孔子的义勇观。有勇而无义，就会作乱，因为不为正义的勇，越勇越错，越勇越乱；"文化大革命"中说的只埋头拉车，不抬头看路，大概就是这个意思。但如何知义，又是一个大话题。忘义而见勇，在孔子这里，有君子之分，有小人之别。君子有勇无义就会作乱，这说的是大层面、大议题；小人有勇无义就会成为强盗，这说的是小事件、小扰乱。小人无义，无非小偷小摸、小砸小抢，是社会治安

事件；君子无义，就可能干扰政权、引发内战外战、社会动乱。这里的君子，其实已经不是君子，也是小人，是危害更巨大的小人。规则和意料之外，往往也是机会。子路的问话，的确符合子路性格；只有他才会对这样的问题感兴趣，这倒也给了孔子一个谈论这一话题的机会。

【原文】

17.24 子贡曰："君子亦有恶乎？"子曰："有恶。恶称人之恶者，恶居下流而讪上者，恶勇而无礼者，恶果敢而窒者。"

曰："赐也亦有恶乎？""恶徼以为知者，恶不孙以为勇者，恶讦以为直者。"

【译文】

子贡说："君子也有厌恶的人吗？"孔子说："有。厌恶宣扬别人缺点的人，厌恶身居下位却毁谤身居上位的人，厌恶蛮勇不讲礼仪的人，厌恶果断却顽固不化的人。"

孔子说："赐，你也有厌恶的人吗？"子贡说："厌恶把抄袭当作聪明的人，厌恶把不谦虚当作勇敢的人，厌恶把揭别人的短当作直率的人。"

【易惑词】

恶，音 wù 务，讨厌。恶称人之恶者，第一个恶为讨厌，第二个恶为坏处，短处，缺点；称，宣扬、传播。下流，地位卑微。讪，音 shàn 善，毁谤，诽谤。上，上级。窒，不通，固执。徼，音 jiǎo 搅，剽窃，抄袭。孙，通"逊"，谦逊，谦让。讦，音 jié 杰，攻击，揭别人的短。

【淮北佬曰】

这师徒俩！一唱一和的。

【论语内外】

这师徒俩！一唱一和的。孔子和子贡，才是有对话的相同层级的，也才是真正有对话性的。当然孔子还是老师，子贡还是智慧、聪明的粉丝兼学生。你看子贡的问题，既带有好奇、真诚的讨教和虔敬，他的回答也模仿孔子句式，却又独立、独见、有个性。你再看孔子的回答，有独见、有开创、有自我，却答过之后又有问，显见他对子贡的高看一眼、他对子贡的某种尊重。和孔子时常夸奖颜渊、教训子路、斥责宰我、责备冉求不同，孔子对子贡，或谓亦师亦友。别人搭不上话，子贡能；别人不能平等而论，子贡能。这是子贡智慧和能力带来的效应。

【原文】

17.25 子曰："唯女子与小人为难养也，近之则不孙，远之则怨。"

【译文】

孔子说："只有女人和小人最难相处了，亲近了，他会无礼，疏远了，他又怨恨。"

【易惑词】

孙，音 xùn 逊，通"逊"。难养，难处，难伺候。

【淮北佬曰】

孔子洞见！毕竟说出了人与人之间真切的细微关系。但对女性的评论，则是对女性的歧见。

【论语内外】

历来多认为孔子的意思是只有女人和小人最难相处，亲近了，他会无礼，疏远了，他又怨恨。这样的理解的确对女性不恭，也有违男女平等的价值观，在发达文明的社会中，这首先会立即被定义为性别歧视。小人在这里的意思，大概可以解释为或能力不够或智力不足或道德不彰或人品稍逊的人；即使这样，也难以想象当代社会可以公开进行如此不堪的歧见。

于是，有人试图为孔子贴上新标签，将"女子"释为"汝人"，将"与"释为"给予"，将"小人"释为"小孩子"或"你们"（即弟子们），这句话就变成了以下的意思：把女子嫁给小人。但这样一来，后面的两句话，也需要重新进行诠释。这样的诠释，如果在语法、词义、习俗上大致有根据，说得通，倒也是个很好的视角。

在那个时代，孔子歧视女子似乎并非罕见，倒可能是常态。不用说孔子那个曾经被定义为奴隶社会的时代，就是在进步以后的封建社会，公开歧视女子，也是"理所当然"的。在男权社会里，人们对此已经习以为常、见怪不怪。在这样的情况下，不为孔子贴新标签，并不会令人难堪，也不会使中国文明黯然失色。

倒是孔子观察和表达事物的能力，令人吃惊。如果我们把这句话中女子这一符号去掉，变成"唯小人为难养也，近之则不孙，远之则怨"，那我们就能看到，事物的形态发生了重大变化，孔子对人与人之间关系的细微洞察，超乎寻常。君子之交淡如水，是这种表述的"同物异名"。所谓文明的习惯包括人与人之间那层看不见的距离，亲近的人距离会较近些，陌生的人距离会较远些。不同的文明中人与人之间看不见的距离都不相同，一般而言，物质发达的社会，人们的距离会稍远；物质不发达的社会，人们的距离会较近；这是自信、自主和独立程度的表面形式。但不管在哪个社会中，距离过近，将至少有一方不舒服；距离过远，双方的交流将会出现障碍。

孔子的这句话揭示了人性的一个重要方面。这种人性既是文化的，也是生理的。距离过近，人的生物安全警钟将会敲响；距离过远，人的文化隔阂将会出现。而在男女之间，由于长期社会分工造成的语言、语速、粗细、感情、兴趣、好恶等

等的不同，很难达到完全的交融、心仪和匹配，所以近了无礼，远了怨恨的现象，还会继续存在下去。

【原文】

17.26 子曰："年四十而见恶焉，其终也已。"

【译文】

孔子说："到了四十岁还被人讨厌，这人一生也就完了。"

【易惑词】

见恶，被人厌烦。终，终生，一生，一辈子。已，终止，结束。

【淮北佬曰】

一个人只要树立起正面形象，这个人，这一生，就不会完。

【论语内外】

这到底是什么意思？虽然运用我们的缄默知识，可以体会、感受、理解，但要分毫不差地把意思说出来，还真不容易！《论语》中孔子大约三次谈到具体的年龄。具体而不笼统，说明孔子是清晰有所指的，而不是泛泛而论，对所说的话很有信心、负完全的责任。一次是为政篇，孔子说，"吾十有五而志于学，三十而立，四十而不惑，五十而知天命，六十而耳顺，七十而从心所欲，不逾矩"，孔子依据生活感悟、思想归纳，把各个年龄段的人文特征、社会评价、争取目标，一一道出，清晰无误。一次是子罕篇，孔子说，"后生可畏，焉知来者之不如今也？四十、五十而无闻焉，斯亦不足畏也已"，说的是少小努力，赢得敬畏的道理。到了四十岁还被人讨厌，这人一生也就完了，说的也是少小立志，悉心为仁的意思。被人讨厌与声名无关。声名大，可能为人厌烦；声名小，可能被人忽视，却不一定被人讨厌。一个人只要树立起正面形象，这个人，这一生，就不会完。

微子篇第十八

（共11章）

【原文】

18.1 微子去之，箕子为之奴，比干谏而死。孔子曰："殷有三仁焉。"

【译文】

商纣王昏乱残暴，微子离他而去，箕子多次劝告被降为奴隶，比干强谏被杀。孔子说："商朝有三位仁人啊。"

【易惑词】

谏，规劝。

【论语人物】

微子，名启，纣王同母兄长。箕子，纣王叔父；箕，音 jī 鸡。比干，纣王叔父；干，音 gān 甘。

【淮北佬曰】

历史是辣椒，没有历史的辣椒，人们就不会猛醒，不会痛定思痛。

【论语内外】

以史为鉴，没有历史的镜子，就难有当下的自信；历史也是回放，没有历史的回放，人们就会忘记历史，遗弃经验，遗忘教训，就可能重蹈覆辙。历史还是辣椒，没有历史的辣椒，人们就不会猛醒，不会痛定思痛。本篇多涉历史人物，既有君王，亦有隐者，另有各色人等。通过形形色色的人物，展现社会评价标准，强调政治道德守则。

【原文】

18.2 柳下惠为士师，三黜。人曰："子未可以去乎？"曰："直道而事人，焉往

而不三黜？枉道而事人，何必去父母之邦？”

【译文】

柳下惠当司法官，多次被免职。有人说：“您不能离开吗？”柳下惠说：“坚守正道地工作，到哪里不会被多次免职？歪门邪道地工作，又何必离开自己的国家？”

【易惑词】

士师，主管刑罚的官名。黜，音 chù 触，罢免。焉往，到哪里去，往哪里去。直道，正道。枉道，邪道。去，离去，离开。父母之邦，祖国。

【淮北佬曰】

放纵容易，约束很难；享乐容易，吃苦很难。

【论语内外】

坚守正道地工作，到哪里不会被多次免职？歪门邪道地工作，又何必离开自己的国家？按柳下惠的意思，坚守正道地工作，是一件很难、很奢侈、不正常的事情；歪门邪道地工作，在哪里都可以进行，倒是一种理所当然的常态。柳下惠所言，或既是现实，也有必然。放纵容易，约束很难；享乐容易，吃苦很难。因为走歪门邪道，就可以放纵，就可以放肆，就可以奢靡，就可以无恶不作，就可以为所欲为。而坚守正道，则是自我约束，就是自我控制，就是自我加压，就是自我规范，就是收敛，就是放弃声色犬马。哪个快活，哪个吃苦，也是不言自明的。

【原文】

18.3 齐景公待孔子曰：“若季氏，则吾不能。以季、孟之间待之。”曰：“吾老矣，不能用也。”孔子行。

【译文】

齐景公谈到如何对待孔子时说：“像鲁国国君对待季氏那样对待孔子，我做不到。我可以用介于季氏和孟氏之间的待遇对待孔子。”后来又说：“我老了，没有什么作为了。”于是孔子离开了齐国。

【易惑词】

待，遇，待遇，此指对待孔子的礼节。若，如，像。季、孟之间待之，用介于季氏和孟氏之间的待遇对待孔子，季孙氏是当时鲁国的上卿，孟孙氏是下卿。

【淮北佬曰】

囿于礼仪、颜面和实情，人们说话时，常常不把话说满，或不能把话说满；不把话说直，或不能把话说直；不把话说透，或不能把话说透；不把话说陡，或不能把话说陡。

【论语内外】

季孙氏是当时鲁国的上卿，孟孙氏是当时鲁国的下卿，齐景公打算给孔子的待遇，就是在季氏和孟氏之间。齐景公这样一说，虽然委婉，但孔子也听得明白。齐景公或有难处，或不愿高待孔子。再进一步以年老作托辞。诸事勉强不得，又不合于心中暗想结果，孔子不如离去。言语之间的微妙，也是一种缄默知识，全凭各人把握。囿于礼仪、颜面和实情，人们说话时，常常不把话说满，或不能把话说满；不把话说直，或不能把话说直；不把话说透，或不能把话说透；不把话说陡，或不能把话说陡。听话听音，许多话只好猜。猜得对，或不对，则需不断验证。

【原文】

18.4 齐人归女乐，季桓子受之，三日不朝，孔子行。

【译文】

齐国赠送许多歌姬舞女给鲁国，季桓子接受了，多日不理朝政。于是孔子离开了鲁国。

【易惑词】

归，音 kuì 溃，通“馈”，赠送。女乐，歌女舞女；乐，音 yuè 月。季桓子，季孙斯，鲁国大夫。朝，上朝，到朝廷处理政务。

【淮北佬曰】

性别既是自然现象，也是文化现象。性别的社会学意义是人为的。

【论语内外】

有媒体报道，当下，在所有的行业和职业中，女性的收入仍低于男性；在所有的成人文盲中，女性占了三分之二；在全球最富有的 500 人中，只有 55 名女性；在全球的议员中，女性只占五分之一；在全球内阁成员中，女性仅占五分之一不到；世界经济论坛认为，要再过 117 年，即到 2133 年，男女差距才会消失。《论语》是男性视角。人生而为人，在绝大多数情况下，不是男，即是女，这是人的生理性别。但人的生理和心理性别，经过社会文化的干预，在某种意义上，都是可以调整和互换的。例如经过手术后，男人可以成为“女人”，女人也可以变成“男人”。心理性别的调整和改变，更可以暗地进行，由假成“真”。性别既是自然现象，也是文化现象。性别的社会学意义是人为的，在孔子时代，男权主义定义了男人的权威地位和女人的陪从地位。但我们知道在母系社会里，女性是处于权威和中心的位置、男人则处于服从和陪从的地位的；家指的是女人的家，除了女人的家以外，男人则没有安身之所；男人像蜂群中的工蜂一样，只起一种为母蜂服务和工作的作用。因为是作为礼物赠送的，因此可知，春秋后期的歌姬舞女，或均为高官大臣的私人财产。

【原文】

18.5 楚狂接舆歌而过孔子曰："凤兮凤兮，何德之衰？往者不可谏，来者犹可追。已而已而，今之从政者殆而！"孔子下，欲与之言，趋而辟之，不得与之言。

【译文】

楚国的狂人接舆唱着歌从孔子的车子旁走过："凤凰啊凤凰，为什么德行这样衰败？过去的不可挽回，未来的还能赶得上。算了吧算了吧，现在的执政者不可救药了！孔子下车，想和他说说话，他快步避开，孔子没能同他交谈。"

【易惑词】

楚，楚国。狂，狂人，狂士。接舆，人名，楚国隐士；或说是一位佯狂来接驾的贤士。衰，衰微。追，来得及，赶得上。已而，算了吧，罢了；而，语气词。殆，危险。趋，快走。辟，音 bì 避，同"避"。

【论语人物】

接舆，楚国狂人，生平、事迹不知。

【淮北佬曰】

不必去争那不可争的，不必去得那不可得的，不必去图那不可图的，不必去抢那不可抢的。

【论语内外】

附近几章，都是孔子与弟子游历各国时的见闻。这几章更具文学性。所谓具文学性，就是或有文采，或有故事，或有意境，或有描写，或有人物，或有夸饰。又因为是旅行过程中的见闻、偶遇、巧合，所以这些记录，有鲜活的生活气息，有让人好奇的陌生化效果，也有生活中的奇事、怪人、道理。楚国的狂人胡编乱唱着，从孔子车旁过去。他唱的凤凰，或暗衬着孔子的不得意？在孔子与弟子们的影射观中，至少是有这种意味的吧？他唱的往者不可谏，来者犹可追，流芳千古，风行万代。这哪是狂人，这明明是位大智者、大作家！他唱的罢了罢了，是一种宽慰，也是一种生活态度，不必去争那不可争的，不必去得那不可得的，不必去图那不可图的，不必去抢那不可抢的。孔子很难不为狂人吸引。狂人却知道见着蛋就够了，何必去见下蛋的鸡的道理。狂人就快步避去了。

【原文】

18.6 长沮、桀溺耦而耕，孔子过之，使子路问津焉。

长沮曰："夫执舆者为谁？"子路曰："为孔丘。"曰："是鲁孔丘与？"曰："是也。"曰："是知津矣。"

问于桀溺，桀溺曰："子为谁？"曰："为仲由。"曰："是鲁孔丘之徒与？"对曰："然。"曰："滔滔者天下皆是也，而谁以易之？且而与其从辟人之士也，岂若从辟世之士？"耰而不辍。

子路行以告，夫子怃然曰："鸟兽不可与同群，吾非斯人之徒与而谁与？天下有道，丘不与易也。"

【译文】

长沮和桀溺在一起耕地，孔子经过这里，让子路去问渡口在哪里。

长沮说："那位驾车的是谁？"子路说："驾车的是孔丘。"长沮说："是鲁国的孔丘吗？"子路说："是的。"长沮说："那他应该知道渡口在哪里。"

子路又向桀溺问渡口，桀溺说："你是谁？"子路说："我是仲由。"桀溺说："是鲁国孔丘的弟子吗？"子路说："是的。"桀溺说："天下大乱就像洪水泛滥，你们哪个能改变？你与其跟从能够避开恶人的人，为什么不跟从我们这些避开乱世的人？"边说边不停地干活。

子路回来告诉孔子，孔子若有所失地说："人不可能与鸟兽同群，我不同人群在一起又和谁在一起？如果天下清明，我就不会和你们一起进行改革了。"

【易惑词】

沮，音 jū 居。桀，音 jié 杰。耦，音 ǒu 偶，两人同耕。津，渡口。执舆，手执马车缰绳。而，同"尔"，你，你们。易，变。辟人之士，躲避坏人的人，此指孔子；辟，同"避"。辟世之士，躲避乱世的人。耰，音 yōu 优，播种后用土覆盖。辍，音 chuò，停止，中止。怃然，怅然若失；怃，音 wǔ 五。斯人之徒，民众。

【论语人物】

长沮、桀溺，生平、事迹不知。

【淮北佬曰】

田野考察者不一定会随时记录即时的感想。随时记录即时感想的人还是文学家。

【论语内外】

这很像一种田野考察。田野考察是这样一种情况，特别是人类学者：考察者每天甚至随时记录所见所闻，一个现象，一个人，一句话，一种动作，一种形态，哪一时刻，何人在场，都尽可能记录下来，以备斟酌、分析、归纳、推断和总结。但田野考察者不一定会随时记录即时的感想。随时记录即时感想的人还是文学家。如果这种记录记录的是生活现象、生活场景、生活见闻，那么这种记录本身就是文学的，是文学记录。文学的记录，不是思想的，就是生活的，或者两者兼备。

【原文】

18.7 子路从而后，遇丈人，以杖荷蓧。子路问曰："子见夫子乎？"丈人曰：

“四体不勤，五谷不分，孰为夫子？”植其杖而芸，子路拱而立。

止子路宿，杀鸡为黍而食之，见其二子焉。

明日，子路行以告，子曰：“隐者也。”使子路反见之，至则行矣。

子路曰：“不仕无义。长幼之节不可废也，君臣之义如之何其废之？欲洁其身而乱大伦。君子之仕也，行其义也。道之不行，已知之矣。”

【译文】

子路随孔子出行，落在了后面，遇到一个老年人，用拐杖挑着锄草的工具。子路问道：“您看见我的老师了吗？”老年人说：“四肢不劳动，五谷分不清，哪里知道你老师是谁？”说完放下拐杖锄起草来，子路拱着手恭敬地站在一边。

老年人留子路过夜，杀鸡煮饭给子路吃，并且叫他的两个儿子过来相见。

第二天，子路赶上孔子并把昨天的事告诉了孔子，孔子说：“这是位隐士啊。”他让子路返回去见老年人，到老年人家时老年人已经出门了。

子路说：“不出来做官是不合乎义的。长幼之间的礼节不能废除，君臣之间的大义又怎么能够废除呢？想洁身自好却乱了大道理。君子做官，是践行大义。至于理想的政治主张行不通，这是早就知道的。”

【易惑词】

从，音 zòng 纵，跟随。丈人，拄拐杖的人，此指老人。蓧，音 diào 掉，除草的工具。四体，四肢。芸，同“耘”。拱，拱手作揖。黍，音 shǔ 蜀，黏小米。食，音 sì 四，给人食物吃。反，同“返”。伦，伦理，伦常。

【淮北佬曰】

本章更像一篇短小说了。

【论语内外】

本章更像一篇短小说了。有人物，有情节，有对话，还有完整的故事结构。老者朴实，虽然不满孔子四体不勤，五谷不分的作为，但朴厚知礼，该怎么招呼，还怎么招呼，该怎样待客，还怎样待客。这种遗风，在北方地区一直留存。现在我们到淮河流域，在村庄里走一走，闲坐门口的大爷、大娘，还一定会站起来，招呼你上家里坐坐，招呼你喝口水；你走了，他们还会说，在这吃饭，晚上留下（住下）吧。古风仍在。杨伯峻先生转述曹之丬《四书摭余说》道：《论语》所记隐士，都以其事名之，门者称晨门，杖者谓丈人，津者谓沮、溺，接孔子之舆者为接舆，非名亦非字也。也颇有规律。

【原文】

18.8 逸民：伯夷、叔齐、虞仲、夷逸、朱张、柳下惠、少连。子曰：“不降其志，不辱其身，伯夷、叔齐与！”谓：“柳下惠、少连降志辱身矣，言中伦，行中虑，其斯而已矣。”谓：“虞仲、夷逸隐居放言，身中清，废中权。我则异于是，无可无不可。”

【译文】

隐逸的人士有：伯夷、叔齐、虞仲、夷逸、朱张、柳下惠、少连。孔子说：“不降低志向，不使自身受辱，这是伯夷和叔齐吧！”又说：“柳下惠和少连降低志向，屈辱了身分，但是他们说话符合伦理，行为经过考虑，他们只做到这些罢了。”又说：“虞仲和夷逸隐居避世，说话无所顾忌，保持自身的清白，他们的弃官也符合权术的变通。我和这些人不同，也可以这样，也可以不这样。”

【易惑词】

逸民，隐逸的人。中，音 zhòng 仲，符合，合乎。放言，放肆直言。异于是，跟这些人不同。

【论语人物】

伯夷、叔齐、虞仲、夷逸、朱张、柳下惠、少连，事迹多不可考。

【淮北佬曰】

无可无不可是一种高端的随便。

【论语内外】

这或是孔子的政治、道德的中庸观。孔子既有原则，又灵活变通；既追求仁德，又兼具现实；既明白价值，又不固执不化。在《论语》中，常可见孔子对原理的变通；也多见孔子对规则多侧面的解说。无可无不可，既可理解为随便、随意，又可感受为因时、因地、因人的适宜。无可，无不可，就是不一定非要这样，也不一定非要不这样；或也可以这样，也可以不这样；也可以那样，也可以不那样。《论语》的温厚、温馨、家常、轻松、和煦、日用、姥姥家般的感觉，正来自于孔子的无可无不可。无可无不可是一种高端的随便。低端的随便是都可以，高端的随便是有选择，多选择。事物的经验表明，只要把话说得绝对，都将证明是错的；只要把事做得绝对，都将证明是错的。中庸，正是一种不说绝对话、不做绝对事的学问。

【原文】

18.9 大师挚适齐，亚饭干适楚，三饭缭适蔡，四饭缺适秦，鼓方叔入于河，播鼗武入于汉，少师阳、击磬襄入于海。

【译文】

太师挚逃到了齐国，亚饭乐师干逃到楚国去了，三饭乐师缭逃去了蔡国，四饭乐师缺逃到秦国去了，打鼓的方叔到黄河那边去了，摇小鼓的武到汉水那里居住了，少师阳和击磬师襄去了海边。

【易惑词】

太师挚，大师，鲁国最高级别的乐师；大，音 tài 太。适，去，往。亚，次。天子诸侯吃饭时都要奏乐，因此有亚饭、三饭、四饭等乐师。干、缭、缺、方叔、武、阳、襄，均为人名。鼓方叔，鼓，击鼓师；方叔，人名。鼗，音 táo 逃，小鼓。少师，乐师的副手。磬，一种乐器。

【淮北佬曰】

四散而去，各奔东西。

【论语内外】

乐官纷逃、出走，连吃饭时演奏的乐官、敲鼓和摇小鼓的乐官、副乐师都留不下来，可能是鲁国经济出现了重大衰退，也可能是鲁国的社会生态已至崩溃边缘。楚国和蔡国在西南，秦国在西，黄河在西、北或西北，大海在东，可以说是四散而去，各奔东西。人才是社会的最直接生产力。贤者云集，才是国家有生命力、凝聚力的表现。没有人才，国终将不国了。

【原文】

18.10 周公谓鲁公曰：“君子不施其亲，不使大臣怨乎不以，故旧无大故则不弃也，无求备于一人。”

【译文】

周公对鲁公说：“君子不疏远自己的亲属，不让大臣抱怨不受重用。如果老臣旧友没有大的过错就不要抛弃，不要对人求全责备。”

【易惑词】

施，同弛，松弛，怠慢。

【淮北佬曰】

周公对鲁公的一番言语，展现了他的包容、亲情和念旧。

【论语内外】

周公（公元前 1094 年至公元前 1033 年），即周公旦，姓姬，名旦，周文王姬昌的第四个儿子，周武王姬发的同母弟弟，周成王的叔叔，因周公旦封在周地（现陕西省宝鸡市岐山）封爵为公，故称周公。周公是西周最杰出的政治家、思想家和军事家之一，也是开国元勋之一，他参与缔造的西周持续长达 275 年，加上东周的 514 年，整个周朝共长近 800 年，是我国各个朝代中迄今最久长的一个朝代。周公是我国政治思想领域的一座里程碑，他倡导的制礼作乐，影响深远，为当时的社会文明作出了重大贡献，也为中华文明的成熟和发展，作出了不朽的贡献。周公为鲁国始祖，是孔子最敬重的古代圣人之一。鲁公是周公的长子伯禽，封地为鲁，爵位为公，因称鲁公。周公东征时曾遇强硬对手，因此周初大封建时，周公亲自受封鲁地，后因武王病逝，周公要留守宗周，以辅成王，因此未能前往鲁地就封，而是由其长子代封鲁地，鲁公因此成为鲁国开国君主。周公对鲁公的一番言语，展现了他的包容、亲情和念旧。

【原文】

18.11 周有八士：伯达、伯适、仲突、仲忽、叔夜、叔夏、季随、季騧。

【译文】

周朝有八位贤士：伯达、伯适、仲突、仲忽、叔夜、叔夏、季随、季騧。

【易惑词】

适，音 kuò 阔。騧，音 guō 锅。

【淮北佬曰】

不知这八位贤士的来龙去脉。

【论语内外】

不知这八位贤士的来龙去脉，但显然不是影响历史的重要人物。如果是影响历史的重量级人物，遗存的信息就较容易丰富。有猜这八士为四对双胞胎。或仅为德明文显的贤者。

子张篇第十九

（共25章）

【原文】

19.1 子张曰："士见危致命，见得思义，祭思敬，丧思哀，其可已矣。"

【译文】

子张说："读书人见到危险时愿意献出生命，见到利益时能想到是否正当，祭祀时想到的是恭敬庄重，居丧时想到的是悲痛哀伤，这也就可以了。"

【易惑词】

致命，献出生命，献身。义，正当，合理，合宜。丧，音 sāng 桑，服丧，守孝。

【淮北佬曰】

弟子们的口吻都像老师，都像孔子了。

【论语内外】

子张谈到仁、义、敬、礼，虽然说的是看似易行的寻常事，可要真想做好，也是不容易的，甚至是做不好的。弟子们的口吻都像老师，都像孔子了。可能是受到老师影响，从思想观念到语言习惯，都受孔子影响。常言说，不是一家人，不进一家门。家庭有家庭文化，每个家庭有每个家庭的家庭文化，每个家庭的家庭文化都不同于另一个家庭的家庭文化。常年生活在一起，家庭成员从内心到外形，都会趋同。另外，《论语》编辑者也会在编辑过程中使文风尽量一致，这不是《论语》的特别要求，而是书籍的技术特征使然。一个文本，文风和水平相同，或大致相近，就形成一个有机的系统；文风和水平参差不齐，相差很大，就杂乱无章，欠缺卖相，这是谁都不愿意见到的。

【原文】

19.2 子张曰："执德不弘，信道不笃，焉能为有？焉能为亡？"

【译文】

子张说："拥有道德却不能弘扬，信仰道德却不执着忠诚，这样的人有了哪能算有？没有也不能算缺。"

【易惑词】

执，保持，拥有。弘，弘扬。笃，坚定，执着。亡，音 wú 无，同"无"。

【淮北佬曰】

感觉学生们谈话的力度，要比孔子小许多。

【论语内外】

子张说的是执行和崇仰道德的程度。如果拥有道德不去弘扬，信仰道德不执着忠诚，这样的人，多一个，或少一个，都无关紧要了。《论语》大约编辑、结集于公元前 436 年至公元前 402 年这段时间。本篇较集中荟萃了孔门弟子的言论对谈。

【原文】

19.3 子夏之门人问交于子张，子张曰："子夏云何？"

对曰："子夏曰：'可者与之，其不可者拒之。'"

子张曰："异乎吾所闻。君子尊贤而容众，嘉善而矜不能。我之大贤与，于人何所不容？我之不贤与，人将拒我，如之何其拒人也？"

【译文】

子夏的学生向子张请教交友的事，子张说："子夏怎么说？"

子夏的学生回答说："子夏说：'可以交往的就和他交往，不可以交往的就不和他交往。'"

子张说："这和我听到的有不同。君子尊敬贤人，包容大众，赞扬好的，同情弱的。如果我有大贤，有什么人我不能包容？如果我不贤达，别人会拒绝我，我怎么可能去拒绝别人呢？"

【易惑词】

交，交友。云何，说什么，怎么说。与，相交，交往。容众，接纳众人，容纳众人。嘉，赞扬，赞美。矜，同情，理解，怜惜。

【淮北佬曰】

话从谁嘴里讲出来，可能真的有根本的不同。

【论语内外】

子夏关于交友的说法，与孔子并无本质的不同。孔子在卫灵公篇中说，“道不同，不相为谋”，除了提升至道德或道义层面而外，大意还是一致的。但子张就可以与子夏相对。子张的话有孔子风，因为都能将话题提升至道德或道义层面。这或许正是孔子与子夏的差异？也是子张与子夏的不同？“可者与之，其不可者拒之”，即可交的人就与他交，不可交的人就不与他交；也可以理解为同道的人就与他交，不同道的人不与他交。话从谁嘴里讲出来，可能真的有根本的不同。在孔子的眼里，子张有些聪明得过头，而子夏有些火候不到。此章子张的答问，确也显示了他的“聪明”性格。

【原文】

19.4 子夏曰：“虽小道，必有可观者焉；致远恐泥，是以君子不为也。”

【译文】

子夏说：“即便是小技艺，也必定有可取之处；只是怕它妨碍大理想，因此君子不去做。”

【易惑词】

小道，一般技艺，一般技能。可观，可取。致远，追求远大理想。泥，音 nì 昵，妨碍，阻滞，行不通。

【淮北佬曰】

子夏谈的是机会成本问题。

【论语内外】

子夏在这里谈到事物的辩证关系，是一种操作方略。他谈的是机会成本问题：有所取，必有所弃；想获得机会，就要付出成本；成本过高，就不是机会了。所有的事物，都有所长，但如果有大理想，就要慎重加入。因为子夏参与了《论语》编辑，所以此篇中子夏章段较多。这个臆测，是一个看似显著的理由。但在上一章，子张却否定或至少是反论了子夏的论断。闵子骞也参与了编辑，可关于他的篇章却不多；但的确很关键。这样看，后代的编辑者，也做了很多工作。或者当时当代人们的包容性，比后世更大。

【原文】

19.5 子夏曰：“日知其所亡，月无忘其所能，可谓好学也已矣。”

【译文】

子夏说：“每天学习自己不知道的，每月温习已经掌握的，这就可以说是好学了。”

【易惑词】

亡，音 wú 无，通“无”，不懂，未知，不掌握。所能，已经掌握。

【淮北佬曰】

搬运只是我们劳动的间接结果，整合才是我们劳动的直接结果。

【论语内外】

子夏的话，很好地诠释了孔子“学而时习之”的“时”义。在子夏这里，依时而习，就是按月温习。而且按照子夏的标准，能够每月温习，就已经算是好学的了，能做到这样，就已经是不容易的了。每天学习自己没掌握的，每月再把已掌握的温习一过，这就是能别人所不能了。由此看来，我们的知识，我们的学问，我们写的书，包括我们说的话，都只不过是一种搬运的结果。把这里的一块砖，那里的一片瓦，另一处的一袋水泥，搬到一起，盖成大大小小的房子。但搬运只是我们劳动的间接结果，整合才是我们劳动的直接结果。搬运只是把东西凑齐，整合才是发明创造。房子盖好之后，这个建筑，就已经不是那里的一块砖，这里的一片瓦，另一处的一袋水泥了，它成了我们的作品。这其中的差别，就是我们使用这里一块砖，那里一片瓦，另一处一袋水泥的能力。

【原文】

19.6 子夏曰：“博学而笃志，切问而近思，仁在其中矣。”

【译文】

子夏说：“广泛地学习并且志向坚定，恳切地提出问题并且贴近问题思考，仁就在这中间了。”

【易惑词】

笃，坚守，坚定，守持。志，志趣。切，恳切。

【淮北佬曰】

这一章的关键词，就是广泛地学，志向坚定，贴近实际。

【论语内外】

志，或又解为记忆；切，或又解为切身；切，或又解为多问；近思，或又解为思己未及事；近思，或又解为思考当前问题。因而此章或又可译为“广泛地学习并且牢记这些知识，思考身边还未做到的事情，联系实际，以此类推，仁就在其中了”；“广博地学习，坚守自己的志趣，就迫切的问题向他人请教，思考问题不跑题，仁就在其中了”。这一章的关键词，就是广泛地学，志向坚定，贴近实际。说这些方法和理念是仁，是就仁的广泛义而言的。因为仁本为一种道德观，并非一时一地、一枝一叶。但引申开来，仁就涵括了所有正面的价值了。

【原文】

19.7 子夏曰："百工居肆以成其事，君子学以致其道。"

【译文】

子夏说："各种工匠在作坊里完成产品，君子则通过学习达致大道。"

【易惑词】

百工，各种工匠。肆，工场，作坊。致，实现，获得，掌握。

【淮北佬曰】

因此，舞台对所有人都至关重要。

【论语内外】

子夏的这句话，是一种类比，即工匠们在作坊里完成产品，相当于君子通过学习实现理想。或者反过来说，君子通过学习达致大道，相当于工匠们在作坊里完成产品。这句话又或是一种起兴，即用工匠们在工场制造出产品，引出君子通过学习求得真理。这句话或又强调一种因果，即工匠因在工场里工作才获得收获，君子则因学习而获得人生完善。因此，舞台对所有人都至关重要。作坊对工匠们来说是重要的，没有作坊，工匠们无法制造产品；学习对君子是重要的，不通过学习，君子无法求得完善。作坊是工匠的舞台；学习是人生的舞台。

【原文】

19.8 子夏曰："小人之过也必文。"

【译文】

子夏说："小人有了过错，一定会找理由掩饰。"

【易惑词】

文，音 wèn 问，文饰，修饰，掩饰。

【淮北佬曰】

《论语》里常将君子与小人对言，这不仅是语言节奏和文采的需要，更是道德和形象的对照。

【论语内外】

《论语》里常将君子与小人对言，这不仅是语言节奏和文采的需要，更是道德和形象的对照。将君子与小人对立，会成为占据道德高地的杀伤性工具。君子愈加高高在上，小人则愈加灰头土脸；君子愈加昂首挺胸，小人愈加低声下气；君子愈加神圣，小人愈加魔鬼；君子愈加崇高，小人愈加卑劣；社会的裂隙也愈加深大。道德化社会之所以尚未成为理想国，就是由于还有君子和小人的存在，就是由于两者的差别，就是由于两者未能合一。因此在道德化社会里，君子的品格仍须张扬，小人的琐屑还要清扫。

【原文】

19.9 子夏曰："君子有三变：望之俨然，即之也温，听其言也厉。"

【译文】

子夏说："君子有三种变化：远远看他庄重威严，接近之后觉得他温和可亲，听他说话严厉刚正。"

【易惑词】

俨然，庄重威严。即，接近。温，温和。厉，严厉，一丝不苟。

【淮北佬曰】

这章有三个层次的道理变化。

【论语内外】

子夏是孔门十哲之一，他"文学"好，即对传统文化、典籍礼乐有很好的掌握和运用；因此他言语起来就有文采，深入浅出，富于哲思。这章有三个层次的道理变化，由表及里，由远至近，从远看，到近即，再到内涵，均符合识人认物的规律。我们初见一人、一物，只是好奇，却不了解，也渴望了解；待接近之后，又是一番印象，常常与初见形成鲜明对比，甚至截然相反；再到有了较多了解之后，才形成一个总体的把握、立体的感受、全面的印象；这时对一个人、一件物，才算有了大致的认识，才能够作出一般性的判断。识人认物的工作，才有一个阶段性的成果。

【原文】

19.10 子夏曰："君子信而后劳其民，未信，则以为厉己也；信而后谏，未信，则以为谤己也。"

【译文】

子夏说："君子先要得到百姓的信任，然后再去劳役百姓，没得到百姓的信任就去劳役百姓，百姓就会认为是在欺压他们；君子先要得到君主的信任，然后再去劝谏君主，没得到君主的信任就去劝谏君主，君主就会认为是在诽谤他。"

【易惑词】

信，得到信任。劳，役使，使用，动员。厉，薄待，虐待。谏，规劝。谤，毁谤。

【淮北佬曰】

正因为天赋、人生和学养的多重体味、滋润、营养，子夏始能对君子、小人、

国家、社会发表一些精到的言论。

【论语内外】

所谓知人善任、知人善论的道理，就是要对人的起因，有起码的了解。子夏是孔门十哲之一，不仅传统文化、礼乐典籍学得好，他还因出身卑微，坐过牢，而对人生和社会，有着常人不常有的感悟。虽然子夏性格中或有狭隘的一面，孔子曾在雍也篇和子路篇中警示他，要为君子儒，无为小人儒，无欲速，无见小利，欲速则不达，见小利则大事不成；但他聪颖好学，成为孔子学生后，更潜心体味，以求完善。正因为天赋、人生和学养的多重体味、滋润、营养，子夏始能对君子、小人、国家、社会发表一些精到的言论。

【原文】

19.11 子夏曰："大德不逾闲，小德出入可也。"

【译文】

子夏说："大节不越过界线，小节可略有出入。"

【易惑词】

大德，大节，重大操行。逾，逾越，超越。闲，栅栏，木栏。小德，小节。

【淮北佬曰】

子夏的灵活性不输孔子。这或是原生儒或源头儒的真正的态度和面貌。

【论语内外】

子张篇所载子夏言论最多，共有 9 章。这或因子夏参加了《论语》的编辑，或因子夏总有精粹言论，或两种因素交织。子夏说，大节不越过界线，小节可略有出入，表现出一种孔子式的灵活性，令人赞叹。真正的儒，或许正该是这样的，是原生儒或源头儒的态度和面貌，是《论语》或《中庸》中孔子、子贡、曾子和子夏式的儒。是日常生活、开放灵活、不拘小节、遵循常理，有气质、有闲散、有人生、有目标，有区分、情与理、品与性、特别与常态、时间与地点的儒。

【原文】

19.12 子游曰："子夏之门人小子，当洒扫应对进退则可矣，抑末也，本之则无，如之何？"

子夏闻之，曰："噫，言游过矣！君子之道，孰先传焉？孰后倦焉？譬诸草木，区以别矣。君子之道，焉可诬也？有始有卒者，其惟圣人乎！"

【译文】

子游说："子夏的学生，做扫地接待是可以的，不过这是枝节小事，没有学到根本的东西，这怎么行呢？”

子夏听到了这些话，说：“嗨，子游错了！君子之道，哪些先传授？哪些后传授？就好比草木，都是有区别的。君子之道，怎么能够歪曲呢？依照规律有始有终地进行教育，大概只有圣人才做得到！”

【易惑词】

应对进退，接人待物。抑，表示转折，不过，但是。末，小事。本，根本，指学问的根本。道，学术，学问。倦，教诲。诬，歪曲。有始有卒，有始有终，有头有尾，有本有末。

【淮北佬曰】

学生只敬佩自己的老师。

【论语内外】

子游是孔子门下唯一的南方人，也是孔门十哲之一，与子夏一样，擅长“文学”，对礼乐教化尤有心得。两个人的强项都是典籍礼乐，所以就一言而论，你说我辩，似乎别有滋味。如果子游和子夏真都参与了《论语》的编辑工作，那此章的反驳性对话，或由于较为精彩而收纳，或体现了一种言论和观点的文本开放性，也就是心态的开放。

【原文】

19.13 子夏曰：“仕而优则学，学而优则仕。”

【译文】

子夏说：“做官有余力就去学习（以便更好地做官），学习有余力就该去做官（以便更好地推行仁德）。”

【易惑词】

优，优裕，余力。

【淮北佬曰】

把学习和当官画上等号，这是完全错误的，是违背无产阶级专政的没落阶级思想！

【论语内外】

也有译为“做官优秀就去学习（以便更好地做官），学习优秀就去做官（以便更好地推行仁德）”。把“优”字解为“优秀”，这样似乎更通顺，更合乎情理。“文化大革命”时，老师就是这样对我们解释的。特别针对后一句——学习优秀就去当官，或学习优秀就为当官——有特定的批判：把学习和当官画上等号，这是完全错误的，是违背无产阶级专政的没落阶级思想！

【原文】

19.14 子游曰："丧致乎哀而止。"

【译文】

子游说："居丧时达到哀痛的状态就应该节哀了。"

【易惑词】

致，达到，表达。哀，悲哀，悲痛。

【淮北佬曰】

子游这句话也是一个中庸的表述，而且是一个深刻的中庸表述，表明了子游高深的智慧和感悟力。

【论语内外】

子游这说的是适可而止吗？居丧时不哀伤，那不是孝、悌或痛失亲情所应有的心情。但居丧时哀痛，按照子游的观点，也不应该过分。这个临界点，或分界线，就是哀痛。但什么样的悲伤才叫哀痛，是哭出了声？还是哭得抽搐了？还是心痛不已？可能无法有一个量化的表达。子游这句话也是一个中庸的表述，而且是一个深刻的中庸表述，表明了子游高深的智慧和感悟力。即悲伤要适度：既不过分，也不不及；既要把悲伤表达出来，也不应损伤身体或有违礼规。至于到什么样的状态就要节制，仍是一个缄默知识的问题，各人须自主掌握。

【原文】

19.15 子游曰："吾友张也为难能也，然而未仁。"

【译文】

子游说："我的朋友子张是难能可贵的了，不过还不能做到仁。"

【易惑词】

张，子张。难能，难能可贵，难以做到。

【淮北佬曰】

许多时候孔子言仁，是出于被迫，或无奈，他也不把仁者的帽子轻许与人家。

【论语内外】

子游的话，愈像孔子的句式和口气。公冶长篇中，孟武伯反复追问子路是否仁德，孔子不得已回答说，子路这个人，一个一千辆兵车的国家，可以让他负责军事工作，他有没有仁德就不知道了。似乎有点顾左右而言他的意味。子游说我的朋友子张已经是难能可贵的了，也有顾左右言他的味道。公冶长篇中，子张也是反复问孔子，令尹子文的作为算不算仁，孔子也是被子张逼得没办法，只好说不知道，还反问子张，这能算仁吗？子游算是用孔子的那招，来对付他的朋友子张了。看起来，孔子也许真是罕言仁的，子罕篇中断成“子罕言利与命与仁”，或许是对的。因为许多时候孔子言仁，是出于被迫，或无奈，他也不把仁者的帽子轻许与人家。虽然孔子是赞成命与仁的。子游评子张的语境和背景不知道，所以他的朋友子张为何难能可贵，仍让人有些莫名其妙。

【原文】

19.16 曾子曰：“堂堂乎张也，难与并为仁矣。”

【译文】

曾子说：“子张仪表堂堂，别人很难和他同行于仁道了。”

【易惑词】

曾子，曾参。堂堂，仪容貌，长相气派。

【淮北佬曰】

曾子这句话含义太丰富……

【论语内外】

曾子这句话有几种意思：一种是子张的仁道好，别人赶不上他了；一种是子张志向高远，这样反而未能得仁；一种是学问貌似高深，别人和他搭不上；一种是仪表堂堂，别人难以和他同道而行；一种是曲高和寡，高处不胜寒，让他自己去吧。如果是前两种，却为何用仪表堂堂作衬、作比？如果是后三种，那就是负面的评价。后三种其实颇见微词，是说他难以相处。金玉其外而不亲近。在任何时代，都有这种相貌性格的人。

【原文】

19.17 曾子曰：“吾闻诸夫子：人未有自致者也，必也亲丧乎！”

【译文】

曾子说：“我听老师说过：人的情感不能自己达到极致，只有父母去世的时候！”

【易惑词】

自致，自己达到。必也，表示一种假设，一定，只有。亲丧，这里指父母过世。

【淮北佬曰】

人们难得有充分流露自己感情的时候，如果流露，那一定是在父母亲去世的时候吧！

【论语内外】

曾子转达孔子的话，大概是想说孔子的意思是：人是有理智，是有控制力的，如果平白无故，仅靠内心的催动，是无法达到自然而然的状态的；只有在极其哀痛的时候，人的感情和情绪，才不受理智控制，才能一泻千里。孔子言语中的这种理性，是一种情感理性，而不是价值理性。情感理性是控制情感的理性；而价值理性则控制人们对世界的认识和看法。又或说人们在一般情况下不了解自己的内心，只有在一些特殊的情况下，才能有所了解，这种解释也是说得过去的。又有一说：人们难得有充分流露自己感情的时候，如果流露，那一定是在父母亲去世的时候吧！也说得过去。

【原文】

19.18 曾子曰："吾闻诸夫子：孟庄子之孝也，其他可能也；其不改父之臣与父之政，是难能也。"

【译文】

曾子说："我听老师说过：孟庄子的孝，其他方面别人都能做到，他不改变父亲的旧臣和父亲的政策，别人是很难做到的。"

【易惑词】

臣，家臣，下属。

【论语人物】

孟庄子，名速，孟献子之子，鲁国大夫，庄为谥号。

【淮北佬曰】

当下的中国人，在政治的议题上不容易妥协。

【论语内外】

不同的文化中，人们的心理特征、民族性格会有不同，或有很大的不同。中国人在谈话中会较少有禁忌，只要不涉及令对方难堪的具体私人话题，都可以交谈。人们可以谈家庭、谈住房、谈工作、谈子女、谈收入、谈习惯、谈父母、谈休闲、谈购物、谈社会；但如果对方因子女、家庭、父母、工作等有难言之隐，这样的话题就会中断，或转移。当下的中国人在谈论时事、政治时，容易引起争论，甚至争吵，还有反目的可能性，我们经常在微信群等非正式场合看到因时政话题而争吵甚至反目的情况。这就说明人们在政治的议题上不容易妥协，人们会认为政治观点比生活中其他的观点更重要，更不容含糊。曾子说孔子曾如是评论过孟庄子之孝，这是对孟庄子道德操守的赞扬，因而没有人前人后的禁忌问题。

【原文】

19.19 孟氏使阳肤为士师，问于曾子。曾子曰：“上失其道，民散久矣。如得其情，则哀矜而勿喜!”

【译文】

孟氏让阳肤当上了司法官，阳肤来请教曾子，曾子说：“执政者不照道义行事，百姓早就离心离德了。如果查出了真实的案情，就要同情他们，而不要因案情破获洋洋得意。”

【易惑词】

士师，法官。民散，民心涣散。得其情，审出犯人实情。哀矜，同情，怜悯。

【论语人物】

孟氏，鲁国的孟孙氏。阳肤，曾子的弟子。

【淮北佬曰】

行事的标准，不可单纯看动机，更要看社会大背景。

【论语内外】

曾子的话，是对孔子思想的实用和延伸。孔子在泰伯篇里说，天下有道就展现自己的才华，天下无道就低调隐藏，国家清明而自己贫贱，就是耻辱，国家黑暗而自己富贵，也是耻辱。在宪问篇里说，国家清明，做官领取薪俸，国家昏暗，还去做官领取薪俸，这就是可耻。在宪问篇里说，国家清明，就言语正直，行为端正，国家昏暗，就行为端正，言语慎重。在卫灵公篇中说，刚直啊史鱼！国家清明他就像箭一样正直，国家昏暗他也像箭一样正直，君子啊蘧伯玉！国家清明他出来做事，国家昏暗他把才华收藏起来。说的都是大致的道理：即行事的标准，不可单纯看动机，更要看社会大背景。

【原文】

19.20 子贡曰：“纣之不善，不如是之甚也。是以君子恶居下流，天下之恶皆归焉。”

【译文】

子贡说：“商纣王的无道，并不像传说中那么严重。所以君子最不喜欢身上有污点，一旦有了污点，所有的坏名声都会归集到他身上。”

【易惑词】

甚，过分，严重。恶居下流，恶，音 wù 务，讨厌，不喜欢；下流，不善之地。天下之恶，恶，音 è 饿，坏名声，污水。

【淮北佬曰】

子贡说得真好！孔子都没抢先表达过这样的意思！

【论语内外】

子贡与子夏的不同，或在子贡心态稳定、视野开阔、厚重扎实。子贡看问题也能将理论与实际综合起来，既不过于偏向具体、局部的事实而显得依赖经验，也不偏向抽象的、文乎的理论而显得迂腐。子贡的污点说，听起来很有道理，这也是现代传播学要研究的课题。现代生活中时常流传一些段子，把相干和不相干的事，全集中到一个略有污点或背黑锅的人身上，都是子贡污点说的翻板。子贡的言行，总体显示出他对事物的洞察和把握能力，也在实际上契合了中庸之道的精髓。这或是我们以成功论英雄的惯性心态。子贡不向命运低头，既经商成功，改变了物质生活条件，也从政成功，在政务中游刃有余。这种物质和能力上的成功，使我们不由自主就会认为，他做的事一定是对的，他说的话一般也是有道理的。反过来说，也正因为他说了这些话，他做了这些事，而强化了他在我们心目中的成功印象。这是我们的名人崇拜心态。

【原文】

19.21 子贡曰："君子之过也，如日月之食焉：过也，人皆见之；更也，人皆仰之。"

【译文】

子贡说："君子的错误，好像日食和月食。错了，人人都能看见；改正了，人人都会敬仰。"

【易惑词】

食，通"蚀"，损伤，亏缺。更，改正。仰，敬仰。

【淮北佬曰】

君子毕竟是君子，君子改正了过错，人们很容易原谅他们。

【论语内外】

子贡这说的也是名人，是君子。或就是为孔子辩护。君子是众人的楷模、榜样，因而目标大，尺寸足，哪怕犯一点小错误，小过失，也会在显微镜下放大，遭人议论。但君子毕竟是君子，君子改正了过错，人们很容易原谅他们，因为君子的本质是优质的，小小的污点，不构成对他们整体的毁伤。拿孔了来说，如果挑他毛病，也是容易的。他总要人家送点小礼物，如干肉等，才肯教授；他常常有话语霸权，想怎么讲，就怎么讲；他又任意定义仁、义、礼、孝等概念，那么严肃的道德事情，怎么可以自己随口讲；他席不正不坐，有过分讲究之嫌；他食不语寝不言，也无法核实。或在子贡眼里，这些都无碍于孔子的大局。也是子夏说的，大德不逾闲，小德出入可也。

【原文】

19.22 卫公孙朝问于子贡曰："仲尼焉学？"子贡曰："文武之道，未坠于地，在人。贤者识其大者，不贤者识其小者。莫不有文武之道焉。夫子焉不学？而亦何常师之有？"

【译文】

卫国的公孙朝问子贡："孔仲尼的学问是从哪里学的？"子贡说："周文王武王的大道并没有失传，还在人间。贤能的人能得到它的要旨，不贤的人只能得到它的细枝末节。到处都有文王武王的大道。老师从哪里学不到？又何必要有固定的老师传授？"

【易惑词】

仲尼，孔子名丘，字仲尼。焉，哪里。文武，西周的文王和武王。坠于地，指消失，失传。在人，留于人间。识，音 zhì 志，掌握，记住。莫，没有什么地方。常师，固定的老师，专门的老师。

【论语人物】

公孙朝，卫国大夫。

【淮北佬曰】

子贡的言行，让人感到深刻的正面性。子贡是始终如一的，这就必须发自内心。

【论语内外】

子贡对孔子的维护、辩解、推举，从这篇开始，渐入高潮。子贡的人格、品质，正是通过他的言行、坚守，通过他的人前、人后，通过他的外在、内心，让人感到深刻的正面性。子贡是始终如一的，这就必须发自内心。如果仅仅将老师为己所用，那么就无法始终如一；如果仅仅是巧言令色，那就无法人前人后；如果仅仅是得其皮毛，那么就不能外在内心。问孔子的学问从哪里来，或有好奇心，或暗示不正宗，或说出心里的怀疑。子贡的回答，既不卑亢，又分出高下。软硬都在其中了。

【原文】

19.23 叔孙武叔语大夫于朝曰："子贡贤于仲尼。"子服景伯以告子贡，子贡曰："譬之宫墙，赐之墙也及肩，窥见室家之好；夫子之墙数仞，不得其门而入，不见宗庙之美，百官之富。得其门者或寡矣，夫子之云不亦宜乎！"

【译文】

叔孙武叔在朝上对大夫们说："子贡比他的老师孔仲尼还优秀。"子服景伯把这话告诉给子贡，子贡说："拿围墙来打比喻吧，我家的围墙只有肩膀高，在墙外就能看见里面房屋很好；我老师家的围墙高很多，如果找不到门进去，是看不见里面宗庙的壮美和房屋的多种多样的。找到大门进去的人本来就很少，所以叔孙武叔这样讲也是情有可原的。"

【易惑词】

贤，胜过，强于。宫墙，围墙，不是房屋的墙。仞，七尺或八尺。百官，各种各样的房屋；官，指房屋。夫子，指叔孙武叔。

【论语人物】

叔孙武叔，名州仇，谥号武，鲁国大夫，孔子政敌之一。

【淮北佬曰】

子贡不愧为言语特优生。

【论语内外】

子贡对老师的维护，《论语》通篇看来，在这以下 3 章里，达到了高潮。子贡对孔子的维护，是表里如一、前后相等的。子贡虽然只在优秀学生表中排在第 6 位，但无论表述能力、思想深度、学习视野、行政才华、致富能力、沉稳程度、处事方法、信义坚守、忠厚心性、中庸把控，整体来看，都是最好的。真是一个典型的复合型人才。

【原文】

19.24 叔孙武叔毁仲尼。子贡曰："无以为也！仲尼不可毁也。他人之贤者，丘陵也，犹可逾也；仲尼，日月也，无得而逾焉。人虽欲自绝，其何伤于日月乎？多见其不知量也。"

【译文】

叔孙武叔诽谤孔子，子贡说："不要这样做！我老师是诽谤不了的！一般的贤者，就像丘陵，还可以越过去；我的老师，是太阳月亮，是无法逾越的。一个人虽然想自绝于太阳月亮，可那对太阳月亮又有什么损害呢？只能表明他不自量力罢了。"

【易惑词】

毁，诽谤，贬损。无以为，不要这样做，根本用不着这么做。无得，不能。自绝，主动断绝关系。伤，伤害，损伤。多，只，恰，仅仅。不知量，不自量，不知道自己的分量。

【淮北佬曰】

子贡真仗义！直痛快！

【论语内外】

毁，在这里是诽谤、贬损义，这个意思现在仍留存在淮河流域。我家乡濉河沱河附近，人们说到贬损，还会用到这个词。两个男人发生矛盾，激烈争吵，人们围过来了解情况，其中一个男子，就会理直气壮大声向众人说明：“他毁我！”意思就是他贬损我、损毁我的名声，以此来争取众人的同情。而另一个男人则会大声质疑：“俺咋毁你了？俺咋毁你了？”意思是我怎样毁损你了？你拿出证据来。这个“毁”的春秋义和当代义，都是一样的。也许，《论语》毁的这个现代意思，是用后代义对春秋义做出的解读？

却不知子贡说这段话，是当着叔孙武叔的面呢，还是对着转述人。如果是当着转述人的面，虽然更见得子贡的前后一致，但那“无以为也”就失去应有力度了，因为这并非转述者所为。如果是当着叔孙武孙的面，那“多见其不知量也”，却又无所指了。

【原文】

19.25 陈子禽谓子贡曰：“子为恭也，仲尼岂贤于子乎？”子贡曰：“君子一言以为知，一言以为不知，言不可不慎也！夫子之不可及也，犹天之不可阶而升也。夫子之得邦家者，所谓立之斯立，道之斯行，绥之斯来，动之斯和。其生也荣，其死也哀，如之何其可及也？”

【译文】

陈子禽对子贡说：“您太谦虚了，孔子哪能比您优秀呢？”子贡说：“君子一句话能显得睿智，一句话也可以显得不智，说话不能够不谨慎啊！我老师的高不可及，就像天不能够凭借梯子爬上去一样。我老师如果有机会治理国家，正如俗话说的，叫百姓立身于世百姓就立身于世，引导百姓，百姓就跟他走，安抚百姓，百姓就会归顺，动员百姓，百姓就会响应。他生时光荣备至，死时人民哀痛，我怎么能赶得上呢？”

【易惑词】

以为知，显示出聪明智慧；知，同“智”。阶而升，踩着梯子上去。得邦家，此指成为诸侯。道，音 dǎo 导，同“导”，引导。绥，安抚。来，归附。动，动员。和，响应，齐心协力。

【淮北佬曰】

陈子禽可能有名人癖，但至于是哪一位名人，对他可能并不重要。

【论语内外】

陈子禽在学而篇里，着力向子贡打探孔子的信息。在季氏篇里，又着力向孔子的儿子伯鱼打听孔子教学方面的事，得到回答后，回去还高兴地说："问一件事知道了三件事，知道要学《诗》，知道要学《礼》，也知道君子对儿子没有偏爱。"从这两章看，陈子禽都像是孔子的一位铁粉，对孔子敬崇有加，仰慕不已。但他现在在子贡面前说的话，却又像一位世故精，前后不一，让人惊讶。想必陈子禽本心不坏，只是精于世故而已。他仰慕名人的心态大约也发自内心。但他仰慕的只是名人，可能有名人癖，至于是哪一位名人，对他可能并不重要。

尧曰篇第二十

（共3章）

【原文】

20.1 尧曰："咨！尔舜！天之历数在尔躬，允执其中。四海困穷，天禄永终。"舜亦以命禹。

曰："予小子履敢用玄牡，敢昭告于皇皇后帝：有罪不敢赦。帝臣不蔽，简在帝心。朕躬有罪，无以万方；万方有罪，罪在朕躬。"

周有大赉，善人是富。"虽有周亲，不如仁人。百姓有过，在予一人。"

谨权量，审法度，修废官，四方之政行焉。兴灭国，继绝世，举逸民，天下之民归心焉。

所重：民、食、丧、祭。

宽则得众，信则民任焉，敏则有功，公则说。

【译文】

尧让位时说："嗨！舜啊！按照天的安排，大位现在落到你身上了，你要诚实地坚守正道。假如四海百姓都陷入贫穷之中，上天赐给你的禄位就会永远终结。"舜让位给禹时，也说了这样的话。

商汤伐夏桀后说："我大胆用黑色的公牛祭祀，谨向伟大的天帝禀告：有罪的人我不敢赦免。天帝臣仆的善恶我也不敢隐瞒，天帝心里是明察一切的。我如果有罪，不要牵连天下百姓；如果天下百姓有罪，都由我一人承担。"

周朝封赏诸侯，让善人都富贵起来。周武王说："我虽然有近亲，却不如有仁德的人。百姓有过失，责任都在我。"

谨慎地审查度量衡，修复已经废弃的职位，国家政令就能通行了。恢复被灭亡的国家，连续已经断绝的家族，选拔遗落的人才，天下民心就归顺了。

治国要重视的有四个方面：百姓，粮食，丧礼，祭祀。

宽厚就能得到大家拥护，诚信就能得到百姓信任，勤敏做事就有政绩，公平则能让百姓愉悦。

【易惑词】

咨，叹词，表示赞美。历数，帝王继位顺序。允，诚实。执，执行。予小子，上古帝王自称，意为天帝的儿子。履，相传汤又名履。不蔽，不敢隐瞒遮掩。简，阅。赉，音 lài 赖，赐予。权，秤，衡量。举逸民，选拔遗落的人才。

【淮北佬曰】

这万把汉字构成的世界，内容确实很丰富，语言实在很好懂，道理大体很直白，风格真的很独特，文笔常常很精彩，眼界无疑很广阔，思想的确很扎实，读后不得不深思！

【论语内外】

《论语》由学习篇起，中间在不同的场合、不同的背景、不同的心态下以各种言论谈论了仁、义、礼、忠、信、恕、敬、孝、悌，谈论了政治、习俗、做官、社会、饮食、衣饰、风景，定义了君子、小人、贤者、官员、勇者、女子，并展现了当时生活的方方面面，至这最后的圣人篇止。这万把汉字构成的世界，内容确实很丰富，语言实在很好懂，道理大体很直白，风格真的很独特，文笔常常很精彩，眼界无疑很广阔，思想的确很扎实，读后不得不深思！《论语》告诉我们做人的道理，告诉我们做事的方法，告诉我们处世的方针，告诉我们认识社会的原则。两千年来，我们大致上就是这么被塑造的。这就是我们的天命。

【原文】

20.2 子张问于孔子曰："何如斯可以从政矣？"子曰："尊五美，屏四恶，斯可以从政矣。"

子张曰："何谓五美？"子曰："君子惠而不费，劳而不怨，欲而不贪，泰而不骄，威而不猛。"

子张曰："何谓惠而不费？"子曰："因民之所利而利之，斯不亦惠而不费乎？择可劳而劳之，又谁怨？欲仁而得仁，又焉贪？君子无众寡，无小大，无敢慢，斯不亦泰而不骄乎？君子正其衣冠，尊其瞻视，俨然人望而畏之，斯不亦威而不猛乎？"

子张曰："何谓四恶？"子曰："不教而杀谓之虐；不戒视成谓之暴；慢令致期谓之贼；犹之与人也，出纳之吝谓之有司。"

【译文】

子张问孔子："怎么样就可以从政了？"孔子说："尊重五种美德，去掉四种恶习，就可以从政了。"

子张说："是哪五种美德？"孔子说："君子给人民好处却不自己耗费，役使人民却不惹人民怨恨，追求仁义却不贪求财富，内心庄重却不骄傲自大，威正严肃却不凶猛可惧。"

子张说："什么叫惠而不费？"孔子说："让人民得到他们能够得到的好处，这不就是惠而不费吗？让人民做他们愿意做的事情，谁又会怨恨？追求仁就能够得到仁，又有谁去贪婪？无论人多人少，势力大小，君子都不会怠慢他们，这不就是内心庄重却不骄傲自大吗？君子端正衣帽，目不旁视，使人望而生畏，这不就是威正严肃却不凶猛可惧吗？"

子张说："什么叫四恶？"孔子说："不教育人民，人民一犯罪就杀，这就叫虐；不事先告诫，却要立刻成功，这就叫暴；政令先慢，后突然限期，这就叫贼；同样是给人财物，出手吝啬，这叫小气。"

【易惑词】

屏，音 bǐng 饼，去除。因，因循。众寡，人多人少。慢，怠慢。有司，管事的小官，指小气。

【淮北佬曰】

在孔子看来，不从政，抱负无所实现；不从政，修养无所展示；不从政，人生无法精彩；不从政，内心无法落实；不从政，社会无法改造。

【论语内外】

孔子所有的德行，都归于仁质；所有的修养，都收于君子；所有的造诣，都纳于从政。在孔子看来，不从政，抱负无所实现；不从政，修养无所展示；不从政，人生无法精彩；不从政，内心无法落实；不从政，社会无法改造。从政的条件十分苛刻，从政的门槛十分高陡：既要尊重五种美德，又要去掉四种恶习；既要有政治智慧，又要不惹人怨恨；既要有强大的内心，又要不给人看到；既要威严服人，又要不让人惧怕；既要统治，又要抚慰；既要表面一套，又要背后一套；既要严于律己，又要宽以待人。这都是从政的标准。

【原文】

20.3 孔子曰："不知命，无以为君子也；不知礼，无以立也；不知言，无以知人也。"

【译文】

孔子说："不知道天命，就不能做君子；不懂得礼节，就不能在社会立身；不能分辨别人的言语，就不能了解人。"

【易惑词】

命，命运。

【淮北佬曰】

君子要外知天命，内懂礼节，了解他人，成就自己。不一定要在临终时说我不负此生，但一定要在告别前讲来世再见！

【论语内外】

这是对君子的宏观总结。君子可以有无数的素质，有很多的能力，有良好的品德，但大的方面，归结起来，就是外知天命，内懂礼节，了解他人，成就自己。外知天命，就是要明了人在天地万物中的位置，人不可能是万能的，人虽然总想以人类为中心，实际上却无法呼风唤雨、更改天道、为所欲为；不明了这一点，做得再好的人事也是逆天的，看得再准的时机也有违时宜，修得再好的君子也将虚浅不堪。内懂礼节，就是要遵从文化约束，修养个人德行，凡事省身修己，努力做好自我。了解他人，就是树立道德准绳，锻造价值标尺，运用人性道理，去辨别杂务、认清他人、听话听音、应对社会。成就自己，就是不一定要高官厚禄，但必须洞悉事理；不一定要三妻四妾，但一定要情有所属；不一定要花天酒地，但一定要享受生活；不一定要事业辉煌，但一定要人生精彩；不一定要在临终时说我不负此生，但一定要在告别前讲来世再见！

泗水边的孔子，泗河边的我

泗　河

午时12点57分由日兰高速泗水收费站出，高速上的广告醒目地告知人们，尼山这里是孔子的出生地。出收费站后右转沿圣源大道即611省道东行转南行。这里是山区，农业生产条件并不优越，山虽然不很高，但较多，常见大小不等的山间平地。过山东省泗水县圣水峪镇6村卫生室，约1公里后到营里。营里十字路口左转东行，约3公里可至圣水峪镇；直行即南行或东南行约6公里可至尼山和夫子洞。

沿611省道南或东南行。这里的山水地表和淮河主干的平原区已不相同，对人口的支撑能力会大幅下降。两千多年前文化共同区的的形成需要一些特别的条件和因素，但山区特点和山区经济并不适于这种共同性的形成，反而会更多更快地演化为多样性。不知道接下来我还能在自然地理方面看到些什么。

611省道在宽广的河谷间前行，约6公里后，路右（西）可见后人制作的尼山山门，上书“尼山”两个红字，夫子洞就在尼山里。再东偏南行是尼山水库，当地实诚的农民并不知道流入尼山水库的是什么河。611省道和水库建在东西两山之间长条形的平（洼）地上，山和路都大致呈南北的方向。路两边鲜见村庄，不知道是原来就没有，还是已经迁走了。

过尼山派出所，过尼山水库，过尼山中学，左转，顺水库大坝南行，5公里可由尼山夫子洞到曲阜市尼山镇。原来尼山镇就在尼山水库大坝下（北）边。那年我和董静来尼山镇和尼山夫子洞，是从尼山镇后的山路上，经过刘楼村、新赵村绕过来的。

下午2点的尼山镇集市上还有不少摊位和赶集的人。尼山水库不算小，水库里泊着一些小船，也有两三只小船在水面上划行着。一位头发全白的老太太，戴着麦秸草帽，在山上的水泥路上不停地翻动着小麦，让来往的车辆辗轧。路边都是大杨树。尼山及其附近的山头，都是石头山，石头缝里长着低矮的植物。

从尼山镇返回尼山山门，返回营里，由营里村十字路口右转东行。过圣水峪镇鹿鸣厂村党支部村委会，沿泗水县张丰线东行。田块比较零碎，一块较大的地上种着西瓜，村头或地里还有花生、小麦、桃树。道路起起伏伏，两边多见杨树，村里

还有几棵核桃树。山村房屋的围墙都用石块砌成，人家门口还种着小兰菊。过于家庄，过于家庄党支部村委会，过毛沃村，过日兰高速立交，右转东行，再左转北行，1 公里后到圣水峪镇。

圣水峪镇区坐落在山间平地上。此时已是下午 2 点多钟，天已较热。可能今天逢集，和尼山镇一样，集市上还热闹呢，不过时间太晚了些吧，如果在淮北平原，集早散了。过圣水峪镇北行，路两边都是山村。过一粒食品有限公司、欢乐牧场、山东泗水蜜蜂山庄蜜蜂科养基地。右手有石砌坡的山涧，随路而北下。左手（西）是山坡、山头、树林，还可见一片核桃园。

过南尧湾，过南仲都村、东仲都村、西仲都村。从夹山头村到半截楼村，这一段劈山粉石，因此路上尘土飞扬。过泗水县看守所、兖石铁路立交桥，北行。突然进入了平原地区，进入泗水县县城。县城与圣水峪镇的距离大约 10 公里，山已远远退在南方。

泗水县城城北，故县集泗河上有“泗水中兴大桥”。在县城边公交车站问路时，一位候车一直候不到的当地媳妇，耐不住天热事急，请我顺路带她 1 公里到桥头下车。她上车一说话就是一口的当地音和大蒜味，其实这是朴实和健康的习惯，也忠实地透露出了当地农业和饮食文化的信息。泗河到这里似乎已经很大，河床宽阔，桥也很长，但河水并不很深。有介绍说泗河是沂蒙山区西南方向最大的山洪道，在泗水县这里观看，可以看得出端倪。

其实从沂蒙山南出的几条河流，譬如沂河、沭河，到山缘山外时水量看起来都很大、河床看起来都宽阔。临沂、新沂、郯城境内的沂河，河道阔阔，河水漫漫，让人激动，这是北方的河流，不是南方的润泽之地，给人的感觉就完全不一样。临沂市沂河边的新城，大城远水，给人以出奇的梦幻感，使我对临沂有着加倍又加倍的新奇好感。

泗水中兴大桥以东约 500 米处，有老旧的“泗河泗水大闸”，把上游来水拦得较高。闸西有水泥过河管道和水泥路横过泗河，这就阻断了泗河，使泗河的通航成为了不可能。闸西的河床里水草漫长，有多种水鸟在水里和水草间和鸣、凫动。河两岸都是柳树，在热的气息里静穆不动，它们的现身是对杨树占淮河流域一般性树种主角地位的一个反叛。

沿泗河南堤西行。过东涧沟村，左手（南）是村，右手（北）为河。这里又在建橡胶拦水坝，泗河因此而更不可通航了。这可能是山洪道的河道特点。洪汛期水势浩荡，洪水一过，河道里的水量又难以得到有效补充。在这样的河道里分段建拦水坝，洪汛期并不影响行洪，而非行洪期则可将水一段段拦蓄在河道里，以供使用。

泗河这里已完全是平原区，这释然了我此前对泗河流域农业支撑人口能力的疑惑。毫无疑问，愈往西，泗水县泗河附近愈逐渐过渡为黄淮海平原的一部分，这在

冷兵器农耕时代非常重要，是文明和社会发展的保证。

右手河道里水少、河宽。左手的土地都是纯沙土地，显示这里受黄河泛滥的影响广泛而深刻。此地的沙土和皖北、苏北、豫东及豫东南的沙土地并不相同，后者的沙土是白色的，而这里的沙土微红，区别十分明显。沙土地里种着大量的西瓜，瓜贩们开着很小的轿车，沿河堤上的路到处看瓜，不少货车或机动三轮，则停在路边装瓜。

数公里后左转南行，离开泗河大堤。过南临泗村，右转西行，再转南。到处都是沙土，略带红色的沙土。许多拉西瓜的货车聚集在南临泗村村南。过北王沟村，右转西行至 G327 国道。到金庄镇。从金庄镇中石化加油站路口右转北行。过金庄镇中心幼儿园，过刘家洼村。路两边的小麦都已成熟。过官园村，菜农们光着膀了在地里收获大葱、芹菜、土豆。沙土地里的出产显得特别丰足。

从金庄镇约 4 公里到泗河官园桥。河床里有一些吸沙场。河水散漫，被河床里的沙岛、沙洲、丛生的野草所分割，完全不可通航。过泗河官园桥左转西行。道路两边出现大片大片的大蒜地。许多农民在地里拔大蒜，拔出来以后，就放在地里晾晒。这就显得泗河平原的沙土地什么都长，农产丰富，什么都能长得很好。还有人用手扶拖拉机在地里收获大蒜，真是新鲜新奇。

前方三岔路口又聚集了许多拉西瓜的货车、机动三轮车、小四轮。西行转南。约 4 公里可从泗河官园桥到西里仁村。西里仁村可真不小，许多人家门口地上或门口墙上，都埋或砌一块镇宅用的“泰山石敢当”。从村西到村东，下午 5 时 25 分，终于看到了泗河。河岸上有许多圆形的坟堆。河床里仍如此前，有的地方水阔，有的地方零乱。

沙土仍然无处不在。当我从河边步行回村里时，坐在门口的一位老人看见我走过来，就热情地站起来和我打招呼，让我进屋喝茶，看看时间不早了，我谢过他，走回村里去。

离开西里仁村，北行，转西行。过吴庄，前行，再转西北行。过丁家泉村左转西行，1500 米后，穿过山河东村和山河西村，右转北行。过大白沟村。大体上就是西行、北行，主要是西行。泗河基本上在偏南的地方西流。过西张家庄村，向西穿过铁路立交（不知是何铁路），这里大致上又是冬小麦的天下了，眼界里到处都是熟黄。过西焦沟村，这里属曲阜市石门山镇。过朱家洼村、杨家洼村、后杨家洼村。山东村村通的水泥路都修得很好。

过 G3 京台高速。由高家店村右转西行。此时是下午 6 时 17 分，阳光正西正面晒来，尚有热力。过三门庙村。过曲阜市王庄乡孔村党支部村委会，过王庄乡。从姚王路口左转上 G104 国道南行，约 1 公里后到泗河书院桥。此地在曲阜市北，距曲阜市不过数公里。泗河到这里水面宽阔，只是桥的下游仍可见土坝横在河里。

此后，泗河由曲阜城北西向流，然后从河口村转南，从兖州东一路南下，偏西北流入南四湖。

由曲阜南行，转G327国道西行。过兖州东北郊泗河大桥。此地泗河已南北流，河床宽展，河滩和河床可以认为是合二为一的，已经完全被茂盛的野草或水草覆盖，存水的水道却仅百米宽窄，山洪道的特性显现无遗。

2013年6月6日，继续逐泗河而行。清晨，兖州城里人烟稀少。自北而南穿过兖州城，沿S255省道东行，到兖州泗河南大桥。这里河水渺渺，右（西）岸滩地里的冬小麦长势极好，厚展展连绵成片，煞是喜人！沿S255线东南行，过晾衣井社区、王家楼社区，2公里后，右转进入S335省道西行。路两边平原上大面积都是冬小麦，兖州这附近也都是大平原。再2公里后，又见泗河。上泗河特大桥。桥东可见关于泗河的专门介绍标牌。

泗河

发源于泰安市新泰市太平顶，流经新泰、济宁市泗水、曲阜、兖州、邹城、济宁高新区、任城区、微山，于鲁桥镇仲浅村入南阳湖，全长163千米（济宁147.58千米）。流域面积2403平方千米。设计二十年一遇，防洪流量3652m^3/S。

济宁市水利局

泗河流域的平原区都可以看做泗河的冲积平原，还是黄河泛滥、冲积的结果？站在泗河大桥上环顾，泗河的季节性河流特征仍十分明显。河右（西）滩地麦田齐整，河道里水流则又浅又少，甚至是微不足道的。洪水期可能整个河岸内都大水漫漾吧。

过泗河特大桥西行，过大雨佳村小学，数公里后左转进入S104省道。麦田漫漫，平原延展。南偏西行，过苏庄村、辉煌钢构，到王因镇。过王因镇中心学校。许多农民在尚未收割的麦趟子里耩东西，近前询问，说是耩棒子（玉米）的。那收小麦时不就踩坏了吗？踩不坏，不踩还不好呢，棒子就不怕踩。他们说。

过晏家村，麦原仍大片大片。过刘台庄、官庄、雪花集团大牌楼，左转南略偏西行。过“阜桥甏肉干饭”，过西娄庄集。早晨6时17分，小小西娄庄集，有无数的早点摊和食客，而且还不断有机动三轮、小面包车、手扶拖拉机开进来，车上坐满了农民工，有些车里坐满了穿小棉袄、包头巾或戴帽子的妇女。他们要么下车挤在早点摊前争购，要么就原地坐在车上吃各种早点或自带的早点。吃得差不多时，车子又会紧紧地开走，下一拨车又涌进来了。

为什么会这样？难道这里有煤矿？这是我的猜想和疑问。但当地人告诉我，没有什么煤矿，他们都是农民工，吃过饭会去各地干活，或做零工。

西娄庄集的早点也颇见特色，有的则让外人新奇。有老东门糁烫面角、手抓

饼、洪君独一味油饼、王回庄米家羊汤馆、六佰碗糁汤、酱香饼、江南荷叶鸡、土家族酱香鸡、老台门汤包，等等。受感染买了一听热的花生豆浆，边行边喝。

一直顺S104省道南行。过苗营村，有苗家驴肉店。这里的早点市场也热闹非凡，清晨6时39分，车辆拥堵，从车上下来的农民工都抢着买早点，早吃早走。过荣家桥、泗河鲜鱼馆、红波浴池、长城机械。过S342省道收费站，收费10元。南偏东行，1公里后到泗河特大桥，桥西属济宁市任城区，桥东属济宁市邹城市。邹城是儒学传承者孟子的家乡。

麦原依然是大地上的主角，泗河河道依然滩宽水窄。公路桥在河面上建得很低，只有季节河上才会这么建桥。这一段是S104省道和S342省道的共用线。过泗河特大桥500米后，右转仍进入S104线南行。过东拐头村、西拐头村，然后进入微山县。地里的绿色逐渐增加，玉米、豆角、包菜等开始和小麦平分角色。

过荆集小学。小学门外104省道旁聚集了大批电动三轮车和电动车，妇女、老太太和老头们，聚在一起说话，这都是送小孩上学的。看来，人心都一样，不仅仅城市人疼孩子，生活在农村的人也一样。

过于家庄，过微山县马坡镇敬老院。路很新，两边建筑也整治一新。过马坡镇姬堂村。麦原又来了，一片橙黄，重又在田野里占据优势。过宗村，西南行，约2公里到老泗河桥。老泗河由北来，东南交S104省道，再南去。老泗河里长满水草，河面不很宽，非常象平原上一条朴实无华、静谧安详的河流。根据现在的泗河的流向、入湖情况，可以看得出，现在的泗河和老泗河，都大致上是在一个区域、一个方向，流入现在南阳湖这个区域的。

500米后到马坡镇。右转进入乡道，西行，3.8公里可到仲浅村。地表依旧是冬小麦的天地，杨树也无处不在。过盛楼。上午7时44分，气温开始上升，感觉不再那么凉爽了。周围都是小麦，人、车、道路，都被杨树包围着。从泗河村右转北行，进入024县道，700米后到达仲浅村，这时是上午8时整。

仲浅村居民绝大部分都是孔子学生仲子路的后人，村内有全国重点文物保护单位仲子庙，在仲庙路西口。村北还有泗河煤矿的厂区。在村北问路时，一位50多岁的男人，本来正端着碗、背对着我吃饭，一听到我的声音，他马上回过头，放下饭碗，走过来给我指路。他先详细告诉我，我要去的地方怎么走，又扩而大之，向我推荐新公路、绕湖路、北湖、近路，等等，我谢过他告辞时，他又恳切地问我缺什么东西不？缺不缺水？实在热情！

由仲浅村北行至南王前村，上泗河河东大堤，左转南略偏东行。此地泗河河滩宽阔，一码色都是黄色小麦。天气正在多云转阴，河堤上风大凉爽，杨树叶被风吹得哗啦啦响。上午8时16分，右手是泗河和河滩，左手是堤外大面积的麦地，麦地里有一块长条形的大蒜地，大蒜都起出来了，连蒜辫一起躺在地里晒呢。

3公里后到泗河东堤0公里碑。再往北就是南阳湖大堤了。这里是泗河的入湖口。右手堤下已经由大水、水草、野芦苇占据，似漫漶无边。再往东南走，就下到湖滩地里去了。泗河0公里碑附近，还有一块石碑，上书：

济宁湖东堤
石佛—青山

和水边种豆的一位老者说话。他说这里就是泗河头，再往里就是湖了。

上午8时31分离开泗河头。此地离合肥520公里。仲浅村较大，又有微山县的煤矿，因此村里的菜市很盛。仲浅村的湖堤旁盛开着浅红、深红的蜀葵，村里人家的门外也多种此物，仲子庙大门以北也长了一大片，正开得旺呢，仲子庙里也种得有。不知道在仲浅村这里为什么喜种蜀葵。不知道其中的机缘、历史和根系。仲子庙附近农家的墙壁上贴着标语，上面写着：学习仲子见义必为见危必拯的高尚品质。

出仲浅村，踏上返程。

鞭打芦花车牛返

2016年3月14日下午，从安徽宿州市北关电厂出发，前往闵祠等地。出了城以后，平原上的冬小麦就开始显得广阔了，但现在的平原，和二十世纪七八十年代，已经完全不同。二十世纪七八十年代的平原，基本上是一望无边的，如果有一些视觉的阻碍，一般只会是树木蓊郁的村庄，或者是已经与平原融为一体的河堤。而现在，平原上到处都是扩大了的村庄，以及桥梁、铁路、高架桥、被围网围起来的苗木基地、新挖的池塘等等，平原的广阔感就大大地打了折扣。

出城右转东行、北行，过新汴河新桥，再东行，过埇桥区梅庵子，过老的引河桥，左转沿引河河堤行约两三公里，北行，至埇桥区符离集。符离集曾经是津浦线（现京沪线）上一个有名的小站，既是火车上水的站点，又有著名的符离集烧鸡，还有当地有名的早点油茶和䏲汤。过符离集，沿G206国道北行。G206大致为南北方向，国道两边有时近时远的断续低山，低山与国道之间是平坦的冬麦田，这使得这里的地理形势有点“走廊”的意思，给人的感觉是纯粹、大气、高远、厚重。京沪铁路与国道同向而行。过埇桥区夹沟镇，这里有著名的大五柳香稻米和龙泉水。再3公里后，至夹沟镇锺辛丰村，这里的路牌上标有“明·洪武马皇后故里”字样，意思是明朝开国皇帝朱元璋的妻子马皇后是此地人。进入埇桥区曹村镇境，过张庄村，至闵贤村（符离镇27．8公里后到闵贤村）。

闵贤村后（西）有浅山，东有大片良田，满眼都是冬小麦的正绿色。除国道上来往不断的车辆外，整个地区都显得整洁，沉静，稳重。闵贤村是夹峙国道的一个较大的村落，也是一个行政村，北距江苏徐州不过三四十公里，往东可去埇桥区栏杆镇。公路两边有小八馍厂、红灯大酒店、药材收购处、水上餐厅、大众浴池、购销小麦玉米黄豆、醉仙阁酒楼、御足堂、农机修配、二华洗车行、一鑫石材、云南过桥米线、宝贝计划孕婴、沐歌KTV、淮海电动车、长春饭店、好又多购物广场、九度空间量贩歌城、闵贤村卫生室、蜀香园饭店、聚福楼土菜馆，早点告示牌标示的早点有：米线、米粉、煎包、千层饼、母鸡汤、辣汤、稀饭。

北行过河北村，过宿州海螺企业，约4华里到埇桥区曹村镇闵祠村。至闵骞路左转西行，约200米，有省级文物保护单位闵祠和闵墓，祠在南，墓在北。祠的正门在南，门口有井，叫孝泉。墓就是一个大的圆土堆，墓东有竹，墓周边有柏，前两次来时，墓都还开放着，人可以上到墓堆上去，现在用铁丝围栏围起来了。墓东有几户人家。

闵子骞姓闵，名损，字子骞，比孔子小15岁，是孔子早年的学生，在孔子的口中，他与颜渊，冉伯牛，仲弓同为德行好的弟子。《论语》中记载闵子骞的言行，说季氏曾派人请闵子骞做费邑总管，闵子骞对来人说：请替我好言谢绝吧！不过，如果再来找我的话，我就只好去齐国了。孔子在闵子骞的事迹面前也由衷感慨说：闵子骞真孝顺啊！他父母兄弟对他的称赞别人没有不相信的！鲁国改建名为长府的国库，闵子骞批评说：保持老样子还能用，为什么一定要改建？孔子由此肯定地评论闵子骞说：闵子骞这人平时不怎么多话，一说话就切中要害。正是《论语》对闵子骞言行的记录及孔子对他的评价，使闵子骞成为后人尊崇的孝贤代表人物。

闵祠村离山东曲阜300公里左右，在2000多年前，这也是个不近的距离。

由祠和墓西行约500米就是京沪线，有简易地下道东西通行。附近建筑物上有广告语：手术治羊羔。这里的羊羔，当地指的是羊痫风。

转回G206国道北行（约47公里可到萧县杜楼镇），道路两侧依然有大致南北向的浅山相向同行。左转进入301省道西行，过县城，西行至杜楼。杜楼镇东连续小山上有白色的风电设备。过黄庄集，南行，路东仍一直有连续的、灰黄的、不长多少植被的、被石料企业挖得残破的低山。山东是广宽、肥沃、平坦的冬麦田和沙土地，显得这里是山体护佑下的一方乐土。

南行至一处废弃的窑场处左转东行，新建的村村通水泥路，约1公里到鞭打芦花车牛返村。进村东行，至山下，山下有一条南北向泄洪道，过桥，左转北行，进入一个比较宽敞的空地，有千佛禅寺。千佛禅寺依山而建，坐南面北。寺门有联：林泉绕殿千佛寺，石峭迎门五洞山。寺门紧闭，寺门外西侧有一间小石房，石房上用毛笔字写道：找庙上人电话：130□□□□6709。正看着，一位40多岁的妇女来小石房里抱柴火，大约是些干玉米棒之类。我就问她这里的情况，她很热情，告诉我这里就是车牛返村，鞭打芦花处在村东敬老院附近的山脚下。

谢过抱柴火的妇女，我沿村路东北行，再转东行。前方看见一幢五六层高白色的新大楼了，想必那就是妇女说的敬老院。这时，一位瘦而精干的老年人，骑一辆三轮车，车厢里放着一两棵刚挖下来的植物。路不很宽，为了避让，我往路南靠，他往路北的小沟边让，不由得两人都停住了。我就便和他说话，就问他：老人家，这前面可是敬老院？他说就是的，都盖了几年了，也没使用。听口气有些怨言似的。我又问这里可是鞭打芦花车牛返村？他说就是的。我说那怎么在村外的村村通路边看到一个牌子，上面写的是孟窑村？他转脸指着路边的小沟说，这条沟沟北是孟窑村，沟南就是车牛返。原来孟窑是行政村，鞭打芦花车牛返村是孟窑村下辖的

一个自然村。我问他鞭打芦花处在哪里？他热情地前前后后指着说，往南走就在山下。我问他这座山叫什么山？他说这山没有名字。我又问他车厢里起的是什么树？他说是杏树，起回家在院里院外栽上。

我把车停在院里还在施工的敬老院大门外，步行穿过村庄前往村南的山脚。村舍的院墙和一些村舍都是石头垒成的，很有些山村的味道，但不知为什么，这些院落和村舍都废弃了，见不到一个人。院墙里一两棵白杏花却开得好，一直伸到石砌的院墙外。其他叫不出名字的树也都泛青或鼓芽了，让人充满希望和期待。

从石头村路走到山脚下，一眼就看见坐南面北的一座石碑，正是“鞭打芦花处”石碑。石碑略显陈淡，民国时期立的，石碑正面刻着“鞭打芦花处”几个大字，两边水泥护档上又写有“忠孝传后世，芳名垂千古”两行字。这时，一位五六十岁、穿黑棉袄、肩挎柴火箕、柴火箕里放着半箕山柴、面色黝黑、个头矮小的男人，从东边山路上走过来，我趁机就和他说话，我说，这山叫什么山？他转脸看看山，说不出来这山叫什么山。我又问，这里的房子怎么都废弃不住人了？他停下来，说，都搬到河西去了，那里方便些。我哦了一声，心想河西的河就是刚才过来的那条山洪道吧。河西那里是平原沙土地，一马平川，显得安详富裕，似乎比山脚这里更容易生活。

鞭打芦花车牛返村据说是中国最长的村名。而鞭打芦花车牛返则是关于闵子骞的一个故事。说闵子骞后妈对闵子骞十分不好，有好吃的好喝的好穿的好用的都给自己生的孩子们。有一年冬天闵子骞一家人赶着车经过车牛返村这里，上山时闵子骞下车推车，因平时伙食不好没力气，他父亲误认他偷懒，就用鞭子抽打他，却没想到衣服被抽烂了，露出里面的芦絮。闵父这才知道妻子平时待闵子骞不好，于是打算休妻。闵子骞为家庭圆满，跪求父亲原谅了继母，从此一家人互敬互谅，和睦相处。立碑处正是人们传说中鞭打后棉衣里出现芦花的地方。

背柴火箕的男人走了后，我又一个人留在山石和石头垒成而又放弃的村庄之间了。这时太阳已经西斜，有些发红，挂在 5 点钟左右的那个方位。我似乎十分喜欢这里，我的喜欢似乎也包括了这里的荒废。虽然这里的低山都是石头的，没有青山绿水的那种模样，但好像有一种特别的魅力。我在石墙、石屋、直立的大树、鼓芽的小树之间徘徊、沉想。我觉得这里的人和自然似乎一直是和谐生长的。虽然现在没有人（我是外人），但生气却挡不住地从石头缝里、墙角下、杏花的花瓣中冒出来。人在的时候，这些生气要冒出来，人不在的时候，这些生气也要冒出来，人在或不在，它们，包括人，都会依时生长，而不会因为视线的存在或不存在而存在或不存在。

当晚，我赶往数十公里外的河南省夏邑县的孔子还乡祠乡。车牛返村南行再东行，至萧县丁里镇境，从萧县淮北出入口进入连霍高速，过刘邦斩蛇起义的芒砀山，约 73 公里至河南夏邑。孔子还乡祠在夏邑北偏东约 7 公里处，约晚上 7 时到，但那里唯一的宾馆却已经住满，我只好再返回夏邑县城，住进一家宾馆。

第二天一早，即2016年3月15日，我早早起床，再次前往孔子还乡祠，也许这一天当地逢集，商贩们已经赶早在街边摆上了摊子。据说孔子数代先祖均葬于当地，孔子在世时也常来祭祖。孔子还乡祠据说始建于唐初，宋真宗时，孔子四十五代孙孔良辅、孔彦辅由曲阜来此定居，对还乡祠维修扩建，金代立杏坛于大成殿前，清道光年间，增建四代祠（崇圣祠）。现在的孔子还乡祠坐北朝南，当地人说已建成十多年了。

街道边，边炕边卖的烧饼让人看着眼馋，下车买了三个，热乎的，上车大吃，边吃边走，又有苹果、酸奶伺候。顺昨天晚上的来路返回，上连霍高速东行，至淮北萧县出口下，沿县道至废窑处转弯东行，进入鞭打芦花车牛返村，过山洪道桥，左转北行再东行，到新建但尚未启用的敬老院外。

昨天是晴天，今天是阴天，但天的冷暖阴晴，现在对我心情的影响，已经不像以前那样大了。我锁了车，沿废弃的村道北行往山脚下走。我又看见那院墙里一树已经开放的白杏花了，又看见了另一棵，都不是很大的杏树。到山脚下，再次仔细地看了“鞭打芦花处”石碑，然后，我就往石碑后面的山上攀去。

山是石山，有大块平坦的岩石，更多的是碎石。往山上没有路，都是碎石，碎石间生长着一些低矮带刺的植物。往山上爬时，既要注意碎石不要滑倒，又要注意带刺的棘条子。山并不高，相对海拔也许只有百十米左右。我很快就爬到一个接近山顶的地方了，从那里看过去，只见山的后面已经被采石场挖得半空了，半个山体大概都是做建筑用的石粉去了。

从山上往东看，那里的山坡上，不知为什么是一大片一大片的白色。定睛细细再看，觉得那可能是开白花的植物。又看见一条山路，弯弯曲曲地往开花的山坡上去，这就勾得我很想去那里的山坡看看了。我赶紧往山下走。下了山，从另一条小路往敬老院去，这时才看见废弃的石墙石屋中，还有一户人家有人居住。是一个60多岁的山村老太婆，开了院门，拿一把笤帚，把门口扫得干干净净。哦，这里还有人居住，我很有些惊奇，于是就和她说话。我问她，这山叫什么山？她说，就叫车返山。我心中暗自惊讶，因为从昨天到今天，问到的所有人，都不知道这山叫什么山，而她不费劲就说出这山的名字了，可见有人同在，就必有我师，不管这些同在的人长得高矮，相貌如何，有无学历。没有完全无用之人，只有我们缺乏善待他人的心态。

我回到车边，驾了车，顺着在山上看好的路，驾车往村东的山上去。从山上下来一位背柴火箕的男人，他看了我一眼，就走过去了。他走过去以后，我恍然想起来，这不就是昨天傍晚和我说话的那位五六十岁、穿黑棉袄、肩挎柴火箕、柴火箕里放着半箕山柴、面色黝黑、个头矮小的男人吗，他这是一天拾两次柴火的节奏啊。

路边有一位中年妇女在挖地里的石头，看见有车过来，她就把路清理干净，站在路边，让我过去。那我得顺便和她打声招呼、说几句话才好。我就说，麻烦你了。她说不麻烦。我说，那山坡上开的什么花？她说是杏花。我好奇说，山上怎么种这么多杏树？她说这里山上石头多土少，就是杏树多。我说，这山叫什么山？她说叫石磙子山。我说，石磙子山？她说，以前到山东边去，都说石磙子山石磙子山的，不就叫石磙子山吗。我心里感慨道，真有收获！有时候感觉挺难的一件事，在对的地方，对的时间，对的人跟前，很容易就解决了。只要放低身段，在哪里都会有收获！

再往上开一开，我把车停在小半山坡上，下了车，往杏花开得最密的地方走。路边又有一位老妇人，距山路大约二三十米的样子，蹲在一小块黄土地里，正专心地、不停地、努力用一把小铁镐挖地。这时我想起我老母亲在世时的一些面貌，于是我就想和她说几句话。我站在路边对她说，老人家，翻地打算种什么呀？问过了，我看着她，她却没有反应，依然专心地、不停地、努力用一把小铁镐挖地。我静静地温顺地站着，心里酸酸的，知道她可能听力不如年轻时那么好了。

再往上还有人的身影在干活，是一位身体健壮的老年男人，他正搬一些石头把一块大岩石围起来。看见我走过来，他就直起身和我说话，说，你来了。我说，来了，你这搬石头是干啥的。他说，垒一块菜园子。我说，山上土太少了。他说，就是的，都是石头。我说，这山上咋种这样多杏树？他说，这里都种杏树，麦黄时就熟了，好吃！又甜又面！我说，那你忙。他说，你转转，转转。

我转到山坡上杏树最稠、开花最盛的地方。哦哦，满眼都是怒放的白杏花，整个山坡都是纯白色的，十分震撼啊！花丛中只有极少量的昆虫在飞动。我站在怒放的白杏花中听山的声音、听杏花开放的声音、听山石吸收热量的声音、听远处有人走过的声音、听我自己的心声。杏花没有香气，只有洁白的颜色。夏天我是一定要来吃一次山杏的呀。我这样想。一定的！我再一次下着决心。

平原的主角

小麦

淮河流域大部分是淮河及其支流冲积而成的平原，小部分是丘陵或山地。这一区域即北纬35°左右，也就是北纬30°至北纬40°，是冬小麦生长的适宜纬度。在这一地区，随处可见冬小麦的生长。农业专家们现在大致认同冬小麦是数千年前，具体地说是从地中海东岸以及西亚、西南亚地区引进的，那里是地球小麦的原产地。

冬小麦进入中国的路线可能有两条，一条从中亚经西域到陕西、宁夏，另一条从南亚经云南、贵州进入中国腹地。南亚线尚未看到充分的证据。但中亚线的考古学证据已经比较充分：根据韩茂莉教授的研究，中亚线各史前时期文化遗址中发现的碳化小麦，都说明距今3500年以前，西亚或西南亚的小麦沿新疆、甘肃、陕西、中原一线传入中国。由于原产地旱雨季节的气候特征，小麦顺应季节，进化成秋冬生长以承雨水，夏季休眠应对干旱的生命基因。因此在中国西汉晚期以前所有文献中，凡涉及小麦农时的记载，都指的是秋种夏收的冬小麦。也就是说，在西汉晚期以前种植的都是冬小麦。周振鹤、游汝杰说在上古汉语中“麦”称为“来”，先秦汉语中凡与粮食作物有关的字均从“禾”，例如黍、稷、秫、禾等，与“来”的造字法不同，现今山西临汾地区的方言仍把“小麦成熟了”叫作“来了”，说明小麦是外来的。

在当代中国的所谓“谷物”系列里，冬小麦单产量位居稻米、玉米之后。论产量，它比不上上述两种作物，更比不上红芋、土豆等作物；论生长周期，它从仲秋一直生长到初夏或仲夏。当然，它的适口感（或口感）、饱腹感，无法替代。所谓适口感，就是入口的感觉，人们不但要吃，还要享受饮食的过程，吃到嘴里，觉得好吃，香，甜，就是一种快乐和享受，人们得到感官上和心理上的满足，生命也因此而充满希望和价值。所谓“饱腹感”，就是能够吃饱。我们经常有这样的感受和体会，吃一种不对口味的食品，哪怕吃得再多，吃到实在不想吃了，也觉得没有

吃饱，觉得吃得不过瘾，如果这时补充一点对口味的，立刻就满足了，就觉得吃饱了。

但口感和饱腹感主要属于文化范畴，并非觉得好吃的东西才有营养，觉得吃饱了才是真的吃饱，口感和饱腹感都是长期适应和训练出来的。我个人认为，冬小麦对于中国东部平原最大的意义首先不是作为粮食作物供人们食用，而是作为冬季地表的覆盖物以防水土流失。中国中东部黄淮以北的平原地区冬季比较寒冷，北风呼啸，如果耕地裸露，地表土会随风而去，大量流失，这是农耕地区不能忍受的情况。冬小麦则能够在漫长的冬季一直保护着珍贵的耕地不受侵害，中国古代的主要粮食作物，水稻、谷子、大豆等等，都无法承担如此重要的使命。当然，作物的驯化远不是我简述的这么简单。驯化是天作之合的结果。任何驯化的结果都是天地、人类、植物、气候等等各自因素最大化博弈的结果，而且永无止境。

大豆

在先秦的典籍里，把豆称作菽，将其列为五谷之一。所谓“五谷”，一般指的是稷、黍、麦、菽、麻。稷是小米，稷起先与粟同物异名，后来才成为庙堂用词。稷也是五谷中最重要的粮食作物。稷的地源地一般认为在黄河流域。黍是黄米，或去皮后叫黄米。麦是小麦。菽是大豆。麻是大麻子，也是古代食物之一。后来民间素有“五谷杂粮”之说，把五谷与杂粮并列，也有将五谷归于杂粮一类的意思，说明人们对粮食的概念发生了变化。

菽曾经是大豆的专名，汉以后叫豆，又成为豆类的总称。大豆的原产地为中国，但起源为中国北方，还是南方，尚有许多争论。如果是北方的话，则可能由中国东北传至黄淮流域，再由黄淮流域扩散至长江流域。另有多中心说，指出大豆可能在黄淮、东北、南方多个地区同时起源，然后向四方扩散。

20 世纪大豆在淮北地区又称黄豆。一般公历 6 月上旬小麦收割以后，就开始种黄豆了。种黄豆也像种小麦一样，是用耩子种的，这样黄豆出苗时，成行成垄，便于收割。

平原上季节的变化现在很大程度上是以大面积农作物（庄稼）的替换为标识的。整个春天都是宿麦即冬小麦的天下，阳历从 4 月份开始，小麦逐渐从青绿、深绿演变为老绿、浅黄、嫩黄、金黄和苍黄，这段时间持续较长，因此在人们的印记中，田野总是一片黄的。麦收过后，平原有一段斑驳期，既有树叶的深绿，也有春玉米的鲜绿，又有水稻的明绿，亦有野草的杂绿，还有少量小块油菜花的残黄。

黄豆出苗后，整个大平原就成了一片嫩绿的海洋，因为黄豆的种植面积大，每一块地的面积也很大，所以看上去，黄豆地的嫩绿就成了盛夏平原上压倒性的颜色了。暮夏初秋，黄豆已经长有半腿高了，黄豆地里的蝈蝈也长大了。蝈蝈总是蝈蝈地叫着，它们喜欢高温和太阳，太阳越晒得冒油，它们过得越舒坦，叫得越响亮。正午时从渺无一人的田野走过，听到蝈蝈相互攀比着叫成一片。听到人的脚步声，它们戛然而止，停止了歌唱。可是它们又不住寂寞，脚步一停下来，它们又无比欢畅地唱上了。淮北当地叫蝈蝈为油子，或叫油子，它们都有一个大肚子，肚子里都是籽，也就是卵。有时小孩或年轻人馋了，就上黄豆地里逮几个油子，在荒草沟里扯几把荒草，点火把油子烤熟，你争我抢地把烤得焦黄的香喷喷的油子分了吃掉，十分享受！

一到傍晚，乡村的天气立刻就清爽了几分。骑自行车在大块大块黄豆地中的干土路上穿行时，清凉的风吹在身上，因为没有较高的庄稼的遮掩，远处的村庄都一目了然，十分爽目、爽心！在那种情境里，在土地上生活着的人，能明确地感觉到一种生命的存在、万物的存在、天地的存在和自己的存在。不言而喻，人是生活在天地万物之中的，是天地万物的一个组成部分。人要从内心里感激的是天地万物，是承载养活自己的土地，是周边的栽培作物，是人类的农作智慧，是周围平衡而和谐的所有事物。栽培作物并没有断崖式地改变事物的内在规则，而只是和风细雨地顺应了事物发展的一个可能的方向，因此这种“改变”是能够为天地万物所接受、能够为人类的社会伦理所容纳的改变。

玉米

玉米和红芋、土豆一样，都是明清时期先后引进的粮食作物，这些作物的原产地都是南美洲。玉米原产于南美洲，明代后期传入中国，并且迅速成为中国北方旱地和南方山区的重要粮食作物。

玉米、红芋和土豆等高产农作物引进的最大意义，我想应该是为中国大量的山角河坡隙地等难以利用的小块边缘性土地找到了最佳搭配，并且为中国粮食作物的垂直种植提供了可能性，具有极其重要的经济地理意义。这些作物好种好养，产量高，营养多样，对中国人口的支撑意义十分重大。

当然除了小块边角地以外，玉米、土豆和红芋更可以大面积种植。由于产量高，玉米在淮河流域的种植早已普及。玉米也分春玉米和麦茬玉米两种。麦茬玉米是收了麦接着麦茬种的玉米，春玉米就是春天小麦还在返青拔节时播种的玉米，淮北地区，一般在杏花成型的时节播种。1976 年我在淮北灵璧县大西生产队插队时，写过几首种玉米的诗，其中一首叫《种玉米》。

种玉米
春雨停下，
一树白杏花。

清晨队长一声喊：
“今天种玉米啦。”

霎时间，从村西口，
涌出人、车、牛、马；
就像新媳妇刚进村，
一阵笑语，一阵喧哗。

姑娘们拦住老奶奶：
“咦，您来干啥？”
“干啥，农业要大上，
就兴你们把汗洒？……”

妈妈哄着娃娃：
“听话！咹？在家。
秋后给你个棒子，
大得就像菜瓜。”

牛儿马儿撒开跑，
犁手“叭”地炸开了个鞭花：
“急啥？急啥？
活有你干的哪！”

队长走在最前面，
兴奋地打开话匣：
“抢耕、抢种，
让‘四人帮’喝西北风去吧！”

春雨停下，
一树白杏花，
春三月，
种玉米啦……

从这首诗里，我们知道，淮北地区春玉米种植的季节，大致在春天的三月，当然这里所说的“三月”，不是农历即阴历的三月，而是公历即阳历的三月。这个季节，还是比较早的。往南过了淮河，玉米的种植逐渐大幅减少，但淮南及江南的山区常见。往北到黄河流域，玉米和淮北一样多。

春玉米种得早，等小麦成熟收割时，春玉米已经长有小半米高了，嫩青嫩青的，和渐黄的小麦形成鲜明的对比。冬小麦收完后，有一段时间田野里由春玉米扮演主要角色，能打眼一望就进入视野的庄稼，也就是玉米了。几场汛雨过后，玉米们快速地拔节生长，雨后站在青葱的玉米地头，侧耳聆听，能清楚地听到玉米咔咔啦啦拔节生长的声音。它们的个头窜得快极了，两天不见，就长得比一个人高了。

盛夏时节生产队里最恼人的农活就是打玉米叶了。玉米越长越高，越长越壮，也越长越密，如果不及时把下部的玉米老叶打掉，玉米地里通风不好，蚜虫大量繁殖，就会影响玉米开花、结实。但打玉米叶不是壮劳力干的活，壮劳力不屑于干这样不需要太多“力气”的活，于是这些都派给妇女和半劳力干。

天气酷热，妇女和半劳力肩着粪箕来到玉米地头，一人分两趟玉米，噼里啪啦地打起来，人很快都看不见了，站在地头，只能听见隐隐约约打老玉米叶的咔吧声，怎么看都看不见人。粪箕都撂在地头，粪箕里搁着苘绳，以备捆扎打下来的玉米叶用。

打玉米叶虽然不是重活，但特别让人不堪。玉米长得密，盛夏酷暑，钻在密不透风的玉米地里，人汗如雨下，玉米叶又划人皮肤，一趟干下来，胳膊、脸上、脖子上，都是红红的血印，再给盐汗一渍，又疼又痒。偏玉米地里蚜虫特别多，弄得人一身麻酥酥的，衣服也早已碱花层层，汗透斑驳了。

天快黑时人们渐次走出玉米地，把堆成小山一样的老玉米叶拼死劲杀成尽可能小的捆，然后撅腚弓腰，背着比人大出好几倍的捆子，一步一步艰难地回到村里的牛屋前。当天的工分是以打下了多少玉米叶来计算的。称过重量以后，玉米叶就被倒在牛屋门前越来越大的一堆叶子上，它们是牛们的青饲料。

此后，妇女们赶紧回家烧火和面做饭去。半大的男孩子们就到村庄旁边的小河或池塘里洗澡。拿全工分的壮年男人也陆续来到小河或池塘边。他们脱光衣服，赤身裸体，在水里打几个扑通，然后站在浅水里，讲一些荤话，把身上的泥都搓下来。天完全黑了以后，小河或池塘里洗澡的人，慢慢就没有了。最后一个都没有了。小河和池塘边就彻底安静下来了。这个世界就完全留给田野里的植物和动物、昆虫了。

苘与红麻

红麻在淮河流域流行，是20世纪80年代早中期的事情。在此之前，相近的经济纤维作物我们更熟悉的是苘。苘在淮河地区农村统治的时间更长，以前农村冬天穿的毛窝子就是用苘绳和芦花共同编织而成的。那时候棉花不够用，冬天天气也比现在冷，农村又鲜有硬化路面，时常泥泞得不得了，人们冬天为了御寒、走路，就发明了

这种当地叫毛窝子的鞋。苘绳很软，也很结实，人们就将苘绳与芦苇顶端的芦花编在一起，编成毛窝子。毛窝子的鞋底是用木头做的，有相当的高度，走起来呱啦呱啦的，当然重量也不轻。最寒冷的冬天，室外雨啊雪的，人们除了睡觉，猫在家里没事。醒了睡，睡了醒，实在无聊，男人们找点事做，就是在锅屋里或堂屋里搓苘绳。再憋得受不了了，就在毛窝子里放上滑溜溜的芦花，穿上暖和得不得了的毛窝子，外出走一走。因为毛窝子有很高的木头鞋底，因此踏泥踏水，都不在话下。

苘可以搓成绳，苘绳在农村有着十分广泛的用途，马车牛车上，农具上，盖屋挖河，都用得着。因此当时的生产队，或个人，都会在一些不太起眼、不太肥沃的地块，或河坡堤角、田头屋拐种一些苘，以备使用。苘是一种细长的植物，高度和大蜀黍都差不多，绿茸茸的圆叶。秋深初冬时节，苘都长成了，就用镰刀一根根割下来，然后用其中的几根细苘拧作绳，把几十根苘扎起来，扎成一捆，就近拖到田地旁边的小河里，把苘捆沉入水里，让水淹没苘捆。又怕苘捆腐烂以后浮上来，还要再就近挖些土块压在苘捆上。也有人把割下来的苘运回村里，在村里村外的池塘里沤制。大河或流水较急的河流里不行，因为那里的水太清，苘捆也容易顺水而去。

天气慢慢转冷，苘捆在小河小沟或池塘里，被水沤得发黑，但还不可以，还要继续沤制，但这时的苘捆，靠近水底的那部分沤得更黑、更好，贴近水面的那部分沤得不黑、不好，甚至还有些发青，这时就要给苘捆翻身，让苘捆翻一个身后继续在水里沤制。干这种活的大都是男人。北风呼啸，甚至还有冰雪，男人们在这样的天气里也没有农活要干，于是就一个人，穿着棉袄、棉裤、棉鞋，走到村外的小河小沟边，脱了鞋和袜子，把裤腿、袖子卷起来，赤脚下到近岸的泥水里，用尽力气把沉在水里的苘捆翻个个，再用锹就近挖几块整土，压在苘捆上，让它们继续沤去。

天更冷的时候，苘已经在小河、小沟或池塘里沤好了，于是男人身后跟着妇女，又来到河边，男人负责把苘捆拉上岸，女人则坐在河边，把已经沤制好的苘皮从一个个苘杆上剥下来，男人干完河里的活，也会坐下一起把沤熟的苘皮剥下来。沤制得很好的苘散发着一股臭味，做过这项工作的妇女手上好几天都存着这种味道，但农村各种味道比较多，这种味道也就不那么突出了，反而几天闻不到农村那种特有的味道，人心里就不踏实了。剥下来的苘皮扎成一把，妇女把它们拿到水里去漂洗，洗到最后会洗得很白，然后在院里拴一根苘绳，把一把一把的苘皮放在太阳下晒，晒干后再用手搓一搓，苘皮就会变得十分柔软。

隆冬腊月，男人们闲来无事，就坐在牛屋里，或自家的锅屋里、堂屋里，搓苘绳。苘绳根据今后的用途，搓成粗的或细的、长的或短的，这不是一日的工夫，可能一整个无事的冬天，无事时都会做这件事情，有了这件事情做，光阴也就不会虚度了。苘绳在男人们粗糙的手掌里，变得越来越长，搓好的苘绳就盘在男人的身旁，或身后，还有一些苘绳挂在墙上，或堆放在家中黑暗的仓房的拐角里。开春以后，这些苘绳可以自用，也可以卖给生产队，或供销社，换得一些油盐钱、孩子喜爱的铅笔书包钱、正在长大成人的小闺女的的确凉衣料钱、午收时的麦秸草帽钱，或者老母亲棺材钱的一部分。

后来，突然不知道啥时候，大约就从80年代初起，淮河流域到处都种起了红麻。红麻可能又叫黄麻，但当地人都叫它红麻。可能因为有较高的经济效益，红麻成片成片地种，路边的大田里，沟上坡下，打眼都看得到红麻的身影。红麻的身姿有些精干，长得也较高些，颜色略略泛红，仅凭观感，觉得它与苘没有太大的不同。红麻生长的季节，大约也在夏季、秋季。秋深时收割，收割后的红麻“如苘炮制”，也是扎成捆，就近沉入小河、小沟，或池塘里沤制，待沤熟后，捞上来，剥皮，洗净，就可以出售或候用了。

假设如此这般，红麻也不会给我留下很深印象。红麻在中国的问题，是深秋和冬天在河沟池塘里沤制时造成的污染。那些年我常在深秋，或者冬季，一个人背着个小包，穿上球鞋，在淮河流域的大地上，或沿着一些古老的河流，例如濉河、沱河、浍河步行。因为高杆的庄稼都收去了，所以广阔的黄淮大平原坦坦荡荡、一望无际。当然有时候也因为天气转冷，朔风渐起，平原上显得有些苍凉、萧瑟、肃穆。但平原上总是很激动人心的，到底是什么使人心激动，我却一直说不清楚、弄不明白。

可是一接近村庄，或者一到村庄附近，一种沤制红麻特有的臭味就出来了，村庄附近的小河里、小沟里、池塘里，所有看得见的地表水都是黑的、臭的。深秋和冬季正是淮河流域的枯水期，小河小沟和池塘里的水都比较少，河滩暴露在朔风之下，河滩上的泥都是黑的，看上去十分不自然。一路走，一路对这样的情况感到忧心。在村庄后面遇见正在小河里给麻捆翻身的农民，我就会站在小河的对岸和他们说话，问这问那的，最后把话题引到红麻沤制的污染上来。但毫无疑问，经济的驱动力是巨大的，也无可指责。那段时间受视觉和心理上忧患的影响，还专门以红麻为背景，写了一个短篇小说，题目就叫《红麻》。后来一直对红麻的事情很上心，去北京时还专门到国家图书馆查过关于红麻情况的资料，因为资料现在找不到，所以资料上关于红麻的具体情况都记不得了。

来得快也去得快，可能也就数年时间，红麻就从淮河流域的大地上消退了，逐渐，逐渐，就很难再看见它们的身影了，大平原上的秋冬又成了玉米、大豆、山芋等粮食作物的天下了。当时听说这种情况的出现，是因为东南亚红麻的种植面积和产量都超过了中国，中国红麻失去了价格优势，再加上1985年以后，中国经济建设的重点渐次由农村转移去了城市，农村的青壮年农民被时代大潮推往城市打工，因此，红麻在淮河流域的存在，就越来越可以忽略不计了。

2015年10月28日至2016年6月2日

初稿完成于巢湖中庙善水轩

仿《论语》句式

1. 梦中得到一套都市边的山水大别墅，菜畦湿润，萱草挺拔，咧嘴笑醒，不亦悦乎？

2. 小人专权，起身而去，想起可专心读孔、悉心研老、永不与共事，不亦君子乎？

3. 仲春时节好友几位去野河边垂钓，都大声说话，交流钓鱼轶事，也不怕把鱼吓走，不亦乐乎？

4. 才刚撒下窝子，钓友就从 2 里路外打电话来了解钓情，大呼小叫地回答他，不亦君子乎？

5. 河坡上种满了尚未返青拔节的冬小麦，鱼不咬钩就躺在麦苗上眯着眼晒太阳，不亦悦乎！

6. 河对岸的鸭棚鸭子忽然齐声嘎嘎大叫，原来是一位小腿白胖的少妇赤着脚挎着竹篮来河边拾鸭蛋了，不亦乐乎？

7. 人不说话时原野里只有自然声，不亦君子乎？

8. 想起自己愈来愈去行政化，不亦乐乎？

9. 钓友从 2 里路外开车来探班看钓况，不亦君子乎？

10. 一只撒网的小渔船上男人下网女人摇桨从钓鱼的窝子前驶过，不亦悦乎？

11. 村口小卖部播放着响亮的坠子戏曲，坠胡拉得那个悠扬，激荡人心，不禁驻足听了二十分钟，百感交集，不亦君子乎？

12. 浓浓的麦田里有一排几十年前公家盖的老房子，青瓦已黑，人去屋空，窗户半开，只有最西头还住着一户人家，想起几十年前这里一定热闹非凡、婚丧嫁娶，不亦叹乎？

13. 一位梳二分头的乡村驾驶员早早就在乡道宽敞处停车让道了，不亦君子乎？

14. 在闵子骞祠前孝泉井旁向几位披黑棉袄晒太阳的乡老问几句闵子骞的话题，不亦乐乎？

15. 在黄淮平原行走，每次看到的都是不一样的事物，当我关注河流时，我看到的只有河流，当我关注山岭时，我看到的只有山岭，当我关注历史时，我看到的只有古迹，当我关注地名时，我看到的只有村镇，当我关注民族时，我看到的只有男女，当我关注饮食时，我看到的只有美食，当我关注流民时，我看到的只有人群，当我关注地理时，我看到的只有大地，当我关注农耕时，我看到的只有庄稼，不亦快哉？

16. 在鞭打芦花车牛返村东的石头山上脱口说出："孝哉闵子骞！人不间于其父母昆弟之言。"不亦乐乎？

17. 一位老汉在石磙子山上不停地搬石头在一块巨大的整石上垒出一个十几平方米的小菜园，不亦乐乎？

18. 一位老妇蹲在石磙山半山坡一小块地里努力地翻地挖土，我和她说话她也听不见，由此我想起我老母亲健在的时候，不亦叹乎？

19. 石磙子山半山坡上都是怒放的白杏花，离近去看只见花瓣重重，鸟啼蜂来；那位搬石的老汉说，到麦黄时杏就熟了，这里的杏还熟得早一些？一定好吃！不亦乐乎？

20. 仁者爱人，一辈子，只要爱一个人，这一辈子就能过了，不亦悦乎？

21. 废弃的石墙里伸出半枝鼓苞欲放的红桃枝，盯住看了半天，不亦乐乎？

22. 一位妇女驾着电动三轮车，专门开到山脚一户老太婆的家门口，掉了头停下车，扯开嗓子吆喝着卖馍了卖馍了，老太婆拉开院门出来和她说几句话，也没买馍，妇女就启动三轮车离去了。除了这位受利益驱使的卖馍的妇女，谁还天天惦记着这位老太婆？不亦叹乎？

23. 昨天见到一位矮小的老汉背着半捆山柴回村，今天又看见他背了半捆山柴回村，这是他每天的指标吗？不亦乐乎？

24. 春三月，一路走，一路望不尽的白杏花，不亦乐乎？

25. 外出返回，趁园长不在家，到园子里把小鸟们赶走，偷黄熟的枇杷吃，不亦乐乎！

（以上仿《论语》学而篇第一章“子曰：‘学而时习之，不亦说乎？有朋自远方来，不亦乐乎？人不知而不愠，不亦君子乎？’”）

1. 蚂蚁塘巷的人说：对面的汽车站最好不要搬走，搬走了我们就没生意了，小旅社就开不成了，早点也没人吃了，我们就再次失业了。

2. 蚂蚁塘巷的人说：每平方 3 毛钱物业费太贵了，不交！让他们商品房住户交，他们有钱！

3. 蚂蚁塘巷的人说：东海卤菜好吃是好吃，就是越来越贵。

4. 蚂蚁塘巷的人说：清明前在院里烧纸的，都是县城、农村来租房的。

5. 蚂蚁塘巷的人说：搭的披岔租给公司当仓库用，划得来。

（以上仿《论语》子罕篇第二章“达巷党人曰：……”）

岁旱，然后知河里水浅也。

岁旱，然后坐在干河床里发呆也。

岁旱，然后知八方支援也。

岁旱，然后知井绳太短也。

岁旱，然后知杯里水甜也。

（以上仿《论语》子罕篇 28 章：“岁寒，然后知松柏之后凋也。”）

1. 我的脸色一变，初夏的太阳就出来了；这不是我的脸色变了，而是光线变了。

2. 天的脸色一变，就下起雨来了。

3. 风的脸色一变，树叶就哗啦啦响起来了。

4. 风的脸色一变，平原上就暖热了。

5. 风的脸色一变，许多小昆虫都出来照面了。

6. 风的脸色一变，冬小麦就黄熟了。

7. 风的脸色一变，麦黄杏就香熟了。

8. 风的脸色一变，嫁出去的闺女就拎两瓶老酒开电动三轮车回娘家了。

9. 风的脸色一变，美军就准备在中东开战了。

10. 美军的脸色一变，恐怖分子又猖獗了。

11. 恐怖分子的脸色一变，一些地方就动乱了。

（以上仿《论语》乡党篇27章：“色斯举矣……”）

1. 写作，我和别人差不多，一定要让人们读得下去才好。

2. 跑步，我和别人差不多，一定要量力而行才好。

3. 吃饭，我和别人差不多，一定要见饱就收才好。

4. 打球，我和别人差不多，一定要投进篮筐才好。

5. 听歌，我和别人差不多，一定要听到好歌才好，难听的我不听。

（以上仿《论语》颜渊篇13章：“子曰：‘听讼，吾犹人也。必也使无讼乎。’”）

我的后半生（代后记）

写下这个题目，我自己都禁不住哑然失笑。人生尚不足半百，感觉正年轻着，现在人的寿命又越来越长，竟在这里侈谈什么后半生，岂不令人牙酸。其实我的真实意思是，我想在我今后的岁月里做些什么、有些什么打算，也就是所谓的梦想。

人是一种很怪的生物，许多事情初时不经意，也无暇以顾，只有到经历过了、或者逼近了某个岁数，才感觉到它的好，才会眷恋，相对于人生命的盈亏来说，这也许是一种倒退，但个中醇厚的滋味，确是引人入胜并且足资把玩的。拿读书来说，二十余年前我上大学时，心里总想着走入社会、创造辉煌，除频频光顾图书馆读自己喜欢读的书以外，正儿八经的投师问读，对我是没有一点吸引力的；外语我后来自动放弃，但是刚刚毕业走上工作岗位，我又迫不及待地请外语系的同乡帮我买“新概念”；古汉语方面我只拣我喜欢的文章读，但是结了婚以后我很快又开始了捧书自学；文学史方面我对外国文学史感些兴趣，但工作后业余搞文学创作，觉得在中国当代文学史方面不下点功夫，那无论如何也是说不过去的，于是立刻着手四方搜求有关资料，试图慢慢补上这一课；大学毕业时我“差不多对校园已经受够了”，早已在心中暗下决心，这辈子决不再沾学校了，那一段时间数量本就不多的噩梦，几乎都是关乎考试的，而那时几乎所有的好梦，也都是脱离学校的牢笼，到无际的世界上奔跑的，但当我工作后有了一段自己能够支配的时间时，我做的第一件事，却又是到我大学母校的旁边租一间屋子，读书并写作起来。

二十年恍然而去，四十余岁后静下心来一想，竟然越来越觉得读书、做学问、思考社会、以某种方式发表自己对世界的看法，是人生历程上最有魅力的诸般事情，这一方面是社会和观念的进步，导致了人们思想的活跃和言语的冲动；另一方面，也是人过了四十岁以后，自我感觉已经对这个世界、对身边的社会拥有了某种真理般的认知和发言的权力。所以我后半生的梦想就是，先积累一些钱财，以致吃穿不愁、舟车尚可满足，然后认一个吉祥的方位、找一个合适的地方，住下来花钱去大学里读书。当然，这种读书完全不是为了应付考试，也不是为了文凭，更不是为了生计，只是去学自己感兴趣、愿意学的东西。除了文学创作以外，我现在最感兴趣的就是地理、民族、东南亚的华人世界、农林水土、乡村生物和国际关系等等，这些领域里蕴藏的东西，决不比表面上华丽的文学、电影等领域少，我一定要好好地去探究探究。活到老学到老，随时准备从零开始，任何时候开始都不必言迟，这是我现在时常念叨的几句话。我想照着我的这一想法走下去，看看人生的路途上还有些什么未曾得见的新花样。我一定要做到我想要做的这些事。

许　辉
于合肥淮北佬斋

图书在版编目(CIP)数据

泗水边的《论语》/ 许辉著. —合肥：黄山书社，2017.8（2020.7重印）
ISBN 978-7-5461-6740-4

Ⅰ.①泗…　Ⅱ.①许…　Ⅲ.①儒家　②《论语》-研究
Ⅳ.①B222.25

中国版本图书馆 CIP 数据核字(2017)204117 号

泗水边的《论语》
Si Shui Bian De Lun Yu

许　辉　著

策　　划　李玲玲
责任编辑　朱莉莉
装帧设计　观止堂_未氓
出版发行　时代出版传媒股份有限公司(http://www.press-mart.com)
　　　　　黄山书社(http://www.hspress.cn)
地址邮编　安徽省合肥市蜀山区翡翠路 1118 号出版传媒广场 7 层　230071
印　　刷　石家庄继文印刷有限公司
版　　次　2018 年 1 月第 1 版
印　　次　2020 年 7 月第 2 次印刷
开　　本　700mm × 1000mm　1/16
字　　数　550 千
印　　张　24.75
书　　号　ISBN 978-7-5461-6740-4
定　　价　49.80 元

服务热线　0551-63533706
销售热线　0551-63533761
官方直营书店(http://hsssbook.taobao.com)